权威·前沿·原创

皮书系列为
"十二五""十三五""十四五"时期国家重点出版物出版专项规划项目

BLUE BOOK

智库成果出版与传播平台

广州市新型智库广州大学广州发展研究院研究成果
广东省决策咨询研究基地广州大学粤港澳大湾区改革创新研究院研究成果

广州蓝皮书
BLUE BOOK OF GUANGZHOU

丛书主持　涂成林

2025 年中国广州经济形势
分析与预测

ANALYSIS AND FORECAST ON ECONOMY OF

GUANGZHOU IN CHINA (2025)

主　编／涂成林　陈小华
副主编／谭苑芳　陈泽鹏

社会科学文献出版社
SOCIAL SCIENCES ACADEMIC PRESS (CHINA)

图书在版编目（CIP）数据

2025 年中国广州经济形势分析与预测／涂成林，陈
小华主编 . --北京：社会科学文献出版社，2025. 7.
（广州蓝皮书）. --ISBN 978-7-5228-5679-7

Ⅰ. F127. 651

中国国家版本馆 CIP 数据核字第 2025M0Z376 号

广州蓝皮书

2025 年中国广州经济形势分析与预测

主　　编／涂成林　陈小华
副 主 编／谭苑芳　陈泽鹏

出 版 人／冀祥德
组稿编辑／任文武
责任编辑／郭　峰
责任印制／岳　阳

出　　　版／社会科学文献出版社·生态文明分社（010）59367143
　　　　　　地址：北京市北三环中路甲 29 号院华龙大厦　邮编：100029
　　　　　　网址：www. ssap. com. cn
发　　　行／社会科学文献出版社（010）59367028
印　　　装／天津千鹤文化传播有限公司

规　　　格／开 本：787mm×1092mm　1/16
　　　　　　印 张：26.5　字 数：399 千字
版　　　次／2025 年 7 月第 1 版　2025 年 7 月第 1 次印刷
书　　　号／ISBN 978-7-5228-5679-7
定　　　价／138.00 元

读者服务电话：4008918866

广州蓝皮书系列编辑委员会

丛书执行编委 （以姓氏笔画为序）

丁旭光　　王宏伟　　王桂林　　王福军　　邓成明

邓佑满　　邓建富　　冯　俊　　刘　梅　　刘瑜梅

孙　玥　　孙延明　　李文新　　李海洲　　吴开俊

何镜清　　沈　奎　　张　强　　张其学　　陆志强

陈　爽　　陈小华　　陈泽鹏　　陈雄桥　　欧阳知

孟源北　　贺　忠　　顾涧清　　徐　柳　　涂成林

陶镇广　　谭苑芳　　薛小龙　　魏明海

主要编撰者简介

涂成林　博士，广州大学二级教授、博士研究生导师、博士后合作导师，广州大学广州发展研究院智库负责人兼首席专家，广东省区域发展蓝皮书研究会会长，广州市粤港澳大湾区（南沙）改革创新研究院执行院长；广东省政府重大行政决策论证专家，广州市政府第三、四、五届决策咨询专家；享受国务院政府特殊津贴。目前主要从事城市发展战略、科技创新政策、国家文化安全及马克思主义哲学等方面的研究。在《中国社会科学》《哲学研究》《教育研究》等刊物发表论文 100 余篇，出版专著 10 余部；主持国家社科基金重大项目 2 项，国家社科基金一般项目、省市社科规划项目和省市政府委托项目 60余项。获得教育部及省、市哲学社会科学奖项和人才奖项 20 余项，获得多项"优秀皮书奖"和"优秀皮书报告奖"，2017 年获"皮书专业化 20 年致敬人物"称号，2019 年获"皮书年会 20 年致敬人物"称号。

陈小华　中共广州市委委员，广州市统计局党组书记、局长，管理学硕士。曾在广州市荔湾区、花都区、萝岗区、黄埔区、增城区和广州经济技术开发区、增城经济技术开发区等经济功能区工作。主要研究方向为城市经济发展，组织并指导多项经济发展、产业规划、区域功能定位、统计改革创新等领域的专项调查研究。

谭苑芳　博士，教授，硕士研究生导师、博士后合作导师，广州大学广州发展研究院院长，担任广东省区域发展蓝皮书研究会副会长兼秘书长、广州市粤港澳大湾区（南沙）改革创新研究院理事长、广州市政府重大行政决策论证专家等。主要从事社会学、宗教学、经济学和城市学等的理论与应用研究，主持国家社科基金项目、教育部人文社科规划项目和其他省市重大、一般社科规划项目10余项，在《宗教学研究》《中国社会科学内部文稿》《光明日报》等发表学术论文30多篇，获广东省哲学社会科学优秀成果奖二等奖及"优秀皮书报告奖"一等奖等多个奖项。

陈泽鹏　博士，中共广州市委政研室副主任兼市委财经办副主任，曾任广州市发展改革委党组成员、副主任。长期在广州市党委、政府从事产业规划和政策研究工作，组织或参与了广州城市发展规划、财政税收体制创新、党建和基层社区治理创新等领域的专题调查研究。

摘　要

2024 年，广州市经济运行处于新旧动能转换的深水区，增速回落与结构演进同步发生，经济进入再平衡调整期。全年地区生产总值（GDP）达31032.50 亿元，同比增长 2.1%，经济总量继续保持全国第五位。三次产业比重分别优化至 1.08%、25.26%、73.66%，服务主导型经济体系稳步成形，体现出高质量发展阶段的典型特征。

2025 年是广州迈向新质生产力主导阶段的关键窗口期，经济运行将更加注重结构优化和内生动力培育，预计全年经济增长将呈现温和回升态势。同时，面对当前实体经济结构性压力持续积聚、有效需求扩张动力不足等一系列制约经济潜能释放和城市核心竞争力提升的结构性、体制性、趋势性问题，建议广州在 2025 年聚焦制造业重构、枢纽功能强化、消费提振、投资破局、招商提效五大维度，以结构调整为导向加快推动制造业系统性重塑，以要素集成与制度创新双轮驱动大力提升枢纽型经济组织能力，以有效需求扩张为支点进一步提振消费市场内生动能，以项目牵引为核心加快投资动能和发展空间扩展，以精准招商为抓手全面增强新兴产业集聚力和平台承载力，以企业梯度培育为重点进一步夯实高质量发展微观基础。

关键词： 广州经济　高质量发展　制造业转型　枢纽城市

目 录 ⟨⟨

Ⅰ 总报告

Ⅱ 行业发展篇

Ⅲ　现代产业篇

Ⅳ　高质量发展篇

Ⅴ　科技创新篇

Ⅵ　财税金融篇

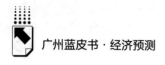
皮书数据库阅读使用指南

总 报 告

B.1

2024年广州经济形势分析
与2025年展望[*]

广州大学广州发展研究院、广州市统计局联合课题组[**]

摘　要：　2024 年，广州经济运行在复杂多变的宏观环境下展现出较强韧性与结构调整特征，全年地区生产总值达 3.1 万亿元，同比增长 2.1%。在传统动能减弱与新动能尚未充分接续的背景下，广州以高质量发展为首要任务，三次产业比重分别优化至 1.08%、25.26%、73.66%，服务业主导地位持续巩固。城市能级方面，广州在一线城市中仍居第一梯队，但与京沪深分化加剧；在大湾区中由"制造重镇"转向"枢纽中枢"，呈现从总量扩张向

---

　*　本报告是广东省高校新型特色智库、广州市新型智库广州大学广州发展研究院的研究成果。

**　课题组组长：涂成林，博士，广州大学二级教授、博士生导师，广州市新型智库广州大学广州发展研究院智库负责人兼首席专家，广州市粤港澳大湾区（南沙）改革创新研究院执行院长，兼任广东省区域发展蓝皮书研究会会长等职；冯俊，广州市统计局副局长。课题组成员：谭苑芳，博士，广州大学广州发展研究院院长、教授；黄燕玲，广州市统计局综合统计处处长；周雨，博士，广州大学广州发展研究院副院长，讲师；臧传香，博士生，广州市粤港澳大湾区（南沙）改革创新研究院研究员；于晨阳，博士，广州大学广州发展研究院特聘副教授；吴迪军，广州市统计局综合统计处一级主任科员；林婵玉，广州市统计局综合统计处二级主任科员。执笔人：臧传香。

结构跃升、功能再定位转变的特征。2025 年，广州经济将迈入新质生产力主导阶段，聚焦制造业重构、枢纽功能强化、消费提振、投资破局、招商提效五大路径，加快构建结构更优、动能更强、韧性更足的高质量发展新格局，重塑城市核心竞争优势。

关键词： 广州经济　高质量发展　制造业转型　枢纽城市

一　2024年广州经济运行总体情况

（一）总体经济运行态势

2024 年，广州经济运行处于新旧动能转换的深水区，面对外部不确定性增强、内需恢复乏力、传统产业调整阵痛等多重压力，广州始终坚持以高质量发展为首要任务，主动作为、精准施策，努力推动经济运行总体企稳。全年地区生产总值（GDP）达 31032.50 亿元，按可比价格计算，同比增长 2.1%，在全国主要一线城市中保持相对稳定。从总体态势来看，广州经济运行呈现"稳中承压、结构趋优、动能转换、韧性显现"的综合特征，体现出了高质量发展阶段的典型特征。

1. 增速回落与结构演进同步发生，经济进入再平衡调整期

从增长速度来看，2024 年广州 GDP 同比增速为 2.1%，低于"十四五"初期的预期水平，亦略低于全国平均增速。这一增速反映了两方面的现实：一方面是广州传统增长动能逐步衰减；另一方面是广州新增长动能尚处于孕育形成阶段，经济增速转入相对低位。这两方面现实表明广州经济已从高速增长阶段进入结构转型的"再平衡期"。但值得注意的是，广州并未在经济总量扩张上采取短期刺激手段，而是坚持以结构优化和动能重塑为核心，通过优化营商环境、加快产业升级、推动政策落地等手段夯实基础。增速的短期放缓是为结构转型赢得的"调整时间窗口"。

2. 产业结构持续优化，服务主导型经济体系稳步成形

2024年广州的三次产业占比分别为1.08%、25.26%、73.66%，第三产业比重持续上升，成为推动经济增长的主力军。第一产业实现增加值334.47亿元，同比增长1.0%；第二产业实现增加值7839.45亿元，同比增长0.7%；第三产业实现增加值22858.58亿元，同比增长2.6%。其中，第三产业贡献率显著高于其他产业，反映出广州从工业主导型经济体系向服务主导型经济体系迈进的趋势愈加清晰。从结构演变的视角来看，这种以服务经济为核心的产业结构变化，是广州城市功能深化、消费升级提速、城市综合服务能力增强的综合体现，也是高质量发展的基本标志。尤其是以数字经济、科技服务、文化创意、商务会展等为代表的现代服务业，展现出强劲的成长性和引领力。

3. 城市综合功能稳定释放，空间承载、人口配置与资源效率协同优化

2024年末，广州常住人口达1897.80万人，同比增长0.8%，继续保持全国领先水平；户籍人口达1075.02万人，同比增长1.7%。人口稳步增长是广州经济韧性的表现之一，表明广州在就业吸纳、城市治理、教育医疗等公共服务方面具备较强承载力和吸引力，能够持续支撑本地市场的消费潜力和人才供给。此外，随着城市更新、基础设施建设、交通枢纽能级提升等方面持续推进，广州在空间承载、人口配置和资源效率方面逐步实现协同优化，为经济长期稳定发展奠定坚实基础。

4. 发展韧性显现，政策组合效应初步释放

面对外部冲击和内需不振等不利因素，广州政府精准施策，通过实施"以旧换新"政策、优化营商环境、推进产业项目落地等措施，积极释放政策组合效应。其中，"以旧换新"政策在家电、家具、家装等领域取得显著成效，带动部分消费品类消费快速回暖。此外，在金融、财政、投资等关键领域保持政策稳定性，增强市场主体预期，进一步夯实经济恢复基础。这种"有为政府+有效市场"的组合模式，是广州在经济波动环境中保持稳定运行的核心机制。

5.比较维度凸显优势，综合竞争力仍处第一方阵

从与其他一线城市和珠三角城市的比较来看，广州经济总量继续保持全国第五位，在珠三角仅次于深圳居第二位。在全国十大城市对比中，广州在服务业规模、数字经济基础、交通枢纽能力、消费市场容量等方面具有明显优势；但在工业增长动能、重大产业项目储备、高附加值制造业比重等方面仍有待加强。广州所展现的"综合平衡型城市经济体系"，在全国范围内依然具有较强的抗风险能力与结构调整韧性，是全国高质量发展格局中的重要支撑力量。

（二）三次产业结构变化与贡献情况

2024 年，广州的三次产业结构进一步优化，呈现"农业基础稳固、工业结构分化、服务业主导增强"的鲜明特征，进一步向现代服务业占主导的高质量发展阶段演进（见图 1）。全年三次产业增加值分别为 334.47 亿元、7839.45 亿元和 22858.58 亿元，占 GDP 比重分别为 1.08%、25.26%、73.66%，对应同比增速分别为 1.0%、0.7%、2.6%。这一格局与趋势表明广州经济已基本完成从传统"二产为主"向"三产引领"转型，但在稳固基础、优化结构、提振动能方面仍面临诸多挑战与机遇。

1.第一产业运行平稳，功能性结构优化持续推进

作为特大型城市，广州第一产业在总量上占比较低，但其在生态保障、农产品供应、乡村振兴、城乡融合等方面具有重要的战略支撑意义。2024 年，广州第一产业增加值为 334.47 亿元，同比增长 1.0%，呈现总体稳中趋优的运行态势。在产业结构方面，畜牧业成为拉动农业经济增长的主引擎。得益于生猪产能释放与养殖技术提升，全年生猪出栏量同比增长 32.9%，产值同比增长 33.8%，带动畜牧业整体实现 11.6% 的较快增长。与此同时，农业生产服务业快速发展，农林牧渔业及辅助性活动同比增长 13.0%，显示出农业经营模式由"自给型生产"向"市场化服务型供给"加快转变。相比之下，种植业受到"荔枝小年"周期性波动影响，同比下降 1.0%。但园艺、蔬菜等品类增长相对稳定，显示农业结构正向"优品种、高附加值、

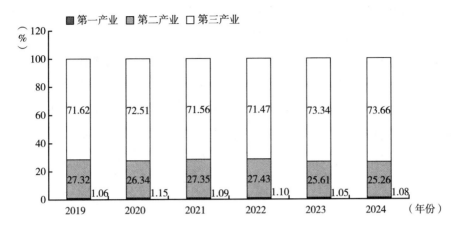

图1　2019～2024年广州三次产业占GDP比重变化

资料来源：根据广州市统计局公开数据整理。

城郊融合"方向演变。

综上所述，第一产业虽小但不弱，其稳定运行为城市食品安全、生态涵养和绿色发展提供了重要基础。未来应进一步推动农业与旅游、文化、科技融合发展，深化农业全链条服务体系建设，提升都市型农业的综合产出效率和生态功能。

2. 第二产业深度调整，新旧动能强烈交织

2024年，广州第二产业增加值为7839.45亿元，同比仅增长0.7%，显示出该产业在转型期内存在增长动力不足的问题。结构性压力较大，表现为传统制造业持续承压，而新兴制造业尚未形成全面替代动能，整个工业体系正经历"重构式调整"。第一，传统支柱产业仍处下行通道。以汽车制造业为代表的传统支柱产业呈现明显下滑态势。全年汽车制造业增加值同比下降18.2%，不仅拉低了第二产业增加值整体增速，也暴露出广州汽车产业在新能源转型、核心零部件配套、智能网联技术迭代等方面仍处于关键瓶颈期。此外，部分中低端工业如通用装备制造、建材等也受制于市场需求疲软，增速低迷。第二，新兴高端产业蓄势显现。尽管整体工业表现承压，但在"3+5"战略性新兴产业导向引领下，广州工业结构出现"亮点式突破"，具

体表现为电子产品制造业增加值同比增长 4.8%，其中超高清视频、新型显示产业增加值同比增长 7.5%；航空航天器及设备制造业增加值同比增长16.3%，民用无人机产量同比增长近 3 倍，"低空经济"初露锋芒；化妆品制造业因产业链本地化和品牌化提速，全年增加值增长高达 47.4%。第三，技术投资支撑产业升级。高技术制造业投资全年增长 14.3%，其中计算机及办公设备制造业、电子通信设备制造业、医疗设备及仪器仪表制造业等关键行业投资持续保持两位数增长，为工业未来增长奠定基础。同时，工业技术改造投资同比增长 22.1%，反映企业在"内卷竞争"中主动升级、提升附加值的意愿增强。

总体来看，广州第二产业正在经历从"产业体量支撑型"向"质量效益驱动型"的深度转轨。传统工业比重大、调整时间长，新兴产业点状爆发，尚未形成整体拉动效应，这是当前工业增长放缓的根本原因。下一阶段，广州需系统推进工业高端化、智能化、绿色化，强化龙头带动与链群协同，加快构建产业链自主可控和具有国际竞争力的现代化工业体系。

3. 第三产业结构高端化趋势凸显

2024 年，广州第三产业实现增加值 22858.58 亿元，同比增长 2.6%，是三次产业中增长最快、贡献率最高的产业部门，占 GDP 比重达到73.66%。一是高端服务业扩张强劲，结构持续优化。现代服务业成为广州第三产业增长的核心驱动。其中，科技中介服务、广告服务、文化艺术业表现强劲，体现出广州高端服务业市场需求旺盛、专业化能力不断提升的趋势。同时，内容消费与数字出版产业亦表现亮眼，数字内容服务、影视制作、出版业增加值同比分别增长 18.4%、12.2% 和 9.5%，进一步夯实广州"文化+科技"融合发展的支撑基础。二是消费新业态快速发展，线上线下融合加深。2024 年，广州社会消费品零售总额达 11055.77 亿元，尽管整体同比仅微增 0.03%，但结构性亮点突出，家具、家电、建材等受"以旧换新"政策带动，分别实现同比增长 55.4%、4.5% 和 10.9%。体育娱乐、健身休闲等体验型消费持续升温。全年直播电商零售额达到 5171 亿元，位居全国第一。三是城市枢纽功能增强带动服务经济溢出。交通、旅游、会展等服务业得益于城市枢纽功能增强而快速发展。广州白云国际机场全年旅客吞吐量同比增长20.9%，国际航线旅客同比增长81.7%。大型演出、展览举办频繁，有力带动酒店、文旅、交通等服务业同步增长，进一步拓宽服务经济广度。

综上，第三产业不仅是广州经济的"稳定器"，更是"增量源"和"结构调节器"。随着城市功能多样化、人口结构年轻化及消费升级等趋势不断深化，广州第三产业正从传统生活性服务业向高端生产性、平台性服务业加速迈进。

二 2024年广州主要经济指标分析

（一）农业经济

1. 畜牧业恢复性增长，带动农业产值整体回升

2024年广州生猪出栏量同比增长32.9%，产值同比增长33.8%，畜牧业成为农业经济增长的第一拉动力。在中央和地方支持恢复生猪产能的政策引导下，广州畜禽养殖业显著回暖，种猪场建设标准化水平提升，疫病防控和冷链运输体系日益完善，形成了较为稳定的肉类供给结构。此外，家禽、水产等补充性养殖也保持稳健增长态势，对城乡"菜篮子"工程形成有力支撑。

2. 种植业结构优化，特色蔬菜与园艺经济稳中向好

受2023年"荔枝小年"影响，广州果类总产略有下降，但蔬菜种植面积稳中有升，全年产量达422.84万吨，同比增长2.1%。蔬菜稳产保供能力持续增强，部分区域推进"设施农业+订单农业"融合发展路径，带动本地特色蔬菜（如水生蔬菜、香草作物等）销往大湾区城市群。花卉、盆景、苗木等园艺类作物产值同比增长3.4%，产业附加值稳步提升。

3. 农业服务业加快发展，助推农业现代化转型

农林牧渔专业及辅助性活动同比增长13.0%，显著高于第一产业整体增速，反映出农业"由产向服"的结构转型态势。农机作业、信息服务、农业

保险、动植物疫病检测与防控等新兴服务业态快速拓展，逐步形成面向都市农业与科技农业发展的支撑体系。这一变化表明，广州农业已进入"要素集约—组织集成—服务智能"阶段，提升了农业综合效益与抗风险能力。

4. 都市农业功能拓展，城乡融合发展新模式初显

广州大力推进"农业+生态+文旅"融合路径，推动涉农区如从化、增城发展休闲农业、康养农业、研学农业等多元化业态。生态农业园区与都市农业综合体吸引周边市民形成近郊消费链条，农业多功能拓展成为农地价值提升与农民增收的重要抓手。城乡产业互动也促进了农业链条向前延伸、向后融合，带动三次产业深度融合发展。

5. 农业现代化转型仍面临短板

尽管整体运行态势良好，但广州农业仍面临机械化水平不高、农地利用效率不均、高端农技人才不足、品牌农产品培育滞后等瓶颈，尤其在都市农业"智慧化"程度和高附加值供给能力上存在短板。未来需继续推动农业全链条数字化管理，加强农技推广服务体系、绿色农业标准体系和产销对接平台建设，提升广州农业在大湾区食品安全体系和绿色供给链中的战略地位。

（二）工业经济

1. 传统制造业系统性下滑，支柱产业拉动力显著减弱

广州工业经济的核心支柱长期以来依赖汽车制造、通用装备制造、电气机械等传统产业，而2024年这些产业增加值大多出现显著下滑，成为拖累整体工业增长的主因。其中，汽车制造业增加值同比下降幅度达到18.2%，成为第二产业增加值增速放缓的主要原因。这一现象反映出传统汽车产业链条在"油转电"背景下面临双重压力：一方面，新能源渗透率快速提升对传统燃油车形成了"压缩式替代"；另一方面，广州汽车产业在新能源整车、"三电"系统、智能网联等方面尚未建立足够完整的自主生态体系，未能形成应对结构变革的有效承压能力，而市场消费信心不足、库存高企、营销体系调整滞后等问题也加大了企业的经营困难。此外，一些能源密集型、低技术附加值的传统行业，如钢铁、建材、通用装备制造等，虽未大幅萎缩，但普遍呈现增长乏力、产能过剩、投资放缓等趋势，进一步拉低了整个第二产业增加值增速。综合来看，广州制造业基础虽厚，但结构相对"老化"。以汽车制造业为例，过去20年形成的重资产、高集中、链式稳定格局，短期内难以与柔性、智能、绿色的新兴制造需求相匹配，因此在转型过程中反而成为"路径依赖"的重负。

2.新兴产业集聚动能增强，结构裂变特征逐步显现

尽管传统制造业面临系统性下行压力，但广州工业经济内部的结构裂变趋势已经显现，一批战略性新兴制造业快速成长，为未来工业增长培育了新动能。首先，电子产品制造业增加值同比增长4.8%，其中以超高清视频、新型显示、集成电路为代表的新一代信息技术产业具备强劲扩张力。液晶显示屏、逻辑芯片、模拟芯片、集成电路圆片等产品产量均实现20%以上增长，这表明广州正逐步补齐"核心技术短板"，加快迈入信息技术高端制造环节。其次，广州积极抢占"低空经济"战略赛道，航空航天器及设备制造业实现增加值同比增长16.3%。尤为亮眼的是，民用无人机产量同比增长近3倍，广州亿航、小鹏汇天等企业加速布局，标志着广州在未来智能交通装备、新型城市空中基础设施方面具有技术储备与产业预期。此外，化妆品制造业凭借政策支持和品牌培育，全年增加值同比增长47.4%，在"颜值经济"带动下形成出口导向型消费品工业新增长点。总体来看，广州战略性新兴制造业发展呈现"点状突破+链式延伸"的特征。尽管整体规模尚未形成替代传统支柱产业的总量效应，但这些新兴产业高度契合国家"科技自立自强"和消费结构升级的方向，是广州战略转型期的关键支撑力量，应加快其规模化、生态化、平台化发展。

3.工业投资结构优化加快，技改驱动意愿增强

面对传统支柱产业增长乏力的现实压力，广州政府与企业在推动工业领域"从投资拉动向质量提升"的方向上取得积极进展。2024年，全市工业投资同比增长13.6%，其中工业技术改造投资同比增长22.1%，显示出制造业企业主动进行设备升级、产能置换、生产流程智能化改造的积极意愿。从细分领域来看，电子产品制造业投资同比增长20.8%；汽车零部件制造

业投资同比增长 32.6%；高技术制造业中，计算机及办公设备制造业投资同比增长 37.1%，医疗设备及仪器仪表制造业投资同比增长 56.5%，这表明广州制造业正在加快由"粗放增长"向"内涵式增长"转变，从资本密集型向技术、知识密集型跃升。工业技改投资强势增长说明企业已充分意识到"传统路径难以为继"，但也反映出广州制造业从"做大"转向"做强"的过程正在加速，需要政府在资金、土地、能耗、税收等方面给予更精准的结构性支持，鼓励企业通过研发投入与智能制造实现核心竞争力提升。

4. 工业企业盈利承压，微观主体活力有待恢复

尽管部分新兴领域保持增长，但 2024 年广州规上工业企业整体盈利能力仍面临较大挑战，2024 年广州市规上工业企业主要工业产品产量及其增长速度见表 1。据统计，1～11 月，广州规上工业企业利润总额同比下降4.3%，利润率由上年同期的 5.75% 降至 5.72%，且亏损企业占比超过 31%，同比提升 4.4 个百分点。小微企业盈利压力尤为突出，其平均利润率仅为3.82%，明显低于规上工业企业平均水平。同时，产成品库存总额维持在千亿元以上的高位，应收账款平均回收期由上年的 58.4 天增至 63.7 天，这反映出"货转不动、款回不畅"的资金链紧张问题持续存在。工业盈利承压并非短期现象，而是由多重因素——产业集中度低、附加值率低、创新效率偏低、市场结构单一等——叠加导致的结构性难题。要从提升全要素生产率角度出发，推动中小企业"上规提质"，引导其向专业化、数字化、绿色化方向发展，增强微观主体的市场抗压能力和发展内生动力。

表 1 2024 年广州市规模以上工业企业主要工业产品产量及其增长速度

产品名称	单位	绝对数	比上年增长（%）
发电量	亿千瓦时	424.53	−3.4
卷烟	亿支	61.47	1.1
营养、保健食品	吨	4048.66	5.7
化学药品原药	万吨	1.75	7.9
智能电视	万台	567.65	−6.7
锂离子电池	万只（自然只）	42684.23	23.3

续表

产品名称	单位	绝对数	比上年增长（%）
家用电冰箱	万台	498.81	61.9
房间空气调节器	万台	1071.77	10.8
家用房间空气清洁装置	万台	65.52	25.4
钢材	万吨	282.84	-6.5
汽车	万辆	253.98	-20.0
#新能源汽车	万辆	54.42	-16.5
发动机	亿千瓦	2.07	-19.2
民用钢制船舶	万载重吨	95.30	48.8
发光二极管（LED）	亿只	320.92	11.9
光电子器件	亿只	325.31	12.0
液晶显示屏	万片	21389.82	234.0
移动通信基站设备	射频模块	54934.00	21.3
工业自动调节仪表与控制系统	万台（套）	3174.62	15.1
工业机器人	套	19789.00	33.0
服务机器人	套	88878.00	22.0
显示器	万台	136.70	16.2
集成电路	万块	55154.45	-34.7

资料来源：广州市统计局。

（三）服务业经济

1. 现代服务业持续优化，专业服务与商务服务齐头并进

科技中介服务、广告服务、人力资源服务增加值分别同比增长 40.2%、20.3%、11.7%，成为高端生产性服务业增长的主要力量。租赁和商务服务业整体收入同比增长 9.4%，其中会展与展陈、法律与咨询、知识产权等高增值业务占比提升，反映出广州在"服务+创新+专业"融合路径上的集聚效应。

2. 文化、文旅与创意产业活跃，消费体验型服务持续升温

演艺市场火热，2024 年举办大型演出超 150 场，位居全国前列；文艺创作与表演营业收入同比增长 41.1%；旅行社及相关服务、旅客票务代理收入分别同比增长 10.8%、26.4%，推动"文商旅体"融合发展新格局逐步成形。与此同时，内容创意产业链条拓展迅速，录音制作、数字内容服务、影视节目制作、出版业收入同比大幅增长，为城市文化软实力与品牌传播力注入新动能。

3. 数字经济驱动服务业智能化、网络化转型

2024 年广州数字经济核心产业增加值同比增长 9.8%，其中信息服务、软件开发、物联网技术服务等保持两位数增长，成为服务业发展的新引擎。直播电商、即时零售等新消费模式加快渗透，广州全年直播电商零售额达 5171 亿元，居全国首位，带动大量数字内容、供应链管理、平台运维等上下游产业同步发展。

4. 生活性服务与消费升级型服务保持稳定增长

广州体育娱乐、美容美发、家政服务、老年照护等生活性服务业复苏势头明显，满足多元化、品质化消费需求。2024 年，广州健身休闲活动营业收入同比增长 9.8%，中高端餐饮与社区便利业态融合发展，线下零售与线上平台互补发展，推动生活性服务业向综合运营和品牌化转型。

5. 服务业发展面临转型压力与区域分布不均的问题

尽管广州服务业增速整体稳定，但不同板块发展存在较大分化，高端服务业集中在核心城区，城乡之间、区域之间服务供给能力差异明显。部分传统服务行业仍面临人工成本高、经营模式老化、数字转型能力不足等挑战。

（四）消费市场

1. 总量增长趋缓，消费信心恢复面临挑战

2024 年广州社会消费品零售总额几近零增长，明显低于 2023 年及疫情前的正常区间（通常维持在 6%~8%）。受制于收入增长放缓、就业预期不足、房地产调整拖累、人口结构老龄化等多重因素，居民边际消费倾向下降，尤其是在可选消费、大宗耐用品消费领域表现出较强的审慎心理。数据显示，占限额以上零售比重较大的汽车类、石油及制品类零售额分别同比下降 15.3% 和 6.5%，其中汽车类消费连续两年下滑，说明广州作为全国重要

汽车市场之一，其恢复力仍受制于供需结构变化和购车周期性疲软。消费信心不足已成为制约广州内需扩张的重要瓶颈。当前消费增长的非周期性减弱特征明显，表现为消费者对于未来收入、资产增值、公共服务可得性的预期下降，这需要通过综合性结构性改革予以扭转，单一短期政策工具的边际效应已趋于递减。

2.消费结构加速分化，生活性消费稳健扩容

尽管整体增长乏力，但在结构层面，广州消费市场内部呈现明显的"必需品稳、高端品弱、改善品升"的三极分化趋势。一是生活必需品类消费表现稳定。粮油食品类、日用品类、中西药品类消费分别同比增长9.0%、5.3%、5.2%，在消费水平整体回落背景下保持稳健增长，说明基本生活保障型消费仍具稳定性。二是改善型消费潜力释放。"以旧换新"政策有效带动家具、家装、家电等消费快速增长。2024年第四季度，家具类商品零售额同比增长55.4%，建筑装潢材料类商品零售额同比增长10.9%，家用电器和音像器材类商品零售额同比增长4.5%，增速均明显高于前三季度，体现了政策精准刺激的效果。三是高价值商品消费持续疲软。如汽车、黄金珠宝、商务正餐等高价值商品消费需求疲弱。数据显示，正餐服务营业额全年增长仅为2.5%，旅游饭店营业额同比下降1.2%，高端消费正在经历"紧缩—再配置"的调整期。综上，消费结构演化正在形成"双中心结构"，一个中心是刚需型与功能型消费"托底"增长，另一个中心是改善型、绿色型、场景型消费"拉动"升级，而传统的高价值奢侈型消费则进入周期性低潮。这要求广州在供给端不断提升产品和服务的适配性，在需求端通过财税工具与服务供给增强居民消费信心。

3.政策导向精准发力，结构性引导成效显著

面对消费增长动能不足的困局，广州积极响应国家"恢复和扩大消费"战略部署，出台了一系列聚焦消费品更新换代的"以旧换新+绿色智能"组合政策，并推动家电、家具、建材等领域形成全链条促销生态。政策效果已初步显现，带动相关商品零售额高速增长，同时释放了部分"被抑制消费"与"延后消费"潜能，例如，家电类中冷柜、空气净化器、电热器

具等产品产量同比均增长 20% 以上，反映出政策带动与居民需求错位补偿的共振。此外，政府部门积极推动文旅、会展、演艺、体育等领域联动消费，通过打造特色商圈、沉浸式体验空间、多元文化场景，有效刺激"可进入、可停留、可转化"的实体消费链条建设。广州的消费政策正在从单一刺激转向结构引导，体现出"供给端+场景端+支付端"的"三端"融合逻辑。未来应进一步明确补贴标准与品类扩大路径，推动"以旧换新"政策转为常态化、市场化机制，引导耐用品更新周期向绿色、节能、智能方向跃升。

4. 新兴业态快速增长，线上线下融合趋势加深

2024 年广州线上零售与即时消费保持增长势头，2024 年广州市居民消费价格指数见表 2。全年实物商品网上零售额同比增长 3.9%，占社会消费品零售总额的 27.8%，继续居全国领先地位。同时，直播电商、社区团购、即时零售、到家服务等新型消费业态不断涌现，改变了传统消费半径与行为模式。直播电商方面，广州全年零售额达 5171 亿元，居全国第一位，培育出希音、肇庆致景、悦然心动等多个全国头部品牌。"线上种草+线下体验"的消费链条逐步成熟，推动广州在全国消费数字化网络中的枢纽地位愈发稳固。与此同时，餐饮、零售、教育、健康等行业"线下+数字+服务"的融合趋势显著，实体商圈通过引入智能导购、AR 导航、扫码支付、会员积分等手段实现数字赋能。广州作为全国数字消费先发城市，其新业态演进已进入"数字消费生态阶段"，从平台主导走向消费链协同，从单场景跳跃走向多场景闭环。下一步应强化数字基础设施、消费数据平台、智能配送网络建设，着力提升线上消费的安全性、便利性和用户黏性。

5. 文旅、演艺消费走热，服务性消费回暖动力增强

2024 年，广州在推动"文商旅体"融合发展方面持续发力，打造多个消费热点和文化地标，提升"人流即消费流"的场景转化能力。全年举办大型演出超 150 场，在全国排名前列，文艺创作与表演营业收入同比增长 41.1%。同时，旅行社及相关服务、旅客票务代理收入分别同比增长 10.8% 和 26.4%，旅游消费回暖趋势明显。在体育消费方面，全市健身休闲活动

营业收入同比增长 9.8%，体育用品类商品零售额同比增长 13.1%，反映居民对健康、美体等功能型消费的关注度上升，服务型消费升级趋势进一步强化。文旅、演艺等体验型消费对内需恢复的牵引力持续增强，是打通"流量—场景—消费—再营销"的关键环节。广州应持续打造演艺经济 IP、夜间经济示范区、节庆促销品牌，提升城市消费吸引力和体验浓度。

表 2　2024 年广州市居民消费价格指数

类别及名称	指数（上年＝100）	比上年涨跌幅度（%）
居民消费价格总指数	100.1	0.1
消费品价格指数	100.3	0.3
服务项目价格指数	99.9	−0.1
按类别分：		
一、食品烟酒	100.3	0.3
其中:粮食	99.5	−0.5
畜肉类	96.9	−3.1
禽肉类	99.8	−0.2
水产品	100.7	0.7
鲜菜	100.6	0.6
二、衣着	103.1	3.1
三、居住	100.1	0.1
四、生活用品及服务	100.1	0.1
其中:家用器具	97.7	−2.3
五、交通和通信	97.4	−2.6
六、教育文化和娱乐	101.3	1.3
七、医疗保健	100.1	0.1
八、其他用品和服务	102.7	2.7

资料来源：广州市统计局。

（五）投资结构

1.总量增速放缓，投资主引擎亟待重构

2024 年，广州固定资产投资总量同比增长 0.2%，增速仍处历史低位，

反映出在内外部环境复杂交织背景下，投资活跃度仍显不足，传统投资拉动模式的边际效应持续减弱。尤其是在房地产市场深度调整影响下，全年房地产开发投资同比下降 7.4%，虽然降幅较前三季度（下降 10.0%）有所收窄，但对投资总盘仍构成较大拖累。住宅新开工面积、销售面积以及房企拿地意愿整体偏低，房地产由"高增长发动机"转变为"下拉因子"。广州投资总量的结构性趋弱，本质上反映的是传统空间资源驱动逻辑的递减与新动能驱动机制尚未完全建立之间的"空档期"。如果不能尽快实现房地产投资的功能替代，未来投资对经济增长的支撑作用或将进一步削弱。

2. 工业投资持续升温，制造业重回投资核心

尽管广州总体投资放缓，但工业投资特别是制造业投资逆势上扬，成为支撑投资结构优化的主要动力来源。2024 年工业投资同比增长 13.6%，延续 2022 年以来连续 3 年两位数增长的强劲势头，体现出广州"产业第一、制造业立市"战略导向在投资端取得积极成效。高技术制造业投资同比增长 14.3%，其中，计算机及办公设备制造业投资同比增长 37.1%，医疗设备及仪器仪表制造业投资同比增长 56.5%，电子通信设备制造业投资同比增长 18.2%。工业技改投资同比增长 22.1%，其中民营工业技改投资同比增长 15.0%，显示企业在"转型窗口期"积极推动设备升级、流程再造、绿色改造的主动性增强。汽车零部件制造业投资同比增长 32.6%，电子产品制造业投资同比增长 20.8%，反映广州在补链强链延链上的投资成效初显。广州工业投资的持续增长，表明实体企业在面对不确定性压力时，通过加大高端化、智能化投资来提升内生能力的趋势更加明显。广州制造业"投—产—销"循环链条正由政策推动转向市场自驱，正在形成以"结构升级+技术赋能"为特征的新型产业投资格局。

3. 基础设施投资发力补短，交通、能源等关键领域提速

在"稳增长"政策持续发力的背景下，2024 年广州基础设施投资同比增长 7.7%，对总投资形成重要支撑。特别是在交通、能源、水利等领域，多项重大项目加快实施。航空投资同比增长 40.0%，主要受白云国际机场扩建、临空经济区等项目拉动；水上运输投资同比增长 21.9%，与港口多

式联运及物流枢纽扩容建设密切相关；城市轨道、数字基础设施、新型电力系统等领域投资也在推进中。与此同时，全年新开工基础设施类项目超过500个，涵盖城市更新、交通改造、生态修复等领域，显示出"城市空间重构—功能再造—公共服务提升"的基础设施投资新特征。基础设施投资已由传统"铺摊子"模式，转向"补短板、促融合、提能级"新逻辑。广州应加快强化城市更新与产业空间耦合设计，聚焦绿色低碳基础设施、数字城市骨干网络、城乡交通互联互通，为城市发展质量跃升提供硬件支撑。

4. 房地产投资持续萎缩，土地财政压力需多元化疏解

2024年，广州房地产开发投资持续下行，全年同比下降7.4%，降幅与全国平均值相当，但其持续性萎缩对广州投资结构和财政基础均构成实质性挑战。房屋新开工面积、施工面积、销售面积普遍下滑，项目推进节奏放缓；房企资金链紧张，银行贷款收紧，土地成交溢价率持续下探；城中村改造等存量更新虽有进展，但对投资的边际带动作用仍有限。同时，房地产相关产业链（如建材、装修、家电）受其影响波动加剧，进而间接影响消费与服务业恢复。广州房地产投资下行体现出全国房地产"长周期回落"背景下城市层面资产结构调整的客观趋势。未来土地财政依赖度需持续降低，财政与投资联动机制应逐步向"产业投资+项目融资+资产运营"模式转变，推进投资结构与财税结构的"双向转型"。

5. 项目结构失衡，大项目支撑力明显不足

从项目结构来看，广州2024年新增投资项目中中小项目数量多、大项目支撑力弱的特征明显。年内新开工入库项目总量同比增加，但投资额在50亿元以上的大项目仅有26个，同比减少26个；投资额在100亿元以上的项目仅有12个，且多为基建或城中村改造项目。工业项目不足，没有一个投资额超过100亿元的工业项目，投资额在50亿~100亿元的新工业项目也仅有2个，产业投资"缺大少强"问题突出。广州制造业投资虽总体向好，但从项目结构来看，"大体量、高能级"产业项目缺位，这将限制产业集群构建与平台经济发展。

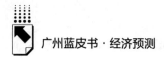

6. 民间资本投资意愿回升，投资结构"趋新提质"动向明确

2024年，广州民间资本对工业投资保持活跃，全年民间工业投资同比增长6.8%，其中技改类投资同比增长15.0%，体现出企业主体在产业链重构背景下的主动升级行为。民间资本投资重点开始向智能制造、绿色能源、生物科技、新消费制造等新赛道倾斜，参与度持续提升，风险偏好向"可持续盈利+高成长性"组合迁移。此外，外资企业在制造业和服务业中加大布局，全年新设外资企业8445家，同比增长27.4%，表明广州在全球产业链重构中依然具有较强吸引力。

（六）外贸与金融市场

1. 进出口增速回升，出口对经济支撑作用增强

2024年全年广州商品进出口总值11238.37亿元，同比增长3.0%，较前三季度累计增速（0.1%）明显回升（见表3）。其中，出口总值7005.48亿元，同比增长7.8%，成为拉动外贸增长的核心动力；进口总值4232.89亿元，同比下降4.0%，反映出内需疲软与原材料采购节奏趋缓的双重影响。广州外贸结构继续优化，一般贸易占比达71.5%，同比提升2.4个百分点，说明本地产业链与自主品牌出口能力稳步增强；加工贸易占比下降，但高技术、高附加值产品在加工贸易中占比提升，显示转型升级趋势。在外部需求不稳定的背景下，广州出口实现"逆周期修复"，主要依赖于产业链配套能力强、加工能力完善和新兴市场拓展有力等优势。这也说明广州"制造业+通关便利+多式联运"三位一体的出口支撑体系具备较大弹性。

表3　2024年广州市商品进出口总值及其同比增长速度

指　标	绝对数（亿元）	比上年增长（%）
商品进出口总值	11238.38	3.0
出口总值	7005.48	7.8
其中：一般贸易	5141.70	10.9
加工贸易	1335.11	-0.4i

续表

指　标	绝对数(亿元)	比上年增长(%)
其中:机电产品	3166.78	5.3
高新技术产品	809.65	11.7
进口总值	4232.89	-4.0
其中:一般贸易	2889.30	-0.5
加工贸易	695.53	-12.9
其中:机电产品	1375.37	-4.9
高新技术产品	995.03	6.5
进出口差额(出口减进口)	2772.59	—

资料来源:广州市统计局。

2. 工业品出口快速增长,高新技术产品拉动作用突出

2024年,广州规模以上工业企业出口交货值同比增长10.5%,出口回暖有力支撑了工业经济的下行缓冲。出口商品结构呈现"中高端占比上升、多样化突破"的特征。重点商品出口增长亮点如下:汽车(含底盘)出口同比增长41.2%,新能源汽车出口优势初步显现;高新技术产品出口同比增长11.7%,其中光电、生物、材料、航天航空领域产品出口分别同比增长27.3%、30.6%、63.1%、73.8%;家电、智能终端、服装、化妆品等消费品出口结构优化,品牌化进程加快。广州出口增长逐步摆脱"低端代工"路径,向"智造出口+品牌出海+服务延伸"迈进。下一阶段需以"RCEP+跨境电商+港航枢纽"三重平台优势整合资源,全面布局全球新兴市场,构建数字外贸新模式。

3. 进口持续承压,内需疲软传导影响原材料和零部件采购

2024年,广州进口总值同比下降4.0%,降幅较2023年扩大0.1个百分点,主要集中在能源、初级原材料、电子中间产品等环节,反映出工业投资、生产与消费端需求不足的同步影响。与此同时,企业逐步推进"国产替代"路径,对部分零部件和高端原材料进口依赖下降,医药、医疗设备、功能性食品等高端消费品进口保持平稳,呈现结构性改善趋势。广州进口回落既有周期性因素,也反映出产业链"内循环适应"与全球贸易再平衡背

景下的结构转型。下一步应加强对关键技术装备与高端材料的进口替代能力建设，同时通过提升居民收入和促进绿色消费扩大进口消费品需求。

4. 金融运行稳中向好，信贷资源投向更趋精准

2024年末，广州金融机构本外币存贷款余额达到17.2万亿元，比年初增长5.3%，其中贷款余额8.12万亿元，同比增长5.9%（见表4），展现出金融体系运行稳健，货币政策传导通畅。信贷结构持续优化。企（事）业单位中长期贷款余额同比增长10.5%，体现出对制造业与基础设施建设的资金支持力度加大；住户中长期经营贷款余额同比增长13.7%，说明居民创业、经营性信贷需求释放；小型企业贷款同比增长9.3%，微型企业贷款同比增长24.3%，小微金融供给明显改善；科技服务、电力能源、交通物流等行业贷款增长较快，结构与发展导向趋同。此外，住户定期存款增速放缓、活期存款回升，表明居民风险偏好略有修复，消费与投资信心边际改善。广州信贷结构正从"大水漫灌"走向"精准滴灌"，金融资源流向更具经济拉动效应的产业领域与社会群体是金融服务实体经济质量提升的重要标志。

表4 2024年末广州地区金融机构本外币存贷款余额及其较年初增长速度

指　标	年末数（亿元）	比年初增长（%）
各项存款余额	90802.37	4.8
其中：非金融企业存款	25460.80	-6.3
住户存款	32842.18	9.1
各项贷款余额	81174.33	5.9
其中：境内住户贷款	26639.32	2.1
境内企（事）业单位贷款	53147.05	7.5

资料来源：广州市统计局。

5. 外向型经济稳中提质，综合枢纽功能持续释放

2024年，广州依托"空港+海港+口岸"多式联运体系，国际综合交通枢纽功能持续增强，对货物、人流、资本、信息等要素流动的支撑作用进一步提升。广州白云国际机场国际航线旅客吞吐量同比增长81.7%，机场国际货运量同比增长 13.8%，口岸营商便利度保持全国前列；快递业务量同比增长 21.9%，快递收入突破千亿元，广州继续保持全国快递中心城市地位；多式联运量、海铁联运量、跨境电商交易额持续增长，广州作为国家级物流枢纽城市的功能进一步强化。广州作为国家通道型枢纽城市与"加工—物流—出口"三链融合中心，具有从货运中转平台向全球资源配置节点升级的制度基础。未来应加快推进构建"贸易数字化+枢纽功能提升+全球市场布局"的系统性提升路径。

（七）财政运行、物价水平与民生保障

1. 财政收入缓中趋稳，税收结构调整优化

2024 年，广州一般公共预算收入为 1954.74 亿元，同比增长 0.5%，增速与 2023 年基本持平，表明在经济承压背景下，财政收入保持韧性，但收入增长空间受经济总量、房地产波动和结构性减税政策影响明显收窄。税收收入 1372.37 亿元，同比增长 0.2%，占一般公共预算收入的比重为 70.2%，税收主体地位依然稳固，主要来源包括增值税、企业所得税和个人所得税。产业税收结构方面，第二产业税源贡献下降，但第三产业特别是数字经济、现代服务业和金融业税源增长表现稳健。

2. 财政支出趋于优化，民生领域保障力度持续增大

2024 年，广州一般公共预算支出为 2777.43 亿元，同比下降 6.5%，降幅高于一般公共预算收入，反映出财政运行进入更加审慎、精准和结构优化阶段。尽管总支出有所压缩，但民生类支出在一般公共预算支出中比重超过七成，尤其是住房保障、社会保障和就业、教育、卫生健康等重点领域继续得到有效保障和倾斜。其中，住房保障支出同比增长 7.8%，有效支持了保障性住房建设、城中村改造安置及租赁补贴等工作；社会保障和就业支出保持刚性增长，稳定重点群体就业；教育、卫生健康支出保持平稳，基础教育数字化转型与基层医疗能力建设得到加强。在经济不确定性增强、财政空间受限的背景下，广州通过压减低效支出、聚焦民生领域，构建"保重点、提效能、稳预期"的支出再分配机制，进一步巩固社会基本保障体系。

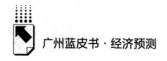
3.居民消费价格指数温和运行，整体物价保持平稳可控

2024年，广州居民消费价格指数（CPI）同比上涨0.1%，继续保持低位运行态势，呈现结构性温和上涨与整体价格水平稳定并存的特征。分类来看，食品烟酒价格同比微涨0.3%，其中猪肉、蔬菜价格波动趋稳，消费供需平衡；衣着价格同比上涨3.1%，与时尚消费、服装类需求扩张有关；教育文化娱乐（+1.3%）与其他用品服务（+2.7%）涨幅相对较高，反映出服务性消费价格上行；交通和通信价格同比下降2.6%，主要受成品油价格下降与运营商优惠政策影响。核心CPI全年上涨0.4%，表明广州整体消费市场需求温和回暖，价格体系运行平稳。

4.物价稳定助力社会预期稳定，促进消费恢复

当前广州物价运行总体可控，既未出现明显通胀压力，也未陷入通缩困局，特别是在国际大宗商品价格波动与部分城市房租、食品类价格回调的背景下，广州价格体系表现出较强稳定性，形成良好的社会预期锚。物价稳定对于消费恢复具有重要意义：一方面有助于提升居民对未来收入和支出的确定性，增强中低收入群体的生活保障信心，减少消费延后现象；另一方面配合"以旧换新"等政策，有利于形成稳定有效的内需释放环境。

三 2024年广州经济运行中存在的主要问题与瓶颈

尽管2024年广州整体经济运行呈现"底盘稳、结构优、活力显"的特征，但在高质量发展目标引领下，当前阶段仍面临一系列制约经济潜能释放和城市核心竞争力提升的结构性、体制性、趋势性瓶颈问题，亟须系统审视与针对性突破。

（一）实体经济结构性压力持续积聚，工业企业盈利仍有困难，货物资金流通较慢

2024年1~11月（错月数据），广州规上工业企业利润总额同比下降4.3%，自9月末累计增速由正转负后降幅持续扩大。营业收入利润率为

5.72%，仍略低于上年同期水平（5.75%），其中小微企业的利润率仅有3.82%。企业亏损面仍超三成（31.3%），且明显高于2023年同期（26.9%），亏损企业亏损总额同比增长13.7%。11月，工业产成品库存（1018亿元）较上年同期（1042亿元）略有下降，但仍处千亿元以上的高位；产成品存货周转天数（18.3天）、应收账款平均回收期（63.7天）长于2023年同期（分别为17.4天和58.4天）。总体来看，盈利承压仍是广州企业经营面临的一大难题，叠加规上工业企业去库存周期较长、货物资金周转偏慢，将进一步影响工业市场主体预期，制约企业扩大生产和投资的意愿。

（二）有效需求扩张动力不足，内需增长结构分化，消费复苏节奏滞后

2024年广州社会消费品零售总额同比仅微增0.03%，表面上看较为平稳，实则反映出中高端消费、实物消费与服务消费增长严重分化。从消费业态看，大力培育的新型消费未有亮点，网上零售行业在连续多年的高速增长后进入平稳增长期，2024年影响较大的限上批发零售业实物商品网上零售额同比仅增长3.9%。从消费风向看，消费市场增长分化，生活必需品类消费保持平稳，但高价值商品消费持续疲软。餐饮消费更多追求低价、便利的满足感，以商务宴请、公司团建为主的高端餐饮需求日益收缩，快餐服务（6.8%）、饮料及冷饮服务（11.2%）虽增长势头良好，但全年正餐服务营业额同比增速（2.5%）仍处低位。住宿业也呈现出消费理性化的趋势，一般旅馆同比保持稳定增长（6.3%），旅游饭店全年营业额同比下降1.2%。

（三）投资项目体量结构不均，大项目牵引能力偏弱、产业带动效应不足

2024年，广州新开工纳统的投资项目数量虽较2023年增加，但多数为中小规模项目。投资50亿元以上的大项目有26个，项目数量同比减少26个，其中100亿元以上的项目有12个，项目数量同比减少11个，且这些百亿项目均为基础设施建设项目或以城中村改造为主的房地产业项目，全年没

有投资超 100 亿元的工业项目开工入库，投资 50 亿~100 亿元的新开工工业新增项目也仅有 2 个，不利于发挥制造业大项目投资的集聚带动作用。

（四）科技创新成果转化率偏低，"科技强市"支撑力与产业落地耦合度不高

尽管广州 R&D 经费投入占 GDP 比重已接近 3%，高校、科研院所密度居全国前列，但科技成果转化效率偏低，科研与产业"两张皮"问题仍然严重。科研成果缺乏中试平台与孵化载体支撑，科技型企业成长通道不畅，源头创新未能形成产业集群化溢出效应，导致"强科研、弱应用"的结构性短板持续制约城市科技创新转化效率。此外，科技金融体系尚未有效嵌入创新生态，缺乏专业化、市场化的支持机制来打通"研发—成果—投资—产业"全过程协同链条。

（五）高素质人口集聚力不足，人才结构错配与流动机制受限

广州人口规模增长趋缓，高层次人才净流入速度不及深圳、杭州等城市。一方面，广州在住房保障、创新创业服务、文化宜居度等方面相对滞后，青年人才"留下难"问题突出；另一方面，部分新兴产业核心岗位供需错配严重，缺乏复合型、交叉型、平台型人才。体制机制层面，人才引进与高校资源转化通道不畅，人才"培育—引进—使用—激励"全链条生态仍待完善。

（六）区域发展不平衡问题仍存，城市功能外溢与产业梯度协同不畅

广州内部区域之间发展基础差距较大，中心城区产业集中度高、资源密度大，而外围区域尤其是北部生态带、南沙部分区域在公共服务、交通接驳、产业承载等方面仍有明显短板。城市功能"聚而不散、强而不扩"，导致主城区过密、副中心发展慢的问题未能有效破解。外围新城与核心城区之间的功能互补、资源协同、产业对接仍未形成闭环机制，制约广州整体能级的系统性跃升。

四　广州竞争位势和经济发展前景

（一）广州在全国及珠三角区域中的竞争位势

1.在全国主要城市中仍稳居第一梯队，但与头部城市差距扩大

根据2024年主要经济指标数据，广州全年GDP达3.10万亿元，位列全国第五，依旧稳居一线城市经济体量第一梯队。然而，与深圳、上海、北京相比，广州的部分核心指标呈现边际放缓趋势，头部城市间的分化态势加剧。GDP方面，北京（4.98万亿元）、上海（5.39万亿元）、深圳（3.68万亿元）均保持较快增长，广州虽仍高于杭州、成都等新一线城市，但与深圳的差距已扩大至近5800亿元。广州在全国仍具较强经济基本盘和城市能级，但与京沪深之间的竞争梯度正逐渐拉开，特别是在科技创新、产业高端化和人口吸引力等方面需加快追赶步伐，避免"总量领先—结构落后"的风险。

2.从"中心"转向"枢纽"，竞争合作格局深度演化

在珠江三角洲区域内部，广州、深圳"双核并峙"的局面依然延续，但区域内产业协同和资源流动的结构发生显著变化。深圳经济"领跑"珠三角，其科技创新能力、金融资本集聚度持续提升，对高端要素的吸附效应明显增强。广州则强化门户枢纽功能，依托空港、高铁枢纽、南沙自贸区等，形成"对内集聚、对外辐射"的枢纽型经济空间，成为珠三角与粤东西北、与东盟之间的重要接口。区域"多中心、差异化、耦合式"格局初步显现，佛山、东莞工业崛起趋势明显，2024年，佛山GDP达1.34万亿元、东莞GDP达1.23万亿元，规上工业增加值高居全国前列，产业链自主可控能力持续增强，构成对广州传统制造地位的挑战。惠州、中山等城市则依托特定产业赛道快速发展，惠州新能源汽车与化工一体化项目进展显著，中山加速对接港澳科技资源。广州正从珠三角中心城市向粤港澳大湾区枢纽城市转型，面临来自"深圳科技—东莞制造—佛山配套"的三重产业竞争

压力，同时也在发挥"协调—疏导—集成"功能，其核心任务已从"守住中心"转向重塑区位优势与功能优势。

3. 优势与短板并存，亟须提质增效再升级

广州目前的综合竞争力呈现"基础雄厚、结构趋优、动能切换未稳"的状态，具体可以从以下几个维度分析。一是区位与交通优势突出，门户枢纽功能强化。广州拥有全国一流的综合交通体系，白云国际机场客货吞吐量保持全国前列，京广高铁、广深港高铁形成南北贯通格局，南沙港逐步向区域航运中心迈进。2024 年，白云国际机场旅客吞吐量突破 7600 万人次，南沙港集装箱吞吐量超 2000 万标箱，城市"门户经济"正在成形。但需注意，广州的"门户功能"尚未完全转化为高附加值产业集聚力，如港口经济的本地产业配套能力、临空经济带动能力仍待增强。二是科创资源基础良好，但科技产出转化仍偏弱。广州拥有众多高校、科研机构和创新平台，如粤港澳大湾区国家技术创新中心、琶洲互联网创新集聚区等，R&D 经费投入占 GDP 比重接近 3%。但从全国数据来看，广州高新技术企业数量、专利转化效率、科技成果落地能力仍低于深圳、杭州。广州亟须提升"科技—产业—资本"三元耦合能力，构建以产业应用为导向的科技生态闭环，补齐"科研强、转化弱"的结构性短板。三是产业结构正向高端化迈进，但制造强市根基仍需巩固。第三产业对经济增长贡献稳定，特别是数字经济、金融、会展、医疗健康等产业快速成长。2024 年，广州第三产业增加值占 GDP 比重达 73.66%，但第二产业特别是制造业增加值占 GDP 比重持续下降，工业增加值占 GDP 比重约 25%，与佛山、东莞形成鲜明对比，广州面临"去工业化"风险，亟须通过高端制造回流、"制造+服务"融合、"制造+枢纽"联动模式重塑产业根基。

4. 从"头部守势"转向"结构跃升"，广州需要新增长极战略

从全国与珠三角竞争格局综合来看，广州处在从传统中心城市向战略性枢纽城市跃迁的关键阶段。当前，广州经济总量仍有较强支撑力，但结构性挑战和资源再分配趋势明显，未来发展路径应从单一规模竞争转向多元化系统竞争。广州下一步应在全国城市格局中构建"科技—制造—枢纽"三位一体增长极，不再仅以经济总量与深圳竞争；在珠三角主动发挥"资源协调者"与"要素整合器"的作用，提升平台型城市能力；探索"国际消费中心城市""全球数字枢纽""绿色科技湾区"三大战略方向，实现从传统一线城市向新型一线城市跃升。

（二）2025年广州经济发展前景

2025年是广州迈向新质生产力主导阶段的关键窗口期，也是"十四五"承上启下的重要节点。从外部环境看，全球地缘政治复杂化、通胀高位盘整、绿色转型趋势强化，全球产业链与贸易体系加速重构；从国内看，中国经济在经历结构修复期后，政策导向从"稳增长"逐步转向"促转型"，以科技创新、绿色低碳、内循环强支撑为主要抓手，推动实现高质量发展。广州必须在这一宏观背景下重构城市发展逻辑，谋划以结构跃升和功能再定位为主轴的新一轮城市竞争优势。

1. 经济运行趋于"低速稳质"，城市发展范式重塑

全球经济在2025年仍将处于动荡调整期，国际货币政策分化、供应链安全焦虑加剧、绿色壁垒持续提升，这些因素将持续对中国开放型城市形成外部掣肘。在此背景下，广州有望继续释放政策效能，稳定市场预期，推动产业链供应链稳定畅通。2025年广州市经济增长将呈现温和回升态势，保持3%~4%的增速，发展质量和效益进一步提升，经济运行更加注重结构优化和内生动力培育。

2. 制造业进入"系统性重塑"阶段，先进制造和绿色低碳方向值得关注

2025年，广州传统制造业（如汽车制造、通用装备制造）将继续面临"油转电"、智能网联等结构性压力，但"12218"现代化产业体系（重点发展智能网联与新能源汽车、超高清视频与新型显示、生物医药与健康、人工智能、半导体与集成电路、低空经济与航空航天等15个战略性产业集群）将加快形成链条化发展格局。预计高技术制造业增加值占比将首次突破30%，工业投资、技改投资继续保持两位数增长。制造业将在"数字—绿色—智能"三重引擎带动下，完成从补链强链向"链主城市"跃迁。

3. 现代服务业转型提质，数字化平台与新消费模式持续涌现

2025年，广州服务业结构将进一步聚焦科技服务、数字平台、文旅、专业服务等高附加值领域。随着演艺经济、沉浸式文旅场景快速扩张，直播电商、即时零售、数据服务等形成生态型增长极。同时，琶洲、南沙等枢纽平台经济区将持续集聚高端要素，成为新型服务业的承载核心。广州服务业将实现从支撑经济增长向重塑城市功能升级。

4. 枢纽城市功能深化，构建内联外畅的要素组织中枢

作为国家通道型枢纽城市，2025年广州将深度融入国家统一大市场与粤港澳大湾区一体化进程，强化南沙港、白云国际机场等枢纽节点的"辐射—组织—转化"功能。以国际物流、数据跨境流通、金融服务与知识产权为抓手，广州将加快从货运中转平台向全球资源配置节点升级，提升制度型开放能力和国际市场连接力。

5. 城市发展逻辑重构，迈向"结构主导—能力导向"新格局

面对城市空间边际收益递减与资源环境约束，广州城市发展将从"外延扩张"转向"内涵优化"，在空间利用、人口集聚、生态保护等方面注重效率与协同，推动城市功能体系更加完善。以数字治理、绿色转型、城市更新为抓手，提升公共服务供给质量和城市治理现代化水平，持续增强城市吸引力与承载力。

五　2025年广州经济高质量发展的对策建议

围绕2025年广州经济发展的总体目标与宏观趋势，建议从结构调整、要素集成与制度创新、有效需求扩张、项目牵引、精准招商、企业梯度培育六大关键维度发力，着力突破发展瓶颈、增强内生动能、提升枢纽功能、夯实实体根基，加快形成结构更优、功能更强、韧性更足的高质量发展新局面。

（一）以结构调整为导向，推动制造业系统性重塑

1. 聚焦"12218"现代化产业体系，做强"3+5"新兴产业主轴，构建链群耦合的战略性产业集群

重点聚焦"12218"现代化产业体系涉及的超高清视频、新材料、生命健康、低空经济、智能网联汽车、绿色能源、未来显示、前沿新材料等高成长性赛道，系统打造"龙头引领—中小联动—平台支撑"的产业组织结构。第一，强化龙头企业引育。对标华为、比亚迪等高能级产业链核心企业的发展路径，加快培育广州本地"链主企业"和隐形冠军企业，重点支持在核心技术、关键部件、整机系统等方面具备突破潜力的企业做强做大，形成高端制造业的"压舱石"。第二，提升链网耦合能力。围绕重点赛道建立"产业链全景图"和"补链清单"，通过"一链一策"推动配套企业集群式布局，鼓励大企业带动中小企业"共建—共研—共销"，构建多层次、多节点的链群共生网络。第三，强化平台支撑能力。依托中新广州知识城、南沙科学城、广州增城高端电子信息新材料产业园等产业功能区，布局一批高标准产业平台与创新载体，推动"研发—中试—检测—孵化—生产"一体化整合，加快形成"平台+赛道+生态"协同支撑机制。通过形成一批具有自主可控技术优势、全球市场影响力和本地配套能力的产业集群，推动广州在关键战略性产业领域由"跟跑"向"并跑""领跑"转变。

2. 强化传统产业升级与产能释放，增强产业基础稳定性和自主性

当前广州仍拥有以汽车制造、电气机械、通用设备制造、石化轻工等为代表的较为完整的工业体系，其稳定运行是城市经济"底盘韧性"的重要体现。但在新旧动能转换的关键阶段，传统产业必须加快实现"结构重塑—产能释放—提质增效"的跃迁。要精准识别优势领域与重点企业，聚焦广州在整车、动力电池、通信设备、精密制造、化妆品等领域具有竞争力的龙头企业与细分冠军，梳理重点工业品目录与产能分布图谱，实施分类施策、重点扶持。要建立产销对接与订单驱动机制，依托产业协会、龙头企业与行业平台，搭建"工业品对接平台"和"产

链订单撮合系统",推动市内生产企业与上下游、终端市场建立直连机制,疏通产业链末端"堵点",提升产能利用效率。要释放项目产能并形成规模效应,围绕一批已竣工或即将达产的重点产业项目,制定"投产计划+运营服务+要素支持"一揽子方案,加快形成新增产能,避免"项目建成但产出迟缓"的效能空转问题。

3.加快制造业技改与智能化、绿色化改造,推动产业质量跃升与生态转型

持续强化技改投入、智能布局、绿色升级三重发力,推动制造业企业从"产能型"向"质量型""服务型"转变。一是建立技改投资长效支持机制。围绕产业链重点环节、关键节点、薄弱企业,实施"设备更新+工艺革新+数字化管理"综合技改工程,设立专项基金支持企业开展技术改造与流程再造,推动形成"以技改促产出、以增效促转型"的良性循环。二是推进智能制造全面布局。支持企业建设智能工厂、数字车间、工业互联网平台,通过推动"5G+工业控制""AI+设备调度"等技术融合,加快工厂"人机系统—物联网—平台云化"三层结构再造,形成个性化、高效率、柔性化的新型制造体系。三是引导绿色化生产模式升级。构建制造业绿色低碳标准体系,支持节能环保设备更新、绿色原料替代、低碳工艺革新,推广"绿色工厂""绿色供应链"认证,落实碳足迹追溯机制,推动制造业全面融入"双碳"战略主线。建设一批"智能化+绿色化+服务化"示范工厂,引导广州从"制造大市"向"制造强市"突破。

(二)以要素集成与制度创新双轮驱动,提升枢纽型经济组织能力

1.推动综合枢纽节点能级跃升,打造国际门户型要素通道体系

广州是全国唯一集空港、海港、高铁、高速于一体的国家级综合交通枢纽城市。作为国家中心城市和粤港澳大湾区核心枢纽,广州具备"陆海空网"多元通道交汇、"港产城"深度融合和"政策+平台"双重开放的优势。要加快从传统通道型经济转向要素整合型、平台支撑型、制度引领型枢纽经济,以全球资源配置能力重塑城市发展优势和开放新格局。一方面,要加快白云国际机场国际航空枢纽升级,实施T3航站楼和第四跑道等重大扩

建工程，提升客货运综合保障能力。引导航空公司拓展洲际航线和国际货运专线，构建面向共建"一带一路"国家和地区与RCEP国家的空中通达网络，推动"空运+保税+跨境电商"集成发展。另一方面，强化南沙港航运枢纽功能，推进南沙港四期智能码头与临港产业园一体化建设，加快布局航运金融、航运保险、海事仲裁等高端服务要素，打造"口岸经济+保税加工+出口制造"的外贸组织中心。

2. 强化制度型开放优势，加快形成全球资源配置能力

新时代枢纽型城市的竞争核心从"通道密度"转向"制度便利度"。广州应深化制度型开放试验，构建面向全球的高标准规则体系，拓展和提升城市在全球经济体系中的嵌入深度和话语权。要用好南沙自贸区改革创新试验平台，围绕投资准入、贸易监管、税收便利、金融创新等重点领域，复制推广全国自贸区最佳实践，持续释放制度红利。加快推进《广州南沙深化面向世界的粤港澳全面合作总体方案》在要素流动便利、规则衔接机制等方面的落地见效。在数据跨境流通与数字贸易规则方面先行先试，争取开展数据出境安全评估"白名单"机制试点，建设跨境数据枢纽节点和数字贸易试验区，推动形成"平台合规—数据赋能—制度引领"的数字开放闭环。打造国际知识产权高地，加强与港澳及世界知识产权组织在知识产权确权登记、跨境执法、价值评估等方面的合作，构建知识产权交易、融资、仲裁一体化服务平台，服务企业"出海"与品牌"走出去"战略。

3. 构建联通湾区、辐射全国、连接全球的要素集成体系

发挥广州区位、基础设施和政策集成优势，建设联通湾区、辐射全国、链接全球的城市资源配置网络，在人流、物流、资金流、数据流、技术流五大要素上形成整合与转化能力。一是打造湾区资源集聚中枢。整合琶洲互联网创新集聚区、大湾区（南沙）临港产业集聚区、中新广州知识城等空间节点，构建"科技—人才—资本"三位一体的要素集聚网络，支撑区域创新系统高效运转。二是提升金融结算与支付清算能级。推动建设广州金融外汇结算中心、跨境人民币支付平台、数字人民币应用场景示范区，形成金融

要素跨境流通和结算中心功能，助力"跨境电商+供应链金融"模式发展。三是建设新型数字基础设施体系。依托中国移动南方基地、中国电信华南基地等信息骨干节点，加快5G-A、工业互联网、星地融合网络部署，打造面向大湾区与东盟地区的区域数据调度中心与算法资源中心，支撑数字经济与枢纽型产业生态深度融合。

（三）以有效需求扩张为支点，提振消费市场内生动能

1.提前布局促消费政策矩阵，激发重点品类消费潜力

面对消费低速恢复态势，应强化政策引导与市场协同联动，构建政策常态化、机制市场化、品类系统化的促消费政策矩阵。一是继续推进"以旧换新+场景焕新+平台推动"组合政策，制定涵盖家电、家装、家居、汽车等耐用消费品的全链条更新计划，发展"以旧换新补贴+绿色节能积分+以租代购服务"多元化替代机制，结合碳足迹管理机制推动消费绿色升级。二是完善重点品类补贴机制，推动政策市场化转向。聚焦智能、绿色、高效特征明显的产品类别，推动政府补贴、企业让利、平台促销联动机制，鼓励企业参与联合补贴与换购回收体系。建立标准公开、流程简化、领取便捷的政策补贴发放机制，提升消费者触达率和满意度。三是加快从短期刺激向长效机制转型。建立消费信贷支持机制，推动绿色消费贷、更新贷等工具嵌入消费周期管理；通过建立消费补贴"预算池+联动基金"机制，激励商圈、品牌、平台主动设计消费激励，构建市场驱动的政策实施体系，防止"一次性补贴"形成"短期热—长期冷"效应。

2.打造文旅演艺与体育赛事双核拉动消费引擎

在消费由"物质性购买"转向"体验性参与"的结构性演进中，广州需依托城市文化资源、体育赛事品牌和沉浸式场景优势，打造具有辐射效应的复合型消费引擎，用好全运会契机，激活"文商旅体"多元消费动能。聚焦第十五届全运会，系统构建"活动前—活动中—活动后"三段式消费拉动机制，前期加强赛事相关产品供给与场景布局，中期提升赛事期间旅游、住宿、餐饮、零售联动强度，后期推动IP沉淀、场地复用、品牌联展

等延伸价值释放。依托赛事带动，打造一批"体育赛事+区域消费+数字传播"一体化新场景。做强演艺与文旅融合消费高地。系统整合大型演出、非遗展演、城市艺术节、潮流市集等多元文化载体，形成"周末有演出、节日有盛典、假期有活动"的高频次消费节奏，提升"人流—流量—销量"转化效率。以北京路、永庆坊、花城广场、白鹅潭为核心，发展"夜游经济、国潮体验、文化演艺"深度融合的城市消费板块。此外，推动活动型消费常态化机制建设，引导各区因地制宜打造文旅品牌活动，建立活动备案、财政引导、品牌认定等支持体系，推动由"政府主导型"活动转向"平台市场型+社区自治型"活动网络，提升城市消费"温度"与文化认同感。

3. 培育数字消费与场景消费融合新业态，构建城市新型消费生态

完善"数字内容+直播电商+即时零售"三位一体发展机制。发挥广州在数字内容、MCN 机构、电商平台、供应链管理等方面的集聚优势，推动头部直播电商品牌做大做强，打造一批具有本地特色的"超级带货 IP+品牌矩阵"；强化数字零售基础设施支持，加快推进即时配送体系升级，推动"15 分钟消费圈"从生活保障型向多功能复合型转变，打造数字生活样板区与沉浸式消费新场景。以琶洲—天河路商圈、白鹅潭—北京路为试点，建设"数字导购、虚实互动、AI 导游、AR 体验"等技术深度赋能的数字商圈，推动数字技术从引流工具向体验系统演进。鼓励各大商圈、商业综合体发展"沉浸式消费+社交场景+文化表达"新空间，构建可停留、可分享、可转化的高黏性消费生态系统。建设"广州智慧消费地图"，集成支付、优惠、商圈、公共服务等信息资源，提供个性化推介与沉浸式导航。推动打通数字消费平台与城市管理系统，实现流量、客流、能耗等多要素共管共享，构建城市治理与消费体验协同提升的"城市数字双生"场景。

（四）以项目牵引为核心，加快投资动能和发展空间扩展

1. 加强项目储备与建设进度统筹，激活投资有效供给

一是建立"能开工、可竣工、快投产"项目清单台账，围绕重大产业、基础设施、公共服务三大类项目进行动态分类管理。实施"红黄绿"项目调度标识制度，对关键环节制定倒排工期表和责任清单，形成"领导包干+要素集成+闭环落实"的推进机制。二是优化审批流程与要素配置保障。推行项目全流程"联审联办"机制，整合规划、土地、环保、能评等关键环节，推进"拿地即开工""一网通办""容缺审批"改革试点。针对重点片区如南沙、琶洲、中新广州知识城，实施土地、能源、排放指标"集中授信"和动态调剂，提高土地利用效率与资源配置精准度。三是建设项目全周期数字化管理平台。推动形成从项目储备、审批、建设、投产到效益评估的全过程数字监管链条。加强对项目能耗指标、施工进度、融资状态、产业导入等要素的实时监测和预警，提升投资管理智能化、系统化水平。

2. 用好专项债与政策资金，撬动重大项目与结构性投资

一是聚焦关键领域谋划公益性、长远性项目群组。优先布局数字基础设施（如城市数据大脑、AI算力中心、工业互联网平台）、绿色能源网络（氢能交通站、分布式光伏等）、城市更新（城中村改造、历史街区活化）、综合交通枢纽（多式联运中枢、地铁—机场联动）等方向，提升投资的系统带动性与公共服务功能。二是提升专项债项目储备质量与生成能力。完善专项债项目"全生命周期管理制度"，对储备项目开展经济可行性、财务可承受性、社会收益性、运营模式"四维评估"。建立"项目库—资金池—指标库"三位一体机制，实现专项债指标动态优化、精准配置，推动"财政+产业+资本"融合型投资机制。统筹政府产业引导基金、绿色发展基金、科创母基金等资源，通过"财政补助+股权直投+收益回补"等组合方式，鼓励社会资本参与公共基础设施、科技创新平台、高端制造载体建设，实现"财政撬动—资本配套—项目落地"闭环运作。

3. 推动制造业"增资扩产+链式落地"，释放产业投资动能

第一，出台制造业"增资扩产+链式落地"专项政策，实施链主企业扩产、关键配套落地、平台功能强化三类支持路径。向完成能级提升、技术改造的工业企业提供专项奖补、税收返还、设备融资支持等政策包，强化其产业深耕意愿。第二，强化链主企业牵引与产业链式协同机制。围绕智能网联汽车、集成电路、合成生物、新材料等核心链条，推动"链主+头部配套+本地中小企业"联合招商模式，推进项目集群化落地。发挥广汽、亿航、粤芯、华南新药创制中心等链主企业的创新引导与带动作用，构建"产业链招商—园区配建—平台联动"全链条投资生态。第三，加快制造业空间载体体系建设与功能平台配置。在黄埔、南沙、番禺等制造业高地，推进"千亿平台+特色园区+中试基地"梯级空间体系建设，探索"厂房共享、载体租售结合、弹性用地"模式，提高产业空间使用效率。同步配套投融资平台、数字基础设施、绿色能源网络，构建多维支撑平台，提高制造项目落地率与运营效益。

（五）以精准招商为抓手，增强新兴产业集聚力和平台承载力

1. 围绕"12218"现代化产业体系，推动市区招商一体化、功能差异化

广州"12218"现代化产业体系为精准招商提供了战略主轴和产业分工逻辑。当前亟须突破市区"各自为战"、资源分散、靶向不足的问题，构建统一高效的招商统筹机制。一是强化"市统筹—区实施"机制，构建差异化招商责任图谱。由市级统一制定全市招商地图与重大项目指引，明确各区主攻方向、承载空间、产业功能、资源清单，形成"一区一主业、一园一特色"格局，如黄埔主攻生物医药与智能制造，南沙侧重航运物流与海洋科技，番禺突出汽车与低空经济，花都聚焦时尚消费品与航空产业等。二是推动"招商+空间+政策"三位一体资源整合。将市级招商基金、政策扶持、人才资源与区级载体空间、产业平台联动统筹，按项目规模、成长性、产业引导性分类配置资源包，实现"人跟项目走、资源跟项目配"的招商落地机制。三是推进项目全流程"并联推进+驻地护航"机制。对符合主导产业定位的重点项目，实施市、区两级"专员跟进+一事一议+封闭运作"，从谈判对接、选址落地、建设审批、首投资金到政策兑现提供全过程闭环保障。

2. 前瞻布局未来产业与技术高地，打造"场景+应用"双链推进试验区

聚焦人工智能、类脑计算、量子信息、绿色氢能、商业航天、柔性电子等未来赛道，引导招商从"机会导入"向"能力组织"跃升。对标全球创

新前沿，提前锁定一批具有原始创新能力与颠覆性技术的企业与科研机构，结合广州优势场景资源打造定制型落地方案。依托重点平台打造未来产业"试验区+应用区"双链融合样板，如在琶洲构建 AI 赋能数字经济实验区，打造智能营销、虚拟交互、数字孪生等融合场景；在中新广州知识城推动量子科技、生物合成试验示范园；在南沙设立"低空经济+海洋科技试飞"测试基地、绿色能源综合场景示范区，实现"应用牵引+场景孵化"融合机制。建立前沿技术招商评估体系与中试转化平台，设立由科技顾问、产业专家、基金合伙人组成的招商技术评估小组，从技术成熟度、可扩展性、产业带动力等多维度对未来产业项目进行综合评估。同步建设中试平台、产业加速器和科创金融通道，实现从技术识别到产业转化的闭环支撑。

3.打造企业全生命周期发展生态，推动招商转向"生态构建型"

健全"引进—落地—建设—投产—发展—总部化"全过程服务链条。在企业落地之初即明确其成长路径，对高潜力项目提供"一企一策"成长期服务包，包括工商登记绿色通道、人才公寓优先配置、产业政策直达等，避免"落地即失联"。打造企业成长生态圈，推动"产业+资本+人才+市场"深度融合。围绕龙头企业组建"配套联盟"，引入基金合伙人、孵化器、交易平台、服务机构等资源，为企业提供从技术转化、试产验证、产品推广、品牌运营到资本运作全方位服务。推动优秀企业沿"链主企业—平台企业—总部企业"进阶路径快速成长。设立企业成长评价与再扶持机制。对入驻企业设立"三年成长评估"机制，分阶段给予其产业基金注资、贷款贴息、政策支持等"二次招商"扶持，建立动态支持与退出机制，鼓励企业做大做强。支持具有总部潜力的本地企业回迁总部、集聚要素、落地平台，构建企业"总部化+平台化"发展新格局。

（六）以企业梯度培育为重点，夯实高质量发展微观基础

1.加快"四上"企业提质扩量，夯实高质量发展基本盘

"四上"（规模以上工业、有资质的建筑业和全部房地产开发经营业、限额以上批发零售业和住宿餐饮业、规模以上服务业）企业是支撑广州

GDP、税收、就业、投资和创新的重要主体。2025年，应将"四上"企业提质扩量作为产业升级和经济稳定的关键抓手，构建"筛选—培育—升级"三步走机制。一是做实"准四上"企业库建设与认定机制。由广州市统计、工信、商务、住建等部门联合建立动态"准四上"企业库，通过税收、用电量、生产能力等多维指标科学筛选潜力企业，实施"一企一档""一企一策"分类培育方案。二是推动中小企业向规上企业加速跃升。通过减税降费、融资支持、数字化转型补贴等手段，支持符合条件的中小企业在管理规范、产能扩张、营收增长等方面实现"量的达标、质的提升"，逐步将其纳入"四上"统计口径，提升城市微观主体统计完整性与治理精准度。三是建立数据归集与跨部门服务协同机制。打通工商、税务、统计、信贷等数据通道，构建"企业成长—服务介入—统计入库"的信息联动闭环。强化税务、统计、产业等部门协同联动，提升"四上"企业认定效率与服务质量，做到"应入尽入、入库无障碍"。

2. 支持重点项目企业加快产出转化，释放政策红利和发展效益

实施"重点项目落地—产能释放"专项推进机制。围绕年内计划投产或新增产能的企业，建立由市级统筹、区级主责的服务台账，逐项倒排工期，定期调度进展，动态跟踪进度，确保企业按时投产、按效运营。落实"绿色通道+专人服务+政策直达"三位一体保障机制。对重点项目设立审批绿色通道，优化用地用能指标配置，落实"专班+专人"包联服务机制；同时搭建数字化惠企平台，实现税收、金融、用工、科技等扶持政策精准直达、即申即享。推动将产出企业纳入产业政策扶持序列。将年内形成新增产值、税收贡献明显的项目企业优先纳入产业链核心企业培育库，给予"链上配套支持+金融绿色通道+政府采购倾斜"等综合激励，促进新增投资与地方经济联动效益最大化。

3. 强化龙头企业引领和中小企业嵌套发展，打造协同型产业链生态

鼓励龙头企业在各细分赛道构建产业标准体系、开放制造资源与数字平台，主导上下游产品协同、工艺对接、技术联创，提升中小企业"链上嵌套"能力与市场参与度。推动大中小企业"产业协同+研发协作+市场联通"

一体化运行。通过组建"产业链企业联合体""链上企业联盟"、搭建"产业园区共建平台"等形式，引导中小企业围绕龙头企业形成柔性制造、快速响应、个性定制的服务能力，提升中小企业专业化、协作化、平台化水平。建立"链主企业+配套中小企业"梯次成长机制。对带动生态体系构建的链主企业给予平台化运营奖励；对配套中小企业在技术对接、市场供给、融资支持方面建立政府引导机制，形成从"链尾孵化"到"链中成长"再到"链上引领"的企业成长链条。

参考文献

《2025 年广州市政府工作报告》，广州市人民政府网站，2025 年 2 月 27 日，www. gz. gov. cn。

《实干，一座超大城市的奋进之路》，中国广州网站，2025 年 1 月 3 日，www. guangzhou. gov. cn。

《郭永航同志在广州市高质量发展大会上的讲话实录（2025）》，中共广州市委统一战线网站，2025 年 2 月 6 日，www. gztzb. org. cn。

《2024 年经济运行稳中有进 主要发展目标顺利实现》，国家统计局网站，www. gov. cn。

《黄坤明同志在广东省高质量发展大会上的讲话实录（2025）》，广东省人民政府网站，2025 年 2 月 5 日，www. gd. gov. cn。

行业发展篇

B.2

2024年广州市规模以上服务业运行分析报告

广州市统计局服务业处课题组*

摘　要： 2024年，面对有效需求不足、市场预期偏弱等挑战，广州市积极响应国家宏观调控政策，通过一揽子促消费、过境免签、改善营商环境等"组合拳"的落实落细和发力显效，有效提振了市场信心，改善社会预期，促进了经济回升。全年广州市规模以上服务业（下文简称"规上服务业"）呈现增长平稳、稳中加固运行态势，企业经营效益逐步改善，企业用工相对平稳，用工人员薪酬有所增长，民营经济支撑有力。但同时需要关注行业增长面和盈利面表现分化、部分行业发展动能不足等问题，亟须提高科技创新能力，加快科技赋能产业升级，优化营商环境，提升服务业和广州经济的发展动力。

关键词： 广州　规模以上服务业　产业升级　新质生产力

---

* 课题组组长：刘钰，广州市统计局服务业统计处处长。课题组成员：莫广礼，广州市统计局服务业统计处副处长；陈善盈，工学硕士，广州市统计局统计师。执笔人：陈善盈。刘钰，广州市统计局服务业统计处处长；莫广礼，广州市统计局服务业统计处副处长；陈善盈，工学硕士，广州市统计局统计师。执笔人：陈善盈。

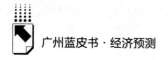

一 2024年广州市规模以上服务业总体运行情况

（一）营业收入增速有所回升

2024年末，广州市规上服务业营业收入突破2万亿元，达到20866.45亿元，同比增长7.1%，增速比前三季度提高0.2个百分点。受2023年开局基数低、后期基数快速抬升的影响，全年规上服务业营业收入累计增速总体呈现高开低走态势，在10月累计增速回落至全年最低点后，稳增长、促消费等政策成效显现，年末增速有所企稳回升（见图1）。

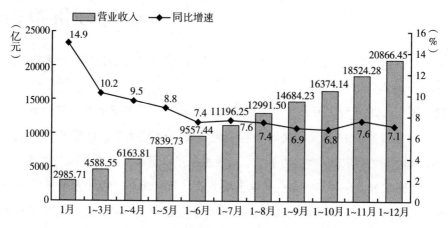

图1 2024年广州市规模以上服务业营业收入增长情况

资料来源：广州市统计局。

（二）企业经营效益有所改善

2024年末，广州市规上服务业企业实现利润总额1720.92亿元，同比下降1.6%，降幅分别比前三季度收窄8.2个百分点，表明企业经营效益逐步好转。十大门类行业中，从利润总额总量看，租赁和商务服务业，信息传输、软件和信息技术服务业，交通运输、仓储和邮政业对广州市规上服务业利润总额贡献较大，分别占规上服务业利润总额的 35.3%、34.1% 和 18.2%。从利润总额增速看，交通运输、仓储和邮政业，教育，水利、环境和公共设施管理业总额增长较快，分别同比增长 73.9%、58.6% 和 34.1%。居民服务、修理和其他服务业实现利润总额 3.21 亿元，与上年同期相比实现了扭亏为盈。从盈利面①看，广州市 15357 家规上服务业企业的盈利面为 62.7%，比前三季度提升 11.3 个百分点。十大门类行业中，除了卫生和社会工作，文化、体育和娱乐业，其余 8 个行业盈利面均超过 50%。

（三）社会用工和薪酬保持平稳增长

2024 年，广州市规上服务业企业实现应付职工薪酬 4100.46 亿元，同比增长 2.2%；期末用工人数合计 245.07 万人，月人均应付职工薪酬为 1.39 万元，同比增长 6.1%，增长较为平稳。其中，租赁和商务服务业吸纳从业人数最多，期末用工人数达 85.38 万人；教育行业从业人数增长最快，同比增长 2.0%。乘数字经济发展的"东风"，2024 年末信息传输、软件和信息技术服务业月人均应付职工薪酬稳居首位，达到 2.38 万元，比前三季度提高 0.1 万元。信息传输、软件和信息技术服务业，租赁和商务服务业月人均应付职工薪酬增长最快，同比均增长 10.1%。

（四）百强企业支柱作用明显

2024 年规上服务业营业收入规模百强企业合计实现营业收入 8408.42 亿元，同比增长 9.9%，占规上服务业营业收入总额的 40.3%，拉动规上服务业营业收入增长 3.9 个百分点②；实现利润总额 804.59 亿元，同比增长 14.9%，占规上服务业利润总额的 46.8%，拉动规上服务业利润总额增长 6.0 个百分点。从百强企业行业分布看，交通运输、仓储和邮政业，信息传输、软件和信息技术行业企业数量较多，分别为 35 家和 36 家，合计营业收

---

① 盈利面=利润总额大于 0 的单位数÷单位总数×100%。
② 拉动增长用于分析某部分的增长量拉动整体增长程度的指标，指整体中某部分的增长量与整体基期值的比值。

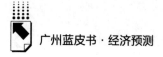

入和利润总额分别占规上服务业总体的 33.4% 和 43.8%，两个行业的龙头企业集聚效应较强。

（五）民营经济发展较快

2024 年，广州市共有 13472 家规上民营服务业企业，占规上服务业企业总数的 87.7%，合计实现营业收入 12892.93 亿元，占广州市规上服务业营业收入的 61.8%，同比增长 8.1%，高于同期规上服务业企业总体增速 1.0 个百分点，拉动广州市规上服务业营业收入总额增长 4.9 个百分点。分行业看，交通运输、仓储和邮政业，信息传输、软件和信息技术服务业，租赁和商务服务业三个行业的规上民营企业规模较大，营业收入合计 9994.38 亿元，占规上民营服务业企业营业收入总额的 77.5%；三个行业规上民营企业营业收入同比分别增长 18.7%、7.7% 和 10.2%，分别拉动规上民营服务业企业营业收入总额同比增长 3.6 个、2.6 个和 2.3 个百分点。

二 2024年广州市规模以上服务业各行业运行情况

2024 年，广州市服务业在交通物流、商务客流、数据信息流等领域表现活跃，交通运输、仓储和邮政业，信息传输、软件和信息技术服务业，租赁和商务服务业营业收入实现平稳较快增长，为广州市规上服务业营业收入增长提供有力的支撑和保障。但与此同时，部分行业受新旧动能转换、有效需求释放不足、市场预期趋向疲弱等多重因素影响，运行承压，居民服务、修理和其他服务业，水利、环境和公共设施管理业等营业收入增速处于个位数增长状态；科学研究和技术服务业受房地产市场低迷和重点企业项目推进缓慢的影响，营业收入增速低位运行；文化、体育和娱乐业受雨季天气和游乐场所及相关娱乐消费下降影响，营业收入增速高开低走，增长明显放缓；房地产业（不含房地产开发）、卫生和社会工作营业收入处于负增长状态（见表1）。

表1 2024年广州市规模以上服务业各行业营业收入增长情况

行业	营业收入（亿元）	同比增速（%）	增速比前三季度增减（个百分点）	拉动规上服务业营业收入同比增长（个百分点）
规上服务业合计	20866.45	7.1	0.2	7.1
交通运输、仓储和邮政业	6656.31	12.7	−1.2	3.9
信息传输、软件和信息技术服务业	5835.59	5.7	−0.3	1.6
房地产业（不含房地产开发）	1520.42	−1.2	1.4	−0.1
租赁和商务服务业	3994.49	8.2	0.2	1.6
科学研究和技术服务业	1768.60	0.8	6.6	0.1
水利、环境和公共设施管理业	138.53	6.5	−3.1	0.0
居民服务、修理和其他服务业	186.53	3.8	1.9	0.0
教育	129.02	11.4	2.1	0.1
卫生和社会工作	290.25	−2.0	0.2	0.0
文化、体育和娱乐业	346.72	0.3	1.0	0.0

资料来源：广州市统计局。

（一）交通运输、仓储和邮政业保持两位数增长

2024年，广州市规上交通运输、仓储和邮政业实现营业收入6656.31亿元，同比增长12.7%，拉动规上服务业营业收入增长3.9个百分点。客运方面，在商务、会展和文旅活动助力下，广州市客流量快速增长，全年完成客运量3.32亿人次，同比增长9.0%。其中，水上、铁路和航空旅客运输营业收入同比分别增长22.6%、11.5%和7.3%，城市公共交通运输营业收入同比增长26.4%。货运方面，稳增长、促消费系列政策持续发力，叠加"618""双十一"等电商促销节点的有利因素，货运市场稳步回升，全年广州市完成货运量9.51亿吨，同比增长2.4%，带动航空、铁路和水上货物运输营业收入同比分别增长23.9%、19.6%和18.9%，邮政业营业收入同比增长20.2%。自2023年底起航运市场有所转暖，出口集装箱运输市场行情保

持稳中向好的走势，运输需求保持高位，远洋航线市场运价持续上行，带动上下游相关产业快速发展。多式联运和货物运输代理营业收入保持两位数增长，且 2024 年下半年增速均超过 20%，全年增长 22.9%。装卸搬运和仓储业营业收入增速从年初（1~2 月）的个位数（4.9%）逐步提高至全年的两位数（10.2%）。

（二）广告业和人力资源服务"领跑"租赁和商务服务业增长

2024 年，广州市各行业有序开展生产经营，促进商务服务业运行良好，租赁和商务服务业实现营业收入 3994.49 亿元，同比增长 8.2%，比前三季度提高 0.2 个百分点。从细分行业看，广告业和人力资源服务是租赁和商务服务业增长的主要引擎，两个行业全年保持两位数增长，营业收入同比分别增长 16.9% 和 10.5%，拉动租赁和商务服务业营业收入同比分别增长 3.6 个和 3.0 个百分点。得益于供应链管理服务发展较快，综合管理服务同比增长 15.1%。会议、展览及相关服务业同比平稳增长 3.2%。旅游行业也热火朝天，但由于基数效应逐月抬升，旅行社及相关服务营业收入增速从年初的高位回落至个位数，全年营业收入同比增长 8.7%。组织管理服务营业收入同比增长 0.5%。咨询与调查营业收入增速自 3 月起低位运行，于 11 月由负转正，全年营业收入同比增长 2.3%。

（三）信息传输、软件和信息技术服务业增长平稳

2024 年，信息传输、软件和信息技术服务业实现营业收入 5835.59 亿元，同比增长 5.7%。其中，电信、广播电视和卫星传输服务业营业收入增长较为平稳，全年同比增长 0.3%。全年互联网软件业[①]营业收入同比增长 6.4%。其中，软件和信息技术服务业营业收入同比增长 5.7%，比前三季度提高 1.3 个百分点。互联网和相关服务受部分龙头企业增长乏力、收入下降影响，营业收入增速从年初的两位数（21.3%）回落至个位数（7.6%）。广东今日头条网络技术

---

① 互联网软件业包含软件和信息技术服务业、互联网和相关服务。

有限公司、广州腾讯科技有限公司、广州世音联软件科技有限公司等重点企业增长较快，拉动行业增长作用显著。

（四）科学研究和技术服务业增速由负转正

2024年，科学研究和技术服务业营业收入增速呈现"U"形走势，从年初的8.2%下降至7月最低点的-5.9%，随后降幅逐步收窄，于11月由负转正，全年科学研究和技术服务业实现营业收入1768.60亿元，同比增长0.8%。其中，科技推广和应用服务业营业收入增速回落至个位数，全年营业收入同比增长9.1%。受基数效应影响，专业技术服务业营业收入自3月起处于负增长状态，全年营业收入同比下降1.5%，由于年底项目类企业加快排期结算，降幅比前三季度收窄9.3个百分点。全年研究和试验发展营业收入同比增长4.6%。

（五）居民服务、修理和其他服务业增长平稳

2024年，居民服务、修理和其他服务业营业收入同比增长3.8%，增速比前三季度提高1.9个百分点。居民服务业营业收入较为平稳，同比增长3.1%。洗染服务和其他居民服务业营业收入增长较快，分别同比增长29.1%和30.3%。机动车、电子产品和日用产品修理业营业收入同比增长8.9%，其中，计算机和办公设备维修营业收入增长较快，同比增长23.8%，拉动机动车、电子产品和日用产品修理业营业收入增长7.0个百分点。其他服务业营业收入与上年同期基本持平，同比增长0.6%。

（六）文化、体育和娱乐业高开低走

2024年，文化、体育和娱乐业营业收入累计增速回落明显，自3月达到最高点（14.9%）后逐步回落，在2023年暑期文旅消费高峰基数影响下，2024年1~8月行业增速首次跌至负值，之后随着广州市和全国各地各项促消费政策显效发力，文旅和娱乐消费有所回升，文化、体育和娱乐业营业收入累计增速在11月由负转正，全年实现营业收入346.72亿元，同比增长

0.3%。其中，在短剧、短视频快速发展和演艺市场火热的背景下，文化艺术业营业收入全年保持快速增长，全年累计营业收入同比增长28.6%。由于2024年雨季较长，室外游乐场所客流量受到影响，娱乐业自5月起低位运行，全年同比下降0.1%，降幅比前三季度收窄3.8个百分点。受2024年电影票房较上年同期下降和高基数效应影响，广播、电视、电影和录音制作业营业收入自下半年起处于负增长状态，全年营业收入同比下降9.7%。体育、新闻和出版社营业收入均呈现个位数增长，同比分别增长8.8%和3.0%。

（七）房地产业（不含房地产开发经营）低位运行

2024年，广州市房地产业（不含房地产开发经营）营业收入增速自3月起处于负增长状态，于5月触底（-3.6%）后降幅逐步收窄。全年全市房地产业（不含房地产开发经营）实现营业收入1520.42亿元，同比下降1.2%。其中，受房地产市场低迷影响，房地产中介服务营业收入同比下降40.7%，降幅比前三季度收窄6.5个百分点，拉低房地产业（不含房地产开发经营）营业收入3.9个百分点。物业管理营业收入增长较为平稳，同比增长4.9%。

（八）卫生和社会工作营业收入降幅有所收窄

2024年，卫生和社会工作实现营业收入290.25亿元，同比下降2.0%，降幅比前三季度收窄0.2个百分点。其中，卫生行业营业收入同比下降1.9%，随着医美技术的不断发展与完善，越来越多的人通过医美方式提升个人形象，医疗美容行业发展良好，推动全市卫生行业营业收入降幅较前三季度有所收窄。社会工作营业收入增速从第一季度的最低点-9.3%逐步收窄至全年的-3.3%。

（九）教育行业营业收入实现两位数增长

2024年，广州市教育行业实现营业收入129.02亿元，同比增长11.4%，比前三季度提高2.1个百分点。其中，中等教育营业收入增长较快，同比增长 16.8%。随着人们对素质教育和职业技能的重视程度提高，技能培训、教育辅助及其他教育营业收入同比增长 12.6%。此外，学前教育和初等教育营业收入均实现正增长，同比分别增长 4.1% 和 8.8%。

（十）水利、环境和公共设施管理业

2024 年，水利、环境和公共设施管理营业收入实现 138.53 亿元，同比增长 6.5%，增速比前三季度回落 3.1 个百分点。其中，在新增企业拉动下，水利管理业营业收入呈倍数增长，同比增长 7.2 倍，拉动水利、环境和公共设施管理业营业收入同比增长 8.0 个百分点。生态保护和环境治理业营业收入同比增长 8.1%。

三　2024年广州市规模以上服务业新业态运行情况

（一）平台经济持续稳定发展

平台经济为新经济的重要组成部分，近年来，随着消费市场数字化转型的加速推进，广州市加大对平台经济的主体培育和招商引资力度，2024 年广州市平台经济总体呈平稳有序发展态势。经过广州市各级各部门不懈努力，近年来美团、蚂蚁、滴滴出行、携程等平台先后在广州市成功布局并成为纳税法人主体，不断壮大广州市平台经济规模。截至 2024 年底，以京东、阿里、腾讯、抖音等为代表的 46 个重点监测平台已在广州市纳统百余家企业法人，2024 年合计实现营业收入近 6000 亿元，企业涉及行业主要分布在信息传输、软件和信息技术服务业，批发和零售业，住宿和餐饮业，交通运输、仓储和邮政业等。

（二）高技术服务业有所回升

2024 年，广州市高技术服务业实现营业收入 7756.26 亿元，同比增长 4.6%，比前三季度提高 1.2 个百分点。其中，营业收入占比最高的信息服务（69.2%）营业收入同比增长 6.0%，是高技术服务业的重要增长引擎，拉动

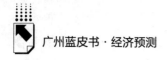

高技术服务业营业收入同比增长 4.1 个百分点。从营业收入增速看，科技成果转化服务增长较快，同比增长 10.3%；研发与设计服务营业收入增速由负转正，增速从前三季度的-17.4%回升至 0.4%。

（三）高端专业服务业增长平稳

2024 年，广州市高端专业服务业实现营业收入 3933.93 亿元，同比增长 6.5%，比前三季度提高 2.6 个百分点。其中，广告业和人力资源服务营业收入增长较快，同比分别增长 16.9%和 10.5%。质检技术服务、会展服务、咨询服务、知识产权服务和法律服务均实现不同程度的增长，同比分别增长 6.2%、3.2%、2.8%、1.6%和 0.5%。

（四）现代物流业保持两位数增长

2024 年，广州市现代物流业实现营业收入 3659.48 亿元，同比增长 16.7%。其中，由于出口集装箱运输市场行情保持稳中向好的走势，运输需求保持高位，远洋航线市场运价持续上行，带动货物运输代理、远洋货物运输和快递服务营业收入同比分别增长 26.9%、21.1%和 21.1%，分别拉动现代物流业营业收入同比增长 9.0 个、3.0 个和 2.2 个百分点。

四　2024 年广州市各区规模以上服务业运行情况

广州市 11 个区中，除了从化区、增城区和荔湾区，其余 8 个区规上服务业营业收入均实现正增长（见表 2）。得益于交通运输、仓储和邮政业营业收入增速较高，花都区营业收入增速居各区首位，同比增长 42.0%，增速比前三季度提高 11.8 个百分点。由于信息传输、软件和信息技术服务业增长较快，海珠区营业收入同比增长 11.1%。从拉动力看，天河区、海珠区、越秀区和黄埔区分别拉动广州市规上服务业营业收入同比增长 1.6 个、1.3 个、1.1 个和 1.0 个百分点。

表2　2024年广州市各区规模以上服务业运行情况

地区	营业收入 （亿元）	同比增速 （%）	增速比前三季度 增减(个百分点)	拉动广州市同比 增长(个百分点)
广州市	20866.45	7.1	0.2	7.1
荔湾区	355.92	-0.6	1.4	0.0
越秀区	3153.56	7.1	0.1	1.1
海珠区	2456.66	11.1	-2.8	1.3
天河区	5902.11	5.8	0.1	1.6
白云区	2709.09	6.9	-1.0	0.9
黄埔区	2711.32	8.1	2.2	1.0
番禺区	1169.33	2.9	2.8	0.2
花都区	617.36	42.0	11.8	0.9
南沙区	1478.25	1.7	-2.3	0.1
从化区	77.78	-1.8	3.1	0.0
增城区	235.08	-0.9	5.2	0.0

资料来源：广州市统计局。

五　广州市规模以上服务业营业收入与广东省和全国其他主要城市对比情况

与广东省行业发展情况对比，广州市规上服务业营业收入增速（7.1%）比全省（8.1%）低1.0个百分点，但差距逐步缩小，比前三季度收窄0.2个百分点。从细分行业看，广州市租赁和商务服务业，科学研究和技术服务业，水利、环境和公共设施管理业，居民服务、修理和其他服务业，教育行业以及卫生和社会工作营业收入增速均高于全省。交通运输、仓储和邮政业，信息传输、软件和信息技术服务业，文化、体育和娱乐业，房地产业（不含房地产开发），文化、体育和娱乐业营业收入增速不及全省。由于交通运输、仓储和邮政业，信息传输、软件和信息技术服务业营业收入占比较高，合计规模占规上服务业营业收入总额的59.9%，广州规上服务业营业收入总体增速低于全省（见表3）。

表3 2024年主要城市规上服务业分行业营业收入情况

行业	广东 营业收入(亿元)	广东 同比增速(%)	广州 营业收入(亿元)	广州 同比增速(%)	深圳 营业收入(亿元)	深圳 同比增速(%)	北京 营业收入(亿元)	北京 同比增速(%)	上海 营业收入(亿元)	上海 同比增速(%)	杭州 营业收入(亿元)	杭州 同比增速(%)
规上服务业合计	57424.07	8.1	20866.45	7.1	26805.23	10.7	69107.13	6.1	58881.77	10.7	21516.75	5.8
1. 交通运输、仓储和邮政业	14813.79	14.5	6656.31	12.7	6009.66	20.7	10338.98	8.7	18696.83	21.9	2230.08	-0.4
2. 信息传输、软件和信息技术服务业	21009.09	8.9	5835.59	5.7	12447.46	11.6	33113.03	9.8	16918.70	9.5	13154.49	6.8
#互联网和相关服务	6834.28	8.8	2008.29	7.6	4367.46	7.8	9241.60	6.4	7520.41	6.3	6439.26	10.5
#软件和信息技术服务业	11627.74	11.0	3192.95	5.7	7424.30	15.3	22141.48	11.8	8302.67	13.8	6228.65	4.0
3. 房地产业(不含房地产开发)	4325.21	0.4	1520.42	-1.2	1973.40	2.5	3097.93	-4.5	2061.63	-0.8	640.16	1.6
4. 租赁和商务服务业	10096.29	7.3	3994.49	8.2	3855.06	5.5	10738.58	4.3	12458.75	5.2	2901.24	12.2
5. 科学研究和技术服务业	3982.68	0.3	1768.60	0.8	1597.24	0.4	7842.85	1.4	6272.59	6.1	1874.15	2.8
6. 水利、环境和公共设施管理业	603.78	-9.8	138.53	6.5	149.96	0.2	551.73	-9.0	676.02	-6.8	125.28	-12.5
7. 居民服务、修理和其他服务业	553.70	2.4	186.53	3.8	221.22	0.4	271.69	-4.0	390.51	-7.3	99.98	2.2
8. 教育	484.86	6.2	129.02	11.4	145.80	4.4	545.60	-12.5	186.80	2.4	59.62	-1.8
9. 卫生和社会工作	765.57	-0.3	290.25	-2.0	165.31	-2.6	582.02	0.9	467.71	-4.2	209.06	-2.4
10. 文化、体育和娱乐业	789.08	1.1	346.72	0.3	240.11	5.2	2024.71	-4.3	752.22	0.0	222.68	-2.9

资料来源:广州市统计局。

与北京、上海、深圳和杭州比较，北京和上海属于第一梯队，规上服务业营业收入超过5万亿元，广州、深圳和杭州规上服务业营业收入均超过2万亿元，属于第二梯队。从细分行业看，北京、上海、广州和深圳的服务业支柱性行业均是交通运输、仓储和邮政业，信息传输、软件和信息技术服务业，租赁和商务服务业，科学研究和技术服务业，各市四个行业营业收入合计分别占各市规上服务业营业收入的89.8%、92.3%、87.5%和89.2%。杭州服务业支柱性行业比较单一，信息传输、软件和信息技术服务业营业收入占规上服务业营业收入总额的约六成（61.1%）。

从规上服务业营业收入同比增速看，广州（7.1%）高于北京（6.1%）和杭州（5.8%），低于深圳（10.7%）和上海（10.7%）。分行业看，交通运输、仓储和邮政业方面，上海（21.9%）和深圳（20.7%）的营业收入增长较快，均超过20%；广州同比增速为12.7%，位居第三。信息传输、软件和信息技术服务业方面，深圳（11.6%）以两位数增速领跑，北京（9.8%）和上海（9.5%）也实现接近10%的增长，而广州（5.7%）在各主要城市中排名末位。租赁和商务服务业方面，广州以8.2%的增速位居第二，比排名首位的杭州（12.2%）低4.0个百分点。5个城市的科学研究和技术服务业增速均为个位数，其中上海增长最快，同比增长6.1%。

六 广州市规模以上服务业发展需关注的问题

（一）行业营业收入增长面和盈利面表现分化

2024年，除了交通运输、仓储和邮政业，广州其余9个门类行业营业收入增长面[①]均不足五成，特别是文化、体育和娱乐业，增长面仅为37.5%，不足四成。在盈利方面，尽管十大门类行业盈利面均比前三季度有

---

① 增长面＝营业收入本年数大于上年同期的单位数量÷单位总数×100%。

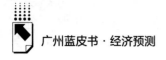

所提高，但是卫生和社会工作，文化、体育和娱乐业盈利面仍不足五成，分别为47.5%和46.9%。

（二）部分行业发展动力不足

从各主要城市规上服务业行业结构来看，信息传输、软件和信息技术服务业均是其重要组成部分和主要增长动力。广州该行业营业收入及其同比增速在主要城市中排名末位，主要是行业中互联网软件业增长比其他城市慢。广州互联网软件业以游戏、直播、互动娱乐为主，受消费预期影响较大，在消费增长动力不足和缺乏新增长动能的情况下增速放缓。互联网软件业增速从年初（1~2月）的两位数回落至全年的个位数（6.4%）。个别龙头企业营业收入全年处于负增长状态，拉低行业营业收入增速。部分重点企业由于高基数效应，增速放缓，拉动行业增长作用逐步减弱。

科学研究和技术服务业累计营业收入从5月到10月处于负增长状态，行业营业收入增速受房地产市场景气程度、工程项目类企业营业收入影响较大，且广州市缺乏增长贡献突出的科技创新、科技成果转化类企业。此外，广州市由于燃油车占比较高，新能源车发展相对较慢，受燃油车销量下降影响，为其提供配套研究服务的研发、数据服务、物流等相关企业营业收入增速也明显放缓，影响规上服务业营业收入整体增长。

（三）民营企业经济效益有待加强

规上民营服务业企业数量占广州市规上服务业企业总数的87.7%，但其营业收入和利润总额分别仅占规上服务业总额的61.8%和47.5%。从营业收入增长面看，规上民营服务业企业增长面仅有47.3%，低于广州市规上服务业整体增长面0.5个百分点。从细分行业看，居民服务、修理和其他服务业，卫生和社会工作规上民营企业处于亏损状态；交通运输、仓储和邮政业，租赁和商务服务业规上民营企业利润总额在广州市规上服务业对应行业利润总额中的占比偏低，分别仅有23.6%和36.7%。因此，降本提质增效仍是民营企业面临的重要挑战。

七 广州市规模以上服务业发展建议

（一）加快创新驱动新质生产力发展

2024年中央经济工作会议将"以科技创新引领新质生产力发展"作为2025年经济工作的重点任务之一。广州市在高质量发展中勇当"排头兵、领头羊、火车头"，亟须围绕"12218"现代化产业体系，加快科技创新驱动新质生产力，助力新产业、新技术成为未来经济增长的"新引擎"。通过加快布局具有前瞻性、战略性、共识性的基础研究和技术攻坚项目，完善科技创新体制机制，提升科技创新组织效能等措施提高产业创新能力，促进新质生产力发展。

（二）加快科技赋能产业升级

科技赋能经济发展是必然的趋势。在竞争激烈的环境下，亟须利用科技进行产业优化升级，提高经济效益和核心竞争力。作为软件名城，广州市应利用大数据、云计算、物联网等技术推动传统服务业朝智能化、个性化方向发展，拓展服务场景，提升服务质量。同时，服务场景的应用引导技术转向新的迭代优化方向，推进基础技术迈上新台阶。

（三）优化营商环境，打好政策"组合拳"

肥沃的土壤是树苗长成参天大树的重要条件。对于企业而言，良好的营商环境是立根成长壮大的关键因素，因此应继续创造良好的营商环境。一是降低企业运营成本，推出优惠政策，给予融资支持。二是完善基础设施和公共服务，建设完善产业园区、企业服务平台等配套设施。三是强化法治保障，提供公平的竞争环境。四是推动市场开放和创新，鼓励企业创新发展，提供创新培训服务和奖励性政策支持。

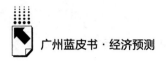
参考文献

《新闻 30 分丨2025 中国经济怎么看怎么干 以科技创新为引领 建设现代化产业体系》，中华人民共和国国家发展和改革委员会网站，2024 年 12 月 30 日，www. ndrc. gov. cn。

《广州市召开高质量发展大会》，广州市人民政府网站，2025 年 2 月 7 日，www. gz. gov. cn。

《中国航运市场依旧稳健》，"晨财经"百家号，2025 年 1 月 13 日，baijiahao. baidu. com。

刘达、王晓丹、王淑瑶：《数字经济背景下开放式创新如何促进新质生产力发展》，《现代财经（天津财经大学学报）》2025 年第 3 期。

李豫新、魏达、孙晓涵：《"以数强基"与"乘数而上"：数据要素赋能现代化产业体系研究》，《经济纵横》2025 年第 2 期。

韩先锋、郑酌基、李勃昕等：《行政体制改革、营商环境优化与数字创新驱动——来自"放管服"的新证据》，《公共管理学报》2024 年第 4 期。

胡文龙：《我国民营市场主体发展信息不足的根源及对策》，《宏观经济管理》2024 年第 11 期。

B.3
2024年广州市外贸发展情况分析报告

广州市统计局贸易外经统计处课题组*

摘　要： 2024年广州市持续推进稳外贸工作，不断深化外贸体制改革，打好"五外联动""组合拳"，多措并举出实招，积极应对国内外复杂形势，继续推动对外贸易高质量发展，发展韧性不断增强。全市商品进出口总值2021～2024年连续4年实现超万亿元，进出口规模稳中有增。但外贸增速总体低于全国、全省平均水平，进口继续疲弱，加工贸易进出口2022～2024年连续3年负增长，国有企业对外贸拉动力不足，农产品、机电产品进口负增长等问题依然存在，建议从加强政策协同、加强市场构建、加强创新赋能、加强资源利用等方面入手，不断推动外贸稳健发展。

关键词： 外贸体制改革　五外联动　广州市

2024年，广州持续推进稳外贸工作，不断深化外贸体制改革，打好"五外联动""组合拳"，多措并举出实招，通过优化营商环境，深化产业升级，培育发展外贸新业态，巩固传统市场、拓展新兴市场，推进通关、税务、外汇、金融等监管创新，提升贸易便利化水平等举措，积极应对全球经济复苏趋缓、国际贸易保护加剧、地缘政治冲突交织、市场有效需求和经济内生动力不足等国内外复杂形势，继续推动对外贸易高质量发展，发展韧性不断增强，进出口规模稳中有增。

---

* 课题组组长：冯俊，广州市统计局副局长。课题组成员：黄子晏，广州市统计局贸易外经统计处处长；黄健芳，广州市统计局贸易外经统计处副处长、二级调研员；周晓雯，广州市统计局贸易外经统计处商调队员。执笔人：周晓雯。

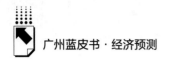

一 2024年广州市商品进出口总体情况

（一）进出口韧性强，规模进一步扩大

广州坚持落实落细系列稳增长政策措施，围绕稳外贸工作，出台了一系列稳规模、优结构政策举措，帮助企业用足用好政策红利。在以国内大循环为主体、国内国际双循环相互促进的新发展格局下，同为"三驾马车"的外贸、消费协同稳定发展，广州市商品进出口总值2021~2024年连续4年实现超万亿元的体量，2024年达到11238.38①亿元，同比增长3.0%（见图1）。其中，进口总值4232.89亿元，同比下降4.0%；出口总值7005.48亿元，同比增长7.8%。2014~2024年，广州对外贸易体量基本保持稳中有增的趋势，2024年进出口、出口、进口规模分别是2014年的1.4倍、1.6倍和1.2倍。2024年广州贸易顺差（出口总值减进口总值）2772.59亿元，比上年增加682.56亿元。

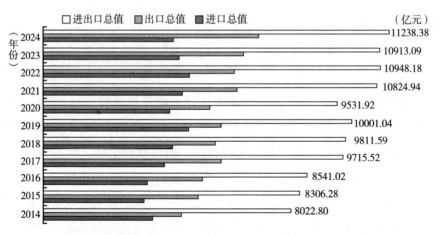

图1 2014~2024年广州市进出口、进口、出口规模

资料来源：广州海关官网。

---

① 本文部分数据合计数或相对数由于单位取舍而产生的计算误差未作机械调整。

（二）进出口总体呈"前高、中低、后扬"态势

从月度增速看，2024年1~2月进出口在基数相对较低的背景下实现同比增长9.2%，增速为全年最高；随后受基数效应、进口价格指数下跌、珠宝加工产业出现大幅下降等因素影响，1~3月进出口增速回落至同比增长1.7%；叠加2023年跨境电商等新业态出口表现好于2024年4月等因素，4月当月进出口同比下降29.2%，1~4月增速转为负值，为-8.8%，当月增速、累计增速均为全年最低点；受全球制造业景气回升、汽车船舶等大宗商品出口动力增强、外贸新业态回暖、各项利好政策措施密集出台等推动，自1~5月起进出口降幅收窄，1~9月增速转正，全年进出口同比增长3.0%（见图2）。

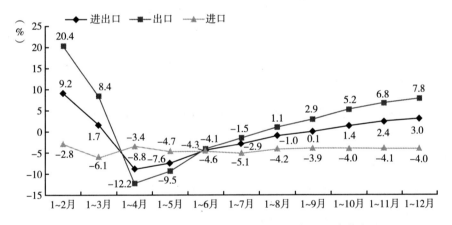

图2　2024年广州市进出口、出口、进口各月累计增速

资料来源：广州海关官网。

（三）出口表现好于进口，出口增长进口下降

出口增速总体呈"V"形变化趋势。2024年，广州出口增长趋势总体与进出口保持一致，1~2月为全年最高增速，增速比上年同期（-20.6%）高41.0个百分点；1~3月增速回落，与进出口一样在1~4月增速由正转

负，同比下降 12.2%，4 月当月同比下降 41.6%，当月增速和累计增速均为全年最低；随后降幅逐月收窄、增速回升企稳，在 1~8 月增速转正，全年出口同比增长 7.8%。

进口增速总体波动幅度较小。广州 1~2 月以来进口增速持续处于负区间，1~2 月降幅为全年最小，1~5 月以来进口同比下降 3.9%~5.1%，全年进口同比下降 4.0%，低于全年出口平均增长水平 11.8 个百分点。从当月进口增速看，仅 4 月（6.3%）、8 月（2.5%）为正值，其余月份均为负值。

（四）进出口规模与宁波、东莞同列万亿元梯队，与深、沪、京、苏差距较大

从进出口规模看，2024 年广州商品进出口规模占广东省进出口总值（91126.35 亿元）的 12.3%，比省内的深圳（49.4%）、东莞（15.2%）分别低 37.1 个和 2.9 个百分点。在全国外贸 10 强城市中广州进出口规模位居第七，排名与上年一致，深圳、上海、北京、苏州、宁波、东莞进出口规模分别是广州的 4.0 倍、3.8 倍、3.2 倍、2.3 倍、1.3 倍和 1.2 倍；广州进出口规模分别比厦门、青岛和金华多 1912.26 亿元、2161.66 亿元和 2443.48 亿元。广州出口、进口规模在 10 个城市中分别位居第七、第八，出口规模是居第一位的深圳的 24.9%，高于北京、青岛、厦门；进口规模是居第一位的北京的 14.1%，仅高于青岛、金华（见表 1）。

从增速看，广州进出口同比增长 3.0%，比全国（5.0%）、广东省（9.8%）分别低 2.0 个和 6.8 个百分点；在 10 个城市中增速位居第七，比厦门、北京、上海分别高 4.5 个、4.0 个和 1.7 个百分点，比增速最高的深圳低 13.4 个百分点，比其余 5 个城市增速低 0.6~11.3 个百分点。其中，广州出口同比增速在 10 个城市中位居第六，为 7.8%，低于增速最高的深圳 6.8 个百分点，比增速最低的金华高 6.9 个百分点。广州进口同比增速在 10 个城市中位居第八，增速分别高于厦门、青岛 9.0 个和 2.2 个百分点，低于其余 7 个城市 2.6~23.6 个百分点。

表1　2024年全国外贸10强城市进出口情况

城市	进出口		出口		进口		进出口规模比2023年位次变化
	规模（亿元）	同比增速（%）	规模（亿元）	同比增速（%）	规模（亿元）	同比增速（%）	
深圳	45048.24	16.4	28122.16	14.6	16926.08	19.6	上升一名
上海	42680.87	1.3	18176.01	4.6	24504.85	-1.0	下降一名
北京	36083.52	-1.0	6065.48	1.1	30015.04	-1.4	不变
苏州	26193.11	6.8	16368.81	8.5	9824.30	4.1	不变
宁波	14202.52	11.1	9455.32	14.1	4747.19	5.6	上升一名
东莞	13880.39	8.3	8896.96	5.2	4983.43	14.5	下降一名
广州	11238.38	3.0	7005.48	7.8	4232.89	-4.0	不变
厦门	9326.12	-1.5	4980.11	11.3	4346.01	-13.0	不变
青岛	9076.72	3.6	5278.24	12.0	3798.49	-6.2	不变
金华	8794.90	14.3	7719.18	0.9	1075.72	0.9	上升两名

资料来源：各省市统计局官网或海关官网。

二　2024年广州市外贸运行特点

（一）一般贸易比重持续提高，保税物流降幅收窄

2024年，广州贸易结构持续优化，一般贸易占比进一步提升，广州一般贸易进出口8031.00亿元，同比增长6.5%，占全市进出口的71.5%，比上年提高2.4个百分点。占全市进出口18.1%的加工贸易在主要贸易方式中位居第二，加工贸易进出口2030.64亿元，同比下降5.1%，一般贸易进出口规模约为其4倍。保税物流进出口962.07亿元，同比下降7.1%，降幅比上年收窄3.3个百分点，占全市进出口的8.6%。保税物流出口、进口同比分别下降1.8%和9.9%，降幅比上年分别收窄9.3个和0.1个百分点（见表2）。

表2 2024年广州市外贸主要贸易方式进出口情况

贸易方式	进出口			出口		进口	
	规模（亿元）	同比增速（%）	占全市比重（%）	规模（亿元）	同比增速（%）	规模（亿元）	同比增速（%）
广州市总额	11238.38	3.0	100.0	7005.48	7.8	4232.89	-4.0
#一般贸易	8031.00	6.5	71.5	5141.70	10.9	2889.30	-0.5
加工贸易	2030.64	-5.1	18.1	1335.11	-0.4	695.53	-12.9
保税物流	962.07	-7.1	8.6	355.12	-1.8	606.95	-9.9

资料来源：广州海关官网。

（二）民营企业进出口增速提高，外资企业进出口增速转正

随着稳外贸政策红利持续释放，广州外贸经营主体活力有效激发，民营企业外贸规模不断扩大，民营企业"主力军""稳定器"作用持续增强。2024年广州市民营企业进出口规模为6414.09亿元，占全市进出口总值的57.1%，规模分别是外资企业、国有企业的1.9倍和4.4倍；同比增长6.3%，增速比上年提高0.1个百分点。占全市进出口总值比重第二位的外资企业进出口规模为3326.01亿元，占全市进出口的29.6%；由上年的同比下降9.8%转为同比增长0.3%，增速比上年提高10.1个百分点。国有企业进出口1457.56亿元，占全市进出口的13.0%，增速由上年的2.3%转为-4.1%（见表3）。

表3 2024年广州市主要企业类型进出口情况

企业类型	进出口			出口		进口	
	规模（亿元）	同比增速（%）	占全市比重（%）	规模（亿元）	同比增速（%）	规模（亿元）	同比增速（%）
广州市总额	11238.38	3.0	100.0	7005.48	7.8	4232.89	-4.0
#民营企业	6414.09	6.3	57.1	4395.33	8.8	2018.76	1.1
外资企业	3326.01	0.3	29.6	1921.90	8.1	1404.11	-8.7
国有企业	1457.56	-4.1	13.0	669.65	0.6	787.91	-7.7

资料来源：广州海关官网。

（三）高新技术产品出口增速大幅提高，"老三样""新三样"同步实现正增长

出口方面，占全市出口45.2%的机电产品是广州主导出口产品，2024年广州机电产品出口3166.78亿元，同比增长5.3%，增速比上年提高4.3个百分点。高新技术产品[①]出口809.65亿元，同比增速由上年的-17.4%提升至11.7%，大幅提高29.1个百分点。农产品出口98.22亿元，同比增长7.0%。主要商品中，劳动密集型产品[②]出口1034.48亿元，占全市出口总值的14.8%，从近5年看占比降低了近一半（2020年比重为28.5%）；出口降幅收窄至7.9%。广州"老三样"（家用电器、自动数据处理设备、手机）出口动能优势稳固，"新三样"（电动载人汽车、锂离子蓄电池、太阳能电池）释放外贸新活力，"老三样"合计出口237.92亿元，同比增长0.3%，增速比上年提高11.5个百分点，拉动力比上年回升0.5个百分点；"新三样"合计出口155.15亿元，同比增长20.4%。钢材、平板显示模组、成品油等中间品及大宗商品出口快速增长；集装箱、飞机及其他航空器、乘用车、摩托车、集装箱船等产品出口规模扩大，其中乘用车出口数量突破15万辆，同比增长56.5%。作为全国第一大化妆品出口城市，广州美容化妆品及洗护用品出口92.83亿元，同比增长32.1%（见表4）。

表4　2024年广州市部分出口产品出口额及增速

出口产品	出口额（亿元）	同比增速（%）
平板显示模组	318.30	22.3
服装及衣着附件	295.36	-4.9
家用电器	217.95	0.9
塑料制品	179.35	-10.5
乘用车	173.57	46.1

① 与机电产品有交叉，下同。
② 主要指塑料制品，箱包及类似容器，纺织纱线、织物及其制品，服装及衣着附件，鞋靴，家具及其零件，玩具7类产品。

出口产品	出口额（亿元）	同比增速（%）
纺织纱线、织物及其制品	164.79	7.5
箱包及类似容器	147.18	−11.5
家具及其零件	106.00	−17.6
鞋靴	103.59	−6.0
钢材	101.43	84.9
成品油	97.90	17.0
电动载人汽车	95.99	20.8
美容化妆品及洗护用品	92.83	32.1
集装箱船	83.62	21.4
摩托车	66.02	24.1
锂离子蓄电池	52.55	16.6
玩具	38.21	−29.8
集装箱	33.89	448.4
自动数据处理设备	17.63	38.6
飞机及其他航空器	13.49	130.1
太阳能电池	6.61	51.0
手机	2.34	−72.7

注：乘用车与电动载人汽车有交叉。

资料来源：广州海关官网。

（四）机电产品进口降幅收窄，高新技术产品进口比重提高

进口方面，2024 年广州机电产品进口 1375.37 亿元，占全市进口规模的 32.5%；同比下降 4.9%，降幅比上年收窄 9.1 个百分点。高新技术产品进口 955.03 亿元，占全市进口规模的 22.6%，比上年提高 2.3 个百分点；增速由负转正，同比增长 6.5%，比上年提高 20.0 个百分点。主要进口产品中，天然气、医药材及药品、集成电路、初级形状的塑料、计量检测分析自控仪器及器具、钻石、汽车零配件、乘用车合计进口 1283.33 亿元，占全市进口的 30.3%，进口增速均有所下降。煤及褐煤、金属矿及矿砂进口同比分别增长 44.0% 和 5.7%。半导体制造设备、空载重量超过 2 吨的飞机、自

动数据处理设备及其零部件进口同比分别增长 175.0%、3.8% 和 298.1%（见表5）。农产品进口 710.89 亿元，占全市进口规模的 16.8%，增速由正转负，同比下降 1.4%，其中，粮食、干鲜瓜果及坚果、酒类及饮料进口额均有所增长，乳品、水产品、肉类（包括杂碎）进口额均有所下降。

表5　2024 年广州市部分进口产品进口额及增速

进口产品	进口额（亿元）	同比增速（%）
天然气	308.93	−18.1
医药材及药品	204.04	−0.1
集成电路	203.59	−6.5
煤及褐煤	202.09	44.0
初级形状的塑料	182.81	−5.8
金属矿及矿砂	163.50	5.7
粮食	146.18	4.9
计量检测分析自控仪器及器具	125.33	−11.4
钻石	121.43	−29.2
乳品	113.03	−1.5
半导体制造设备	93.80	175.0
干鲜瓜果及坚果	72.52	5.0
汽车零配件	69.09	−34.7
乘用车	68.11	−5.8
空载重量超过 2 吨的飞机	56.30	3.8
水产品	48.97	−6.1
肉类（包括杂碎）	42.47	−20.8
自动数据处理设备及其零部件	38.20	298.1
酒类及饮料	32.11	40.4

资料来源：广州海关官网。

（五）对欧盟、美国、中国香港进出口增长，对东盟、日本进出口降幅收窄

从规模看，2024 年广州前五大贸易伙伴依次为欧盟、东盟、美国、中国香港、日本，进出口规模分别为 1819.62 亿元、1606.28 亿元、1600.06 亿元、860.16 亿元和 756.67 亿元；其后，对澳大利亚、韩国、俄罗斯的进

出口规模分别为 419.15 亿元、392.30 亿元和 307.11 亿元。以上 8 个主要贸易伙伴合计占全市进出口规模的 69.1%，其中，对美国、欧盟出口规模较大，两者占全市出口规模的 32.3%；自欧盟、东盟进口规模较大，两者占全市进口规模的 32.9%（见表 6）。

表 6　2024 年广州市对主要贸易伙伴进出口情况

单位：亿元，%

主要贸易伙伴	进出口			出口		进口	
	规模	增速	比重	规模	增速	规模	增速
广州市总额	11238.38	3.0	100.0	7005.48	7.8	4232.89	-4.0
欧盟	1819.62	0.8	16.2	1078.69	10.6	740.92	-10.8
东盟	1606.28	-2.9	14.3	956.54	-6.2	649.74	2.4
美国	1600.06	11.6	14.2	1180.88	14.0	419.18	5.5
中国香港	860.16	32.6	7.7	807.00	33.4	53.17	21.3
日本	756.67	-7.4	6.7	307.25	1.9	449.41	-12.9
澳大利亚	419.15	4.2	3.7	111.93	-11.8	307.22	11.6
韩国	392.30	-0.9	3.5	121.57	-13.6	270.72	6.2
俄罗斯	307.11	-8.3	2.7	185.10	15.6	122.01	-30.2

资料来源：广州海关官网。

从增速看，2024 年广州对中国香港、美国、澳大利亚、欧盟实现进出口增长，同比分别增长 32.6%、11.6%、4.2% 和 0.8%；对俄罗斯、日本、东盟、韩国进出口下降，同比分别下降 8.3%、7.4%、2.9% 和 0.9%。分出口、进口看，广州对中国香港、俄罗斯、美国、欧盟出口增速和自中国香港、澳大利亚进口增速均超两位数。

三　广州市外贸发展需要关注的几个问题

（一）外贸增速总体低于全国、广东省平均水平，进口继续疲弱

从 2024 年全年走势看，全国、广东省的进出口、出口、进口各月累计增速均实现正增长，广州进出口、出口分别有 5 个月和 4 个月累计增速处于负区间，

进口增速自2023年1~4月以来持续为负值，2024年进口累计增速（-4.0%）仍未能转正。对比全国外贸增长平均水平，广州进出口增速除1~2月高于全国，其余月份累计增速均低于全国；出口增速1~2月、1~3月、1~11月、1~12月高于全国；进口增速持续低于全国。对比广东省外贸增速，广州进出口、出口、进口各月累计增速均低于全省平均水平，其中进出口增速低6.8~21.2个百分点，出口增速低0.6~21.0个百分点，进口增速低16.5~24.3个百分点。

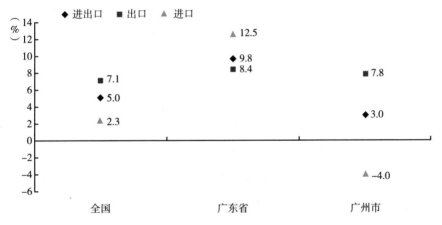

图3 2024年全国、广东省、广州市进出口、出口、进口增速

资料来源：广州海关官网。

从对广东省进出口的拉动力和贡献率看，深圳进出口规模是广州的4倍，同比增长16.4%，拉动全省进出口增长7.6个百分点，对全省进出口增长贡献率达78.0%；东莞进出口规模是广州的1.2倍，同比增长8.3%，拉动全省进出口增长1.3个百分点，对全省进出口增长贡献率为13.1%；广州进出口规模的增速、对全省进出口增长的拉动力和贡献率均低于深圳、东莞，分别为同比增长3.0%、拉动全省进出口增长0.4个百分点、对全省进出口增长的贡献率为4.0%。

（二）加工贸易进出口连续3年负增长，保税物流进出口仍下降

加工贸易是我国开放型经济和对外贸易的重要组成部分，随着全球产业

链的重构与调整，国内外环境发生了深刻变化，传统加工贸易规模和占比也有所下降，但加工贸易仍是拉动外贸增长的主要动力，对稳外贸、稳外资、稳产业链供应链仍具有不可替代的重要作用。2024年广州加工贸易进出口占全市的18.1%，比2021年（21.1%）、2022年（20.3%）、2023年（19.6）进一步降低；加工贸易进出口同比下降5.1%，降幅比2022年（-2.6%）、2023年（-3.7%）进一步扩大；拉低全市进出口增速1.0个百分点。加工贸易出口、进口规模比例分别为65.7%、34.3%，出口、进口规模分别同比下降0.4%和12.9%。加工贸易进口承压尤为明显，自2022年1~10月开始负增长，2024年仍未扭转下降态势，拉低全市进口增速2.3个百分点。

此外，广州保税物流进出口降幅收窄，但同样未扭转负增长局面，同比下降7.1%，拉低全市进出口增速0.7个百分点，其中，进口同比下降9.9%，拉低全市进口增速1.5个百分点。

广州加工贸易进出口、保税物流进出口对全市进出口增长的拉动力分别比一般贸易进出口低5.5个和5.2个百分点，主要贸易方式增长动能仍需补强。

（三）国有企业进出口对外贸拉动力不足，外资企业进出口低位增长

广州国有企业进出口全年波动较明显，开局2024年1~2月增速（4.2%）良好，1~3月增速（-5.7%）出现下降，为全年最低，到1~4月增速（5.5%）升至全年最高，1~5月（5.1%）开始回落，1~11月（-0.9%）又由正转负，1~12月降幅扩大至4.1%，2024年全年增速比2023年增速低6.4个百分点。从对外贸拉动力看，国有企业进出口拉低全市进出口增速0.6个百分点，比2023年低0.9个百分点，比私营企业进出口拉动力低4.1个百分点。

广州外资企业进出口在2024年1~2月（2.8%）已实现扭转上年负增长的局面，但除了1~2月增速超过2.0%，其余各月累计增速为0.1%~1.5%，在1~7月（1.5%）后增速呈现逐月回落态势，全年进出口低位增

长，同比增长 0.3%，增势略显薄弱。2024 年，外资企业进口同比下降 8.7%，降幅比上年收窄 6.0 个百分点，比国有企业降幅（-7.7%）高 1.0 个百分点。此外，关联全市利用外资情况看，2024 年广州市新设立外商直接投资企业项目 8445 个，同比增长 27.4%，增速比上年回落 65.2 个百分点；实际使用外资金额 230.99 亿元，同比下降 52.2%，降幅比上年扩大 36.4 个百分点，降幅高于全国（-27.1%）、广东省（-36.4%）、深圳（-29.5%）平均水平。

（四）传统产品出口比较优势减弱，部分机电产品出口不理想

受市场环境、产品结构调整、产业转移等因素影响，2024 年广州市服装及衣着附件、塑料制品、箱包及类似容器、家具及其零件、鞋靴、玩具等传统产品出口优势减弱，占全市出口比重同比均有所下降，合计占比 12.4%，比上年下降 2.5 个百分点；其出口规模同比分别下降 4.9%、10.5%、11.5%、17.6%、6.0% 和 29.8%，合计拉低全市出口增速 1.6 个百分点。以机电产品为代表的技术密集型产品中，电工器材，船舶，灯具、照明装置及其零件，音频设备及其零件，摩托车及自行车的零配件，自动数据处理设备的零件、附件，机械基础件等产品出口规模均出现不同程度下降，同比分别下降 1.5%、0.1%、22.8%、12.5%、19.8%、2.4% 和 1.3%；其进出口规模合计占全市出口规模的 10.3%；合计拉低全市出口增速 0.8 个百分点，其中，灯具、照明装置及其零件拉低全市出口增速 0.4 个百分点。此外，占全市出口规模 3.5% 的贵金属或包贵金属的首饰出口 242.90 亿元，同比下降 11.6%，拉低全市出口增速 0.5 个百分点。汽车产业为广州经济主导产业之一，从出口数量、出口额及占比看，广州出口乘用车 15.22 万辆，出口额为 173.57 亿元，比重均占全国的 2.8%，均低于上海（72.85 万辆，1098.87 亿元）的比重（13.3% 和 17.7%）、重庆（36.6 万辆，347.36 亿元）的比重（6.7% 和 5.6%）。

（五）农产品、机电产品进口负增长，部分工业用品进口需求不足

受国际局势变化、粮食安全战略调整、国内需求放缓等多重因素叠加影

响，2024年广州农产品进口同比增速由2023年的4.9%降至-1.4%；其中，乳品、水产品、肉类（包括杂碎）进口同比分别下降1.5%、6.1%和20.8%，合计拉低全市进口增速0.4个百分点。内需不足抑制进口需求，广州机电产品进口同比下降4.9%，已连续5年负增长，拉低全市进口增速1.6个百分点。其中，汽车零配件（-34.7%）、计量检测分析自控仪器及器具（-11.4%）、电工器材（-23.5%）、二极管及类似半导体器件（-32.4%）、集成电路（-6.5%）分别拉低全市进口增速0.8个、0.4个、0.4个、0.4个和0.3个百分点。此外，钢材、天然气、基本有机化学品、初级形状的塑料等大宗商品及中间品进口同比分别下降18.6%、18.1%、15.0%和5.8%，合计拉低全市进口增速2.4个百分点。钻石市场显疲态，从2021年爆发式增长，数量及进口额增速分别达76.3%和73.4%，逐年回落，2024年进口钻石477.59千克，同比下降26.2%，降幅比上年扩大7.0个百分点；进口额121.43亿元，同比下降29.2%，降幅比上年扩大16.3个百分点，拉低全市进口增速1.1个百分点。

四 促进广州市外贸发展行稳致远的对策建议

（一）加强政策协同，助力外贸发展行稳致远

深入落实落细《关于推动外贸稳规模优结构的意见》《关于加快内外贸一体化发展的若干措施》《关于提升加工贸易发展水平的意见》《关于促进外贸稳定增长的若干政策措施》《关于实施"五外联动"推进高水平对外开放的意见》等政策措施，抓好《广州南沙深化面向世界的粤港澳全面合作总体方案》《中国（广东）自由贸易试验区提升战略行动方案》《海关支持广州南沙创新发展新一轮措施》等落地契机。从枢纽布局、平台布局、产业布局、技术布局等多方面护航，聚焦促进贸易结构升级、发展贸易新业态、降低企业成本和增强企业竞争力，多点发力，积极推进政策引领、降本增效、通关便利、外汇结算、信贷支持、出口退税、市场风险防范、市场准

入等各环节进一步提升水平，打造市场化、法治化、国际化的一流营商环境。加强对国际经贸规则的研究解读，积极对接国际投资贸易通行规则，强化粤港澳大湾区规则衔接、对接，完善各项规章制度，健全贸易风险预警提示等机制，加强软件建设，增强城市竞争力。

（二）加强市场构建，助力外贸市场多元共进

继续优化区域紧密合作、贸易多元共进的国际市场布局，巩固传统贸易市场、有效链接新兴市场，统筹巩固传统领域合作和稳步拓展新兴领域合作，高质量共建"一带一路"，不断扩大外贸"朋友圈"，挖掘广阔的市场空间。资料显示，我国已经是150多个国家和地区的主要贸易伙伴，是全球分工体系中坚实可靠的组成部分。大力推进高水平自贸协定，指导企业抢抓RCEP实施机遇，用足用好市场开发承诺和规则，深度参与区域产业链供应链重塑，挖掘合作潜力，积极助力企业"走出去""抢订单"、拓市场。商务部近期资料显示，我国已与30个国家和地区签署了23个自贸协定，自贸伙伴遍及五大洲，自贸区网络不断扩展深化，自贸协定的内容和质量也在不断丰富和提升。大力发展多式联运平台，发挥公铁联运、中欧班列等优势，推动区域产业链互补，拓展外贸市场空间。进一步完善"买全球、卖全球"能力体系，充分利用展会拓展国际市场，畅通贸易渠道，促进供采对接，推动"粤贸全球""广货广出""广货优品、广贸全球"等品牌工程及活动，坚持"走出去"和"请进来"相结合，双向发力拓增量。

（三）加强创新赋能，助力产业结构优化升级

《中共中央关于进一步全面深化改革 推进中国式现代化的决定》提出，加强新领域新赛道制度供给，建立未来产业投入增长机制，完善推动新一代信息技术、人工智能、航空航天、新能源、新材料、高端装备、生物医药、量子科技等战略性产业发展政策和治理体系，引导新兴产业健康有序发展。新产品、新技术、新链条正在塑造外贸新优势，支持企业创新发展，筑牢外贸高质量发展的产业与科技基础。深化对产业链细分领域的精准服务，对传

统产业转型升级给予明确政策引导和支持，促使外贸经营主体焕发新活力。以科技创新推动产品结构升级，找准新兴产业发展风口，制定新兴产业布局"出海"战略，扩大"新三样"等高附加值、高技术含量产品出口规模，支持汽车扩大出口、支持飞机产业发展等，聚焦航空、造船、汽车制造等重点行业精准发力。围绕行业前沿的发展趋势以及市场需求的动态变化，补强补足相关产业链，推动产品和工艺向新向"智"向"绿"发展，以数字技术赋能产品价值，推出能适应市场需求的产品，推动产品向价值链中高端转移。

（四）加强资源利用，助力外贸企业"轻装快跑"

一方面，发挥平台优势，建设好、发挥好综保区、跨境电商综试区、经开区各产业园区等开放平台的作用。支持培育和引进外贸综合服务龙头企业，全面推动外贸综合服务平台建设，为外贸企业提供更加高效的通关物流服务，吸引本地优质外贸企业回流，培育本地特色产业"走出去"。资料显示，广州当前形成"1+2+4+4+11"对外开放平台新格局，即 1 个南沙自贸试验区、2 个进口示范区（南沙、黄埔）、4 个国家级经开区（广州、南沙、增城、花都）、4 个综保区（黄埔、南沙、白云机场、知识城）、11 个外贸转型升级基地。另一方面，加速产业要素集聚，加强内外贸产业链供应链融合，深入推进内外贸企业品牌对接、渠道对接、产销对接等工作，增强各方面集成性，放大对周边地区和上下游产业的带动效应，形成一批具有国际竞争力、融合发展的产业集群。通过"通道+平台"功能叠加和要素集聚，促进"物流+经贸+产业"融合发展，支持"跨境电商+多式联运""跨境电商+产业集群""跨境电商+海外仓""外综服+市场采购+专业市场"等发展模式。

参考文献

《国务院新闻办"中国经济高质量发展成效"系列发布会：介绍 2024 年全年进出口情况》，中国政府网，2025 年 1 月 13 日，www.gov.cn。

《2024年广东外贸规模历史首次突破9万亿元》，广东省人民政府官网，2025年1月16日，www.gd.gov.cn。

《2024年广州外贸进出口增长3% 总值连续四年破万亿元》，广州市人民政府官网，2025年1月26日，www.gz.gov.cn。

《大力实施"五外联动"高水平对外开放走在前列》，南方杂志官网，2024年8月14日，www.nfzz.net.cn。

《中国已与30个国家和地区签署23个自贸协定 自贸区网络不断拓展深化》，中国自由贸易区服务网，2025年1月14日，fta.mofcom.gov.cn。

《拼经济稳增长！广州放大"五外联动"集成效应》，广州市商务局微信公众平台，2024年12月20日，mp.weixin.qq.com。

《稳外贸、稳外资，2025广州这样干！》，广州市商务局微信公众平台，2024年12月23日，mp.weixin.qq.com。

B.4
2024年广州市规模以上工业能源生产和消费分析报告

广州市统计局能源统计处课题组 *

摘　要：　工业是经济发展的重要支柱，而能源安全则是维系经济血脉畅通的关键。本文对2024年广州市规模以上工业能源供需情况进行了全面分析，指出广州燃煤发电机组普遍服役时间长、能效水平不高，以及规上工业单位增加值能耗持续上升、工业化石能源需求仍将增长、企业应对碳市场能力亟须加强等需要关注的问题，在碳达峰碳中和大背景下提出加快燃煤机组升级改造步伐、协同推进产业转型升级和节能降碳、加强清洁和可再生能源开发利用、营造良好市场环境等政策建议。

关键词：　规模以上工业　能源生产　能源消费　广州市

2024年，广州市委、市政府坚决贯彻落实党中央决策部署和广东省委、省政府工作要求，面对新旧动能转换阵痛凸显、有效需求释放不足、市场预期趋向疲弱等多重挑战，广州以制造业"四化"转型推动新型工业化发展。工业生产承压前行，动能转换扎实推进，规模以上工业（以下简称"规上工业"）能源生产和消费在低位运行中进一步优化结构，但受市场需求疲软、产能利用率下降等多重因素影响，规上工业单位增加值能耗不降反升，工业节能降碳仍需产业转型和能源转型协同推进。

* 课题组组长：刘枫，广州市统计局市管一级调研员。课题组成员：杨智勇，广州市统计局能源统计处处长；李展图，广州市统计局能源统计处二级主任科员。执笔人：李展图。

一 2024年广州市规上工业能源生产情况

（一）电力生产稳中有降，电源结构更趋清洁多样

截至2024年底，广州市电源总装机规模达到1533万千瓦，同比增加124万千瓦。但受西电东送电量大幅增长、广州外部输入电力较为充足影响，全年规上工业发电量424.53亿千瓦时，同比下降3.4%；占全社会用电量的比重为33.1%，比上年下降3.2个百分点。电力生产呈现产量稳中有降、结构进一步优化的特点。

从电源结构看，火力发电量395.39亿千瓦时，同比下降3.8%，占规上工业发电量的93.1%（见图1）。其中，燃气发电量183.26亿千瓦时，同比增长15.9%，占规上工业发电量的43.2%，比上年提高7.2个百分点，年度首次超过燃煤发电成为本地最大电力来源；燃煤发电量155.43亿千瓦时，同比大幅下降22.7%，占规上工业发电量的36.6%，占比首次跌破四成，比上年下降9.1个百分点；垃圾焚烧发电量45.57亿千瓦时，同比增长11.4%，占规上工业发电量的10.7%，比上年提高1.3个百分点。受抽水蓄能发电量下降影响，全市水力发电量22.59亿千瓦时，同比下降2.6%。在广州市太阳能发电装机容量大幅增长的带动下，规上工业太阳能发电量6.55亿千瓦时，同比增长21.3%，保持快速增长势头（见表1）。

（二）原油加工量较快增长，主要成品油产量涨跌不一

2024年，广州市规上工业原油加工量1183.41万吨，同比增长7.2%。主要石油产品产量受市场需求影响涨跌不一，液化石油气、汽油和煤油呈快速增长态势，润滑油和燃料油降幅较大。液化石油气、汽油和煤油产量分别为54.41万吨、273.74万吨和189.54万吨，同比分别增长18.0%、11.3%和9.4%；润滑油和燃料油产量分别为5.43万吨和26.01万吨，同比分别下降21.1%和18.7%；柴油产量314.16万吨，同比小幅增长1.0%。

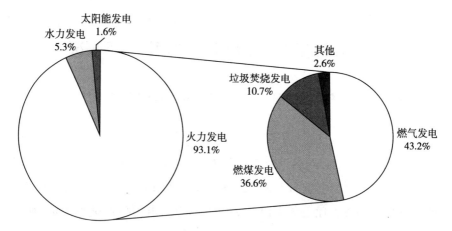

图1　2024年广州市规上工业各品种发电量占比情况

资料来源：广州市统计局。

表1　2024年广州市规上工业主要能源品种生产情况

能源品种	计量单位	产量	同比增速（%）
原油加工量	万吨	1183.41	7.2
汽油	万吨	273.74	11.3
煤油	万吨	189.54	9.4
柴油	万吨	314.16	1.0
燃料油	万吨	26.01	−18.7
液化石油气	万吨	54.41	18.0
发电量	亿千瓦时	424.53	−3.4
火力发电量	亿千瓦时	395.39	−3.8
#燃煤发电量	亿千瓦时	155.43	−22.7
燃气发电量	亿千瓦时	183.26	15.9
垃圾焚烧发电量	亿千瓦时	45.57	11.4
水力发电量	亿千瓦时	22.59	−2.6
太阳能发电量	亿千瓦时	6.55	21.3

资料来源：广州市统计局。

（三）能源加工转换规模扩大，效率小幅提升

2024年，广州市规模以上工业加工转换能源投入合计3229.22万吨标煤，比上年提高2.4%，加工转换总效率为75.3%，比上年提高1.9个百分点。加工转换总效率的提升主要是由于燃气发电（加工转换效率较高）和炼油加工转换规模增长，而燃煤发电（加工转换效率相对较低）加工转换规模下降，带动总体效率提升。同时，火力发电加工转换效率的提升也对总效率提升产生重要影响。

分加工转换类型看，火力发电加工转换效率为43.8%，比上年提高1.6个百分点。其中，燃煤发电加工转换效率为41.0%，比上年提升0.4个百分点；燃气发电加工转换效率为55.3%，比上年提升0.8个百分点。占全市加工转换总投入近六成的炼油加工转换效率为94.2%，同比小幅下降0.5个百分点。供热加工转换效率为84.1%，同比下降2.3个百分点。制气加工转换效率为53.8%，同比下降2.3个百分点（见表2）。

表2 2024年广州市规上工业能源加工转换情况

加工转换类型	加工转换投入（万吨标煤）	加工转换产出（万吨标煤）	加工转换效率（%）	同比增减（个百分点）
火力发电	1110.24	485.93	43.8	1.6
#燃煤发电	465.71	191.02	41.0	0.4
燃气发电	407.24	225.23	55.3	0.8
炼油	1853.54	1745.67	94.2	−0.5
供热	188.50	158.52	84.1	−2.3
制气	76.94	41.36	53.8	−2.3
合计	3229.22	2431.48	75.3	1.9

资料来源：广州市统计局。

（四）氢能供需规模连年下降，热力市场需求小幅增长

氢能产业是战略性新兴产业重点发展方向之一，广州大力推动氢能产业

发展，在氢能产业链上中下游均进行布局。但受目前氢能应用场景仍较为单一、市场需求不足、使用成本较高等因素影响，2024年规上工业氢能生产企业氢气销售量1450万立方米，同比下降23.2%，降幅比上年扩大2.6个百分点，供需规模呈连年下降态势。热力市场需求平稳，2024年规上工业热力销售量4465.84万吉焦，同比增长1.6%。

二　2024年广州市规上工业综合能源消费情况

2024年，广州市规上工业综合能源消费量1719.20万吨标煤，同比下降1.2%，增速比第一季度、上半年和前三季度分别下降6.7个、4.8个和2.0个百分点。工业三大门类中，采矿业综合能源消费量1.26万吨标煤，同比下降15.4%；制造业综合能源消费量881.50万吨标煤，同比增长2.7%，拉动全市规上工业综合能源消费量增长1.3个百分点；电力、热力、燃气及水生产和供应业综合能源消费量836.43万吨标煤，同比下降5.1%。

（一）制造业能耗增长面近五成，高技术制造业用能较快增长

2024年，制造业31个行业大类中，累计综合能源消费量增长的行业有15个，增长面近五成。其中，电气机械和器材制造业，其他制造业，以及计算机、通信和其他电子设备制造业综合能源消费量呈两位数增长，同比分别增长28.6%、13.2%和10.3%。高技术制造业用能需求增加，综合能源消费量同比增长11.3%，明显高于工业综合能源消费量增速。综合能源消费量下降的行业中，除汽车制造业外（下降12.6%），家具制造业、纺织业、农副食品加工业等与居民消费密切相关的传统行业降幅居前，同比分别下降25.4%、9.2%、7.4%。

从企业看，规上工业综合能源消费量增长主要受重点企业拉动。其中，中石化广州分公司、华星光电、乐晶显示（中国）、因湃电池、超视界等综合能源消费量增量排名前10的企业，合计拉动规模以上工业综合能源消费量增长4.7个百分点。

（二）六大高耗能行业能耗"两升四降"，降幅高于规上工业平均水平

2024年，广州市规上工业六大高耗能行业综合能源消费量共1304.67万吨标煤，同比下降2.2%，比规上工业综合能源消费量降幅高1.0个百分点，呈"两升四降"格局。其中，石油、煤炭及其他燃料加工业综合能源消费量315.67万吨标煤，同比增长8.0%，拉动全市规上工业综合能源消费量增长1.3个百分点，是拉动全市规上工业能耗的主力；有色金属冶炼和压延加工业综合能源消费量同比增长2.4%；受本地发电需求下降影响，电力、热力生产和供应业综合能源消费量811.53万吨标煤，同比下降5.5%，拉低全市规上工业综合能源消费量2.7个百分点；黑色金属冶炼和压延加工业、化学原料和化学制品制造业、非金属矿物制品业综合能源消费量同比分别下降6.3%、3.9%和1.0%（见表3）。

表3　2024年广州市规上工业六大高耗能行业能耗情况

行业	综合能源消费量（万吨标煤）	同比增速（%）	占规上工业综合能源消费量比重（%）
规上工业六大高耗能行业	1304.67	-2.2	75.9
石油、煤炭及其他燃料加工业	315.67	8.0	18.4
化学原料和化学制品制造业	52.75	-3.9	3.1
非金属矿物制品业	75.67	-1.0	4.4
黑色金属冶炼和压延加工业	38.98	-6.3	2.3
有色金属冶炼和压延加工业	10.07	2.4	0.6
电力、热力生产和供应业	811.53	-5.5	47.2

资料来源：广州市统计局。

（三）天然气和电力消费量持续增长，煤炭消费量大幅下降

2024年，广州市规上工业天然气（含液化天然气）消费量达42.53亿立方米，同比增长10.4%，其中发电、供热用气36.26亿立方米，同比增长

12.5%。电力消费量326.17亿千瓦时，同比增长4.1%，其中，制造业用电量同比增长3.7%，制造业中计算机、通信和其他电子设备制造业用电量同比增长11.6%，拉动规上制造业用电量增长2.8个百分点。煤炭则受本地发电需求偏弱、燃煤发电量大幅下降影响，消费量995.87万吨，同比大幅下降14.6%。其他能源品种中，汽油、柴油、液化石油气消费量同比分别下降36.6%、下降16.1%和增长1.7%（见表4）。

表4　2024年广州市规上工业主要能源工业生产消费情况

能源品种	单位	消费量	同比增速（%）
煤炭	万吨	995.87	-14.6
天然气（含液化天然气）	亿立方米	42.53	10.4
汽油	万吨	1.75	-36.6
柴油	万吨	8.03	-16.1
液化石油气	万吨	13.47	1.7
电力	亿千瓦时	326.17	4.1

资料来源：广州市统计局。

从终端用能看，广州市电能占比显著提升，终端能源消费电气化水平进一步提高。2024年规上工业终端用能950.59万吨标煤，其中清洁高效的电力和天然气消费量占比分别达到59.1%和8.2%，同比分别提高2.9个百分点和下降0.4个百分点；高碳的煤炭和油品消费量占比分别为4.6%和14.8%，同比分别下降0.1个和1.3个百分点。

（四）主要能源单价下降，企业用能成本降低

2024年，国内煤炭价格高位回落，天然气价格波动下降，广州市规上工业主要能源品种平均购进单价不同程度下降。其中，原煤平均购进单价680元/吨，同比下降11.6%；天然气平均购进单价3.30元/立方米①，同比下降2.9%；电力平均购进单价0.73元/千瓦时，同比下降5.6%。受企业燃

---

① 剔除工业企业转供气量及广州珠江天然气发电有限责任公司长协低价气。

料价格下降影响，2024 年规上工业企业用能成本占营收的比重（4.1%）比 2023 年下降 0.2 个百分点，其中制造业企业用能成本占营收的比重（3.6%）比 2023 年下降 0.1 个百分点。能源成本占企业生产成本比重较高的燃煤、燃气发电企业盈利状况总体有所改善，其中煤电企业尽管受上网电价和发电量双重下降影响，但受益于煤炭价格较大幅度下降，盈利状况较 2023 年总体回暖。

（五）各区能耗增速差异显著，用能大区黄埔、南沙一增一降

2024 年，广州市 11 个区中除黄埔区、番禺区和天河区能源消费总量增长外，其余 8 区能源消费同比均呈下降态势。其中，占全市规上工业综合能源消费量超五成的黄埔区，受中石化广州分公司和中国南方电网有限责任公司能耗大幅增长影响，全年规上工业综合能源消费量为 881.51 万吨标煤，同比增长 4.5%；番禺区、天河区综合能源消费量同比分别增长 2.1%、1.8%。占全市规模以上工业综合能耗两成的南沙区综合能源消费量为 338.15 万吨标煤，同比下降 10.2%，能耗降幅最大。此外，海珠区、增城区、白云区综合能源消费量降幅居前，分别为 7.6%、7.5% 和 5.7%。其余各区能源消费降幅相对温和，为 0.9%~3.3%（见表 5）。

表 5　2024 年广州市各区规上工业综合能源消费量

地区	综合能源消费量 （万吨标煤）	同比增速 （%）	占全市比重 （%）
广州市	1719.20	−1.2	100.0
荔湾区	3.69	−2.2	0.2
越秀区	7.35	−3.3	0.4
海珠区	1.72	−7.6	0.1
天河区	9.75	1.8	0.6
白云区	58.22	−5.7	3.4
黄埔区	881.51	4.5	51.3
番禺区	54.65	2.1	3.2
花都区	119.19	−2.3	6.9

地区	综合能源消费量 （万吨标煤）	同比增速 （％）	占全市比重 （％）
南沙区	338.15	-10.2	19.7
从化区	57.90	-0.9	3.4
增城区	187.07	-7.5	10.9

资料来源：广州市统计局。

三　广州市规上工业能源运行需要关注的问题

（一）燃煤机组普遍服役时间长，能效水平不高

2024年，广州全社会用电量同比增长6.3%，但规上工业发电量同比下降3.4%，其中燃煤发电量同比下降22.7%，降幅大幅高于广东省平均水平（下降2.6%）。燃煤发电量下降受西电东送电量大幅增加、广州外部输入电量提高导致对本地电力需求下降影响，也与电力市场化改革中，全市燃煤发电机组总体上装机容量偏小、服役时间偏长、能效水平不高、竞争力不强等密切相关。截至2024年底，全市燃煤机组平均服役时间近20年，其中2台机组服役时间超过30年。煤电长期肩负着能源保供"顶梁柱、压舱石"的重任，担负着广州电力供应兜底保障的作用。随着新型电力系统建设进入加速期，煤电低碳化转型进入深水区，全市在燃气机组装机容量大幅增长的同时，亟须加快燃煤机组的升级改造，进一步夯实煤电兜底保障作用。

（二）转型阵痛叠加产能利用率下降，规上工业单位增加值能耗持续上升

广州市规上工业单位增加值能耗继2023年上升3.6%后，连续2年不降反升，2024年同比上升1.9%，工业节能降耗形势十分严峻。全市规上工业

35个行业大类中，单位增加值能耗上升的有17个，上升面接近五成。其中能源消费占比高、单位增加值能耗较高的黑色金属冶炼及压延加工业，石油、煤炭及其他燃料加工业（能耗分别为规上工业平均水平的7.9倍和5.3倍）单位增加值能耗分别提高1.2%和2.4%，对工业能源利用效率产生不利影响；而增加值占规上工业增加值比重达21.2%、单位增加值能耗较低的汽车制造业（能耗仅为规上工业平均水平的13.7%），因转型承压产销下滑，产能利用率下降，单位增加值能耗同比上升6.9%，同时受增加值规模及其占工业增加值比重下降影响，结构性抬升规上工业增加值能耗，也是工业能源利用效率下降的重要原因。

（三）新能源开发利用规模有限，工业化石能源需求仍将增长

2024年底，广州本地太阳能发电装机容量达到284万千瓦，同比增长84.8%。但在全年用电需求快速增长影响下，本地太阳能发电量占全市规上工业发电量的比重仍不到2%，提升十分有限。水力发电量以抽水蓄能发电量为主，近年来总体呈下降趋势，不具备进一步开发的潜力。工业能源消费中，煤炭已降至近年来低位，随着全市用电量的持续增长和外部输入电力变化，以及煤电在电力供应安全中兜底保障的定位，煤炭消费仍将面临反弹。特别是随着近年来燃气机组装机容量的大幅增加，以及后续燃气机组建设，今后一段时间天然气需求将面临较大增长。在推进碳达峰进程中，化石能源需求增长将对碳排放的控制产生严重制约，需要统筹考虑本地电力需求持续增长带来的用煤、用气增长和新能源开发利用。

（四）碳市场加快构建，企业应对碳市场的能力亟须加强

2024年，全国碳市场在法律依据、处罚机制、配额分配、配额结转以及CCER交易规则等关键环节进一步完善，碳市场价格呈现上升趋势。9月，生态环境部发布《全国碳排放权交易市场覆盖水泥、钢铁、电解铝行业工作方案（征求意见稿）》，明确2024年作为水泥、钢铁、电解铝行业首个管控年度，2025年底前完成首次履约工作，全国碳市场首次扩围，未

来还将纳入更多行业。"十五五"时期全国将由能耗双控向碳排放双控转型，欧盟碳边境调节机制（CBAM）过渡期也将于 2025 年 12 月 31 日结束，面对国际国内环境变化，作为市场主体的企业需要进一步增强应对国际国内碳市场变化的能力。

四 对广州市下阶段规上工业能源工作的政策建议

2025 年是建立由能耗双控向碳排放双控全面转型新机制的关键之年，广州市要紧紧锚定碳达峰碳中和目标，在推动工业高质量发展，构建现代化产业体系，形成新质生产力的同时，更加精准地引导传统能源清洁化改造，加快新能源的规模化发展和新型能源体系构建，有效推动工业绿色低碳发展。

（一）加快燃煤机组升级改造步伐，夯实煤电兜底保障基础

按照国家印发《加快构建新型电力系统行动方案（2024—2027 年）》新一代煤电升级行动要求，在优先保障现有煤电装机规模底线的同时，加快服役期满广州珠江电厂燃煤机组等容量替代为大容量、高参数煤电机组建设步伐，结合机组实际，有序推进其他存量煤电机组节能降耗改造、供热改造、灵活性改造"三改联动"升级，提升煤电机组深度调峰、快速爬坡等高效调节能力，适应煤电"清洁低碳、高效调节、启停调峰"转型，夯实煤电兜底保障基础。因地制宜推进生物质掺烧，绿氨掺烧，碳捕集、利用和封存等零碳或低碳技术，促进煤电碳排放水平大幅下降。

（二）协同推进产业转型升级和节能降碳，加快工业绿色低碳发展

一是锚定构建"12218"现代化产业体系，加快推进广州市工业产业结构调整，大力发展智能网联与新能源汽车、高端装备制造、生物医药等基础好、能耗强度低、附加值高、市场前景广的战略性新兴产业，以及新能源与新型储能等对能源转型推动作用大的产业，以规上工业企业质量的提

升带动能耗强度下降。二是紧盯能耗双控向碳排放双控转型衔接，严把节能降碳关口，对新上马项目，严格项目审批，做好节能降碳"增量"上的控制。三是加快推进新型工业化、推动大规模设备更新，深入推动工业企业加快实施节能降碳技术改造。推进企业开展"四化"改造，抓实高耗能行业节能降碳"存量"上的优化。四是对现有重点用能单位、项目加强节能监察，大力压缩过剩产能、加快淘汰落后产能，促进产业结构在"瘦身"中提质。

（三）加强清洁和可再生能源开发利用，不断提升能源含"新"量、含"绿"量

要结合广州市资源禀赋和产业发展战略，加强清洁和可再生能源开发利用，提升能源含"新"量、含"绿"量，助力经济绿色低碳发展。一是大力推动分布式光伏项目建设，通过实施工业园区全覆盖、推进公共机构公共设施宜装尽装、推动城市建筑光伏发展等措施，积极开发利用太阳能，不断扩大太阳能利用规模，提升企业绿电消纳能力。二是完善氢气储运体系建设，拓展氢能应用场景，加快氢能创新产业平台建设，加强关键核心技术研发，构建完善氢能"制储输用"全产业链，助推全市氢能产业进入提质增效发展新阶段。三是加大能源领域科技创新投入，特别是在新能源技术、储能技术、智能电网等领域，推动能源产业技术进步和产业升级，实现以科技创新引领绿色发展。四是加强电力输送通道能力建设，提升外部输入广州市电力含"绿"量。

（四）营造良好市场环境，推动企业深度参与碳市场

随着"双碳"目标的深入推进、全国碳市场的扩容，以及欧盟碳边境调节机制等国际政策的出台和实施，企业参与碳市场的能力成为影响其国际竞争力和可持续发展的重要指标。广州拥有众多制造业企业和外向型企业，亟须不断完善政策法规，多措并举助力企业把握碳市场机遇。一是推动企业建立健全碳足迹管理和碳资产管理体系，与上下游企业协作推动供应链低碳

化，并通过购买绿电、绿证等方式降低产品碳足迹，提升企业绿色竞争力。二是加强碳市场相关培训与能力建设，通过培训和引进碳排放管理、碳交易和低碳技术领域的专业人才，提升企业对碳市场的认知和参与能力。三是建设完善统一的碳市场信息化平台，培育专业化、标准化的高质量技术服务机构，为企业提供碳配额交易、碳信用开发等一站式服务，推动企业与国际碳市场接轨，提升其应对国际碳关税的能力，助力工业绿色低碳发展。

B.5
2024年广州市交通邮电业运行分析报告

广州市统计局服务业处课题组*

摘　要：　2024年，广州市交通邮电业发展态势良好，客、货运量分别达3.32亿人次、9.51亿吨，较上一年分别增长9.0%、2.4%。其中航空客运量首破1亿人次，白云机场和广州港吞吐量创历史新高。与此同时，受多重因素影响全年货运量低位运行、国际航线客运恢复不及预期等对广州市国际枢纽地位构成一定的挑战。建议广州市通过提振居民消费和企业再生产信心，做好国际旅客引流工作，布局海外新兴市场，推动交通邮电业高质量发展。

关键词：　交通运输邮电业　国际枢纽　广州

　　2024年，广州市交通邮电业紧紧围绕"人享其行、货畅其流"总目标，以务实举措和暖心服务全力保障全市客运高效、物流通达。全年客运量实现较快增长，货运量持续稳步提升。其中，白云机场客运吞吐量再次突破7000万人次大关，广州港吞吐量稳居世界前列，邮电业务量保持两位数较快增长态势。同时应注意，受生产及消费不及预期、极端天气等多种因素叠加影响，货运量全年处于低位运行状态。此外，由于上海浦东机场国内外旅客加快恢复，但广州国际航线旅客恢复进度未达预期，白云机场未能实现国内单体机场旅客吞吐量"五连冠"。

---

* 课题组组长：刘钰，广州市统计局服务业处处长。课题组成员：莫广礼，广州市统计局服务业处副处长；冯晓琦，广州市统计局三级主任科员。执笔人：冯晓琦。

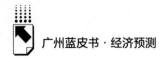

一 2024年广州市交通运输邮电业运行情况及特点

（一）客运量保持较快增长

2024年初，在低基期效应与春运出行需求激增的双重作用下，广州市客运量在2月呈现强劲增长态势，累计增速开局即达全年峰值（30.5%）；随后受强降雨、台风等极端天气条件制约，叠加上年同期各类交通方式运营恢复正常基数走高，全市客运量累计增速逐渐回落趋于平稳；全年完成客运量3.32亿人次，较上年同期增长9.0%（见图1）。

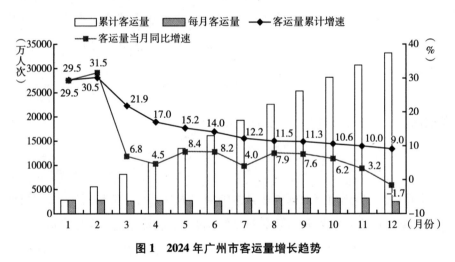

图1　2024年广州市客运量增长趋势

资料来源：广州市统计局网站。

1. 航空客运量首次突破1亿人次

2024年，广州市民航市场持续旺盛，推动航空客运量率先恢复较快增长。全市航空完成客运量10502.45万人次，同比增长15.3%。分航线看，国内、国际航线和地区航线客运量表现出较大差距。国内航线完成客运量9062.05万人次，同比增长8.2%，相比2019年增长15.1%。国际航线和地区航线共完成客运量1440.40万人次，同比增长96.2%，但仅恢复至2019年的81.9%（见表1）。

表 1　2024 年广州市航空客运量分航线恢复情况

单位：万人次，%

航线	2024 年	2023 年	2024 年比2023 年增长	2019 年	2024 年比2019 年增长
航空客运量	10502.45	9108.10	15.3	9630.38	9.1
#国内航线	9062.05	8374.11	8.2	7872.56	15.1
国际航线	1348.27	677.96	98.9	1643.90	-18.0
地区航线	92.13	56.03	64.4	113.92	-19.1

资料来源：广州市统计局。

2. 铁路客运量快速增长

2024 年，广州市铁路完成客运量 1.45 亿人次，同比增长 11.1%，比 2019 年增加 11.4 万人次。其中，动车组发送旅客 1.29 亿人次，占比 89.0%，同比增长 12.2%。全市铁路运营单位针对客流特点优化列车开行结构，增加城际列车的开行数量，城际铁路客运量占比由 2021 年的不足 1%上升至 2024 年的 4.5%。

3. 公路客运量增长乏力

随着高铁、城际列车、私家车的快速发展，全市公路客运量持续受到较大冲击。尽管相关客运公司采取"客运+旅游""客运+互联网"等方式积极探索，但难以改变行业客运量被持续分流的趋势。2024 年，全年完成公路客运量 7708.67 万人次，同比下降 1.7%。从月度数据看，全年仅 1 月、4 月、5 月单月客运量超过上年同期，其余各月均呈负增长。

（二）货运量稳步提升

2024 年，受房地产市场不景气、消费需求疲软、经济新旧动能接续转换等因素影响，货运运行一度低迷，1~4 月广州市货运量累计仅增长 0.8%。在促生产、消费一揽子增量政策带动下，市场信心逐步增强，部分行业领域运行向好，下半年起货运物流稳步恢复并且增速有所提升。全年全市完成货运量 9.51 亿吨，同比增长 2.4%，比上半年提高 1.3 个百分点（见图 2）。

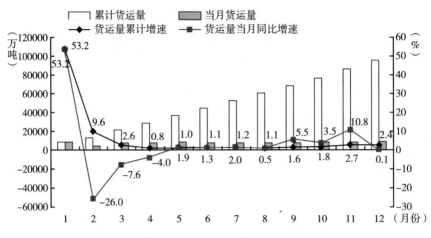

图 2　2024 年广州市货运量增长趋势

资料来源：广州市统计局网站。

1. 铁路货运量实现反弹

2024 年，广州市铁路货运量持续低位运行，4 月起累计增速转负后波动运行。进入第四季度，随着煤炭需求量增长，全市铁路货运量于 10 月当月实现由负转正，全年完成货运量 2553.91 万吨，同比增长 1.2%。分货类看，全年完成金属矿石运输 712.16 万吨、工业机械运输 50.83 万吨，同比分别下降 19.5%、37.7%，拉低全市铁路货运量增速。进入第四季度后，当季煤炭运输同比增长 17.1%，较第三季度增长 13.0%，进而带动全市铁路货运量实现由负转正。

2. 公路货运量稳步增长

2024 年，广州市公路货运量累计增速整体呈现高位开局、快速回落触底后逐渐回稳抬升的趋势，全年完成公路货运量 5.22 亿吨，同比增长 3.4%，增速分别比前三季度、上半年、第一季度提高 0.5 个、1.2 个和 0.3 个百分点。从每月货运量看，月度货运量峰值出现在首尾两月，均超 4800 万吨，其余各月大约 4200 万吨。

3. 航空货运量高速增长

"淡季不淡"成为广州市 2024 年航空货运的特点。一般来讲，上半年是航空货运业的淡季，但是 2024 年全年全市航空货运量均保持在 10 万吨以上。全年全市完成航空货运量 151.38 万吨，同比增长 13.8%。分航线看，国际航线恢复好于国内航线，国际航线完成货运量 79.9 万吨，同比增长 16.8%，相比 2019 年增长 25.4%；国内航线完成货运量 69.5 万吨，同比增长 10.6%，已恢复至 2019 年货运量的 97.5%。

4.水路货运周转量快速增长

2024 年，虽受贸易摩擦、关税等贸易壁垒的影响，但国际海运市场的持续兴旺仍是全年航运市场增长的主要驱动力。全市完成水路货运量 3.77 亿吨，同比增长 0.9%，其中 11 月水路货运量以 27.6% 的增速创近 5 年内月度新高，拉动水路累计货运量由负转正；完成水路货运周转量 23525.67 亿吨公里，同比增长 6.7%。

（三）机场旅客吞吐量突破7600万人次

2024 年，白云机场虽未成功实现国内单体机场旅客吞吐量"五连冠"，但是旅客吞吐量仍创新高，继 2019 年后再次突破 7000 万人次。全年白云机场完成旅客吞吐量 7636.93 万人次，货物吞吐量 238.25 万吨，同比分别增长 20.9%、17.3%。总体而言，旅客、货物吞吐量均超过 2019 年同期水平，但分航线看，国际及地区航线旅客吞吐量恢复不及预期，不足 2019 年的八成（见表 2）。

表 2　2024 年白云机场旅客吞吐量分航线恢复情况

指标	2024 年	2023 年	2024 年比 2023 年增长（%）	2019 年	2024 年比 2019 年增长（%）
旅客吞吐量（万人次）	7636.93	6317.35	20.9	7338.57	4.1
#国内航线	6174.44	5500.00	12.3	5467.43	12.9
国际及地区航线	1462.49	817.35	78.9	1871.14	−21.8
货物吞吐量（万吨）	238.25	203.11	17.3	192.29	23.9
#国内航线	79.10	65.34	21.1	74.54	6.1
国际及地区航线	159.15	137.77	15.5	117.75	35.2

资料来源：广州市统计局。

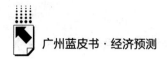

（四）港口吞吐量规模居世界前列

2024 年以来，广州港基础设施再升级，南沙港区四期工程完成整体竣工验收，全自动化散粮作业码头在广州港诞生，"广州港—株洲集装箱铁水联运线路"入选交通运输领域重点项目。广州港作业效率与服务水平不断提升、集疏运体系建设不断完善。全年广州港完成货物吞吐量 6.87 亿吨、集装箱吞吐量 2645.13 万标箱，同比分别增长 1.8%、4.1%，货物吞吐量和集装箱吞吐量规模稳居世界前列。

（五）邮电业务量保持两位数快速增长

2024 月，广州市完成邮电业务总量 1602.16 亿元，同比增长 15.8%。其中电信业完成业务总量 413.56 亿元，同比增长 9.2%。实现邮电业务收入 1513.69 亿元，同比增长 7.1%。其中邮政业、电信业业务收入分别为 1056.88 亿元、456.81 亿元，同比分别增长 9.7%、1.4%。

二 广州市交通运输邮电业发展需关注的问题

（一）多因素导致货运量低位运行

一是生产及消费不及预期，货运需求不旺。数据显示，2024 年，广州市规模以上工业增加值同比下降 3.0%，社会消费品零售总额同比仅微增 0.03%，限额以上批零业中占比较高的汽车、石油及制品类消费呈负增长，工业生产端、居民消费端相对低迷在一定程度上抑制了全市货运量增长。从全年数据看，由于用电量下降，西电东送导致的电力结构改变，全年铁路货运量有 7 个月增速不及上年同期。此外，钢材、煤炭、粮食等货源以及家具、家电等北上货源整体运输需求不足，导致水路货运量累计增速在 4~7 月持续负增长。

二是极端天气影响物流正常周转。2024 年春节前，我国中部地区暴发雨雪冰冻灾害，导致高速公路中断、高铁线路故障、机场地面结冰，对广州往返华中地区的列车、航班造成较大影响。4月起，广州连续数月经历多轮强降雨，每次雨量大且持续时间长。极端天气一方面对列车、航班、航运等造成一定程度的延误，另一方面也影响了货物的装卸效率进而导致火车站、机场、港口等运营受阻。因4月经历近十年最强暴雨过程，当月全市货运量为全年除2月外的最低点。货运企业为避免极端天气影响调整路线增加了运输时间和成本，且持续的降水、台风等天气导致货物损坏或腐烂，影响货运周期。

（二）国际航线旅客恢复始终不如预期

航空是扩大城市国际"朋友圈"的最重要领域。自2020年以来，无论是广州国际航空客运量还是白云机场国际航线旅客吞吐量始终未恢复至2019年同期水平。2024年从广州市航司搭载旅客情况看，全年国际及地区航线完成客运量1440.40万人次，仅恢复至2019年的81.9%。从机场吞吐量看，白云机场国际及地区航线完成旅客吞吐量1462.49万人次，恢复至2019年同期的78.2%，国际及地区航线旅客吞吐量占比较2019年低6.3个百分点。对比上海浦东机场、北京首都机场，白云机场国际及地区航线旅客吞吐量占比最低（见表3）。上海浦东机场国际航线旅客的快速恢复使得其旅客吞吐量反超白云机场。

表3　2024年广州白云机场、上海浦东机场、北京首都机场旅客吞吐量及结构

机场名称	旅客吞吐量（万人次）	国际及地区航线旅客吞吐量（万人次）	国际及地区航线旅客吞吐量占比（%）
上海浦东	7678.71	3180.59	41.4
广州白云	7636.93	1462.49	19.2
北京首都	6736.92	1453.65	21.6

资料来源：广州市统计局、广州市空港委。

（三）国际贸易争端加剧影响交通运输行业恢复

欧美对进口的中国纯电动汽车、新能源电池、钢铝制品、半导体、石墨等关键矿物、部分医疗用品以及大型船岸起重机等加征关税，以及部分国家和地区停飞中国航班，除直接影响出口企业利润，使其失去一定竞争优势外，还将加剧部分产业链外移、市场内卷、海运不畅，给商务旅游出行也带来较大负面影响，不利于交通运输行业的整体恢复。

三　促进广州市交通邮电业高质量发展的对策建议

面向 2035 年，广州将着力打造全球重要综合交通枢纽，高水平建设国际航空枢纽、国际航运枢纽和国际铁路枢纽，全面强化国家中心城市门户枢纽功能。着眼 2025 年，应着重在提振居民消费和企业再生产信心方面持续用力，同时加强国际交流新动向的引流工作，积极布局海外新兴市场，多措并举推动全市交通邮电行业实现更高质量发展。

（一）提振居民消费和企业再生产信心

一是努力促进居民收入增长。将促进居民收入增长作为改善民生的重要任务持续推进。通过增加就业岗位，加强职业技能培训，减轻教育、医疗等家庭支出负担，努力推动居民增收，让居民变得"敢消费"。

二是充分用好近段时间一揽子增量政策。充分发挥消费品"以旧换新"政策的激励作用，在鼓励商家促销让利，促进汽车、家电等大件消费的同时优化政策设计、补贴程序、兑付方式，扩大政策受益面。

三是出台相关政策鼓励企业合理安排再生产。关注春节后复产复工情况，加强企业用电、用气、用工等情况研判，及时发现企业面临的问题并及时予以帮扶；支持企业开拓新市场，对明显增产增效的单位予以税收、用地方面政策的倾斜，做好新增长点跟踪。紧盯新投产项目，加强资金、市场等协调保障，促进项目早投产、早满产，做好新投产企业入库衔接，推动"小升规"。

（二）做好国际旅客引流工作

一是利用好免签政策的引流效应。2024 年 12 月 17 日，国家移民管理局将过境免签外国人的停留时间由原来的 72 小时和 144 小时统一延长至 240 小时。该政策无疑为我国国际客流量增长和旅游业复苏注入新动力，相关部门应借此机会，通过制定便利政策、优化支付服务、提升旅游体验等方式，有效引流。

二是将小红书的欧美线上流量转化为线下流量。近期，小红书获欧美线上流量关注，相关部门或企业可借此契机，将广州打造成来华旅游的首选目的地。可开发特色文化游、短途乡村游等产品，推出相关特色餐饮服务吸引更多欧美游客。

三是文旅企业应借助广交会这一窗口，吸引更多国际旅客来穗旅游。要做好广州市传统旅游热门景点的宣传和服务工作，让国际旅客在参会之余能轻松游览广州。同时，针对近年来全市及周边新增的网红打卡点、美食目的地、灯光秀及音乐会等热门旅游景点，应合理新增运力并优化编排，以保障旅客出行顺畅。

（三）积极布局海外新兴市场

依托粤港澳大湾区的区位优势、南沙自贸区税收优惠和通关便利化设施，以国家共建"一带一路"布局为契机，整合资源、搭建对外贸易平台，帮助企业开拓海外新兴市场，可借此机遇扩大对东盟、中东等地区的进出口，降低对美依赖。在拓展海外新兴市场、提升企业市场竞争力的同时，带动交通邮电业增长。

参考文献

《郭永航同志在广州市高质量发展大会上的讲话实录（2025）》，广州市人大常委会网站，2025 年 2 月 6 日，www.rd.gz.cn。

真虹：《论港口物流的优化》，《中国港口》1999 年第 8 期。

B.6
2024年广州房地产市场发展动向分析报告[*]

广州大学广州发展研究院课题组[**]

摘　要： 2024年广州市房地产政策的变化主要体现在限购政策全面放开、信贷进一步宽松化、公积金贷款额度多次上调、契税政策进一步调整、入户政策刺激住房需求、保障性住房加速推进等。广州市房地产市场现状为广州土地市场持续低迷，新建住宅市场成交量微降，存量住宅供求受政策推动回暖明显。2024年广州房地产市场存在整体需求仍显疲软、二手房市场冲击新房市场、区域分化明显、民营房企经营困难等问题。

关键词： 房地产市场　市场动向　房地产政策调整　广州

　　2024年，国民经济运行总体平稳增长，全国房地产行业逐步回稳，区域经济复苏，广州市工业承压转型，服务消费释放，固定资产投资结构进一步优化，总体经济呈现稳步增长的态势。2024年全年房地产政策调控呈现广泛、高频的特征，全国共有300多个省市发布超过千次松绑政策。特别是9月26日中共中央政治局召开会议后，在供给端采取优化供给结构和保障

---

　　* 本报告系广州大学广州发展研究院、广东省高校新型特色智库的研究成果。

　** 课题组组长：谭苑芳，博士，广州大学广州发展研究院院长、教授，广州市粤港澳大湾区（南沙）改革创新研究院理事长。课题组成员：周雨，博士，广州大学广州发展研究院副院长、讲师，广州市粤港澳大湾区（南沙）改革创新研究院副院长；戴荔珠，博士，广州大学广州发展研究院助理研究员；汪文娇，博士，广州大学广州发展研究院区域发展所所长，讲师；于晨阳，博士，广州大学广州发展研究院特聘副教授，广东省社会科学研究基地国家文化安全研究中心研究员。执笔人：戴荔珠。

融资机制，在需求端落实"四个取消、四个降低"政策，在价格端持续放宽房地产价格限制。地方层面进一步"松绑"限购政策。广州市房地产政策的变化主要体现在限购政策全面放开、信贷进一步宽松化、公积金贷款额度多次上调、契税政策调整、入户政策调整刺激住房需求、保障性住房加速推进等方面。广州土地市场依旧低迷，新建住宅市场交易量微降，存量住宅供求受政策推动回暖明显。2024年广州房地产市场存在整体需求仍显疲软、二手房市场冲击新房市场、区域分化明显、民营房企经营困难等问题。

一　2024年广州房地产市场的经济环境分析

（一）国民经济运行总体平稳增长

2024年，我国国民经济整体保持平稳增长态势。全年国内生产总值（GDP）达到135万亿元，同比增长5.0%（见图1）。从产业结构来看，第一产业实现增加值91414亿元，同比增长3.5%；第二产业增加值为492087亿元，同比增长5.3%，其中工业生产表现良好，装备制造业和高技术制造业增长迅速；第三产业增加值为765583亿元，同比增长5.0%，服务业持续稳定增长。不过，房地产市场仍在经历调整。2024年末，全国房地产开发投资累计完成100280亿元，同比下降10.6%，降幅较上一季度扩大0.5个百分点。各类物业开发投资均呈现同比下降态势：住宅开发投资76040亿元，同比下降10.5%，降幅与上一季度持平；办公楼开发投资4160亿元，同比下降9%，降幅较上一季度扩大2.5个百分点；商业营业用房开发投资6944亿元，同比下降13.9%，降幅较上一季度扩大0.5个百分点。

（二）全国房地产行业逐步回稳

虽然2024年全年新房、二手房市场成交总量依然呈下降趋势，但是在第四季度呈现回暖现象。从总量数据来看，2024年以来新房、二手房总需求微降。据CRIC监测数据，35个重点城市2024年新房、二手房成交面积

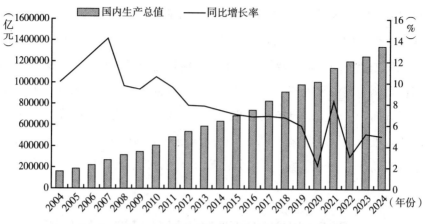

图1　2004～2024年中国国内生产总值及同比增长率

资料来源：国家统计局，http：//data.stats.gov.cn/。

预计达到3.7亿平方米，较2023年微降8%（见图2）。从结构来看，新房成交降幅仍达24%，二手房成交持增，但增速放缓。分能级来看，在这35个城市中，一线城市修复程度好于二线城市以及三、四线城市。据CRIC监测数据，仅4个一线城市2024年新房、二手房成交面积同比增长7%，11个三、四线城市新房、二手房成交面积同比跌幅高达14%。细化到单个城市来看，深圳新房、二手房成交面积同比涨幅高达45%，居首位，长沙、北京、上海等涨幅为4%～7%。2024年第四季度新房成交面积连续多月创2023年下半年以来新高。据CRIC监测数据，115个城市2024年10～11月新房成交面积突破了5000万平方米，较第三季度月均增长50%，同比增长12%。35个重点监测城市2024年第四季度二手住宅累计成交面积为6669万平方米，环比增长23%，同比增长28%；全年二手住宅累计成交面积为22615万平方米，同比增长6%。

（三）广东省经济运行平稳

2024年，广东省凭借制造业升级、外贸拓展以及科技创新等举措，推动经济高质量发展。2024年1～12月，广东省GDP达到141633亿元，同比

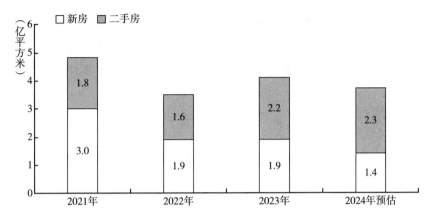

图2　2021~2024年35个重点城市新房、二手房成交面积

资料来源：CRIC中国房地产决策咨询系统。

增长3.5%（见图3），增速较上一季度提高0.1个百分点。从三次产业来看，第一产业增加值为5837亿元，同比增长3.4%，增速较上一季度提高0.4个百分点；第二产业增加值为54365亿元，同比增长4.4%，增速较上一季度下降0.4个百分点；第三产业增加值为81431亿元，同比增长2.8%，增速较上一季度提高0.3个百分点。其中，制造业增加值占全国的1/8，工业

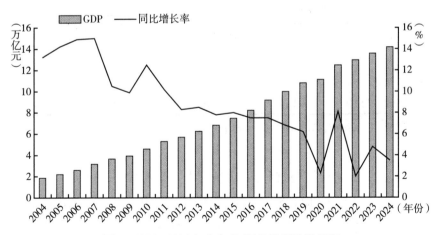

图3　2004~2024年广东省GDP及同比增长率

资料来源：广东省统计局，http://stats.gd.gov.cn/。

对 GDP 增长的贡献率超过 50%。通过制造业数字化"链式改造",广东省实现了产业与科技的协同发展,培育新质生产力。全省规模以上工业企业数量达到 7.39 万家,居全国第一位。在外贸方面,广东省规模再创新高。2024 年,广东进出口总额达 9.11 万亿元,同比增长 9.8%,占全国外贸总额的 20.8%,贡献了全国 38.7% 的贸易增量。

(四)广州市经济呈现稳定增长态势

2024 年,广州市在工业转型、服务消费以及固定资产投资结构优化等多方面取得积极进展,整体经济呈现稳定增长态势。2024 年 1~12 月,广州市 GDP 达到 31032.50 亿元,同比增长 2.1%,较上一季度增速提升 0.1 个百分点。从三次产业来看,第一产业增加值为 334.47 亿元,同比增长 1.0%,增速较上一季度提升 3.6 个百分点;第二产业增加值为 7839.45 亿元,同比增长 0.7%,增速较上一季度回落 0.4 个百分点;第三产业增加值为 22858.58 亿元,同比增长 2.6%,增速较上一季度提升 0.2 个百分点(见表 1)。

表 1 2024 年广州市三次产业增加值(累计值)、增速及占 GDP 比重

指标	第一产业	第二产业	第三产业	合计
增加值(亿元)	334.47	7839.45	22858.58	31032.50
同比增速(%)	1.00	0.70	2.60	2.10
占 GDP 比重(%)	1.08	25.26	73.66	100.00

资料来源:广东省统计局,http://stats.gd.gov.cn/。

服务消费市场持续释放活力,市场需求逐步回暖。2024 年,广州市社会消费品零售总额达到 11055.77 亿元,同比增长 0.03%,显示出消费市场的平稳复苏态势。在固定资产投资领域,2024 年广州市固定资产投资同比增长 0.20%(见表 2)。其中,房地产开发投资同比下降 7.4%,但降幅较前三季度收窄 2.6 个百分点,表明房地产市场投资在逐步改善。

表 2　2024 年广州市社会消费品零售总额、固定资产投资及同比增速

指标	社会消费品零售总额	固定资产投资
金额(亿元)	11055.77	8638.10
同比增长(%)	0.03	0.20

资料来源：广东省统计局，http://stats.gd.gov.cn/。

二　2024年广州市房地产市场的政策变化

2024 年 9 月 26 日，中共中央政治局召开会议，分析当前经济形势并推出一系列增量政策，旨在从供需两端同时发力，稳定房地产市场预期，促进市场止跌回稳，并推动房地产行业向高质量发展阶段转型。此后，主要在供给端优化供给结构、保障融资机制，在需求端落实"四个取消、四个降低"政策，同时在价格端持续放宽房地产价格限制。地方层面进一步"松绑"限购政策，全国多地积极响应，30 个城市放松限购，134 个城市放松限贷，9 个城市放松限价，22 个城市放松限售，266 个省市放松公积金贷款，24 个城市出台税费减免政策。这些政策从供需两端双管齐下，使各城市的购房环境达到历年来较为宽松的水平，其中一线城市受益最为明显，而多数二、三线城市政策的边际效应递减。广州市房地产政策的变化主要体现在限购政策全面放开、信贷进一步宽松化、公积金贷款额度多次上调、契税政策进一步调整、入户政策调整刺激住房需求以及保障性住房加速推进六个方面。

（一）限购政策全面放开

2024 年 1 月 27 日，广州放开 120 平方米以上住房限购。在限购区域内，若自有住房登记出租或挂牌计划出售，则购买住房时相应核减家庭住房套数。此外，商服类物业不再限定转让对象。5 月 28 日，放宽非本市户籍居民家庭和单身人士购房限制，社保缴费年限由连续 2 年降至连续 6

个月。7月10日，限购政策进一步放松，外籍人士、港澳台人士购买120平方米以上住宅，以及个人购买非居住用房均不限购。9月27日，广州市南沙区住房和城乡建设局发布通知，明确在南沙区范围内购买商品住房不再审核购房资格，南沙区正式全面放开住房限购。9月29日，广州市人民政府办公厅发布通知，自2024年9月30日起，取消居民家庭在全市范围内购买住房的各项限购政策。这意味着本市户籍、非本市户籍居民家庭和单身人士在全市范围内购买住房不再审核购房资格，也不再限制购房套数。

（二）信贷进一步宽松化

5月28日，广州市人民政府办公厅发布通知，下调最低首付比例，首套住房首付比例不低于15%，二套首付比例不低于25%，取消贷款利率下限。同时，启动住房"以旧换新"活动，取消2年限售政策。9月29日，广州市人民政府办公厅发布通知，明确下调存量房贷利率，由银行开展首套、二套房存量房贷利率批量调整，平均降幅约0.5%。9月30日，对于贷款购买住房的居民家庭，商业性个人住房贷款不再区分首套、二套住房，最低首付比例统一为15%。10月21日，1年期贷款市场报价利率（LPR）由3.35%调整为3.1%，5年期以上LPR由3.85%调整为3.6%。

（三）公积金贷款额度多次上调

4月8日，公积金贷款最高额度上调，一人申请贷款的最高额度调整至70万元，两人或两人以上共同申请贷款的最高额度调整至120万元。若所购住房为新建一星级绿色建筑或新建装配式建筑，住房公积金贷款最高额度可上浮10%；若所购住房为新建二星及以上星级绿色建筑，可上浮20%。11月26日，公积金贷款最高额度再次调整，一人申请贷款的最高额度调整至80万元，两人或两人以上共同申请贷款的最高额度调整至160万元。生育2个及以上子女（至少一个子女未成年）的家庭购买首套及第二套自住住房，住房公积金贷款最高额度上浮40%。购买首套及第二套自住住房申请住房公积金贷款的，最低首付比例为20%，其中购买保障性住房的，住房公积金贷款最低首付比例为15%。

（四）契税政策进一步调整

11月22日，广州取消普通住宅和非普通住宅消费标准。12月1日，契税优惠政策力度加大。购买住房面积为140平方米及以下的，首套、二套统一按1%的税率征收契税；购买住房面积为140平方米以上的，首套按1.5%、二套按2%的税率征收契税；购买三套及以上住房的，按3%的税率征收契税。此次调整将按1%的税率征收契税的购房面积从90平方米提高到140平方米，降低了购房者的契税成本，尤其对购买较大面积住房的家庭更为有利。

（五）入户政策调整刺激住房需求

11月18日，广州宣布拟新增安居乐业入户政策。在白云区、黄埔区、花都区、番禺区、南沙区、从化区和增城区7个行政区内，拥有合法产权住宅房屋且在本市连续缴纳社会保险满1年的人员，可申请入户。同时，取消积分制入户年度名额限制，允许全日制大专学历人员入户广州，新增投资纳税入户等修订内容。这一政策有助于吸引更多人口流入，进一步刺激住房需求。

（六）保障性住房加速推进

11月28日，出台《广州市配售型保障性住房管理办法（试行）》及相关实施细则，明确了配售型保障性住房的建设、配售和管理流程，加速推进了配售型保障性住房项目的落地。同时，大力发展保障性租赁住房，超额完成年度任务，有效缓解了新市民和青年人的住房困难。此外，结合城中村改造，创新性地以利用专项借款购买的存量商品房为保障性住房，进一步拓展了保障性住房的供给渠道。这些政策和措施共同构建了广州市"市场+保障"住房供应体系，为满足不同群体的住房需求提供了有力支持。

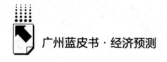
三 2024年广州房地产市场的现状分析

（一）土地市场持续低迷

2024年，广州土地市场整体表现依旧冷清。从土地供应端来看，全年共供应各类土地350宗，较2023年增长10.4%，但供应建筑面积为3566.79万平方米，同比下降27.1%。从土地需求端来看，2024年广州成交各类土地303宗，同比增长3.8%；成交建筑面积为3423.84万平方米，同比下降20.5%；总成交地价为971.45亿元，同比大幅下降37.7%。2024年供应建筑面积和成交建筑面积数据分别仅相当于2020年和2021年1/4的水平，土地市场正处于深度调整期。不过，推出的楼面均价较上年有较大幅度上涨，主要原因是中心城区住宅用地供应增加，从而拉高了整体均价。在涉宅用地方面，广州全年共推出住宅用地66宗，规划建筑面积为574.37万平方米，同比下降41.1%；成交规划建筑面积为443.90万平方米，同比下降31.42%。2024年，广州共成交住宅用地49宗，成交楼面均价为17406元/米^2（见图4），同比下跌4.73%；平均溢价率为4.23%，较上年同期下降2.9个百分点；住宅用地出让金总额为772.64亿元，同比下降34.7%。从区域交易情况来看，涉宅用地的推出和成交主要集中在南沙、天河、海珠、番禺和花都，其中天河的成交楼面地价最高。

（二）新建住宅市场成交量微降

2024年，广州新建住宅市场呈现前低后高的供求态势，总体成交量较上年略有下降。中指研究院数据显示，在去库存和优化增量的背景下，广州商品住宅（不含保障性住房）新批上市面积为598.86万平方米，同比下降14.8%；全年成交套数为71840套，同比下降4.6%；成交面积为793.50万平方米，同比下降3.9%（见图5）；新建住宅价格累计上涨0.10%，涨幅与上年同期持平。5月的新政以及9月后中央政策的支持推动了第四季度市场

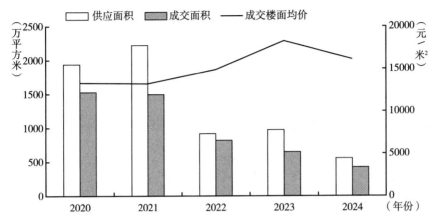

图4　2020~2024 年广州市涉宅用地供求面积和成交楼面均价走势

资料来源：广州市住房和城乡建设局行业数据。

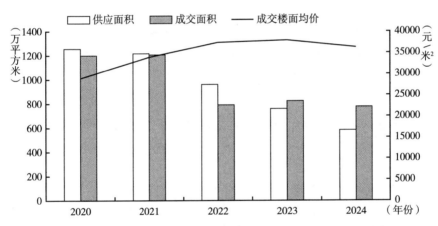

图5　2020~2024 年广州市商品住宅供求面积和成交楼面均价走势

资料来源：广州市住房和城乡建设局行业数据。

的止跌回稳，10~12 月广州新房成交面积为 288 万平方米，占全年成交总量的 36.3%。从区域来看，增城、番禺、南沙的成交面积位居全市前三；中心区越秀、荔湾、海珠、天河和白云成交面积呈增长趋势；而其他区域成交量萎缩，其中黄埔、从化、增城的降幅较大。除越秀成交均价同比上涨 10.8% 外，其他各区域成交价均下跌。

（三）存量住宅交易增长迅速

2024 年，广州存量（二手）住宅市场表现活跃。全年网签 96016 套，成交面积为 925.33 万平方米，同比分别增长 10.4%和 11.3%（见表 3），成交网签单价为 27164 元/平方米，成交量高于 2022 年和 2023 年的水平。2024 年广州密集出台"救市"政策，有效提振了市场预期和信心，加上不少业主降价出售，促使刚需和改善型需求陆续释放。二手房市场有两个转折点，分别在 6 月和 10 月，这主要得益于 5 月 28 日的最低 15%首付政策和 9 月 30 日的全面放开限购政策。不过，二手房市场的爆发力度更大、热度维持时间更长，表现也更直接。从 6 月开始，广州二手房网签套数逐步上升；10 月虽然成交量有所下降，但仍保持年内高位；直到 12 月，广州二手网签套数接连破万，以 11716 套的成交量登顶年内高峰。从区域情况来看，天河、白云等区域需求有所回落，中心区二手房成交接近 5.5 万套，同比下降 1.5%。此外，南沙区因近年不少次新房陆续入市，有效补充了区域二手住房供给，需求明显提升，带动区域成交量同比增长 22.8%。

表 3　2024 年广州各区存量住宅物业成交量、成交面积及同比增速情况

区域	成交套数（套）	同比增速（%）	成交面积（万平方米）	同比增速（%）
越秀区	9482	12.21	71.73	16.14
海珠区	12212	8.89	96.47	7.33
荔湾区	7976	14.27	62.93	18.40
天河区	9857	4.92	92.34	5.42
白云区	9089	5.36	79.55	6.07
黄埔区	5785	30.73	54.96	34.51
花都区	9367	-6.56	103.86	-6.25
番禺区	13639	13.75	149.38	14.38
南沙区	4378	49.68	49.50	45.76
从化区	3979	-1.78	44.01	1.24
增城区	10252	15.66	120.59	15.95
合计	96016	10.43	925.33	11.34

资料来源：广州市住房和城乡建设局行业数据。

四 2024年广州市房地产市场存在的问题分析

（一）整体需求仍显疲软

尽管2024年国家经济回稳，地区经济复苏，政策利好不断，但房地产市场整体需求仍未完全恢复。消费者购房信心虽有回升，但仍较为谨慎，观望情绪浓厚，特别是在经济形势和就业前景不确定性依然存在的背景下，购房决策更加谨慎。面对这样的市场形势，广州市政府和房地产开发商需采取一系列措施来促进去库存，如提供购房优惠、优化房地产税收政策、加强市场监管以防止价格虚高，以及通过城市规划和基础设施建设来提升区域吸引力等。同时，也需要密切关注市场动态，灵活调整市场策略，以适应不断变化的市场需求。

（二）二手房市场冲击新房市场

在一、二手房成交份额上，广州一手房市场成交份额已降至41%，同比小幅下降2个百分点。自2022年出现转换拐点后，一手房市场成交份额逐年下降。另外，在2024年二手业主大幅让利的情况下，大量分流新房客户，进一步挤压新房需求，倒逼一手项目采取"以价换量"策略。为吸引客户，新盘定价趋于保守，首开价格一般低于周边在售楼盘，但去化率仍不理想，多数项目开盘去化率集中在10%～20%。而同时二手房价格下降明显。2024年1～10月，广州二手住宅价格累计下跌5.10%，成交均价同比下降14%，部分区域和板块的二手房价格甚至回落至七八年前的水平。

（三）区域分化明显

广州中心五区及南沙等区域的商品住宅成交量止跌回升，但其他区域成交量萎缩；二手住宅市场中，番禺、荔湾、黄埔、南沙等区市场活跃度提高，而天河、从化成交量下跌。市场上部分区域和项目的产品结构与市场需

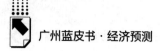

求不匹配，导致去化困难。例如，一些区域的高端住宅供应过剩，而刚需和改善型住房供应不足。

（四）民营房企经营困难

市场整体调整，投资动力不足，民营房企面临经营困难和发展动能不足的问题。项目去化压力大，资金回笼速度慢，导致部分房企资金链紧张。项目之间的价格和产品竞争异常激烈，房企面临较大蓄客压力，开盘信心不足。

参考文献

降蕴彰：《广州限购松绑，释放什么信号?》，《小康》2023年第31期。

李泽阳：《"房地一体"农村不动产数据建库的探索与实践——以广州市南沙区为例》，《房地产世界》2023年第13期。

刘慧超：《新时期可持续发展视角下老旧小区改造困境及对策——以广州市花都区为例》，《房地产世界》2023年第6期。

陈咏仪：《老旧小区改造资金筹措路径探索——以广州市老旧小区改造为例》，《房地产世界》2023年第19期。

B.7

基于新质生产力培育的广州民营工业企业发展调研报告

广州市统计局工业处课题组*

摘 要： 新质生产力是习近平总书记着眼于实现我国经济高质量发展提出的新概念，而民营企业作为中国经济最活跃的创新主体，在发展新质生产力过程中具有不可替代的作用，在广州"制造业立市"的背景下，做好民营工业企业运行特点分析，探索其未来发展道路具有现实意义。为此本文从广州民营工业企业的微观数据着手，从整体规模、发展速度、盈利能力、创新能力等多个维度，深入分析各行业及企业在培育新质生产力和激发创新活力中存在的问题，最后结合重点企业实地调研提出针对性建议。

关键词： 民营工业企业 新质生产力 广州

2023 年 9 月，习近平总书记在黑龙江考察调研期间首次提出"新质生产力"概念。2024 年 1 月，在主持中央政治局第十一次集体学习时，习近平总书记对新质生产力的特征和实现路径作出深刻阐述，指出新质生产力具有高科技、高效能、高质量特征，由技术革命性突破、生产要素创新性配置、产业深度转型升级而催生。新质生产力自首次提出后，便成为经济热词，"加快发展新质生产力"也被写入 2024 年政府工作报告中，被列为 2024 年十大工作任务之首。

---

* 课题组组长：区海鹏，广州市统计局副局长。课题组成员：肖鹏，广州市统计局工业处处长；李凯，广州市统计局工业处副处长；林淯，广州市统计局工业处副处长；罗嘉琪，广州市统计局工业处一级科员。执笔人：罗嘉琪。

民营企业作为市场经济中最活跃的力量之一，拥有灵活多变的运营机制，对市场反应迅速，能快速捕捉到消费者的需求变化和技术进步的信号。同时，民营企业是科技创新的主体，也是技术推广应用和产业升级的主体，在研发投入、新产品开发、技术改造等方面往往更为积极主动。因此，民营企业发展新质生产力对于推动经济增长、促进创新和提升国家竞争力具有不可替代的作用，是新质生产力的主要推动者和实践者。

一 广州民营工业企业发展情况

（一）企业数量稳健增长，行业分布较为集中

2021年，广州共有4761家规模以上民营工业企业，占全市规模以上工业企业总数的76.2%，随着广州经济的持续发展，经济结构发生调整和优化，民营工业企业的数量逐年增长。2024年，全市规模以上民营工业企业增至5750家，较2021年增加989家（年均增加近330家），占全市规模以上工业企业总数的79.7%，较2021年提高了3.5个百分点。

从企业行业分布看，2021~2024年，广州规模以上民营工业企业行业分布基本不变，主要集中在化学原料及化学制品制造业，计算机、通信和其他电子设备制造业，电气机械及器材制造业等3个行业中，截至2024年，这3个行业共有1631家民营工业企业，合计占全市规模以上民营工业企业的28.4%。除此之外，通用设备制造业，专用设备制造业，橡胶和塑料制品业，纺织服装、服饰业，皮革、毛皮、羽毛及其制品和制鞋业，金属制品业等6个行业民营工业企业数量均超300家，占比均高于5.0%。与全市各行业企业数量相比，上述9个行业民营工业企业在对应行业规模以上工业企业中的占比均超八成，其中皮革、毛皮、羽毛及其制品和制鞋业以及纺织服装、服饰业两个行业民营工业企业的占比超九成，分别为92.0%和90.7%（见表1）。

表 1　2024 年广州民营工业企业主要行业分布情况

行业	企业数量（家）	占全市规上民营工业企业数的比重（%）	占各行业规上工业企业数的比重（%）
化学原料及化学制品制造业	611	10.6	82.3
计算机、通信和其他电子设备制造业	550	9.6	80.9
电气机械及器材制造业	470	8.2	84.4
通用设备制造业	398	6.9	83.4
专用设备制造业	395	6.9	83.0
橡胶和塑料制品业	389	6.8	80.2
纺织服装、服饰业	370	6.4	90.7
皮革、毛皮、羽毛及其制品和制鞋业	346	6.0	92.0
金属制品业	329	5.7	82.7

资料来源：广州市统计局。

（二）经济总量稳步扩大，发展韧性持续彰显

2021 年，广州规模以上民营工业企业合计实现工业总产值 6040.71 亿元，占全市规模以上工业企业工业总产值的 26.8%，总产值同比增长 10.8%，较全市平均水平高 3.8 个百分点。2022 年，受疫情多点散发、年底新冠疫情优化政策的落实以及愈加复杂的国际形势影响，广州民营工业企业的生产经营受到一定冲击，叠加上年的较高基数，全市规模以上民营工业企业合计实现工业总产值 6177.10 亿元，较全市平均水平低 2.7 个百分点。2023 年，民营工业企业面对复杂多变的外部环境、三年疫情带来的"疤痕效应"、市场整体需求疲软等多重不利因素，顶住压力，迎难而上，全市规模以上民营工业企业合计实现工业总产值 6681.16 亿元，占全市规模以上工业企业工业总产值的比重提升至 28.0%，较全市平均水平高 4.1 个百分点。2024 年，广州民营工业企业克服了国内有效需求收缩，市场消费动力不足的困难，稳中有升表现亮眼，全市规模以上民营工业企业合计实现工业总产

值 7083.30 亿元，占全市规模以上工业企业工业总产值的比重进一步提升（31.2%），显现出较强的发展韧性（见表2）。

表2 2021~2024 年广州民营工业企业生产情况

单位：亿元，%

年份	全市规上工业企业		全市规上民营工业企业		
	工业总产值	同比增速	工业总产值	同比增速	占全市规上工业总产值的比重
2021	22567.18	7.0	6040.71	10.8	26.8
2022	23467.57	0.1	6177.10	-2.6	26.3
2023	23849.10	3.0	6681.16	7.1	28.0
2024	22675.18	-2.7	7083.30	4.6	31.2

资料来源：广州市统计局。

（三）行业发展成效明显，经济拉动作用较大

2024 年，在广州 34 个行业中，计算机、通信和其他电子设备制造业及电气机械及器材制造业等两个行业规模以上民营工业企业工业总产值规模均已突破千亿元，分别为 1093.11 亿元和 1064.17 亿元，分别占全市规模以上民营工业企业工业总产值的 15.4% 和 15.0%，分别占对应行业规模以上工业总产值的 41.3% 和 70.0%。此外，化学原料及化学制品制造业、汽车制造业、橡胶和塑料制品业和非金属矿物制品业等 4 个行业规模以上民营工业企业工业总产值在全市规模以上民营工业企业工业总产值中的占比也超 5%（见表3）。

从增长速度看，2024 年全市 34 个行业中有 20 个行业规模以上民营工业企业工业总产值同比实现正增长，行业增长面为 58.8%。其中化学纤维制造业，废弃资源综合利用业，燃气生产和供应业，汽车制造业，铁路、船舶、航空航天和其他运输设备制造，金属制品、机械和设备修理业以及黑色金属冶炼及压延加工业等 7 个行业同比均实现两位数的高速增长，同比分别增长 28.6%、23.5%、21.6%、20.4%、20.0%、15.9% 和 15.4%。全市 34

个行业中有 22 个行业规模以上民营工业企业工业总产值增速超过了该行业平均水平。

聚焦规模以上民营工业企业工业总产值前十大行业，2024 年其合计实现工业总产值 5394.33 亿元，占全市规模以上民营工业企业工业总产值的 76.2%。其中除专用设备制造业、家具制造业和非金属矿物制品业 3 个行业外，其余 7 个行业民营工业企业工业总产值均实现同比正增长。同时与各行业平均增速相比，汽车制造业（主要受小鹏新能源汽车拉动）、化学原料及化学制品制造业、电气机械及器材制造业和通用设备制造业等 4 个行业民营工业企业工业总产值均呈现更为显著的正增长，增速分别较全市该行业的平均增速高 38.7 个、6.2 个、2.4 个和 2.4 个百分点（见表 3）。

表 3 2024 年广州规模以上民营工业企业工业总产值前十大行业情况

行业大类	工业总产值（亿元）	占全市规上民营工业企业工业总产值的比重（%）	占该行业规上工业总产值的比重（%）	总产值同比增速（%）	较全市该行业平均增速增减（个百分点）
计算机、通信和其他电子设备制造业	1093.11	15.4	41.3	4.4	0.1
电气机械及器材制造业	1064.17	15.0	70.0	9.5	2.4
化学原料及化学制品制造业	613.90	8.7	46.0	9.5	6.2
汽车制造业	573.26	8.1	11.3	20.4	38.7
橡胶和塑料制品业	418.23	5.9	67.7	7.3	0.0
非金属矿物制品业	377.43	5.3	76.4	-4.9	-2.0
通用设备制造业	340.72	4.8	40.6	4.7	2.4
专用设备制造业	319.15	4.5	66.9	-8.8	0.9
家具制造业	314.75	4.4	94.9	-6.7	0.6
金属制品业	279.61	3.9	60.8	3.7	-6.7

资料来源：广州市统计局。

（四）空间分布较为聚集，部分区域增长亮眼

分区域看，广州规模以上民营工业企业主要集中在花都区、白云区、番

禺区、黄埔区及增城区，2024年5个区共有4727家规模以上民营工业企业，占全市规模以上民营工业企业的82.2%，其中花都区及白云区民营工业企业数量均超1000家，占全市规模以上民营工业企业的比例分别为19.6%和18.9%。

从规模以上民营工业企业工业总产值看，2024年黄埔区和白云区已突破千亿元，分别实现工业总产值1962.01亿元和1074.24亿元，占全市规模以上民营工业企业工业总产值的比重分别为27.7%和15.2%；番禺区、花都区、增城区和南沙区等4个区的规模以上民营工业企业工业总产值规模占比也均超10%。从增长速度看，海珠区和花都区表现较为亮眼，规模以上民营工业企业工业总产值同比分别增长20.4%和11.8%，分别较全市平均增速高15.8个和7.2个百分点（见表4）。

表4　2024年广州各区规上民营工业企业分布及生产情况

区域	企业数量		工业总产值			
	总数（家）	占全市规上民营工业企业的比重(%)	总量（亿元）	占全市规上民营工业企业工业总产值的比重(%)	同比增速（%）	较全市规上民营工业企业平均增速增减(个百分点)
黄埔区	834	14.5	1962.01	27.7	5.5	0.9
白云区	1089	18.9	1074.24	15.2	4.2	-0.4
番禺区	928	16.1	924.78	13.1	-1.0	-5.6
花都区	1127	19.6	918.31	13.0	11.8	7.2
增城区	749	13.0	916.33	12.9	4.2	-0.4
南沙区	530	9.2	761.10	10.7	-2.8	-7.4
从化区	248	4.3	289.65	4.1	3.3	-1.3
天河区	116	2.0	145.30	2.1	2.0	-2.6
荔湾区	68	1.2	46.84	0.7	-1.5	-6.1
海珠区	55	1.0	43.21	0.6	20.4	15.8
越秀区	6	0.1	1.54	0.0	-9.9	-14.5

资料来源：广州市统计局。

（五）营业收入稳中有升，经济质量持续改善

2021年以来，广州规模以上民营工业企业营业收入规模持续扩大，由

2021 年的 6123.04 亿元增至 2024 年的 7353.85 亿元，在全市规模以上工业企业营业收入中的占比也呈现整体上升趋势，由 2021 年的 26.3% 提升至 2024 年的 30.8%，提高 4.5 个百分点。

从增长速度看，广州规模以上民营工业企业 2021~2024 年营业收入均保持正增长，其间除 2022 年规模以上民营工业企业营业收入增速低于全市规模以上工业企业营业收入增速 2.7 个百分点外，其他年份规模以上民营工业企业营业收入增速均高于全市规模以上工业企业营业收入增速，2024 年规模以上民营工业企业营业收入增速高于全市规模以上工业企业营业收入增速 6.1 个百分点（见表 5）。

表 5   2021~2024 年广州规模以上民营工业企业经营情况

年份	营业收入（亿元）	同比增速（%）	较全市规上工业企业增速变化（个百分点）	占全市规上工业企业营业收入的比重（%）
2021	6123.04	17.9	5.5	26.3
2022	6348.88	1.8	-2.7	25.7
2023	6842.99	4.0	5.3	27.9
2024	7353.85	3.6	6.1	30.8

资料来源：广州市统计局。

（六）研发投入持续加码，创新活力不断提升

2021 年以来，广州规模以上民营工业企业的研发费用显著提高，在全市规模以上工业企业研发费用中的占比也稳步提升。2021 年全市规模以上民营工业企业研发费用合计 193.36 亿元，占全市规模以上工业企业研发费用的比重为 48.1%。2024 年全市规模以上民营工业企业研发费用合计 299.37 亿元，占比提升至 57.1%，较 2021 年提高了 9.0 个百分点。从增长速度看，2021~2024 年规模以上民营工业企业研发费用增速均高于全市规模以上工业企业研发费用增速，其中 2021 年规模以上民营工业企业研发费用增长最快，同比增长 23.9%，较全市规模以上工业企业研发费用增速高 0.9

个百分点；2022年规模以上民营工业企业研发费用增长表现较为亮眼，同比增长18.6%，较全市规模以上工业企业研发费用增速高6.7个百分点（见表6）。

表6　2021~2024年广州规模以上民营工业企业研发费用情况

年份	研发费用（亿元）	较全市规上工业企业增速变化（个百分点）	占全市规上工业企业研发费用的比重（%）
2021	193.36	0.9	48.1
2022	229.35	6.7	50.5
2023	275.47	6.0	54.8
2024	299.37	3.2	57.1

资料来源：广州市统计局。

从创新型企业看，在工业领域，广州目前已培育175家国家级专精特新"小巨人"企业、2411家省级专精特新中小企业和4236家市级创新型中小企业，其中分别有150家、2037家和3771家民营工业企业，占比分别为85.7%、84.5%和89.0%，且多集中在专用设备制造业，计算机、通信和其他电子设备制造业，通用设备制造业以及电气机械及器材制造业4个重点行业。

二　广州民营工业企业需关注的问题

（一）企业数量多而不强，亟待加大行业龙头培育力度

广州民营工业企业市场主体数量较多，但多以小微型企业为主，且小微型企业占比逐年小幅上升，该类企业对于促进就业、推动创新及增加市场活力具有重要作用，但由于企业规模较小，也面临融资难、信息不对称、抗风险能力较弱、市场竞争压力大等困难。2021年在全市民营工业企业中，小微型企业共4461家，占比高达93.7%；2024年全市小微型民营

工业企业增至 5425 家，占比更是进一步提升至 94.3%（见表 7）。分行业看，各行业民营工业企业中小微型企业占比均超八成，其中燃气生产和供应业，电力、热力生产和供应业，黑色金属冶炼及压延加工业，金属制品、机械和设备修理业，化学纤维制造业，水的生产和供应业以及非金属矿采选业等 7 个行业中所有民营工业企业均为小微型企业，计算机、通信和其他电子设备制造业以及汽车制造业民营工业企业中小微型企业占比分别为 90.4% 和 84.5%。

表 7　2021~2024 年广州民营工业企业分布情况

年份	企业总数（家）	#小型企业（家）	#微型企业（家）	小微型企业占比（%）
2021	4761	4009	452	93.7
2022	5260	4430	517	94.0
2023	5410	4531	564	94.2
2024	5750	4869	556	94.3

资料来源：广州市统计局。

（二）盈利能力仍需提升，市场竞争力不足

从盈利能力看，民营工业企业营业收入增长较快，但由于民营企业运营成本较高，增大了企业的财政负担，限制了企业的盈利能力和发展空间。2021~2024 年，规模以上民营工业企业营业利润率及成本费用利润率均处于较低水平，除 2022 年其盈利能力略高于全市规上工业企业平均水平外，其余年份均较全市规上工业企业平均水平低（见表 8）。分行业看，2024 年，全市规模以上民营工业企业实现利润总额 320.13 亿元，同比下降 15.7%，较全市规上工业企业平均水平低 11.8 个百分点。广州 34 个行业中，废弃资源综合利用业整体亏损，其余整体盈利的 33 个行业中也仅有 9 个行业利润总额实现同比增长，行业增长面仅为 26.5%。

表8 2021~2024年广州规模以上民营工业企业盈利情况

年份	营业利润率（%）	较全市规上工业企业平均水平增减（个百分点）	成本费用利润率（%）	较全市规上工业企业平均水平增减（个百分点）
2021	5.4	-1.0	5.6	-1.2
2022	6.1	0.2	6.4	0.1
2023	5.4	-0.2	5.7	-0.4
2024	4.4	-1.2	4.5	-1.4

资料来源：广州市统计局。

三 广州民营工业企业发展的对策建议

为了解广州民营工业企业的发展经营情况，及相关企业经营遇到的问题及诉求，课题组2024年选取了12家民营工业企业（包含9家国家级专精特新制造业企业）进行实地调研，其中包括4家计算机、通信和其他电子设备制造业企业，2家汽车制造业企业，2家医药制造业企业，以及化学原料及化学制品制造业，橡胶和塑料制品业，仪器仪表制品业，电力、热力生产和供应业等4个行业企业各1家。从单位规模来看，这12家企业2024年实现工业总产值317.73亿元。本文基于上述12家民营企业的调研结果，提出以下促进民营企业发展的对策建议。

（一）通过减税降费、加大金融支持力度、发放特色补贴等方式减轻民营企业经营负担

在税收政策方面，一是进一步加大对民营企业在新质生产力领域投资的税收优惠力度，持续优化并扩大留抵退税范围，提高研发费用加计扣除比例，切实减轻企业负担，为企业的研发投入和市场开拓提供更多资金支持。二是对于积极采用新技术、新设备的企业提供加速折旧优惠政策，并对因技术创新而产生的收益实行一定期限内的税收减免，以激励企业持续投入创新。

在金融支持方面，一是持续拓宽融资渠道，鼓励银行、风险投资公司、私募股权基金等金融机构加大对民营企业的信贷支持力度。二是支持符合条件的民营企业进行上市融资及后续的再融资活动，健全风险分担和补偿机制，利用资本市场做优做强，充分释放市场机制活力。三是设立针对特定行业或高新技术领域的创新基金，为企业提供长期且低成本的资金来源，同时利用信用担保机制，帮助企业缓解在科研与开发阶段面临的资金流动性问题。

在财政补贴方面，一是制定专项补贴和奖励基金支持采用节能环保技术和研发节能环保产品的企业，对在降低能源消耗和污染物排放方面表现突出的企业予以表彰和奖励，以此激励更多企业参与节能减排行动。二是聚焦国际市场，增加对出口导向型企业的财政支持，尤其是对于正在努力扩大全球销售网络的汽车企业，提供额外的汽车出口补贴，以增强我国产品在国际市场的竞争力。

（二）从加强人才支持、加大研发投入、强化知识产权保护与成果转化等方面保障企业开展研发活动

在人才支持方面，一是加大专业型工业人才的培养力度，积极推动"校企合作、工学结合"模式，搭建校企交流平台，促进专业人才可持续发展。二是出台更具吸引力的人才引进与落户政策，对引进高端技术人才的企业给予补贴，解决人才住房、子女教育、医疗等问题，吸引更多高尖端的人才来穗工作定居。三是加大对企业内部人才培训的支持力度，提供培训补贴和教育资源，助力企业提升员工的专业技能。

在研发投入方面，一是加大重大科研专项和专项补贴力度，设立更多面向特定行业或技术领域的创新基金，加速国产化进程和关键技术攻关，推动产业链上下游自主研发或协同攻关，力求在原材料、基础技术理论、科技成果实践应用等领域取得实质性进展。二是确保具有相关资质的企业（如高新技术企业、专精特新"小巨人"企业、创新型中小企业等）能享受更优惠的增值税政策，尤其是在研发投入、技术转让等方面，为企业创

新发展提供保障与支持。三是建立健全以"链主、单项冠军、专精特新"为核心的优质企业梯度培育机制，积极推动民营工业企业，尤其是中小微企业上规模规范发展，引导创新资源向民营企业聚集，引领民营企业迈上新高度。

在知识产权保护与成果转化方面，一是强化知识产权的法律保护，坚决打击侵犯知识产权的行为，维护公平竞争的市场环境。二是建立健全知识产权评估和交易体系，促进知识产权的有效流通和商业化应用。三是积极搭建企业与高等院校、科研机构之间的合作平台，推动科技成果转化，加速技术进步和产业升级。

（三）从放宽市场准入标准、产业链建设、稳外贸、助力平等参与招投标等方面优化营商环境

在市场准入方面，一是持续放宽多个行业的市场准入限制，与国际经济贸易标准接轨，培育更具竞争性和开放性的市场格局。二是加快推进全国统一大市场建设，破除地方壁垒，促进要素自由流动，为企业创造更加公平公正的市场竞争环境。

在产业链建设方面，一是发挥政府的主导作用，牵头开展补链行动，推出一系列专项扶持和激励政策，通过引入外资企业和培育本土企业的方式，鼓励和引导更多的民营企业参与到产业链的各个环节。二是搭建产业集群合作平台，促进民营企业与核心企业直接对接，使其更好地理解市场需求和痛点，同时搭建民营企业资源分享平台，促进信息互通和资源共享，推动共同发展。

在稳外贸方面，在日趋复杂的国际环境下，部分国外企业被迫将制造业转移回国并限制与中国企业的业务往来，为此政府应积极协助受影响的企业开拓新的市场，并促进构建产业联盟。另外，考虑到产品出口往往需要投入大量资金用于办理境外准入认证（如欧盟 REACH 认证、美国 FDA 认证），政府应考虑为相关认证需求提供一定的财政补贴，减轻企业经济负担。

在招投标方面，一是鼓励符合资格的民营企业参与政府部分招投标项

目，制定公平合理的招投标规则，降低民营企业参与门槛，确保符合条件的民营企业平等参与竞争。二是建立科学合理的信用评价体系，在招投标过程中优先考虑信用等级较高的民营企业，倒逼企业诚信经营。同时加快完善招标投标交易担保制度，对无失信记录或信用记录良好的民营企业给予减免投标保证金的优惠待遇，降低其招投标成本。

现代产业篇

B.8
广州市节能环保产业竞争力评价研究

广州市环境保护科学研究院有限公司课题组*

摘　要：　节能环保产业是兼具带动经济增长和提升环境质量双重属性的国家战略性新兴产业。开展广州市节能环保产业竞争力评价研究将有助于了解广州市节能环保产业竞争力的相对位置、优劣势，为广州市节能环保产业发展提供支撑。本文从产业规模、产业结构、产业效益、产业控制力、产业管理等5个方面构建节能环保竞争力评价指标体系，对广州及国内其他5个城市的节能环保产业竞争力进行研究。结果显示，广州在产业规模、产业控制力上相对落后，建议从加强规划引领与政策支持、加强产业链整合与协同等方面入手着力提升广州节能环保产业竞争力。

关键词：　节能环保产业　产业控制力　竞争力　广州市

* 课题组组长：李明光，广州市环境保护科学研究院有限公司高级工程师。课题组成员：田娟，广州市环境保护科学研究院有限公司高级工程师；徐健荣，广州市环境保护科学研究院有限公司高级工程师；谭浩然，广州市环境保护科学研究院有限公司研究人员。执笔人：田娟。

一 节能环保产业和节能环保产业竞争力的内涵背景与意义

（一）节能环保产业基本的内涵、发展背景

1.节能环保产业的基本内涵和发展背景

节能环保产业是为节约能源资源、发展循环经济、保护生态环境提供物质基础和技术保障的产业，兼具带动经济增长和提升环境质量双重属性，是国家战略性新兴产业，是生态环境保护的重要物质基础和技术保障，也是新的经济增长点，更是推进产业高质量发展、实现"双碳"目标的重要抓手。为更加有针对性地比较和提出可行建议，本文评价所称的节能环保产业范围包括环境保护专用设备制造、环境保护监测仪器及电子设备制造、环境污染处理药剂材料制造、环境保护及污染治理服务等先进环保产业，即环保产业范畴。

《中共中央 国务院关于加快经济社会发展全面绿色转型的意见》提出，到 2030 年，节能环保产业规模达到 15 万亿元左右。这是中央层面首次对加快经济社会发展全面绿色转型进行系统部署。推动节能环保产业的健康持续发展，对扩大内需、实现绿色发展和建设中国式现代化具有重要意义，也是统筹经济高质量发展和生态环境高水平保护的重要举措。近年来，随着生态环境保护治理的力度持续加大，我国节能环保产业发展的市场空间在加速释放，节能环保产业在国民经济中的战略地位也在不断提升。广东省为推动环保产业向更高质量、更高水平发展，进一步提升环保产业的核心竞争力，发布实施《广东省培育安全应急与环保战略性新兴产业集群行动计划（2023—2025 年）》，提出到 2025 年，全省安全应急与环保产业发展质量明显提升，产业总产值超 3800 亿元，打造 5 家左右百亿级龙头骨干企业，培育一批专精特新企业。广州同样高度重视环保产业发展，《广州市节能环保和生态产业链高质量发展五年行动计划（2021—2025 年）》（以下简称

《行动计划》）提出，到 2025 年节能环保产业总规模力争达到 1800 亿元。在此背景下，开展广州市节能环保产业竞争力评价，对推动广州市节能环保产业发展具有重要现实意义。

2. 广州市节能环保产业概况

广州市节能环保产业发展趋势较好。在产业领域，2023 年广州市节能环保产业共有 1300 多家企业，营收规模约 1700 亿元，占全市 GDP 比重为 5.6%。广州环投集团、广州水投集团等大型国有企业集团已成为广州市节能环保产业的中坚力量，在部分领域具有全国影响力。智光电气、迪森股份、三雄极光、南网能源等上市企业在节能领域持续深耕，逐渐成长为具有影响力的龙头企业。在政策支持领域，2022 年 9 月，广州市生态环境局会同市林业园林局联合印发《行动计划》，并于同年成立了广州市节能环保和生态产业链工作专班，扎实推进《行动计划》，围绕产业数据夯实、供需精准对接、企业纾困帮扶及展会资源挖掘打造广州环保品牌等重点任务，推进广州环保品牌建设，全面助力美丽广州建设迈向新高度。广州市生态环境局于 2024 年出台了生态环境领域优化营商环境 6 方面 16 项具体措施，以生态环境高水平保护持续助力经济高质量发展。

（二）节能环保产业竞争力的内涵与开展相关评价研究的意义

1. 节能环保产业竞争力的内涵

节能环保产业竞争力是指一个城市的环保产业相对其他城市的环保产业在生产效率、满足市场需求、持续获利等方面获得竞争优势的能力，具体可以表现为产业规模大、产业结构好、产业效益佳、产业控制力强、产业管理优等 5 方面。其中产业控制力反映的是产业通过资本运作、技术创新及市场策略等手段，对产业的竞争格局、定价权、产业链主导权及发展方向等施加系统性影响的能力，核心在于对主导产品市场定价权的掌控，并延伸至产业链关键环节的控制，是衡量产业竞争力的关键维度。

2. 开展节能环保产业竞争力评价研究的意义

节能环保产业竞争力评价是对一个城市发展节能环保产业的能力是否比

其他城市强的评价。产业控制力作为产业竞争力的关键维度，直接反映了产业对核心资源的支配能力及话语权。提升节能环保产业控制力可以优化资源配置，主导财富流向，推动产业向高附加值环节跃迁，对提升区域经济竞争优势、实现高质量发展具有战略意义。因此，开展广州市节能环保产业竞争力评价研究有助于了解节能环保产业现状，有助于识别出广州节能环保产业竞争力的相对位置、优劣势，找出节能环保产业发展中存在的问题与不足，从而为广州市提出促进节能环保产业发展的对策和建议，为政府制定针对性的产业发展策略提供重要参考，推动广州市高质量、高水平发展节能环保产业。

二　节能环保竞争力评价指标设计

（一）指标设计思路

1.选取原则

（1）科学性。节能环保竞争力评价指标体系应该能够体现节能环保产业的发展内涵与特征，全面、客观，符合节能环保产业的发展规律，不同方面、不同指标之间含义独立、无交叉。

（2）综合性。选择节能环保产业的指标时应综合各个方面，所有指标构成一个整体，选择代表性强、包含信息量大的指标，忽略代表性相对较弱的指标。

（3）导向性。评价的最终目的是使参评城市把握产业发展现状，促进城市节能环保产业高质量发展，构建的指标体系应该有助于各城市推进节能环保产业做大做强做优。

（4）可比性。构建的评价指标应具有普遍适用性，指标含义、统计口径、计算方法等应一致，尽量采用可比性较强和具有共性特征的指标，选取指标可以在不同城市之间进行横向比较。

（5）可获得性。各项指标应含义明确，数据易于获取，要尽可能利用

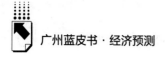

现有统计数据,少量其他指标也应尽可能利用现有基础数据方便获得。

2. 指标构成

节能环保产业是战略性新兴产业的重要组成部分,是推动生态环境高水平保护和经济高质量发展的重要支撑。开展广州市节能环保产业竞争力评价研究有助于了解评价城市节能环保产业竞争力的相对位置、优劣势。

产业规模是指一个产业的总体容量或大小,是衡量产业发展程度的一个重要指标,可从产业的生产能力、产出数量、资产总值、从业人数等来衡量。本次评价以环保产业年产值/年营收来衡量产业规模。

产业结构是指在环保产业内,不同企业的组成比例和相互关系,具体包括产业内企业类型(如服务业、制造业)结构、企业规模(如大中小型)结构、产业链位置(如上中下游)。本次评价注重反映企业规模结构,选取了营收超过1亿元企业数占比、营收超过10亿元企业数占比指标来衡量。

产业效益是指环保产业的经济效果以及其对社会的贡献,是评价产业发展质量和综合价值的关键指标,涉及经济效益、社会效益、环境效益等多个维度。本次评价选择产业效益中体现最直接和明显的经济效益,以环保上市企业营业利润率、环保上市企业利润增长率等指标来衡量。

产业控制力是评价城市环保产业对该产业的关键要素、发展方向、市场格局以及技术创新等方面进行支配、影响和调节的能力,包括市场份额、品牌影响力和定价权等。产业控制力的强弱主要取决于该城市环保产业中的资本投入强度与资源整合能力的竞争优势度、具有品牌影响力的头部企业等强势力量的市场集中程度以及颠覆性创新技术的发展水平等。本次评价选取能体现市场控制力的环保上市企业市值、能体现技术控制力的专精特新"小巨人"和全球"独角兽"企业数、能体现品牌影响力的中国企业500强和环境企业50强中的环保企业数、能体现产业整合能力的环保央企总部与环保集团数、能体现政府和市场行为对产业升级引导的环保产业基金数等指标。

产业管理是指对环保产业进行规划、组织、领导、控制和协调的管理活动,旨在实现产业的健康发展和优化升级。本次评价选取了能体现政府行为的环保产业政策情况、环保产业管理情况等指标，注重分析产业管理的全面性、科学性、有效性。

综上，本文从产业规模、产业结构、产业效益、产业控制力、产业管理等方面构建广州市节能环保产业竞争力评价指标体系（见表1）。

表1　广州市节能环保产业竞争力评价指标体系

评价方面	序号	具体指标	指标方向	权重	
产业规模	1	环保产业规模（亿元）	正	0.10	
产业结构	2	营收超过1亿元企业数占比（%）	正	0.08	0.16
	3	营收超过10亿元企业数占比（%）	正	0.08	
产业效益	4	环保上市企业营业利润率（%）	正	0.12	0.22
	5	环保上市企业利润增长率（%）	正	0.10	
产业控制力	6	环保上市企业市值（亿元）	正	0.10	0.36
	7	专精特新"小巨人"和全球"独角兽"企业数（家）	正	0.07	
	8	中国企业500强和环境企业50强中的环保企业数（家）	正	0.07	
	9	环保央企总部与环保集团数（家）	正	0.06	
	10	环保产业基金数（个）	正	0.06	
产业管理	11	环保产业政策情况	正	0.08	0.16
	12	环保产业管理情况	正	0.08	

资料来源：指标体系由课题组自主研究构建，指标数据主要由课题组整理分析得出。其中，指标1数据来源于各市政府统计数据、城市节能环保产业发展规划等；指标2、3数据基于生态环境部科技与财务司联合中国环境保护产业协会发布的《中国环保产业发展状况报告》整理得出；指标4、5、6数据基于《中国环保产业发展状况报告》和通过同花顺、股市通整理得出；指标7数据来源于工信部官网、胡润研究院发布的独角兽榜单；指标8数据来源于中国企业联合会、中国企业家协会发布的中国企业500强名单和全国工商联环境商会发布的中国环境企业50强名单；指标9数据根据国务院国有资产监督管理委员会官网、企查查整理得出；指标10数据来源于清科研究中心；指标11、12数据根据各市政府官网、新闻媒体报道整理得出。

（二）指标权重确定

对指标体系的权重处理方法一般有等权重法和非等权重法两种。本文采用非等权重法，即采用专家咨询法和熵值法相结合的主客观组合赋权法，通过分析各指标对竞争力指数的作用力，确定各指标的权重。其中主观赋权法

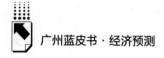

为专家咨询法，客观赋权法为熵值法。这一方法能够在保留专家主观判断的基础上在一定程度上提高客观性，使权重的确定更加科学。权重确定主要步骤如下。

第一步，使用主观赋权综合评价法中的专家咨询法初步确定权重。本次评价更加重视具有影响力的关键要素、代表产业发展方向以及市场格局等产业控制力方面的指标，因此赋予产业控制力更大权重。其次是关注体现产业发展质量的产业效益方面的指标，赋予其第二大的权重。最后，对其他三方面指标赋予较小的权重。

第二步，使用客观赋权综合评价法中的熵值法初步计算三级指标的权重，该方法能够根据各项指标所含信息的有序程度来确定权重。

第三步，综合前两步主观、客观赋权结果进行微调，主要考虑近年来国家对加快培育和发展战略性新兴产业工作及绿色低碳转型热点与趋势、权重值取整易读等因素。

三 节能环保产业竞争力评价指标体系评价对象、方法与数据

（一）评价对象

本次评价对象是节能环保产业规模在千亿元以上，并且 GDP 在 2 万亿元以上的城市，最终选取广州、北京、上海、重庆、成都、苏州 6 个城市。

（二）评价方法

本文采用线性比例标准化-加权综合法进行评价，即首先将各指标原始数据进行标准化，然后与各指标权重相乘计算标准化后的得分情况，各指标得分之和即为节能环保产业竞争力的总分。

各指标统计值标准化转换采取"基于模糊隶属度函数的最大、最小值标准化转换方法"，标准化后数据最大值为100，最小值为60，评分采用百

分制，标准化计算公式如下。

$$正向指标统计值的标准化计算: Y_i = 60 + 40 \times \frac{x_i - x_{\min}}{x_{\max} - x_{\min}}$$

$$负向指标统计值的标准化计算: Y_i = 60 + 40 \times \frac{x_{\max} - x_i}{x_{\max} - x_{\min}}$$

其中，x_i 为城市 i 该指标的统计值，$x_{\max}$ 为该指标统计值中的最大值，$x_{\min}$ 为该指标统计值中的最小值。

（三）评价数据

评价工作在 2024 年度开展，6 个城市的横向评价原则上采用 2023 年度数据；若无该年度数据，则采用最近年度的数据。评价数据原则上尽量采用官方来源及公开渠道数据，能够确保所有城市、所有指标的算法数据可追溯、可验证，对于需研究计算的指标，将基于已有数据，计算出评价目标值，如营收超过 1 亿元企业数占比、营收超过 10 亿元企业数占比、环保产业政策情况、环保产业管理情况等。

数据获取的渠道按照统计年鉴 > 政府官网 > 政府或部门报送 > 协会组织 > 新闻媒体报道的顺序进行选择。本次评价数据主要来源为政府统计数据、政府或部门报送、城市节能环保产业发展规划、《中国环保产业发展状况报告》、胡润研究院发布的独角兽榜单、企查查、清科研究中心、新闻媒体报道等。

四　节能环保产业竞争力评价结果与分析

（一）总体分析评价

本次评价中 6 个城市节能环保产业竞争力得分情况为：北京（89.64）、广州（82.58）重庆（76.18）、上海（75.82）、成都（73.66）、苏州（71.10），平均分为 78.16 分（见图 1）。

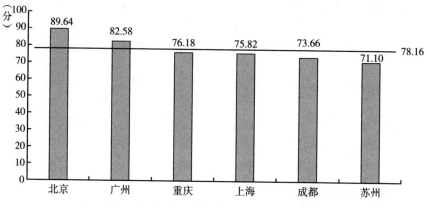

图1 6个城市节能环保产业竞争力得分

资料来源：课题组根据指标基础数据通过加权综合评价法计算得出。

（二）分项分析评价

从节能环保产业竞争力评价指标体系来看，产业规模反映了一个地区的节能环保产业发展程度；产业结构可以看出资源在产业内部的分配，反映产业的竞争态势；产业效益反映了节能环保产业的经济效益及企业的盈利能力；产业控制力反映了对节能环保产业的关键要素、发展方向、市场格局以及技术创新等方面进行支配、影响和调节的能力；产业管理反映了城市对节能环保产业的规划引领作用。

6个城市节能环保产业竞争力评价分项得分如表2所示。

表2 6个城市节能环保产业竞争力评价分项得分

单位：分

评价方面	广州	北京	上海	重庆	成都	苏州	平均
产业规模	68.28	100.00	70.05	60.00	84.11	73.52	75.99
产业结构	88.32	90.28	62.15	68.78	68.77	60.27	73.10
产业效益	93.63	67.11	83.14	100.00	80.29	94.74	86.48
产业控制力	69.50	99.36	74.95	65.49	63.83	65.73	73.14
产业管理	100.00	91.67	85.00	85.00	85.00	60.00	84.45

资料来源：课题组根据指标基础数据通过加权综合评价法计算得出。

（三）广州节能环保产业竞争力分析评价

综合来看，广州节能环保产业竞争力表现较好，其中产业管理、产业结构表现较好。

从具体指标得分来看（见图2），广州市节能环保产业竞争力评价指标中有7个得分低于80分，为劣势指标。其中环保产业规模、环保上市企业市值、中国企业500强和环境企业50强中的环保企业数、环保产业基金数得分未超过70分。有3个指标得分100分，优势明显，分别是营收超过1亿元企业数占比、环保产业政策情况、环保产业管理情况。

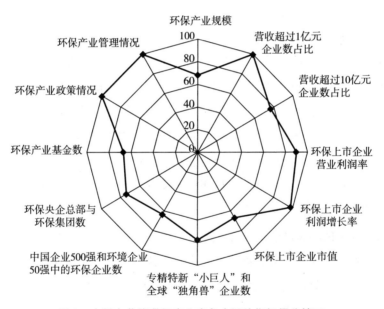

图2　广州市节能环保产业竞争力评价指标得分情况

资料来源：课题组根据指标基础数据通过加权综合评价法计算得出。

五 对广州市节能环保产业综合竞争力评价的结论与对策建议

（一）结论

1.广州市节能环保产业综合竞争力较强

评价结果显示，广州节能环保产业竞争力得分为82.58分，可见广州节能环保产业发展水平较高，说明广州在推动绿色经济发展、实现可持续发展等方面具有较大的潜力和优势。随着生态环境保护和治理的力度加大，广州市在节能环保产业上具有更强的竞争力。

2.广州节能环保产业发展规模较小

根据《行动计划》提出的发展目标，到2025年，广州市节能环保产业总规模力争达到1800亿元。[①] 广州市2023年节能环保产业规模达到1703亿元，已达到目标的94.6%，离达到目标还差97亿元。但广州市节能环保产业总体规模偏小，节能环保市场还受到品牌影响力等方面的限制，市场环境严峻，同质化竞争问题突出，难以迅速扩大产业规模。随着国家对节能环保政策的调整和市场需求的变化，广州市节能环保产业可能面临市场需求不足或需求结构变化带来的挑战。

3.广州节能环保产业结构有待优化

虽然目前广州节能环保产业已具有一定规模，拥有部分全国性的头部企业，对区域产业发展有一定的带动力，但头部企业占比较低，营收超过10亿元企业数占比仅为74%，而中小微企业才是广州市节能环保产业梯队的"主力军"，需进一步加强对中小微企业的规划引领。

[①] 《广州市生态环境局 广州市林业和园林局关于印发广州市节能环保和生态产业链高质量发展五年行动计划（2021—2025年）的通知》，广州市生态环境局官网，2022年9月22日，sthjj.gz.gov.cn。

4. 广州节能环保产业效益不高

广州节能环保上市企业营业利润率为-3%，需继续提升。广州节能环保产业可能受到整体市场环境的影响，整体经济效益一般。有关调研资料显示，目前广州市节能环保企业面临收款压力大、应收账款回收困难等问题，这可能在一定程度上造成了企业利润的下降。

5. 广州节能环保产业控制力不强

广州节能环保产业控制力表现不强。广州市虽然有不少具有一定发展潜力的节能环保企业，但与其他城市相比，缺乏具有核心竞争力的龙头骨干企业，上市公司市值仅为北京市的24.3%，专精特新"小巨人"和全球"独角兽"企业数也与北京市相差19家，产业控制力相对落后。在投资方面，虽然广州重视绿色金融的发展，但节能环保产业基金在广州尚处于起步阶段，融资渠道相对有限，奖补资金相对较少，对节能环保产业的支持力度不大。

6. 广州节能环保产业管理能力表现较好

广州节能环保产业管理在本次评价中表现较好，应继续保持并扩大领先优势。近年来，广州市高度重视节能环保产业的发展，出台了《行动计划》等一系列政策措施，成立广州市节能环保和生态产业链工作专班，对节能环保产业的支持力度较大，为产业发展提供了良好的条件。但相比北京、上海等城市，仍可发现广州缺少对产业中长期发展的明确规划和引导。此外，绝大多数中小企业、民营企业难以适应现有政策的要求。现有政策对于中小企业的针对性不强，普遍存在重大节能环保类项目进入门槛偏高、申报困难等问题，缺乏适应性政策和辅导，使得大多数中小企业沦为"陪跑员"。

（二）对策建议

1. 扩大节能环保产业规模

优化产业发展营商环境。加强政府引导与政策支持，进一步优化市场环境，加强对市场的监管和调控，为节能环保产业的发展提供良好的市场氛围

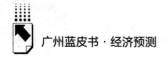

和竞争秩序，突破节能环保产业市场规模较小的瓶颈。

加强市场宣传与推广。举办节能环保产品和技术展览会、研讨会等活动，提高公众对节能环保产品的认知度和接受度。利用媒体、网络平台等渠道，加大对节能环保产品的宣传力度，扩大市场影响力。

加强国际合作。积极参与国际节能环保领域的先进企业交流与合作，引进外资和先进技术，推动产业国际化发展。大力开拓国际节能环保市场，积极寻求国际合作，促进节能环保产业在经济、科技、人才等各领域的深入合作。

2. 优化产业结构与布局

培育产业链龙头骨干企业。通过政策扶持和市场引导，培育一批具有核心竞争力的节能环保龙头企业，发挥其在技术创新、市场拓展等方面的引领作用。推进企业提升自主创新能力，优先鼓励支持企业牵头或参与申报节能环保类国家重点研发计划或科技支撑项目，同时整合技术和人才优势，精简工作流程，提升企业运作效率，从而形成在资金、技术、人才及管理等方面具有带动作用的龙头骨干企业。

构建产业集群。依托现有产业园区和基地，打造节能环保产业集群，形成上下游协同发展的良好格局。支持建立相应产业孵化基地和产学研中心，引导企业及时应用推广研究成果并市场化。鼓励支持同类企业通过联合、兼并、股份制改造以及上市融资等途径，不断做大做强，促进企业规模化发展。

3. 着力提升节能环保产业控制力

加强产业链整合与协同。鼓励节能环保产业链上下游企业加强合作，形成紧密的产业链合作关系。通过技术共享、资源共享和市场共享，提升整个产业链的控制力和竞争力。吸引具备较强资金实力、资本运作能力的大型央企、国企进入市场并成为业内重大节能环保项目的推动主力。

构建优良企业梯级培育体系。深入开展国资、国企改革，推动国有资本战略性重组和专业化整合；分层分类培育壮大科技企业，持续优化专精特新中小企业、专精特新"小巨人"企业等企业梯度培育机制，培育引进竞争性强、成长性好的"独角兽"等企业。

推动数字化技术在节能环保产业中的应用。鼓励节能环保企业利用人工智能、大数据、云计算等技术，搭建数字化管理平台，实现生产、运营、销售等环节的数字化管理。

加强信息化技术与节能环保产业的融合。依托互联网、物联网等技术，构建节能环保产业的信息化服务体系，为企业提供信息查询、技术咨询、在线交易等一站式服务。支持上下游企业充分利用数字化、智能化技术手段，打破企业间的数据壁垒，实现供应链数据信息互通共享。

强化节能环保产业技术创新和人才培养。加强与高校、科研院所的合作，培养一批既懂节能环保技术又懂市场运营的复合型人才。引进高端人才，提升产业的技术水平和创新能力，增强产业的人才控制力。

强化节能环保产业的专项金融政策研究。通过政策引导，鼓励金融机构加大对节能环保产业的信贷投放和资金支持力度。完善节能环保产业的专项金融标准体系，确保金融产品符合节能环保产业的需求。鼓励金融机构通过多元化渠道筹集资金，如发行专项金融债券、引入社会资本等，提高金融机构对节能环保产业的资金支持能力。加大节能环保产业投融资，解决环境服务业企业特别是中小型民营企业融资难、融资贵等问题。积极推进和完善"链金合作"形式，打造政策宣讲会、供需对接会等交流平台，引导投融资向节能环保产业倾斜，为企业转型升级等提供更有力的资金支持，促进企业与金融机构互惠互赢。

4. 加强节能环保产业规划引领与政策研究

制定产业发展规划。强化对广州市节能环保产业中长期发展的规划，编制印发《广州市节能环保产业发展规划》。持续发挥产业规划对于产业发展、招商引资、科技创新、城市风貌、人才引育等方面的塑造作用，明确节能环保产业发展目标、重点任务和保障措施。通过规划引领，切实推动节能环保产业有序、快速发展。

加大政策支持力度。切实完成好《行动计划》的各项工作任务，全面评估《行动计划》的实施效果。出台一系列支持节能环保产业发展的财政金融政策措施,通过提供财政补贴和税收优惠、设立绿色信贷机制等手段,打造公平、透明、高效的市场环境,提高市场竞争力。

完善服务体系与监管机制。构建完善的节能环保产业服务体系,包括技术咨询、融资服务、人才培养等,持续推进暖企行动,进一步细化暖企、惠企的工作举措,为企业提供全方位的支持。建立健全节能环保产业的监管机制,加强对企业的环保监管和执法,确保企业合规运营。积极参与行业标准的制定工作,推动节能环保产业标准化、规范化发展。

参考文献

李明光、关阳:《广州市区县环境竞争力评价研究》,《环境科学与管理》2016年第3期。

张明之、梁洪基:《全球价值链重构中的产业控制力——基于世界财富分配权控制方式变迁的视角》,《世界经济与政治论坛》2015年第1期。

李明慧、段海宝、庄新文:《江苏节能环保产业竞争力提升路径研究》,《江苏科技信息》2024年第6期。

李彬、章筱茜:《绿色低碳发展视角下产业结构优化研究》,《中国商论》2024年第22期。

冯世烜、杜艳春、辛璐等:《美丽中国视域下我国生态环保产业结构与布局优化对策建议》,《环境保护》2024年第Z3期。

郑甜甜:《青岛市环保产业国际化发展路径探究》,《中国环保产业》2024年第10期。

李叶兰:《长沙市节能环保产业链高质量发展优化路径研究》,《中国集体经济》2024年第24期。

B.9
促进广州生物医药产业高质量发展的
对策研究

广州市人民政府研究室课题组*

摘　要： 本文从产业规模、市场主体、创新实力等方面对比和梳理了广州生物医药产业发展的基本情况，从成果转化"最初一公里"到市场化"最后一公里"深入剖析了广州生物医药产业存在的短板和不足，科学研判未来发展面临的机遇与挑战。着眼广州当前面临的市场周期性调整叠加产业转型升级阵痛等严峻挑战，提出聚焦提升成果"转化力"、产业"牵引力"、企业"竞争力"、人才"支撑力"、资本"赋能力"、园区"承载力"、审批"通达力"、政策"影响力"八个推动广州生物医药产业高质量发展的战略对策。

关键词： 生物医药产业　高质量发展　广州

　　生物医药产业一般指药品和器械两大领域，其中药品包括生物药、化学药和现代中药，器械包括医疗大设备、体外诊断试剂、高值医药耗材和低值医用耗材等。当前，广州生物医药产业正处在快速上升期，展现出巨大的发展潜力和广阔前景，是最有基础、最有条件、最有潜力被培育成支柱产业的战略性新兴产业。要进一步认清位势，找准问题，提出优化促进措施，加快发展新质生产力，推动生物医药产业高质量发展。

---

* 课题组组长：黄小娴，广州市人民政府研究室党组成员、副主任。课题组成员：朱洪斌，广州市人民政府研究室工交农村处处长；邵猷贵，广州市人民政府研究室工交农村处副处长；信鸽，广州市人民政府研究室工交农村处四级调研员；刘涛，广州市人民政府研究室工交农村处二级主任科员。执笔人：朱洪斌、邵猷贵、信鸽、刘涛。

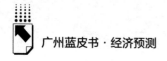

一 广州生物医药产业发展现状对比分析

广州生物医药产业起于陈李济、何济公、黄宝善药厂等民族医药领军企业，改革开放后叠加国家生物产业基地和国家医药出口基地的双重优势迅速发展壮大，在产业规模、市场主体、科研实力、医疗市场等方面具有领先优势，也面临"前有标兵、后有追兵"、大而不强等严峻挑战。

（一）产业规模对比：医药制造业产值居珠三角九市榜首、全国第一梯队

从医药制造业产值规模看，2023年广州规模以上工业医药制造业实现产值564亿元（快报数，下同）。在珠三角九市中，广州与深圳（530.01亿元）均突破500亿元，领先其他城市（见图1）。在全国排名靠前的15个城市中，广州医药制造业营收居第6位（见表1），位列第一梯队（2023年各地统计年鉴公布数）。

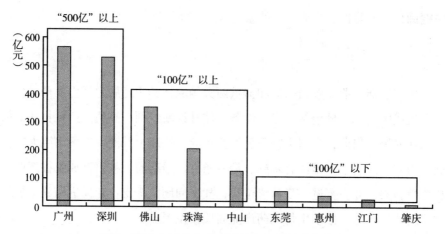

图1　2023年珠三角九市的规上医药制造业产值

资料来源：各地统计年鉴。

表 1   2023 年 15 个城市规模以上医药制造业营收情况

单位：亿元，%

序号	城市	规上医药制造业营业收入
1	北京	1850.6
2	上海	1305.4
3	杭州	1065.7
4	苏州	715.2
5	成都	702.8
6	广州	648.5
7	深圳	580.3
8	连云港	525.1
9	南京	480.6
10	无锡	465.9
11	泰州	430.2
12	济南	415.7
13	武汉	365.4
14	常州	348.6
15	佛山	325.3

资料来源：各地统计年鉴。

从医药制造业增加值增速看，广州保持较快增长，5 年（2019~2023年）年均增长率为 17%，高于全省的 8.7%。

（二）市场主体对比：企业总量全国领先，但企业实力不强

截至 2023 年底，广州拥有生物医药与健康相关企业 6500 家，仅次于北京、上海，全国排名第 3。从企业总量看，广州相较全国其他城市具有领先优势，但整体实力不强。从规上企业数量看，广州在全国排名第 6位，相对于总量第 3 的排名，数量占比相对较低（见表 2）。从上市公司总市值看，广州排名第 6，与深圳、北京、上海差距较大；与成都相比，广州上市公司数量（14 家）和总市值（1561.29 亿元）处于劣势。从拥有"独角兽"企业数量看，广州仅有 1 家企业上榜，少于北京（10 家）、上海（9 家）、深圳（5 家）。从拥有医药工业百强企业数量看，广州仅有 1 家，远少于北京 10 家、上海 8 家（见表 3）。

表2 2023年4个城市医药与健康相关企业总量、规上企业数量排名及规上企业的数量占比

城市	企业总量（家）	排名	规上企业医药制造业数量（家）	排名	规上企业的数量占比（%）
北京	8300	1	263	1	3.2
上海	7100	2	/	2	/
成都	4200	9	222	3	5.3
广州	6500	3	147	6	2.3

资料来源：非官方公布，根据药智网等相关数据整理。广州生物医药相关企业数据来源：①黄埔区发布数据，全区已集聚生物医药企业超4000家；②南沙区发布数据，全区已累计落户超过400家生物医药企业。

表3 2023年5个城市的医药与健康相关"独角兽"企业和上市公司数量、
上市公司总市值、医药工业百强企业数量及名次

城市	"独角兽"企业数量（家）	上市公司数量（家）	上市公司总市值（亿元）	医药工业百强企业数量（家）
北京	10	49	7469.88	10
名次	1	2	2	1
上海	9	51	6676.67	8
名次	2	1	3	2
成都	2	17	1943.17	3
名次	7	4	5	7
深圳	5	20	7514.6	4
名次	3	3	1	3
广州	1	14	1561.29	1
名次	9	5	6	9

资料来源：根据胡润《2024全球独角兽榜》中国健康科技、生物科技企业榜单梳理。

（三）创新实力对比：战略科技力量积厚成势，但创新成果转化不足

从创新平台看，截至2023年，广州有生物医药领域相关高等院校14所，省级以上重点实验室84家（其中全国/国家重点实验室7家），P3实验

室现有 5 家、在建 6 家，建有广州实验室、生物岛实验室、中国科学院广州生物医药与健康研究院、粤港澳大湾区精准医学研究院（广州）、新黄埔中医药联合创新研究院等重大创新平台，"人体蛋白质组导航"国际大科学计划国际执行总部落户，平台数量和实力处于领先水平。

从创新成果看，2023 年广州拥有国家一类新药证书数量居全国第 8 位，上市二、三类医疗器械数量居全国第 5 位，CDE 受理 I、II 类新药总数、药物临床试验总数分别位居全国第 7、第 9，通过仿制药一致性评价的品种数量位居全国第 14（见表 4）。

（四）创新药械应用对比：医疗资源底蕴深厚，但医疗市场不够活跃

从医疗资源看，广州是全国三大医疗中心之一，2023 年共有各类医疗机构 7141 家，其中三甲医院 52 家，三甲医院密度居全国第 1 位、总量居全国第 2 位；26 家医院获批国家临床重点专科建设项目，涉及专科数量 155 个，总数位列全国第 3；拥有国家医学中心、区域医疗中心 8 个；5 家医院位于《2023 年度中国医院综合排行榜》前 50。2023 年诊疗量达到 1.7 亿人次，居全国第 3 位，少于北京（2.9 亿人次）、上海（2.7 亿人次）。

从集采中标金额看，广州市的集采中标金额为 5.46 亿元，排名全国城市第 21。

二 广州生物医药产业发展存在的共性问题

广州生物医药产业蓬勃发展，市场持续快速扩大，然而受到政策、历史、地缘等因素影响，从成果转化"最初一公里"到市场化"最后一公里"，呈现出"八缺八难"的共性问题。

（一）缺乏有效的转化体系，成果转化难

从医疗机构层面看，在激励政策、引育技术工作者、专利管理信息化建

表4 2023年15个城市6个创新能力指标对比

单位：个

序号	城市	国家一类新药证书	城市	上市二、三类医疗器械数量	城市	药物临床试验总数	城市	CDE受理Ⅰ、Ⅱ类新药总数	城市	通过仿制药一致性评价的品种数量
1	北京	19	深圳	1130	上海	750	上海	720	海口	43
2	上海	17	北京	963	苏州	320	苏州	307	石家庄	34
3	连云港	12	苏州	549	北京	275	北京	238	成都	32
4	深圳	9	上海	491	杭州	233	杭州	218	杭州	25
5	成都	6	重庆	478	南京	133	连云港	124	北京	24
6	杭州	6	广州	470	连云港	129	南京	117	上海	24
7	成都	6	杭州	402	成都	113	广州	104	重庆	21
8	广州	5	长春	395	广州	107	成都	101	深圳	19
9	泰州	4	天津	387	深圳	75	石家庄	60	苏州	18
10	苏州	4	成都	327	石家庄	66	武汉	52	南京	17
11	厦门	4	南京	320	济南	54	济南	48	天津	12
12	海口	4	武汉	271	天津	49	天津	39	济南	11
13	济南	3	郑州	236	海口	24	重庆	20	连云港	10
14	南京	3	南昌	159	泰州	24	合肥	19	广州	6
15	石家庄	2	宁波	147	合肥	22	海口	16	泰州	3

资料来源：药智网数据库。

设等方面存在不足，影响和制约着成果转化"最初一公里"。从研发服务层面看，新药筛选、临床试验、转化和产业化、上市后评价等平台相对分散，难以形成转化合力。

（二）缺乏尖端技术积累，核心原材料和零部件自主难

生物原料药和高精密、高值医疗设备、零部件等对外依赖度高，国外高端试剂供应链抗风险能力不足。

（三）缺乏龙头企业引领，产业协同联动难

广州生物医药企业"星星多、月亮少"，因缺乏龙头企业带动，各企业独立开展研发工作，不仅造成资源重复投入，还因技术路径分散错过最佳技术突破时机。

（四）缺乏产业人才规划，适配岗位供给难

人才政策以支持高端学术型人才为主，支持科技人才多、支持产业人才少，高端人才数量不足，结构不够合理，自主创新能力不强，缺乏懂研发、懂产业化的复合型人才和技术经纪人。

（五）缺乏全周期风投创投机构，企业融资难

生物医药研发"四高一长"（高技术、高投入、高风险、高收益、长周期）、"三个10"（10 年周期、10 亿美元、10%的成功率）等特点，决定了构建专业高效的风险投资体系是加快行业创新发展的必要条件。广州缺乏专门的生物医药天使投资人和投资机构，政府引导基金和私募股权基金规模小，与生物医药研发的长周期不匹配。

（六）缺乏高效的载体空间，形成集聚效应难

对比国内先进城市均以"科学城""生物城"等引产建圈聚链，如北京

大兴"中国药谷"（规划面积22.5平方公里）、苏州生物医药产业园（4.8平方公里）、成都天府国际生物城（44平方公里）、武汉光谷生物城（30平方公里），广州生物医药产业园整体缺少顶层规划设计，空间小，不连片，且相互独立、多点开花，没有形成统筹全市生物医药发展的园区品牌。重点产业园区发展特色如表5所示。

表5　重点产业园区发展特色

序号	产业园区	特色产业
1	北京亦庄生物医药园	新药研发、诊断试剂、临床检验、医疗器械、技术服务
2	成都医学城	创新药、高端医疗器械、高端诊疗，医学、医药、医疗"三医融合"/AI产业
3	广州国际生物岛	药物研发与干细胞与再生医学、精准医疗、医疗器械、大健康
4	广州科学城	生物制药、生物技术、生物医学
5	海口国家高新区药谷工业园	生物医药、保健品生产制造
6	杭州医药港	生物制药、生命医学、医疗器械、数字医疗
7	江苏医疗器械科技产业园	诊断试剂、医学影像设备、生物医用材料和植介入器材、医用机器人
8	重庆两江新区水土高新技术产业园	新药研发、器械智造、医学检验
9	南京生命科技小镇	基因工程、新药创制、生物医药研发服务外包
10	南京生物医药谷	生物制药、高端医疗器械、精准医疗、细胞治疗、健康医疗
11	上海国际医学园区	细胞和基因治疗、合成生物学、人工智能、脑科学
12	深圳国家生物产业基地	医药研发、体外诊断、医疗器械
13	石家庄国际生物医药园	抗体药物、疫苗、细胞治疗、新型佐剂、高端医疗器械
14	苏州生物医药产业园	创新药研发、高端医疗器械、生物技术
15	武汉国家生物产业基地	生物医药、生物医学工程、生物农业、精准诊疗、智慧医疗、生物服务
16	厦门生物医药港	新型疫苗、基因工程蛋白药物、小分子创新药、特色医疗器械
17	张江生物医药基地	创新药物、高端医疗器械的研发转化制造
18	北京大兴生物医药产业基地	生物制药、创新化药、现代中药、医疗器械
19	中关村生命科学园	新药研发、创新医疗器械、基因和细胞治疗、精准医疗
20	中山国家健康科技产业基地	生物医药、医疗器械、特殊食品、化妆品、健康服务业

资料来源：根据各地产业园区发展规划整理。

（七）缺乏药品审批事权，新药审批和进入医保难

药品医疗器械行政审批权限多在国家或省级药品监督管理部门。广州对于重点企业、重点产品只能采取专班专人服务或"一事一议"等方式，提请上级部门给予支持。而北京、上海不仅具有省级权限，还可以争取到国家药监局将部分审评事项委托下放。

（八）缺乏考核指标等政策支持，创新药械入院难

大型医院采购和使用药物优先考虑国家基本药品、医疗器械，创新药、国谈药、创新医疗器械配备意愿低。基层医疗机构在国家基本药品、医疗器械采购品种数占比、使用金额占比上有明确限制，对创新药械的使用和推广造成影响。

三　推动广州生物医药产业高质量发展的对策建议

广州生物医药产业正面临市场周期性调整叠加产业转型升级阵痛的严峻挑战，应注重有为政府与有效市场更好结合，抢抓发展机遇，用好比较优势，促进资源持续汇聚，打造全球生物医药创新与产业发展高地。

（一）聚焦提升成果"转化力"，加快构建产学研用深度融合体系

1. 完善激励机制

借鉴华南理工大学将成果转化收益的70%～95%通过专利作价入股、事前确认转化收益等方式奖励科研人员的做法，推动市属高校和科研院所、医院等明确成果转化收益归属。支持将成果转化情况纳入科研人员绩效考核指标，构建"产业版"人才职称评定标准，激发科研人员深度参与临床研究的积极性。

2. 建立合作机制

与中山大学、南方医科大学、广州医科大学等在穗重点院校建立紧密型

市校成果转化协作机制，促进科研成果就地转化。强化医企合作，如选择优势临床研究项目成立临床转化研究院，引进第三方转化服务机构链接院企，打破医企信息壁垒，促进横向合作。在医疗机构内设立专门负责成果转化的办公室或部门，配备专业的成果转化管理人员，协助科研人员处理转化过程中的具体事务。

3. 强化服务体系

对广州既有的研发服务机构CRO、CDMO、动物实验机构、概念验证中心、中试转化平台等，按项目承接情况加大补贴力度，支持公共服务平台起步发展。推动龙头企业、产业链链主企业牵头建设产业链中试平台，开展重大技术协同攻关，促进大中小企业融通发展。支持开展创新载体组织成果路演、创新大赛等品牌活动，促进企业承接高校、临床机构的科技成果转化，对在广州实现成果转化并产业化的企业，给予成果转移促进方及技术吸纳方资金奖补。开展公共数据运营试点，推动在安全可控的条件下向社会和生物医药企业提供医疗领域公共数据。

（二）聚焦提升产业"牵引力"，加快布局自主可控的产业体系

1. 瞄准薄弱环节"补链"

组织科研院所、医院、企业等研判科技前沿发展趋势，推动目标导向的市校（院）企联合资助基础研究和应用研究"卡脖子"技术，谋划布局"细胞和基因治疗科技创新""高端医疗器械""岭南中医药现代化及关键设备"等重点领域研发计划专项，形成一批源头创新成果。发挥战略性科技平台集聚效应，靶向引进辉瑞、罗氏、诺华等尚未在国内布局总部的国际重点企业，支持企业布局抗体类药物、新型疫苗、细胞免疫治疗等新赛道。聚焦罕见病治疗重大需求，依托国家儿童区域医疗中心（中南），打造政府与企业共建的罕见病创新药物研发平台。抓住器官医学先发优势，按照"一事一议"原则加快产业化进程，打造器官医学产业集群，把先发优势转化为发展胜势。

2. 推动优势环节"强链"

做强中医药、医学检验和精准医疗三大优势产业链，扩大领先身位。加快推进建立中药生命周期全过程信息溯源体系，支持中药制药过程技术与新药创制国家工程研究中心等国家级平台建设升级，发展药食同源产业。支持医学检验龙头企业依托数据资源和运营网络，用好广医附一院自行研制使用体外诊断试剂（LDT）试点政策，加快检验检测技术创新。加快释放《关于支持广州南沙放宽市场准入与加强监管体制改革的意见》赋予限制类细胞移植治疗技术临床应用的政策优势，支持制定细胞与基因治疗标准，推动细胞与基因治疗重大产业项目落户。

3. 促进融合环节"延链"

聚焦服务老龄化社会，推动"医养护"结合特色养老模式，建立未来投入增长机制，支持和引导社区医疗卫生机构扩大人工智能健康应用。结合医疗、医保、医药"三医"联动改革，以分级诊疗制度促进医疗服务、医疗保险和医药制造的深度融合。着眼推动医疗领域有序开放，引导民营医院、民营诊所、第三方医疗服务机构、健康管理机构、互联网医院等新业态加速涌现。

（三）聚焦提升企业"竞争力"，加快培育十百千亿级行业雁阵

1. 培育做强龙头企业

围绕基因测序、细胞治疗、高端医疗器械、新型疫苗、精准医疗等领域，锚定具有显著技术优势的企业，如广药集团、百济神州、百奥泰、达安基因、金域医学、万孚生物，以及国内外知名的公司，如阿斯利康、诺诚健华等，通过构建"政、学、研、医、产、金"六位一体的联动机制，培育一批根植于广州的技术引领型、市场主导型链主企业和平台型企业。

2. 引育专精特新企业

由广州市工信局牵头制定生物医药专精特新企业产品（服务）目录清单，把握当前创新药企在资本市场遇冷的调整机遇，强化"旱则资舟，水则资车"思想，重点招引一批具有自主知识产权、掌握前沿技术、深耕细

分市场的创新型公司，特别是那些专注于罕见病治疗、精准医疗、再生医学、生物材料、智能医疗设备等高附加值领域的中小企业，为企业提供全周期专业服务，培育一批行业"小巨人"企业、单项冠军企业和"独角兽"企业。

3. 支持企业参与全球竞争

学习借鉴上海引领企业参与国际竞争的先进经验，用好南沙中国企业"走出去"综合服务基地资源，组建专业的国际化服务团队，为企业开展国际多中心临床试验（MRCT）、参与国际展会和研讨会等，提供从市场调研、商务洽谈、法律支持到物流运输等全方位服务，助力企业在跨境合作与交流中做大做强，抢占国际领先地位。

（四）聚焦提升人才"支撑力"，加快完善引人聚才软硬件环境

1. 引聚高素质领军人才

制定"生物医药版"专门人才政策，通过量身定制科研成果转化路径、资助资金上不封顶、提供生活无忧服务包等特殊政策措施吸引诺贝尔奖获得者、国内外院士及高素质复合型人才来穗落户；采取特聘职位、短期兼职和项目合作等方式引进产业急需人才；对被推荐并成功引进的高端人才，给予推荐人或机构奖励；对生物医药从业人员，在住房、子女教育、医疗服务、交通出行等方面给予特殊政策优惠。

2. 鼓励人才创新创业

借鉴苏州引进"双创博士"（"创新博士"和"创业博士"）的做法，对来穗创新创业的高端研发人员提供财政补助、税收优惠、场地支持等。对具有一定资质的海外归国人才开办科技型中小企业提供无抵押、无担保的打包贷款。

3. 优化人才培养机制

完善"医校研企"联合人才培养模式，在大型企业建设博士后科研工作站，支持高校和科研机构建设生物医药和医疗器械领域的研究基地和人才培养基地，培养高素质医工交叉复合型创新人才。探索建设"BT+IT"融合

人才技能培训学校，组建专家咨询委员会和专家库，形成一批相对稳定的具有国际水平的复合型创新团队。

（五）聚焦提升资本"赋能力"，加快建立适应产业发展的投融资模式

1.整合用好各类产业基金

建立市一级统筹的生物医药投资机构，发挥产投、创投、天使母基金的撬动作用，优先投资具有创新技术和市场潜力的早期生物医药项目，特别是基因编辑、细胞治疗、新型疫苗和药物研发等前沿领域。加快构建"母子基金"模式，吸引更多社会资本、长期资本参与，打通天使投资、VC投资、PE投资渠道，解决企业不同发展阶段的投融资问题。优化创新补助政策，借鉴江苏常州的做法，探索以"借转补"的方式支持产业链重点项目前期研发。

2.完善政府引导基金激励机制

建立基金管理人市场化遴选机制，强化项目识别和资本运作能力。建立尽责免责容错机制，采用"整体动态盈亏平衡"评估方法，实施"打包总量"绩效考核，避免因个别项目的失败或成果短期未孵化而否定整个基金的表现，做实"耐心资本"。

3.加大风投创投支持力度

支持吸引风投创投百强机构来穗设立地区总部或全国总部，培育带动本土中小型风投创投机构发展，形成风投创投集聚"虹吸效应"。建立风投创投与科技型企业融资对接机制，依托企业利用资本市场对接平台开展项目路演，引导风投创投机构加大对生物医药产业的投资。

（六）聚焦提升园区"承载力"，加快建设专业化、特色化产业园区

1.做强"一核两极"集聚引擎

系统谋划"一岛多园"园区规划，借鉴北京中关村、上海张江等经验，重点构筑以广州生物岛（国际生物岛本岛，原官洲岛）为核心的"一核两极"高端生物医药产业空间布局，创建以国际生物岛为园区品牌的"一岛

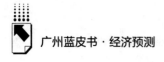

多园"政策先行先试集聚区,打造新的城市地标产业集聚区。

2. 创新园区管理体制机制

建立"一岛多园"管理体制机制,统筹好全市资源,适度扩大管理机构自主权,研究推进园区发展规划布局、用地规划落实、重大政策安排、重大工程建设等工作。探索实行租金变基金的模式,消除"二房东"形象,帮助企业扎根广州、渡过难关。

3. 布局建设产业基础设施

集中资源推动国家实验室、人类细胞谱系大科学研究设施建设,高水平建设生物岛实验室、国家医学中心等创新平台。聚焦优势领域,在抗体药物、细胞治疗和基因编辑等领域布局建设一批研发生产服务平台。搭建一批生物医药园区公共服务平台、设备共享创新平台,推动产学研共聚互融和生物医药攻关创新,加大科技资源整合力度。

(七)聚焦提升审批"通达力",加快完善审评核查服务机制

1. 积极争取省级事权

借鉴成都天府国际生物城的做法,协调争取省药监局在生物岛、知识城等产业集聚区设立工作站,设立省市区联合办公室,推动实现研审联动、审批前移。探索完善地方监管部门职责,争取在国家、省支持下选择部分领域或项目作为试点,向国家、省有关部门申请下放审批事权,为加快审评审批探索广州经验。

2. 优化完善专班建设

借鉴武汉省市联合推动模式,健全专班组织机构,派专业人员前往国家药监局、省药监局学习交流,搭建广州生物医药企业与上级药监部门沟通的桥梁。更好发挥专班作用,提前介入,点对点为企业提供从研发、成果转化、检测、试验、生产到上市等全流程工作指引,减少因工作失误造成重复审批的情况。

3. 完善医保支持措施

建设开放型多层次医疗保障体系,推动商保公司开发覆盖更多创新药械

的商业健康保险产品。试点设立创新药械专项基金，优化基本医疗保险基金支出预算机制，加大对生物医药的创新支付力度。建立广州药品和医用耗材采购交易平台（GPO 平台），创新药械绿色挂网采购专区，完善创新药械快速挂网机制。

（八）聚焦提升政策"影响力"，加快构建纵横交织的政策体系

1. 强化统筹协调的领导机构

构建省市联动工作机制，积极争取省级部门在改革体制机制、先行先试政策等方面给予广州支持。发挥"双组长"和"链长+链主"制作用，统筹全市生物医药产业发展重大战略、重要政策、重点工程等，严格督促研发奖补、租金减免、医保支持等政策刚性落实。各区建立相应的领导机构，明确发展重点，实现不同区域错位发展、特色发展。

2. 建立分级扶持的政策体系

根据企业项目的发展阶段和需求，制定不同级别的扶持政策。例如，对于初创期的企业，可提供资金支持、场地补贴、税收优惠等；对于成长期的企业，可提供研发补贴、市场推广支持等；对于成熟期的企业，可提供国际化支持、并购重组支持等。各区在制定政策时应充分发挥自身的特点和优势，与市级政策形成互补和协同，共同推动全市生物医药产业高质量发展。

3. 构建高效协同的保障机制

市层面建立与部属、省属、军队医院的联络机制，推动其为广州新药研发向临床应用转化提供更多场景。建立药品、医疗器械新品发布推介和院企供需对接机制，推动医疗机构每季度至少召开一次药事管理委员会、医疗器械管理委员会工作会议，审议创新药械入院事宜，必要时可随时召开上述会议；督促医疗机构做到"应配尽配"，产品不纳入医疗机构药占比和耗占比考核范围。

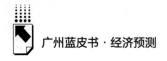

参考文献

复旦大学医院管理研究所：《2023年度中国医院综合排行榜》，2024。

金霞、姚姗姗、冯雷等：《中国生物医药产业发展综合评价及区域差异分析》，《中国生物工程杂志》2024年第5期。

颉满斌、王春：《打造全产业链体系　拓宽生物医药版图》，《科技日报》2024年5月27日。

林志吟：《生物医药投资人：从"钱追着项目跑"变为"退退退"》，《第一财经日报》2024年6月17日。

季媛媛：《生物医药企业IPO频频遭拒：突围之路何在?》，《21世纪经济报道》2024年6月12日。

B.10
以氢能产业为突破口加快构建广州
生态绿色产业集群的建议*

民革广州市委员会　广州大学广州发展研究院联合课题组**

摘　要： 在全球氢能产业快速发展背景下，氢能被视为未来能源体系的重要组成部分，为高耗能、高排放行业的绿色低碳转型提供关键支持。本文通过分析全球氢能产业发展趋势和国家政策导向，指出了氢能作为绿色能源突破口的关键路径。广州氢能产业发展基础扎实，但面临供需错位和供应链不稳定、基础设施建设滞后和区域配置不均、产业布局失调等挑战。为此，建议广州在政策支持、基础设施完善、产业链布局优化和强化区域协同等方面采取积极措施，推动氢能产业健康快速发展，构建生态绿色产业集群，促进全市经济社会全面绿色转型。

关键词： 氢能产业　生态绿色产业　产业集群　绿色转型

　　习近平总书记指出，要科学规划建设新型能源体系，促进水风光氢天然气等多能互补发展。党的二十届三中全会强调，加快经济社会发展全面绿色转型，健全绿色低碳发展机制。氢能是国家能源体系的重要组成部分，是用能终端和高耗能、高排放行业实现绿色低碳转型的重要载体，氢能产业是战

---

　　* 本文是民革广州市委员会与广州市新型智库广州大学广州发展研究院的研究成果。

　**　课题组组长：李进，广州大学副校长、教授、博士生导师。课题组成员：谭苑芳，广州大学广州发展研究院院长、教授；周雨，广州大学广州发展研究院副院长，讲师；于晨阳，广州大学广州发展研究院特聘副教授；臧传香，广州市粤港澳大湾区（南沙）改革创新研究院研究员。执笔人：谭苑芳、臧传香。

略性新兴产业和未来产业的重点发展方向。在全球氢能产业发展提速、国家和地方政策大力推动氢能产业发展的背景下，2024年5月，广州市发改委发布《关于加快推动氢能产业高质量发展的若干措施（征求意见稿）》，聚焦广州市氢能产业持续健康发展，提出了加大财政资金支持、提升氢气供应能力等20条支持措施。结合最新政策要旨，广州市高质量发展氢能产业专题调研组调研当前全球氢能产业的发展趋势、政策导向和广州发展氢能产业现状，并提出一系列关于"将氢能产业作为绿色能源的突破口，推动广州市构建生态绿色产业集群"的建议。

一 广州加快布局氢能产业，打造绿色发展新动能的必要性

（一）全球氢能产业加速演进，未来十年将步入"氢时代"战略窗口期

当前，全球正处于能源体系重塑和绿色低碳转型的关键阶段，氢能作为零碳、可再生的战略性能源，正加速从技术突破向商业化应用迈进，逐步成为新一轮能源革命的重要支点。

一是氢能发展战略全面铺开，国际竞争日趋激烈。截至2023年底，全球已有50多个国家和地区发布氢能发展战略，明确中长期目标和重点任务，抢占产业制高点。其中，欧盟、日本、韩国、澳大利亚等率先制定氢能发展路线图，构建完整的技术标准和政策体系，推动氢能由示范试点向大规模推广跃升。

二是氢能标准体系加快构建，国际合作逐步趋同。欧盟在《可再生能源指令》中明确纳入绿氢、氢基燃料评价标准，国际绿氢组织在《GHS 2.0》标准中系统规范了绿色甲醇和绿色氨的定义与指标体系。这些权威标准的出台，标志着全球氢能产业开始向高标准、高互认、高规范的产业生态演化，为中欧、亚欧之间氢能认证与贸易规则统一奠定基础，也对我国氢能产品"走出去"提出更高要求。

三是政策补贴向上游倾斜，激励全球绿氢规模化跃升。2023 年以来，美、韩、欧等主要国家纷纷出台氢能税收抵免、清洁氢认证、财政补贴等政策，极大地降低绿氢生产成本。其中，美国《通胀削减法案》率先设立清洁氢气生产税收抵免制度；韩国亦加快推动"清洁氢认证+补贴"制度建设；欧盟则在多个成员国层面提供数十亿欧元的项目补贴，推动氢能大规模落地。

四是项目建设和投资增长迅猛，全球氢能市场迈入发展快车道。国际能源署（IEA）《2023 年全球氢能回顾》指出，预计到 2030 年，全球低排放氢气产量将达 3800 万吨/年；2023 年氢能项目投资总额已突破 5700 亿美元，较 2022 年增长 35%，显示出氢能技术商业化进程加快、全球投资信心显著增强。

（二）国家政策持续加持，氢能成为绿色低碳发展"新支柱"

近年来，氢能在我国能源战略中的地位持续提升，政策体系加快构建，产业发展呈现多点开花、协同推进的良好格局，成为推动"双碳"目标实现和新型能源体系建设的重要抓手，中国氢能规划演进见表 1。

一是政策引导系统推进，明确氢能战略定位。2022 年国家发展改革委、国家能源局联合发布的《氢能产业发展中长期规划（2021—2035 年）》，首次明确氢能是未来国家能源体系的重要组成部分，是用能终端实现绿色低碳转型的重要载体，氢能产业是战略性新兴产业和未来产业的重要方向（见表 2）。至 2023 年，国家层面进一步出台《氢能产业标准体系建设指南（2023 版）》《新型储能标准体系建设指南》等政策，推动氢能标准规范从空白走向系统化。

二是标准体系加快完善，产业发展"底座"持续夯实。《氢能产业标准体系建设指南（2023 版）》提出，到 2025 年我国将制修订氢能国家标准和行业标准 30 项以上，转化国际标准 5 项以上，并在储能、制氢、储氢、运氢、用氢等环节实现全覆盖。这些标准将有力支撑氢能装备国产化、工程化和工程安全水平的提升，形成引导规范、促进创新的制度环境。

三是鼓励类产业目录持续扩容，政策红利加速释放。2023 年底，国家发展改革委发布的《产业结构调整指导目录（2024 年本）》明确将氢能列入

表 1　中国氢能规划演讲一览

时期	氢能规划
"十五"时期	"三纵三横"布局：以燃料电池汽车、混合动力电动汽车、纯电动汽车三种车型为"三纵"；以多能源动力总成、电动汽车驱动电机、电动汽车动力电池三种共性技术为"三横"
"十一五"时期	将氢能与燃料电池技术列入超前部署前沿技术
"十二五"时期	将燃料电池汽车纳入国家战略性新兴产业规划
"十三五"时期	系统推进燃料电池汽车研发与产业化
"十四五"时期	强调燃料电池汽车的示范应用，实施"以奖代补"；颁布《氢能产业发展中长期规划（2021—2035 年）》

资料来源：根据政府网站公开资料整理。

表 2　中国氢能产业发展中长期规划

战略定位	发展目标		
氢能是未来国家能源体系的重要组成部分	到 2025 年，可再生能源制氢量达到 10 万～20 万吨/年，燃料电池车辆保有量约 5 万辆，部署建设一批加氢站	到 2030 年，形成较为完备的氢能产业技术创新体系、清洁能源制氢及供应体系，产业布局合理有序，可再生能源制氢广泛应用，有力支撑碳达峰目标实现	到 2035 年，形成氢能产业体系、构建涵盖交通、储能、工业等领域的多元氢能应用生态；可再生能源制氢在终端能源消费中的比重明显提升，对能源绿色转型发展起到重要支撑作用
氢能是用能终端实现绿色低碳转型的重要载体			
氢能产业是战略性新兴产业和未来产业重点发展方向	应用场景		
	氢交通	氢储能	氢工业　其他

资料来源：国家发展和改革委员会、国家能源局、BCG 分析。

电力、新能源、钢铁、石化化工、信息产业等多个重点领域鼓励类目录，涵盖制氢、储运、燃料电池汽车、船舶与高端装备等关键应用场景，为氢能企业带来用地、财政、融资、税收等多重政策支持。

四是"氢能+"多元化应用格局初步形成。随着氢能交通、氢储能、氢工业等新型业态不断拓展，我国氢能产业逐步从"技术研发导向"向"应用市场牵引"转变。数据显示，2023 年我国氢燃料电池车辆保有量突破 2 万辆，加氢站总量接近 500 座，制氢能力持续提升，氢能产业链条不断延伸和优化。

（三）地方政策密集出台，氢能发展呈现"从规划到落地"的转变趋势

近年来，氢能产业已成为地方政府竞相布局的战略性新兴产业。2023年，全国各地加快政策制定与实施，地方层面呈现"数量激增、类型多元、执行强化"的新特征，氢能政策从顶层设计向落地实施迅速转化，助推产业集聚成势。

一是政策密度显著提升，政策类型更加多元。据统计，2023年全国共出台氢能相关政策超317项，涵盖氢能专项政策137项、涉氢综合政策180项，政策支持呈现全面覆盖之势。从政策类别看，"行动方案"数量由上一年度的22项增至32项，"管理办法"数量由9项增至14项，"指导意见"数量从5项增至10项，表明各地正由战略谋划层面向实施操作层面深入推进。

二是政策覆盖面广，区域参与度高。截至2024年1月，全国已有29个省（自治区、直辖市）、90余个地级市发布氢能相关政策文件，累计政策数量超过438项，其中省级政策达113项，占比超过1/4。2023年，全国共有19个省级政府在政府工作报告中明确将氢能列为重点发展方向，充分体现出氢能在地方高质量发展战略中的重要地位。

三是发展目标日趋清晰，基础设施建设加快推进。据不完全统计，截至2024年12月，全国各省市陆续发布的规划期至2025年的氢能产业发展方案累计拟投入资金已超过1万亿元，规划目标中氢燃料电池汽车保有量逾11万辆，计划新建或改扩建加氢站1000座以上。加氢基础设施建设稳步提速，截至2024年初，全国建成并投运加氢站428座，已实现对30个省级行政区的全面覆盖，基础设施体系逐步完善。

四是重点省份引领发展，形成多极带动格局。在当前已建成的加氢站中，广东、山东、河南、河北、浙江五省合计占全国总量的45.8%。其中，广东省依托珠三角产业集聚和政策优势，保持在加氢基础设施建设和燃料电池汽车示范推广方面的领先地位，为氢能应用落地和产业生态构建提供良好示范。

（四）广州氢能产业基础扎实、潜力巨大，具备新赛道突破赶超的现实可能与战略空间

广州作为华南地区科技创新高地和制造业重镇，具备发展氢能产业的先发优势与政策支撑，其在氢能产学研用协同、财政投入、基础设施建设和技术创新方面已初步形成体系，为打造生态绿色产业集群奠定坚实基础。

一是产学研用协同体系完备，科技创新优势显著。依托华南理工大学、中国科学院广州能源研究所、广州大学黄埔氢能源创新中心等科研平台，广州聚集了一批以院士、行业领军人才为核心的科研团队，围绕燃料电池、电解水制氢、氢储运技术等核心环节持续攻关，取得多项技术突破。目前，全市已形成"制—储—运—用"一体化的氢能产业链，拥有氢能相关企业超100家，其中下游企业占比超过85%，涌现出鸿基创能、云韬氢能、雄川氢能等具有一定行业影响力的企业，初步构建了"技术支撑+企业主体"的协同发展生态。

二是财政支持力度大、配套建设基础良好，发展势能持续释放。2024年，广东省财政厅公布的节能减排补助资金中，广州以4972万元占比高达67%，在全省燃料电池汽车示范应用奖励中居首位，显示出政府对氢能产业的强力支持。基础设施方面，截至2023年底，广州已建成10座加氢站（6座固定站，4座油氢合建站），在国家燃料电池汽车示范城市群建设周期内迅速实现从"布局试点"到"规模初成"的跃升。2024年2月，广东省发改委等发布的《广东省培育发展未来绿色低碳产业集群行动计划》将布局以广州、深圳等为引领的氢能"制—储—运—用"全产业链列入重点支持任务，标志着广州在氢能产业区域布局中的战略地位进一步确立。

三是产业规模有待提升，与先进城市仍存在差距但也蕴藏巨大赶超潜力。根据中国能源研究会发布的《2023年中国氢能产业发展报告》，2023年广州氢能产业总产值约50亿元，市场占有率不足全国的5%，与上海、北京等一线城市仍存在明显差距。同年上海氢能产业总产值已突破300亿元，占全国市场份额的三成以上，有6家企业入选"全球氢能企业TOP100"。北京在研发投入和政策推动方面持续领跑，2023年氢能领域科研投入超过10

亿元，相关科研机构及创新型企业超过 100 家。相比之下，广州氢能产业龙头企业年营收普遍不超过 10 亿元，规模体量相对有限，尚处于产业链条"提质扩容"和技术"强链补链"阶段，存在较大的追赶空间与战略成长潜力。

综上，广州氢能产业在产学研基础、政策资源和技术创新等方面形成扎实支撑，尽管当前规模尚需提升，但其所具备的先发条件与区域协同优势，将为其在新一轮绿色能源产业竞争中赢得突破窗口，为其打造生态绿色产业集群奠定有力基础。

二　广州氢能产业面临的挑战

（一）氢气多元化应用场景增加，氢能供需错位和供应链不稳定等问题凸显

近年来，广州在氢能领域快速发展，成功打造了多个示范性项目，如氢能走廊、冷链运输体系、氢能公交车、氢能渣土车、氢能搅拌车示范、"甲醇重整制氢+燃料电池"备用基站等。这些项目有力推动了氢能与燃料电池应用的商业化进程，为广州及周边地区的氢能产业链奠定了坚实基础。尽管成绩斐然，但从全局来看上游氢气供应链仍然面临挑战，氢气的制备、储存和运输技术仍处于不断发展和完善阶段。根据《广州市能源发展年度报告》，2023 年广州氢能需求量达到约 1 万吨，但本地氢源供应仅 6000 吨，供应缺口高达 40%。同时，下游多元化应用的快速增长也对供应链提出了更高的要求，例如，氢能市政车辆、物流集散中心、冷链运输等领域的应用需求不断增长，但受制于上游供应链的氢能供应量和价格波动等问题，这些应用的推广和规模化实施仍面临一定的阻碍。

（二）氢能基础设施建设滞后和区域配置不均制约产业发展

氢能产业发展对基础设施要求较高，基础设施建设薄弱将极大制约产业高速发展和大规模应用推广。根据《广东省氢能基础设施建设规划（2023—

2025）》，广东省计划到 2025 年建成超过 200 座加氢站。截至 2023 年，实际建成的加氢站数量仅 60 座，其中广州建成 20 座，主要分布在市中心及附近核心城区，难以满足燃料电池汽车的全面运营需求。此外，中国能源研究会发布的研究报告显示，加氢站的建设涉及多个部门审批，平均审批时间约为 8 个月，这也是导致加氢站建设进度缓慢的重要原因之一。相比全国其他先进城市加氢站的扶持政策，在建站补贴、用户加氢补贴、电费减免、增值税返还等支持方面，广州还存在较大差距，优惠支持力度不足。此外，多数加氢设施主要为场内试验型或模块化撬装式加氢站，在扩大储氢容量方面存在技术局限性，亟待突破。

（三）氢能产业布局仍待优化，氢能应用空间亟须拓展

一是氢能产业布局失调，上中下游比例不均衡。《2023 年广州氢能产业发展报告》显示，截至 2023 年，广州氢能产业链的投资主要集中在制氢和储运环节，占比超过 60%，而对氢能终端应用的投资不足 15%，其中对氢能储能和发电的投资比例更低，仅为 5%。二是氢能的下游应用空间较为狭窄。2023 年《中国氢燃料电池汽车产业报告》显示，广州拥有氢燃料电池汽车约 600 辆，占全国氢燃料电池汽车保有量的不到 10%，而北京、上海等地的氢燃料电池汽车数量均已超过 1000 辆。此外，氢能在储能和发电领域的应用也较为薄弱。根据广东省能源局的统计，2023 年广州氢能发电装机容量不到 10 兆瓦，仅占全市新能源装机容量的 1%。国际能源署发布的2023 年《全球氢能发展报告》显示，全球氢能发电装机容量已超过 2 吉瓦，广州在这一领域的应用规模明显落后于全球平均水平。

三 将氢能产业作为绿色能源突破口，
推动广州构建生态绿色产业集群的建议

（一）用好政策红利，健全配套机制，推动政策高效落地

氢能产业作为新型绿色能源体系的重要组成部分，其发展不仅依赖技术

创新和市场培育，更急需完善的政策支持体系和良好的制度环境作保障。广州应充分发挥现有政策红利，持续完善地方性法规制度，提升政策实施的系统性与精准性。

一是强化产业统筹与战略协同，优化政策设计与资源配置。应统筹氢能全产业链发展，结合城市空间格局和功能分区，科学规划产业布局，推动"制—储—运—用"环节协调发展，避免产业链条中"强头弱尾""重建设轻运营"的结构性失衡问题。同时，加强与国家和省级政策的纵向联动，推动出台具有地方特色的氢能发展专项政策和支持体系，确保政策协同、路径清晰、执行有力。

二是健全财政激励机制，强化关键环节补贴力度。围绕氢能重点装备及基础设施，完善加氢站、储运系统、制氢设备等建设与购置补贴政策，提升投资主体积极性。对氢燃料电池汽车运营企业，建立与运营里程、碳减排成效挂钩的动态奖补机制，推动应用场景从"试点示范"向"规模运营"扩展。探索将氢能项目纳入绿色信贷、绿色债券、绿色基金等多元金融支持体系，拓宽产业融资渠道。

三是制定实施细则，推动关键政策精准落地。聚焦氢能产业"卡脖子"难题，加快出台一批可操作性强的实施方案和配套政策，重点包括重大项目支持、核心技术研发补贴、产业创新平台建设、产业园区用地配套、公共服务平台搭建、氢能人才引育支持、投融资优惠等方面。推动政策由"文件出台"向"任务落地"转变，提升政策落实的可预期性和执行效率。

四是加强地方立法探索，夯实氢能产业制度基础。广州可率先开展氢能领域的地方性法规或政府规章研究，围绕氢气制备安全监管、加氢站规划审批、氢能交通运营、应急管理机制等关键领域建立制度化框架，填补制度空白，提升氢能产业发展的法治化、规范化水平。

（二）瞄准全球前沿和行业发展重点，深化试点示范与应用推广

氢能产业的发展路径高度依赖技术突破与示范牵引。广州应紧盯全球氢能发展前沿方向，聚焦具有引领性和突破性的关键领域，强化"技术—场

景—产业"一体化推进机制,加快构建可复制、可推广的应用生态体系,推动氢能由"技术优势"转化为"市场优势"。

一是强化科技创新策源功能,打造原始创新高地。围绕氢能"制—储—运—用"核心技术、燃料电池关键材料与系统集成、电解水制氢技术、氢基合成燃料等未来技术方向,推动建设一批氢能技术创新中心、重点实验室、工程技术研究中心等新型研发机构,支持高校、科研机构与骨干企业联合申报国家重点研发计划、广东省重点专项等项目。鼓励探索"揭榜挂帅"机制,引导科研力量聚焦重大难题,形成原创性、突破性技术成果。

二是加快建设重大应用示范项目,带动产业链整体跃升。依托广州作为国家氢燃料电池汽车示范城市的政策优势,推动氢能公交、物流、环卫、冷链、重卡等重点领域的批量化、场景化示范运营,拓展氢能在港口运输、应急电源、数据中心等场景的创新应用。结合广州重大基础设施工程或新型能源项目,打造"制—储—运—用"一体化综合示范区,提升氢能全链条落地能力和区域辐射效应。

三是精准支持关键企业成长,培育具有全球竞争力的产业主体。加大对具有自主知识产权、市场潜力大、成长性强的科技型中小企业的支持力度,推动企业在核心产品和技术环节实现从"跟跑"向"并跑""领跑"转变。鼓励龙头企业牵头建设联合创新平台、协作配套网络,打造具有全球影响力的"广州氢能品牌"。

四是推动技术与资本、市场深度融合,激发产业发展新动能。探索以政府引导基金、产业投资基金等方式,撬动社会资本投向氢能核心技术、基础设施、关键装备等环节。加强与国际氢能机构、跨国企业的合作,积极参与国际氢能技术标准、行业规则制定,推动形成开放包容、互联互通的氢能产业创新生态。

(三)完善氢能基础设施,加大力度构建氢气供应网络

氢能产业链条长、技术环节多,基础设施是支撑产业发展的"神经系统"和"基础底盘"。广州应以加氢站布局为突破口,加快完善制氢、储

氢、运氢、加氢等关键环节的基础设施，打通制约氢能大规模应用的"最后一公里"，构建稳定可靠的氢气保障体系。

一是科学规划加氢站布局，推动基础设施合理布点与功能叠加。结合交通干线、物流枢纽、新能源汽车运营集中区等场景，优化城市和郊区加氢站空间分布，优先推动油气电氢合建站建设，鼓励依托现有加油（气）站升级改造增设加氢功能，提高资源利用率和土地使用效率。对具备条件的产业园区、港口等交通枢纽，探索建设综合能源供给示范站，实现"制—储—加"一体化运营。

二是提升氢气储运能力，推动多技术路径融合发展。加快部署低温液态储氢、固态储氢、高压气态储氢等多种技术路线，推动氢气长距离高效运输技术和装备的应用。鼓励发展"本地制氢+就地使用"模式，降低运输成本与能耗风险。探索建设区域氢气母站、加氢母站、移动加氢车等灵活补能设施，构建多层级、分布式氢气供给体系。

三是推动站内制氢试点落地，激发终端运营活力。在政策支持和安全监管可控的前提下，优先在土地资源紧张的地区或氢源运输不便的区域推广站内电解水制氢，打通"制—储—加"一体化快速通道。探索试点电解水制氢设备接入分布式光伏或低谷电价资源，降低氢气边际成本，提升示范站经济性。

四是完善支持政策体系，激发企业和社会资本投资意愿。出台加氢站建设专项补贴、运营电价优惠、基础设施融资贴息、用地审批绿色通道等扶持政策，鼓励多元市场主体参与建设运营。推动建立"能用、好用、用得起"的加氢网络，降低企业运营成本，推动氢能应用由试点示范向规模化迈进。

五是推动建设统一的氢能公共服务平台和数据监测体系。加强对氢气"制—储—运—用"全流程的标准化、数字化管理，构建涵盖实时调度、应急预警、安全监管、碳效追踪等功能的一体化平台，实现对广州氢气流动与供应状态的智能监管和科学预测，为政府宏观决策和企业资源配置提供数据支撑。

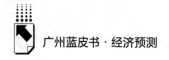

（四）优化氢能产业链布局，扩大氢能产业下游应用空间，构建氢能产业创新生态系统

当前，广州氢能产业在制备、储运等上游环节已有一定积累，但下游应用层面仍显薄弱，整体产业链尚未形成协同高效的闭环体系。应着眼于"延链补链强链"，推动氢能从"示范试点"走向"产业集聚"，构建以技术创新为驱动、以市场应用为导向的现代氢能产业生态。

一是优化产业链布局，推动产业协同发展。围绕氢能"制—储—运—用"全链条，制订链主企业培育计划，鼓励骨干企业延伸上下游业务，加强关键环节协作配套。对当前投资集中、重复建设的制氢和储运环节，应引导有序整合、差异化发展，释放协同效应，避免产业资源浪费。同时，加大对下游环节如燃料电池系统集成、氢能终端装备制造、氢能发电与储能系统等领域的政策支持力度，推动产业链各环节同步提升。

二是多元拓展氢能应用场景，推动产业生态"扩容提质"。结合广州城市特点和减碳目标，聚焦交通运输、分布式能源、工业减碳、应急储备等重点领域，加快氢能在公交车、重型物流车、冷链运输、港口作业、备用电源等方面的应用和推广。探索氢能在建材、钢铁、化工等高耗能产业的耦合应用，形成氢能"进工业"的示范路径。推动氢能发电和储能在智慧能源园区、新型电力系统中试点应用，提升氢能保障城市能源安全的能力。

三是建设氢能产业孵化平台，打造创新资源集聚高地。依托广州现有高新区、产业园、技术转移平台，建设氢能产业创新孵化器、科研成果转化中心和中试基地，支持初创企业和加快科研成果商业化应用。鼓励科研院所与企业共建技术联合攻关平台和共性技术服务中心，加快关键零部件、核心材料、专用装备等短板环节的科研成果转化与工程化应用，推动科研创新成果在广州落地成势。

四是加快与国际氢能标准对接与本地化落地，提升产业竞争力。推动本地企业参与国际氢能标准制定，吸纳欧盟、ISO等国际氢能标准体系先进经验，鼓励在广州建立氢能产品检测认证机构，构建符合国际通行标准和行业规则的氢能产品质量监管体系。积极吸引海外氢能龙头企业在广州设立区域或全国总部、研发中心或合作平台，提升广州在全球氢能产业链中的嵌入度与影响力。

（五）强化区域协同与产业链联动，建设氢能高速示范走廊，培育生态绿色产业集群

氢能产业链条长、关联度高、协同性强，单一城市难以独立支撑全链条高质量发展。广州作为粤港澳大湾区核心引擎城市，应发挥区位、资源和产业优势，打破行政边界与产业壁垒，联动湾区内外城市，推动要素融合流动、技术协同创新与市场一体化发展，加快构建具有区域竞争力和全球影响力的生态绿色产业集群。

一是立足湾区整体布局，推动错位发展与资源共享。依托大湾区广深港澳科技创新走廊，广州可聚焦氢能科技创新与应用示范，深圳专注核心装备研发与智能制造，佛山、肇庆强化整车生产与氢源制备，珠海、中山拓展下游市场与港口应用，形成分工明确、互补协同的区域氢能产业网络。推动建立氢能产业合作协调机制，统筹基础设施布局、技术标准制定、示范项目实施等重大事项，构建跨区域共建共享的发展模式。

二是建设跨区域氢能交通走廊和补给体系，打通产业应用通道。依托珠三角高密度城际交通网，推动氢能在城际物流、干线货运、公路港口等领域的协同示范。以广州为核心，沿广佛肇、广深莞高速等主要经济通道规划建设一批油气电氢合建站，提升氢能跨市运营的便捷性和经济性。推动氢能冷链、氢能重卡等重点场景规模化示范，探索建设氢能高速示范走廊，加快氢能交通生态体系落地。

三是联动大湾区氢能创新资源，打造区域科技共同体。鼓励广州高校、科研机构与港澳地区高校、国际创新平台共建氢能联合实验室、技术攻关中心、人才交流基地等，开展氢能基础理论研究、关键技术突破与国际标准合作，形成"政产学研用金"协同创新格局。推动氢能领域高层次人才、科研项目、成果转化在湾区范围内自由流动，提升整体技术供给能力。

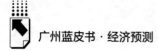

四是打造绿色产业金融生态，构建产业发展保障体系。鼓励广州与大湾区金融机构合作设立氢能专项基金、绿色项目引导基金、产业投资母基金等，支持氢能科研成果转化和产业落地。推动碳市场、绿色信贷、绿色保险等政策工具在湾区协同适用，构建支持氢能企业发展的多层次绿色金融服务体系。

五是联动政策试点与制度创新，打造国家级绿色生态产业集群示范样板。积极争取国家氢能政策创新试点，将广州纳入国家氢能产业集群建设试点范围。探索建立氢能领域的区域统一准入制度、碳效评估机制、公共服务平台和绿色供应链体系，率先实现氢能产业集群化、生态化、市场化运行，形成在全国可复制、可推广的经验模式。

参考文献

《氢能产业：从技术研发阶段进入协同发展阶段》，《中国石化报》2023 年 10 月 30 日。

《我国氢能产业探索摆脱传统发展路径》，《中国石化报》2024 年 11 月 4 日。

《产用两端持续发力 氢能时代加速到来》，《中国能源报》2023 年 9 月 18 日。

《制氢加氢站每站补贴 100 万》，《广州日报》2024 年 5 月 21 日。

B.11
广州加快布局发展氢燃料电池汽车产业的对策研究

康达华 *

摘 要： 把氢燃料电池汽车产业融入广州面向 2049 年的城市战略规划中意义重大，有利于广州汽车产业转型升级，并在未来氢能源产业竞争中获得优势。当前，广州氢燃料电池汽车产业面临着产业专项规划及政策体系缺位、关键核心技术自主性不高、氢能产业标准不完善、示范应用场景不足、商业化推广模式不成熟、氢气制备及储运效率低和加氢站建设成本高等问题，阻碍了从技术实验走向大规模应用。为此建议广州进一步提高氢气"制储运加"技术水平，进一步推广氢燃料电池汽车示范应用，进一步提高氢燃料电池核心部件国产化率，进一步推进氢燃料电池整车发展，进一步加强产业规划和政策扶持，以及进一步加强国际合作与交流。

关键词： 广州 氢燃料电池 汽车产业

随着全球对环境保护和可持续发展的关注度不断提高，新能源汽车产业迅速崛起。氢燃料电池汽车以其零排放、高能量密度、加氢时间短等优势，成为新能源汽车领域的重要发展方向。习近平总书记多次强调注重传统能源与新能源多能互补、深度融合。在"双碳"战略目标的引领下，氢能在新型能源体系中的地位日益凸显。广州作为中国南方的经济中心和重要的汽车

---

* 康达华，经济学博士，中共广州市委党校经济学教研部副主任、副教授，主要研究方向为产业经济。

制造基地，正面临着汽车产业转型的关键时期。发展氢燃料电池汽车产业不仅有助于广州汽车产业在新能源赛道上实现"弯道超车"，还能为城市的可持续发展和能源安全提供有力支撑。因此，深入研究广州氢燃料电池汽车产业的发展现状，揭示其存在的问题，并提出切实可行的对策建议，具有重要的现实意义。

一 广州发展氢燃料电池汽车产业的必要性与可行性

（一）氢燃料电池汽车产业是各城市争相竞争的未来产业

氢燃料电池汽车产业近年来在全球范围内呈现快速发展的态势。国际能源署（IEA）数据显示，截至2024年底，全球氢燃料电池汽车保有量已超过10万辆，且年增长率保持在20%以上。这一增长速度不仅体现了氢燃料电池汽车产业的活力，更预示着其在未来交通领域将占据越来越重要的地位。

从技术发展趋势来看，随着科研投入不断增加，氢燃料电池的性能将不断提升，成本将逐渐降低。预计到2030年，氢燃料电池的成本有望降低50%以上，续航里程将超过800公里。这一预测是基于当前科研进展和技术发展趋势做出的。目前，全球各国都在加大对氢燃料电池技术的研发投入，许多科研团队在提高氢燃料电池效率、降低其成本等方面取得了重要进展。例如，一些科研团队研发出了新型催化剂，能够提高氢燃料电池的反应效率，减少催化剂用量，从而降低成本。同时，在材料科学领域的不断突破，也为提高氢燃料电池的性能和降低成本提供了可能。

在应用领域，氢燃料电池不仅在商用车领域具有广阔的应用前景，在乘用车领域也将逐步实现规模化应用。商用车由于行驶里程长、载重量大等特点，对能源的需求较大。氢燃料电池汽车具有高能量密度、加氢时间短等优势，能够满足商用车的需求。目前，在物流运输、城市公交等领域，氢燃料电池商用车已经开始得到应用。随着技术的不断进步和成本的降低，氢燃料电池乘用车也将逐渐走进消费者的生活。未来，氢燃料电池乘用车将在性能、价格等方面与传统燃油车和纯电动车展开竞争，有望成为市场的主流车型之一。

同时，氢燃料电池在分布式发电、储能等领域的应用也在不断拓展，将为能源产业的转型发展带来新的机遇。在分布式发电领域，可以利用可再生能源电解水制氢，然后通过氢燃料电池将氢气转化为电能，实现分布式发电。这种发电方式具有清洁、高效、灵活等优点，能够为偏远地区和海岛等地区提供稳定的电力。在储能领域，氢燃料电池可以将多余的电能转化为氢气储存起来，当需要用电时，再将氢气转化为电能，实现储能的目的。氢燃料电池具有储能容量大、储能时间长等优点，能够有效解决可再生能源发电的间歇性和波动性问题，有利于促进可再生能源的大规模应用。

（二）布局氢燃料电池汽车产业有助于广州汽车产业转型升级

近年来，广州汽车产业面临着诸多挑战。从传统燃油车市场来看，随着全球汽车产业朝智能化、电动化、清洁能源化方向发展，广州传统燃油车市场份额逐渐萎缩。2024年，广州全市规模以上工业增加值同比下降3.0%，其中汽车制造业增加值同比下降18.2%，比2023年有加速下滑趋势。这一数据的变化反映了广州传统燃油车产业面临的严峻形势。随着环保要求的日益严格和消费者对新能源汽车的认可度不断提高，传统燃油车的市场需求逐渐下降。同时，国内外汽车企业在新能源汽车领域的竞争日益激烈，广州的传统燃油车企业面临着巨大的市场压力。

从新能源汽车市场来看，广州虽然在新能源汽车领域取得了一定的发展，但与国内其他先进城市相比，仍存在较大差距。2024年，广州新能源汽车产量为85万辆，低于西安（120万辆）、上海（95万辆）等城市。在市场竞争日益激烈的情况下，广州汽车产业亟须寻找新的增长点，实现转型升级。广州新能源汽车产业在技术研发、产业链配套等方面还存在一些不足。在技术研发方面，广州新能源汽车企业在电池技术、自动驾驶技术等关键领域的研发投入相对不足，与国内先进企业存在一定差距。在产业链配套

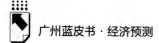

方面，广州新能源汽车产业链还不够完善，部分关键零部件需要依赖进口，提高了企业的生产成本。

氢燃料电池汽车产业的发展为广州汽车产业转型升级提供了新的契机。一方面，氢燃料电池汽车具有零排放、高能量密度等优势，符合未来汽车产业的发展方向。发展氢燃料电池汽车产业，有助于广州汽车企业在新能源汽车领域掌握核心技术，提升产品竞争力。氢燃料电池汽车的零排放特点符合全球对环境保护的要求，能够满足消费者对绿色出行的需求。同时，高能量密度的优势使得氢燃料电池汽车在续航里程方面具有更大的优势，能够解决消费者的里程焦虑问题。广州汽车企业通过发展氢燃料电池汽车产业，可以加大在核心技术研发方面的投入，提高自身的技术水平，从而提升产品的竞争力。

另一方面，氢燃料电池汽车产业的发展将带动相关产业链的发展，如氢气制备、储存、运输，以及燃料电池关键零部件制造等，促进广州汽车产业朝高端化、智能化、绿色化方向发展，实现产业结构的优化升级。氢气制备、储存和运输是氢燃料电池汽车产业的重要环节，发展这些环节可以带动相关技术和产业的发展。例如，在氢气制备方面，可再生能源电解水制氢技术的发展可以促进可再生能源的利用，实现能源的绿色转型。在燃料电池关键零部件制造方面，广州可以加大对膜电极、催化剂等关键零部件的研发和生产投入，提高产业的核心竞争力。通过发展氢燃料电池汽车产业，广州汽车产业可以实现从传统制造业向高端制造业的转型升级，提高产业的附加值和经济效益。

（三）广州具有一定氢燃料电池汽车产业发展基础

1.汽车产业集聚优势

经过20余年的发展，广州汽车产业已形成了强大的集聚优势。截至2023年，广州拥有汽车及零部件企业超过1200家，其中规模以上企业超过300家。广汽集团作为广州汽车产业的龙头企业，2024年汽车销量达到200万辆。广州汽车产业已形成了以整车制造为核心，零部件企业集聚、智能创新企业汇聚的完整产业体系，为氢燃料电池汽车产业的发展提供了坚实的基础。

广汽集团在广州汽车产业中发挥着重要的引领作用。广汽集团拥有完善的研发体系和生产能力，在汽车制造领域具有丰富的经验。广汽集团通过不断加大研发投入，提升产品质量和技术水平，在市场上取得了良好的成绩。同时，广汽集团还积极推动产业链的协同发展，与众多零部件企业和智能创新企业建立了紧密的合作关系。在氢燃料电池汽车领域，广汽集团也加大了研发投入，推出了多款氢燃料电池汽车车型，为广州氢燃料电池汽车产业的发展做出了积极贡献。

广州的零部件企业和智能创新企业为氢燃料电池汽车产业的发展提供了有力的支持。零部件企业能够为氢燃料电池汽车的生产提供高质量的零部件，保障汽车的性能和质量。智能创新企业则可以为氢燃料电池汽车的智能化发展提供技术支持，提升汽车的智能化水平。例如，一些智能创新企业在自动驾驶、车联网等领域具有先进的技术，能够为氢燃料电池汽车的智能化升级提供解决方案。

2. 示范城市群核心城市和氢气网络枢纽地位

广州作为首批国家燃料电池汽车示范应用城市群——广东城市群的重要核心城市，是粤港澳大湾区中心城市和华南地区的重要氢气网络枢纽。作为示范城市群核心城市，广州能够获得国家和省级层面的政策支持，这有利于推动氢燃料电池汽车的示范应用和产业发展。国家和广东省出台了一系列优惠政策，鼓励广州在氢燃料电池汽车领域进行示范应用和产业发展。例如，通过财政补贴、税收优惠等政策手段，支持广州企业加大研发投入，推广氢燃料电池汽车的应用。

同时，广州在氢气制备、储存、运输等方面具有一定的基础，已初步形成了氢气供应网络，为氢燃料电池汽车的应用和推广提供了保障。广州拥有多家氢气生产企业，能够满足一定规模的氢气需求。在氢气储存和运输方面，广州也具备一定的技术和设施。例如，广州采用高压气态储运和液态储运的方式，将氢气运输到各个加氢站，为氢燃料电池汽

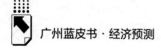

车提供燃料。此外，广州还在不断完善氢气供应网络，提高氢气的供应能力和稳定性。

3.科技创新能力

广州拥有丰富的科研资源和强大的科技创新能力。华南理工大学、中国科学院广州能源研究所等科研单位在氢燃料电池技术研发方面具有深厚的科研实力。截至2024年，广州在氢燃料电池领域的专利申请量已超过1000件，其中发明专利申请量占比超过50%。广州还积极引进国内外先进的科研团队和创新资源，为氢燃料电池汽车产业的发展提供了技术支持。

广州积极引进国内外先进的科研团队和创新资源，进一步提升了自身的科技创新能力。通过与国内外高校和科研机构合作，广州能够及时了解和掌握国际前沿的氢燃料电池技术，为产业的发展提供技术保障。同时，引进的科研团队和创新资源也为广州氢燃料电池汽车企业提供了技术支持和人才保障，促进了企业的技术创新和发展。

二 广州氢燃料电池汽车产业发展的现状与不足

（一）产业链布局的现状与不足

1.产业链发展态势

广州氢燃料电池汽车产业链已初步形成了企业带动、重大项目支撑、产业链集聚的发展态势。产业链涵盖整车、系统、电堆、膜电极、双极板、质子交换膜、催化剂、空气压缩机、氢气循环系统等关键核心零部件及高端装备制造等环节。恒运集团、广汽集团、现代汽车、鸿基创能、氢电中科、广州石化等一批产业链龙头企业在广州集聚。

广汽集团积极推进氢燃料电池汽车的研发和生产，已推出多款氢燃料电池汽车车型。广汽集团在汽车研发和生产方面具有丰富的经验，通过整合自身资源，加大在氢燃料电池汽车领域的研发投入，推出了一系列具有市场竞争力的氢燃料电池汽车车型。这些车型在性能、安全性等方面都具有较高的水平，为广州氢燃料电池汽车的示范应用和市场推广提供了有力支持。

鸿基创能在膜电极领域取得了重要突破，其自主研发的膜电极产品性能达到国际先进水平。膜电极是氢燃料电池的核心部件之一，其性能直接影响氢燃料电池的效率和使用寿命。鸿基创能通过不断加大研发投入，攻克了一系列技术难题，成功研发出高性能的膜电极产品。该产品在质子传导率、催化剂利用率等方面表现优异，能够有效提高氢燃料电池的性能。鸿基创能的膜电极产品不仅在国内市场得到了广泛应用，还出口到了国际市场，提升了广州氢燃料电池汽车产业在国际上的影响力。

2.产业布局规划

广州着力打造"一核、一枢纽、三基地"的产业布局。以黄埔为核心，重点建设黄埔氢能产业创新核心区，集聚了一批创新型企业和科研机构。黄埔拥有良好的产业基础和创新环境，吸引了众多氢燃料电池汽车企业和科研机构入驻。这些企业和科研机构在技术研发、产品创新等方面发挥着重要作用，为黄埔区成为产业创新核心区奠定了坚实基础。例如，一些企业专注于燃料电池关键核心零部件的研发，不断提升产品性能，打破国外技术垄断；科研机构则通过开展前沿技术研究，为产业发展提供理论支持和技术储备。

以南沙为氢能产业枢纽，发挥其港口和物流优势，推动氢气的储存和运输。南沙作为粤港澳大湾区的重要节点，拥有优越的地理位置和发达的港口物流体系。利用这些优势，南沙积极发展氢气储存和运输产业，建设了多个大型氢气储存设施，并开通了多条氢气运输线路。同时，南沙还加强与国内外企业合作，引进先进的氢气储存和运输技术，提高氢气供应的安全性和效率。例如，与国外企业合作引进先进的液氢储存技术，降低氢气储存成本，提高储存容量。

在番禺、从化、白云分别建设乘用车制造及分布式发电研发基地、商用车生产基地和专用车生产基地。番禺凭借其在汽车零部件制造方面的优势，积极发展乘用车制造及分布式发电研发。通过整合产业链资源，番禺吸引了一批乘用车制造企业和分布式发电研发机构，推动了相关产业的协同发展。从化依托自身的产业基础和土地资源优势，打造商用车生产基地。目前，从化已引进多家商用车生产企业，形成了一定的产业规模，产品涵盖物流车、公交车等多种类型。白云则专注专用车生产，针对不同行业的需求，开发各类特种专用车，如环卫车、工程车等，满足了市场的多样化需求。

此外，广州还重点规划和建设广州国际氢能产业园，分期建设六大功能分区，包括研发创新区、核心部件制造区、整车制造区、应用示范区、综合服务区和配套产业区。广州旨在将该产业园打造成一个集研发、生产、应用、服务于一体的综合性产业园区，促进氢燃料电池汽车产业的集聚发展。在研发创新区，汇聚了国内外顶尖的科研团队和创新资源，开展关键技术研发和前沿技术探索；核心部件制造区和整车制造区则吸引了大量相关企业入驻，形成了完整的产业链条；应用示范区通过开展各类示范项目，展示氢燃料电池汽车的优势和应用场景，促进技术的推广应用；综合服务区为园区企业提供一站式服务，包括金融、法律、咨询等；配套产业区则为氢燃料电池汽车产业提供相关的配套产品和服务，如氢气检测设备、汽车维修保养等。

3. 存在的问题

尽管广州氢燃料电池汽车产业链已初步成形，但仍存在一些问题。首先，产业专项规划以及政策体系缺位。目前，广州尚未出台针对氢燃料电池汽车产业的详细规划，并未构建完善的政策体系，导致产业发展方向、目标和重点不够明确。在缺乏专项规划的情况下，企业在投资布局时缺乏明确的指导，容易出现盲目跟风或投资不足的情况。政策体系的不完善也使企业在发展过程中难以获得足够的支持，如资金补贴、税收优惠等政策不够细化和明确，无法有效激励企业加大研发投入和扩大生产规模。

其次，氢气管理办法不够明确，加氢站审批难度较大。氢气作为一种特殊的能源，其生产、储存、运输和使用受到严格的监管，但目前广州在氢气管理方面的法规和标准还不够完善，加氢站的审批流程烦琐，建设周期长，制约了产业的发展。由于氢气管理办法不明确，企业在开展氢气相关业务时面临诸多不确定性，提高了企业的运营成本和风险。加氢站审批难度大，使得加氢站建设速度缓慢，无法满足氢燃料电池汽车的推广需求。目前，广州加氢站数量有限且分布不均，导致部分地区的氢燃料电池汽车用户加氢困难，影响了车辆的正常使用和产业的发展。

（二）关键核心技术的现状与不足

1.科研团队与研发进展

广州集聚了一批以院士、专家为带头人的氢燃料电池汽车科技创新与关键核心技术科研团队。依托华南理工大学、中国科学院广州能源研究所等高校、科研院所和相关企业，广州在质子交换膜、膜电极和电堆等关键核心技术方面取得了一定的突破。

华南理工大学研发的高性能质子交换膜的质子传导率和稳定性达到了国内领先水平。质子交换膜是氢燃料电池的关键材料之一，其性能直接影响燃料电池的效率和寿命。华南理工大学的科研团队通过多年的研究和实验，在质子交换膜的材料选择、制备工艺等方面取得了重要进展。他们研发的质子交换膜采用了新型的高分子材料，通过优化材料结构和制备工艺，提高了质子传导率和稳定性。这种质子交换膜在实际应用中表现出色，能够有效提高氢燃料电池的性能，降低成本。

中国科学院广州能源研究所开发的新型膜电极制备工艺，有效提高了膜电极的性能，延长了其使用寿命。膜电极是氢燃料电池的核心部件，其性能和寿命直接决定了氢燃料电池的性能和可靠性。中国科学院广州能源研究所的科研团队针对传统膜电极制备工艺存在的问题，开展了深入研究，开发出了一种新型的膜电极制备工艺。该工艺通过改进催化剂的负载方式、优化膜电极的结构等措施，提高了膜电极的性能，延长了其使用寿命。采用这种新型制备工艺生产的膜电极，在氢燃料电池中的应用效果显著提升，能够有效延长氢燃料电池的使用寿命，降低维护成本。

2.技术水平与国际对比

与国际先进水平相比，广州氢燃料电池汽车的关键核心技术自主供给能力仍显不足。关键零部件主要依靠进口，燃料电池的关键材料包括催化剂、质子交换膜以及碳纸等大多采用进口材料。以催化剂为例，目前国内市场上90%以上的燃料电池催化剂依赖进口。这主要是因为国内在催化剂研发和生产方面的技术水平相对较低，与国外先进水平存在较大差距。国外企业在催化剂的制备工艺、活性物质的选择和优化等方面拥有先进的技术和丰富的经验，能够生产出高性能、高稳定性的催化剂。而国内企业在这些方面还需要进一步加强研发投入和技术创新，提高催化剂的自主供给能力。

在关键组件制备工艺方面，广州本地企业生产的膜电极、双极板、空压机、氢循环泵等与国外存在较大差距。国外企业在关键组件制备工艺上不断创新，采用先进的生产设备和工艺技术，提高了产品的质量和性能。例如，在膜电极制备工艺方面，国外企业采用了先进的纳米技术和微加工技术，能够实现催化剂的高度均匀分散和膜电极的精确制造，从而提高了膜电极的性能和可靠性。而广州本地企业在这些方面的技术水平相对较低，产品质量和性能不稳定，无法满足市场的需求。

此外，广州的制氢品质不稳定，氢气储运存在安全风险和成本较高，加氢站的安全标准也不完善，氢气品质检测和氢气泄漏等重要测试装备欠缺，权威检测认证机构尚未形成。制氢品质不稳定会影响氢燃料电池的性能和使用寿命，而目前广州在制氢技术和质量控制方面还存在一些问题，无法保证制氢的高品质和稳定性。在氢气储运方面，现有的储运技术和设备还不够先进，存在安全风险和成本较高的问题。加氢站的安全标准不完善，增加了加氢站建设和运营的风险。氢气品质检测和氢气泄漏等重要测试装备欠缺，企业在产品质量检测和安全评估方面存在困难，无法有效保障产品的质量和安全性。权威检测认证机构的缺失，也影响了广州氢燃料电池汽车产业的规范化和国际化发展。

（三）示范应用场景的现状与不足

1. 示范应用领域

广州重点围绕城市客运、城市配送、城际物流、港口运输、市政环卫及出租出行等领域，开展燃料电池汽车规模化示范应用。截至2023年底，黄埔已累计投入运营氢燃料电池公交车 100 辆、物流车 300 辆、垃圾运输车 50 辆。2021 年 10 月，广州率先开展粤港澳大湾区首个"网约车+氢能源"氢燃料电池乘用车（10 辆）项目示范运行。黄埔还推出了氢燃料电池泥土车（500 辆）应用项目，目前已有 200 辆正式投入运行。

2. 商业化推广面临的问题

广州氢燃料电池汽车的应用场景虽然不断拓展，但商业化推广模式尚未形成，主要原因是全产业链成本高。从车辆运营和推广方面来看，氢燃料电池汽车的造价高，氢燃料电池汽车企业无法实现大规模量产，导致单车成本居高不下。加氢站布点少，氢气价格居高不下，进一步提高了车辆的使用成本，使得氢燃料电池汽车无法实现规模化运营。此外，现有制氢、储氢、运氢、用氢技术的经济性差且环保风险依然存在，与大规模商业化应用还有一定距离，有待进一步拓展应用场景。

（四）基础设施建设的现状与不足

1. 氢气制备及储运情况

目前，广州氢气制备及储运主要依赖广州石化、广钢气体 2 家公司，供氢产能为 3500 吨/年，仅可满足约 1200 辆氢燃料电池汽车示范运行。氢气制备技术仍以化石能源重整制氢为主，可再生能源电解水制氢占比较低。氢气主要采用高压气态储运的方式，储运效率低、成本高。

2. 加氢站建设情况

加氢站建设成本高是制约广州氢燃料电池汽车产业发展的重要因素之一。一座日加氢能力为 1000 公斤的加氢站，估计投资额达 1200 万~1800 万元（不含土地费用），如按照商业用地建设加氢站成本会更高。截至 2023 年底，广州已建成加氢站 20 座，但加氢设施网络仍未形成，导致氢燃料电池汽车应用推广难，已建加氢站负荷过低。加氢设备产业化能力不足、成本高，也抑制了企业投资建设的意愿。

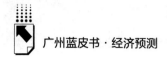

三 广州抢抓氢燃料电池汽车产业发展先机的对策建议

（一）进一步提高氢气"制储运加"技术水平

1. 技术研发与设备创新

依托华南理工大学、中国科学院广州能源研究所等高端创新平台，加大对氢气"制储运加"技术的研发投入。重点开发高效可靠的电解水制氢技术，提高制氢效率，降低制氢成本。推进液氢、70MPa加氢、Ⅳ型高压储氢瓶等技术研发和装备产业化，建设示范性输氢管道。例如，鼓励科研团队研发新型电解水制氢催化剂，提高电解水制氢的效率和稳定性；支持企业开展Ⅳ型高压储氢瓶的国产化生产，降低储氢成本。

2. 企业引进与合作

积极引进南方电网，利用电网谷期低成本电力开展电解水制氢；引进法液空、中广核等知名企业，建设液氢工厂、发展液氢制取装备；引进中集安瑞科Ⅳ型高压储氢瓶项目。通过引进国内外先进企业和技术，加强技术交流与合作，提高广州氢能"制储运加"技术水平，加快形成氢能"产供储"网络。

（二）进一步推广氢燃料电池汽车示范应用

1. 重点场景示范应用

以参与创建国家燃料电池汽车示范应用城市群为契机，聚焦市政、环卫、物流等重点场景，加快氢燃料电池重型卡车、专用车、公交车等示范应用。制订详细的示范应用计划，明确车辆投放数量、应用线路、应用时间等，确保示范应用的顺利进行。例如，在环卫场景，逐步增加氢燃料电池环卫车的投放数量，提高城市环卫作业的绿色化水平；在物流场景，鼓励物流企业采用氢燃料电池物流车，开展城市配送和城际物流业务。

2. 产业培育与项目推进

大力培育以黄埔区为核心的广州氢燃料电池汽车产业，推进广州开发区氢能物流车运营示范等重点项目建设。加大对产业核心区的政策支持力度和资金投入，吸引更多的企业和项目落户。建立项目推进协调机制，及时解决项目建设过程中遇到的问题，确保项目按时建成并投入运营。

3. 企业合作与产业协同

鼓励整车企业开发氢燃料电池汽车，引进具有国际先进水平的氢燃料电池相关企业，推动整车企业与氢燃料电池相关企业开展整车集成合作。建立产业协同创新联盟，加强产业链上下游企业之间的沟通与合作，实现资源共享、优势互补，共同推动氢燃料电池汽车的产业化发展。

4. 产品研发与市场拓展

率先发展自主可控的高可靠性氢燃料电池专用车和商用车，探索氢燃料电池乘用车产业化。加大对氢燃料电池汽车产品研发的投入，提高产品的性能和质量。加强市场调研，了解市场需求，制定有针对性的市场拓展策略，加速推动氢燃料电池汽车商用化进程。

（三）进一步提高氢燃料电池核心部件国产化率

1. 科研开发与成果转化

依托华南理工大学、广州工业大学、中国科学院广州能源研究所、广东电力设计研究院等高校和科研院所，加强氢燃料电池核心部件的科研开发与应用示范。建立科研成果转化平台，促进科研成果与企业需求对接，加快科研成果转化。例如，设立科研成果转化专项基金，支持高校、科研院所与企业开展产学研合作项目，推动核心部件及关键零部件国产化。

2. 产业集群发展

进一步做强氢燃料电池电堆及系统产业集群，重点推进电堆和系统环节、零部件环节等关键零部件研发及产业化。加强产业集群内企业之间的协同创新，提高产业集群的整体竞争力。对标国际最先进的技术和产品，不断增强核心技术研发能力，推进关键材料国产化，突破"卡脖子"环节，打破国外垄断。

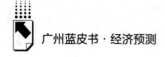

（四）进一步推进氢燃料电池整车发展

1.整车研发与产业化

推进氢燃料电池汽车整车及其他燃料电池应用的研发和产业化。鼓励广汽集团、现代汽车、广日、广环卫、开沃汽车、穗景客车等车辆企业之间加强合作，共同开展氢燃料电池汽车整车研发和生产。加大对氢燃料电池汽车整车研发的投入，提高整车的性能和质量，推动氢燃料电池汽车的产业化进程。

2.产业协同发展

进一步推进氢燃料电池汽车产业链上下游的协同发展，形成氢燃料电池汽车产业的集聚效应。加强整车企业与零部件企业、氢气生产企业、加氢站运营企业等之间的合作，建立稳定的供应链体系。促进氢燃料电池乘用车产品应用和推广，针对不同消费群体的需求，开发多样化的氢燃料电池乘用车产品，提高市场占有率。

（五）进一步加强产业规划和政策扶持

1.产业规划融入与政策制定

结合《广州面向2049的城市发展战略规划》，融入氢燃料电池汽车产业链、空间布局等发展规划。尽快出台广州氢能产业扶持、奖励办法，明确产业发展目标、重点任务和支持政策。例如，制定未来5～10年的氢燃料电池汽车产业发展规划，明确产业规模、企业数量、技术创新目标等。

2.资金支持与项目扶持

统筹现有财政资金支持氢能实验室等公共创新平台建设、支持首台（套）重大技术装备研制、支持企业对硬核"空白"技术的研发。设立氢燃料电池汽车产业发展专项基金，对符合条件的企业和项目提供资金支持。

3.审批流程优化

优化氢气制取、储存、运输和加氢站建设的审批流程，减少审批环节，缩短审批时间。建立专门的审批服务窗口，为企业提供一站式服务，提高办事效率。例如，制定明确的审批标准和时限，对于符合条件的项目，在规定时间内完成审批，加快加氢站等基础设施的建设进度。

4. 人才培养与引进

氢燃料电池汽车产业的发展离不开专业人才的支撑。广州应加强与高校、科研院所的合作，开设相关专业和课程，培养一批具有创新能力和实践经验的专业人才。例如，在华南理工大学、中山大学等高校设立氢燃料电池汽车相关专业，加强学科建设，为产业发展输送专业人才。同时，制定优惠政策，吸引国内外优秀人才来广州创业和就业。为高端人才提供住房补贴、子女教育、科研启动资金等优惠待遇，营造良好的人才发展环境。

（六）进一步加强国际合作与交流

积极拓展国际合作渠道，加强与日本、韩国、德国等氢燃料电池汽车产业先进国家的交流与合作。鼓励广州企业与国际知名企业开展技术合作、合资建厂等，引进国外先进技术和管理经验。例如，支持广汽集团与丰田、现代等国际知名氢燃料电池汽车企业建立合作关系，共同开展技术研发和产品生产。同时，组织企业参加国际氢燃料电池汽车展览和研讨会，展示广州氢燃料电池汽车产业的发展成果，提升广州在国际氢燃料电池汽车产业领域的影响力。

B.12
广州加快发展人形机器人产业研究

程风雨*

摘　要： 广州发展人形机器人产业具有重要战略价值，能够提升城市综合竞争力、优化社会劳动结构、推动多领域科技进步，人形机器人产业有潜力成为新经济增长点。广州具备完善的产业链基础，技术创新迅速，政策支持和广阔的市场需求，以及丰富的人才储备和活跃的创新生态均有力促进人形机器人产业发展。建议广州借鉴北上深等城市的发展经验，聚焦核心技术自主研发、完善产业链布局、推动产学研用协同创新及建立示范应用场景，以加速人形机器人产业发展，推动经济高质量增长。

关键词： 人形机器人产业　产业生态　广州

一　广州发展人形机器人产业的战略价值

广州作为中国重要的经济与制造业中心，在全球智能化、自动化和高端制造逐渐兴起的背景下，面临崭新的发展机遇与转型需求。人形机器人作为智能制造领域的尖端技术产品，是制造业技术进步的标志，代表了未来社会分工与城市竞争力的关键所在。发展人形机器人产业对于广州而言，有助于提升其城市综合竞争力，对社会劳动结构优化、科技进步及区域经济发展产生深远的积极影响。

---

* 程风雨，广州市社会科学院区域发展研究所副所长，经济学研究员，主要研究方向为城市经济与公共政策发展。

（一）提升城市综合竞争力，巩固和提升广州在全球智能制造版图中的地位

广州作为中国制造业的枢纽城市之一，面对全球制造业朝高端、智能化方向转型的趋势，亟须通过创新驱动和高端制造来提高产业链的附加值。人形机器人产业链涵盖的人工智能、先进材料、精密制造等技术核心，是当前全球产业竞争的焦点领域。发展这一产业能够推动广州在这些核心技术领域实现突破，从而在全球产业分工体系中提升技术控制力和产品竞争力。这不仅有助于广州成为智能制造的先行者，更将巩固和提升其在全球智能制造版图中的地位，使其由传统制造基地向全球智能制造中心迈进。同时，人形机器人产业带来的技术创新和产品革新，将为广州吸引更多国际资本、顶尖科技资源和跨国企业，从而提升其在全球产业链中的话语权和竞争力。广州发展人形机器人产业将对粤港澳大湾区的产业结构优化形成强大的拉动效应，进一步巩固广州在湾区经济中的核心地位，赋予广州在国际制造业和高科技领域的标杆地位。

（二）优化社会劳动结构，缓解老龄化与劳动力短缺的结构性矛盾

广州作为制造业大市，劳动力成本不断上升和人口老龄化带来的劳动力短缺问题，正在对其传统制造业和社会服务领域构成严峻挑战。人形机器人的广泛应用将有效减少高强度、重复性或危险岗位的劳动力需求，从而大幅度降低人力成本并提高生产效率。人形机器人具有持久稳定工作的能力，并能够快速适应多种高负荷任务需求，通过其对体力劳动的替代，广州将实现社会劳动分工的优化，使有限的人力资源更多地投入创新型和技术型领域，这不仅可缓解劳动力短缺带来的经济负担，还可通过解放劳动力资源，为社会分工的高级化奠定基础，推动城市劳动结构朝知识密集型、高附加值方向发展。此外，在人口老龄化的背景下，人形机器人的发展也有助于优化社会服务供给体系，以人形机器人替代部分基础服务岗位，社会服务将更加精

确、专业和高效，将显著提升广州人力资源利用效率，为城市长远发展提供更为稳固的劳动力保障。

（三）推动多领域科技进步，构建广州创新驱动型经济

人形机器人产业的发展，能够推动形成以人工智能、先进材料制备、精密制造等高端技术为核心的产业链，促进多个科技领域的协同创新与技术突破。广州在发展人形机器人产业过程中，通过实现相关技术的深度融合，能够建立跨学科的创新生态系统，从而提升其在智能制造、人工智能等前沿科技领域的综合创新能力。人形机器人产业发展所带来的技术革新，不仅将扩展广州的产业创新范围，还会在制造、材料、感知技术等关键领域激发新的创新需求，为城市的科技创新持续注入活力。这种多领域的技术进步将为广州的科技创新生态带来更强的竞争力，使其具有广泛的前沿科技资源，确保在未来的科技创新中保持领先优势。同时，人形机器人技术的发展将推动社会服务智能化转型，以更高的效率提升城市公共服务质量。人形机器人作为智能化工具在城市医疗、教育、社会服务等领域的广泛应用，将带来服务内容、服务效率、服务体验等方面的显著改善，从而提升城市居民的生活质量和幸福感，使广州成为创新资源密集、服务水平领先的科技型城市。

（四）成为新经济增长点，推动广州经济高质量发展

人形机器人产业以其广阔的市场潜力和巨大的经济价值，具有成为广州新兴经济增长点的潜力。广州作为粤港澳大湾区的重要经济枢纽，通过培育人形机器人产业，有望吸引全球资本、领先技术和高端人才集聚，形成创新驱动的产业集群，推动区域内的资源整合与要素优化配置。人形机器人产业链条长、涉及领域广，通过打造完整的产业链，可以带动包括新材料、智能控制、传感器技术等多个相关行业同步发展，形成具有区域辐射力的智能制造生态圈。人形机器人产业的蓬勃发展不仅将提升本地产业的创新能力，也将为上下游企业的规模化、集约化发展创造良好条件，为广州提供持续的经

济增长动力。借助这一新经济增长点，广州能够优化产业结构，提高产业附加值，进一步实现由"制造大市"向"制造强市"的跨越。人形机器人产业的成功发展将使广州形成更具自主性和可持续性的高端制造能力以及具有全球视野的经济影响力，推动整个大湾区产业一体化和经济协同发展，并在国际舞台上进一步提升广州的产业影响力。

二　广州发展人形机器人产业具有的基础条件

（一）产业链相对完善

1. 上游关键零部件的本土化生产

截至 2024 年，广东省已形成近千家机器人企业的产业集群，核心零部件国产化率提升至 60%，并初步建立了涵盖"关键零部件—整机制造—集成应用"的智能机器人全产业链。广州在这一产业格局中，依托本地企业成功突破了高精度零部件技术壁垒，特别是在谐波减速器、伺服电机等核心零部件的自主化生产上取得了显著成果，大大降低了对国外供应链的依赖，确保了供应链的稳定性与产品质量。昊志机电的谐波减速器不仅实现了量产，还在传动精度和寿命上达到了国际先进水平，直接影响机器人运动精度与寿命。广州数控系统在复杂操作控制中的优异表现，更是进一步巩固了广州在机器人产业中的技术优势，增强了广州在产业链中的核心竞争力，助力广州在智能机器人产业浪潮中占据重要地位。

2. 中游机器人本体制造能力的提升

中游制造能力决定了人形机器人本体生产的稳定性和效率。广州在中游机器人本体制造方面形成了以蓝海机器人和里工实业为核心的企业集群，具有高效率的制造能力和技术创新实力，能够实现人形机器人的规模化生产。广州的蓝海机器人和里工实业在移动机器人和高负载协作机器人制造等方面处于行业领先地位。蓝海机器人的光伏电池片 AMR（自动化移动机器人）市场占有率已达 30% 以上，展示了广州在中游制造领域的技术实力。广州的机器人本体制造能力不仅为人形机器人设备的量产提供了支撑，也为其未来大规模市场应用奠定了基础。里工实业的"里掂D1"人形机器人双臂负载达40kg，重复定位精度±0.03mm，填补了国内由协作机器人厂商制造的全尺寸人形机器人相关技术空白，为全球人形机器人的发展树立了新标杆。

3.下游系统集成带动全产业链协同发展

系统集成在产业链中扮演着将设备、零部件与技术应用相结合的关键角色。广州瑞松科技的智能装备已进入高端车企生产线，体现了广州机器人产业的成熟度。系统集成能力的提升不仅推动了机器人设备的应用，还通过反向支持促进了上游和中游制造能力的提升，使整个产业链实现协同发展，推动技术创新。这种上下游联动效应，使广州人形机器人产业具备了强劲的竞争力。

4.区域差异化布局的优势

广州通过黄埔、南沙、花都、增城等区域的分工布局，实现了人形机器人产业链的地域化分工，各区结合各自的资源优势和功能定位，构建了多样化的机器人产业生态。黄埔侧重智能装备的核心制造，南沙和花都在AGV搬运机器人领域领先，增城则专注发展特色智能装备制造。各区的分工协作确保了广州机器人产业链的韧性和多样性，为人形机器人产品的多样化和稳定生产提供了区域支持。这种布局增强了广州人形机器人产业链的灵活性，为全产业链的稳定发展提供了持续的动力源泉。

（二）技术创新迅速

1.企业技术突破与创新

广州本地企业在核心技术上具有强大的自主创新能力，成功研发了适用于人形机器人的高精度部件和控制系统，推动了广州人形机器人产业的技术发展。广州数控和昊志机电在核心技术上的自主突破，为人形机器人控制系统提供了高精度支持。广州数控的高端数控系统在复杂操作控制方面表现优异，符合人形机器人操作的精准需求；昊志机电在谐波减速器的研发与量产方面打破了国外垄断，为人形机器人核心零部件提供了高精度支持。这些企业的技术创新使得广州人形机器人产业具有强劲的技术实力，为人形机器人设备的制造与推广奠定了坚实的技术基础。广汽集团第三代人形机器人 GoMate 成功实现了毫秒级响应和厘米级 SLAM 定位，体现了广州企业在技术创新方面的实力。

2. 科研平台助力技术创新

广州拥有一流的科研平台和高校资源，这些科研机构不仅为本地企业提供技术支持，还在人工智能和视觉识别等前沿领域进行了深入研究，持续推动广州机器人产业的技术创新。广州的广东省机器人创新中心和广东智能无人系统研究院（南沙）等科研平台，为机器人产业提供了从基础研究到成果转化的支持。华南理工大学在人工智能和视觉识别技术上的研究，为人形机器人环境感知和控制提供了关键支持。科研平台不仅促进了科研创新，还推动了成果转化，使得广州机器人企业能够快速将实验室成果应用于实际生产，强化了广州人形机器人产业的技术"底座"。

3. 国际合作带动技术升级

广州人形机器人产业在全球化合作中通过"引进—消化—再创新"模式加速技术升级，提升全球产业链话语权。部分广州企业与日本、德国等国的国际领先企业展开深度合作，在关键技术领域实现突破。以瑞松科技为例，其与日本松下合作建设焊接技术应用中心，引进松下高精高速并联机器人资产后，实现了相关技术的转移和应用，其研发的六轴并联机器人技术补齐了瑞松科技在精密装配领域的技术短板，相关技术在新能源电池等领域得到应用；与德国 IBG 工业集团合资成立广州瑞松威尔斯通智能装备有限公司，携手开拓高端焊接与智能制造装备市场，共同在激光技术、高端焊接与智能装备等领域进行相关技术和产品的研发、生产等。这种国际技术合作直接推动了本地企业的技术迭代，使广州在机器人关键技术领域形成"引进技术—本土适配—二次创新"的闭环，为人形机器人产业的技术升级奠定了硬件基础。

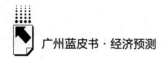

（三）政策保障持续发力

1. 政策引导明确产业方向

政策导向为广州人形机器人产业发展锚定清晰路径，使得广州相关企业在技术研发和市场推广中明确方向性，确保了广州人形机器人产业的可持续发展。《广州市现代高端装备产业链高质量发展三年行动计划》提出打造全国智能装备制造重镇的目标，引导企业聚焦运动控制算法、仿生感知系统等核心技术攻关，推动技术智能化升级；鼓励构建"研发—制造—应用"全链条产业生态。《花都区支持具身智能机器人产业发展的十条措施》则从细分领域发力，明确招引链主企业、推动产业链集聚、共建创新联合体等方向。同时，广州积极落实《广东省推动人工智能与机器人产业创新发展若干政策措施》，支持产学研联合攻关，推动机器人创新中心建设。

2. 财政精准支持

财政支持通过专项基金配套降低了企业的研发成本，使广州机器人企业在高风险的技术创新过程中获得了资金保障，增强了创新的可行性。通过《广州市促进工业和信息化产业高质量发展资金（首台（套）重点技术装备研制与推广应用）管理实施细则》，对首台（套）重大技术装备的研制和推广提供1∶1的财政支持，显著减轻了企业的资金压力。采用"揭榜挂帅"的方式支持广州数控设备有限公司开展国产CPU高端数控系统应用关键技术研究及验证，其自主研发的六关节工业机器人GSK RB系列工业机器人融合了国家科技计划项目的重要成果，其中GSK RB500机器人打破了重载工业机器人长期被国外垄断的局面。财政的配套支持确保了企业的资金需求，可以为广州人形机器人在核心零部件和控制系统上的创新提供有力支撑。

（四）广阔的市场需求

1. 传统制造业的智能化升级需求

广州作为制造业中心，行业内自动化和智能化升级的需求强烈，为人形机器人在工业领域的应用提供了广泛的市场需求。传统制造业对机器人技术的需求主要体现在生产效率提升和质量控制上，汽车制造业在自动化流水线上对智能机器人的需求也显著增长。广汽集团通过引入智能机器人设备实现了从车身焊接到检测的自动化，大幅提升了生产效率。人形机器人在生产线上的智能应用不仅提高了制造业生产效率，也为人形机器人技术在制造业的应用拓展奠定了良好的市场基础。广州计划到2025年推动100家制造业企业完成"机器人换人"改造，进一步扩大市场需求。

2. 物流和商业服务领域的需求扩展

物流行业的智能化改造是广州机器人产业的重要应用场景之一，广州的物流和商业服务业发达，企业对自动搬运和智能管理设备需求旺盛，推动了人形机器人在商业场景中的应用和普及。广州的南沙和花都在AGV搬运机器人及物流装备方面的创新，使人形机器人在仓储和搬运场景中得到广泛应用。派宝机器人研发的仓储巡逻机器人不仅提升了货物管理效率，还保障了仓储的安全性。商业服务领域的智能化需求提升推动了机器人产品的升级换代，为人形机器人的多场景应用提供了市场空间。2024年广州物流机器人市场规模达到28亿元，同比增长42%。

3. 家庭服务市场的扩展潜力

在人口老龄化背景下，广州家庭护理需求增加，人形机器人作为家庭陪护和助理的市场需求逐渐显现。广州里工实业推出的"里掂D1"人形机器人在家庭护理和陪伴方面已初步实现商业应用。未来，随着技术成熟度提高和成本下降，人形机器人将更多地进入家庭，为护理、陪伴和家庭管理提供智能服务，人形机器人在家庭服务市场中的潜力预示着其在家用市场中具有广阔前景。

（五）人才储备丰富和创新生态较为活跃

1. 高校和科研机构的技术支撑

高校、科研机构的科研成果在人工智能和机器人控制技术上的应用，为广州机器人企业的技术创新奠定了坚实基础。广州高校和科研机构在人才培养和技术研究方面具有显著优势，高校和科研机构的支持确保了广州在机器

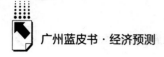
人核心技术研发中的领先地位，为机器人企业提供了丰富的人才储备和技术支持。华南理工大学和广东省机器人创新中心等科研平台为人形机器人产业发展提供了大量技术和人才支持。

2. 创新生态的构建

创新生态的活跃不仅促进了机器人企业技术进步，也为广州人形机器人产业发展提供了创新氛围和资源保障。广州通过人才平台、技术交流和行业组织的协同形成创新生态，如机器人产业联盟等行业组织推动了企业间的技术合作，为企业提供融资、技术培训等服务。

3. 政策引导的人才吸引力

广州市政府通过人才引进政策，吸引了大量高端技术人才。如《广州创新创业高层次人才引进政策》为高端人才提供了资金补助和生活保障，使得广州人形机器人产业在人才吸引和留用上具有优势，为广州人形机器人产业发展持续提供人才。

三 广州发展人形机器人产业的战略重点及推进策略

（一）战略重点

1. 聚焦核心技术自主研发，突破关键瓶颈

广州在工业机器人和智能装备领域已有坚实的技术积累，但人形机器人涉及更复杂的技术要求，包括高度灵活的运动控制、智能感知以及人机交互系统。广州应在关键零部件上加大投入，尤其是谐波减速器、伺服电机、传感器等基础核心零部件，形成自主知识产权，降低对进口设备的依赖。此外，广州需要重点攻克人形机器人的精密控制算法、仿生结构和 AI 应用等技术难点，实现技术自主化。

2. 构建完善的产业生态体系，提升产业协同能力

广州在"一主多核"的产业布局中，已形成以黄埔为核心、以增城为特色、以南沙和花都为拓展节点的智能装备产业生态。针对人形机器人产

业，可以进一步在黄埔布局基础零部件和技术研发中心，在南沙和花都推进AGV搬运机器人、物流装备的研发与制造，实现核心区辐射带动效应。通过优化区域内企业之间的协同体系，广州能够进一步完善产业链环节，建立多元化的产业生态体系。

3. 强化国际化资源整合，拓展市场和技术合作

广州居粤港澳大湾区的核心位置，可以利用区位优势加强与港澳及国际市场的合作，集聚全球技术资源和创新人才。广州应通过与海外科研机构、顶尖企业合作，引入人形机器人前沿技术，加快本地产业升级。同时，广州应在国际展会、交流平台上提升本地人形机器人品牌的曝光度，吸引全球市场关注，推动本地人形机器人产品出口，增强其国际竞争力。

4. 深化示范应用场景建设，推动市场化落地

广州在物流、汽车、家电等传统产业已具有较为成熟的工业机器人应用场景，未来可以拓展人形机器人应用领域，加大示范应用力度。例如，可以在高端制造领域引入人形机器人进行智能装配，在物流领域测试人形机器人自主搬运、分拣的性能，或者在公共服务领域进行导览、安保等服务机器人示范应用，以促进市场对人形机器人的认知和需求增长。

5. 完善人才培养和引进体系，增加专业人才储备

人形机器人产业对跨学科人才的需求很高，要通过人才培养和引进提升人力资源优势。广州可以通过与华南理工大学、中山大学等本地高校合作，设立机器人工程、人工智能等相关专业，培养本地高素质人才。同时，应通过人才引进计划吸引具有国际视野和经验的高端科研人才，进一步增强广州在机器人创新研发方面的竞争力。

（二）推进策略

1. 推动核心技术研发，攻克关键技术难题

（1）设立专项基金。通过现有的《广州市现代高端装备产业链高质量发展三年行动计划》设立专项研发基金，并建议在2025年后延续此专项支持，将其设立为"智能装备与机器人产业专项基金"。该基金在现有计划到

期后可由广州市新一轮五年规划或相关专项政策进一步明确支持，并在未来继续提供1∶1配套资金。资金支持将针对谐波减速器、伺服电机、传感器等人形机器人关键零部件，联合广州数控、昊志机电等龙头企业以及潜力中小企业，确保产业链关键技术具备长期的资金投入机制，形成具有自主知识产权的核心技术。

（2）构建公共技术平台。在黄埔科学城打造共享平台，集成实验设施、测试设备、数据分析服务，专门为人形机器人企业提供研发支持。该平台将由广州市政府出资，联合广州智能装备研究院、广东省机器人创新中心等科研机构构建，通过共享设施和服务降低中小企业研发成本，并为技术验证提供第三方支持，形成技术服务闭环。

（3）组建协同攻关联盟。由广州市工业和信息化局组织牵头将广州数控、蓝海机器人、瑞松科技、达闼公司等企业纳入联盟体系，鼓励在仿生结构、智能控制系统等共性技术领域开展协同创新，联盟成员将共享实验数据和技术资源。政府提供技术攻关补贴，支持成果联合申请知识产权，提高广州人形机器人产业的整体技术创新水平。

2.构筑产业生态，促进全链协同发展

（1）深化"一主多核"产业布局。在黄埔形成机器人产业链核心区，涵盖从上游核心零部件到中游机器人本体制造，再到下游系统集成应用全产业链。增城专注发展本地特色智能装备制造，南沙和花都聚焦 AGV 搬运机器人及物流装备的研发与制造，形成以黄埔为核心的多区协同产业布局。广州市政府在各区提供土地优惠和基础设施配套支持，增强各区间资源流通和协作。

（2）建设人形机器人集聚区。在黄埔谋划设立人形机器人集聚区，吸引国内外人形机器人企业和产业链上下游配套企业入驻。广州市政府通过提供租金优惠、研发补贴等政策，对入驻企业实施税收减免，支持企业购买实验设备，形成从研发到量产的一体化产业集聚。同时，联合广东省机器人创新中心为园区内企业提供测试服务，打造全国领先的人形机器人创新示范区。

（3）实施本地化供应链提升计划。探索在零部件制造领域提供专项资金，支持高擎机电、昊志机电等企业建立谐波减速器、伺服电机等关键部件的本地化生产线，减少对进口的依赖；通过本地化供应链支持，降低广州机器人企业的生产成本和供应风险，提升产业链韧性。

3. 布局示范应用，加速产品落地普及

（1）设立示范应用项目。在广交会展馆、珠江新城、白云机场等人流密集场所设立示范应用项目，推广人形机器人导览、问询、安保等服务应用。政府提供采购补贴并协助企业调试设备，实时收集示范数据并反馈改进，为广州人形机器人应用拓展实际需求市场，提升市民对机器人的认知。

（2）推动工业智能化升级。联合广汽、TCL、立白等龙头企业，通过补贴支持人形机器人在智能制造中的应用，覆盖装配、分拣、检验等环节。企业在实施自动化项目时，可申请设备补贴和应用培训补助，推动传统制造业向智能化、无人化转型，为广州制造业的高效发展赋能。

（3）实施公共服务计划。在广州市各区的政务中心、会展中心、旅游景点推广人形机器人应用，为市民提供导览、巡检、问询等智能服务。政府对符合条件的企业提供设备采购补贴和运营支持，推动机器人在公共服务领域的落地应用，提升市民对科技服务的使用体验，塑造广州"智能城市"的形象。

4. 引入多元人才，打造高端智力枢纽

（1）启动本地人才计划。联合华南理工大学、中山大学等高校，建立机器人专业人才实训基地。广州市政府与高校合作，开设机器人工程学科和实训课程，推动校企合作，设立实习岗位和提供项目研发机会，为广州机器人产业培养工程技术人才，满足企业对专业技能人才的需求。

（2）实施国际人才引进计划。针对机器人产业的全球高端人才，提供生活补贴、科研资助等优惠政策，设立"智才汇聚"引进计划，吸引全球范围内的专业人才来穗工作。黄埔将设立国际人才孵化基地，集中引进人工智能、仿生学等领域的高级专家，提升技术研发和创新水平。

（3）推出内部技能提升项目。推动机器人企业设立内部培训中心，为员工提供技术更新培训。政府提供培训费用补贴，帮助企业构建内部技术人才储备体系。企业可以定期组织研发和生产技术课程，保障产业人才技术水平与行业发展水平同步提升。

5. 开启政策加持，优化市场化支持体系

（1）设立专项基金。建议由广州国有资本联合财政设立专项扶持基金，为人形机器人企业提供股权投资和贷款支持。专项基金专门为广州机器人企业提供研发、市场推广等阶段的资金，优先支持核心技术企业，吸引更多社会资本进入，帮助广州构建多层次资本支持体系。

（2）推出税收减免措施。针对符合市政府产业规划的机器人企业，采取更大力度的税收优惠，实施研发费用加计扣除和设备投资减免等政策。特别是在高端制造和新建生产线方面，可由政府为企业提供设备补贴和贷款贴息，减轻企业的研发与生产负担，加速技术突破和应用推广。

（3）打造市场拓展支持体系。每年在广州举办"国际智能机器人展览会"，为广州本地企业提供展示与交流的平台。市工信局设立品牌推广基金，对参展的本地机器人企业提供推广支持，邀请全球客户和投资人观展，提高广州机器人企业在国内外市场的品牌曝光度和认可度。

（4）建立动态评估系统。推动市工信局与广东省机器人创新中心联合建立产业跟踪系统，对企业的研发进展、市场占有率等情况进行动态评估。政府通过评估数据调整政策，将资源精准投向有潜力的企业，确保政策的灵活性和针对性，保障产业政策资源的最优配置。

6. 灵活运用国有资本，推动产业持续发展

（1）设立国有引导基金。依托广州市国有资本设立引导基金，通过参股、控股、债权融资等方式支持初创企业和具有创新潜力的中小企业。引导基金优先支持谐波减速器、伺服电机等核心零部件的本地化技术突破，吸引社会资本同步进入，形成国有资本带动的市场化资金支持模式。

（2）加大力度扶持培育龙头企业。广州国有资本可以对龙头企业实行控股扶持，如对于广州数控、蓝海机器人等具有发展潜力的企业，通过直接投资增强其技术研发和市场拓展实力，推动其逐步成长为具有全球竞争力的广州本土龙头企业。

（3）实施专项融资政策。建议广州国有银行探索建立专项融资通道，通过贷款担保和低息贷款的方式，支持符合条件的机器人企业获得发展资金。政府通过国有资本担保，降低企业尤其是成长型中小企业的融资门槛，帮助其在研发和市场拓展阶段获得资金支持。

（4）助力初创企业成长。由市国有资本设立孵化基金，专门支持机器人初创企业从实验、研发向量产过渡。孵化基金将集中资金、市场资源等，为初创企业提供稳定的市场推广和融资服务，帮助其加速成长，为广州储备潜在的人形机器人产业领军企业。

参考文献

徐程浩、王耀南、莫洋等：《人形机器人技术与产业发展研究》，《中国工程科学》2025年第1期。

薛秀茹、李雪：《人形机器人产业高质量发展研究》，《发展研究》2025年第1期。

董宇澜、赵静、姚益天：《杭州加快抢占人形机器人产业发展高地的思考》，《浙江经济》2024年第11期。

龚勤、罗如意：《加快杭州人形机器人产业发展的对策建议》，《杭州科技》2024年第4期。

曹亚菲：《人形机器人如何破茧成蝶?》，《软件和集成电路》2024年第4期。

B.13
南沙粤港澳合作示范区康养产业创新发展研究报告[*]

广州大学管理学院课题组[**]

摘　要： 南沙发展康养产业具有国家战略的使命，即打造粤港澳大湾区健康服务高地与国家新区制度创新试验区，同时南沙还承载科技驱动的智慧康养示范区、跨境养老合作先行区、生态旅居康养目的地、制度型开放压力测试区等功能。南沙应采取资源整合与产业融合、技术赋能与数智化、制度创新与跨境合作等积极的发展战略，以及构建"三核驱动、两带联动、全域赋能"的康养产业空间规划架构，坚持以"医疗技术高端化、服务模式智慧化、业态融合多元化"的理念，建设"预防—治疗—康复"全周期的产品矩阵与世界一流的康养旅游目的地，推动康养产业发展政策试点与制度创新。

关键词： 南沙粤港澳合作示范区　康养产业　业态融合

近年来，我国康养产业市场规模不断扩大，预计到 2025 年将达到 10 万

---

[*] 本文为广东省社科规划项目"IP 赋能广东乡村旅游高质量发展的动能、模式与路径"（项目编号：GD24XGL027）、广东省文化和旅游厅课题"南沙合作区文化旅游高质量发展研究"（项目编号：2023210）的阶段性成果。

[**] 课题组组长：肖佑兴，广州大学管理学院（旅游学院/中法旅游学院）副院长，副教授，硕士研究生导师。课题组成员：李庄容，广州大学管理学院（旅游学院/中法旅游学院）副教授；韩旭，广州大学管理学院（旅游学院/中法旅游学院）讲师；胡丽芳，广州大学管理学院（旅游学院/中法旅游学院）讲师；卢遥，广州大学管理学院（旅游学院/中法旅游学院）讲师。执笔人：肖佑兴、李庄容、胡丽芳。

亿元，复合增长率达到20%，有望成为国民经济支柱型产业。[①] 目前国家已出台了一系列政策措施促进康养产业的发展，如《中共中央 国务院关于深化养老服务改革发展的意见》（2024年）提出，到2029年，养老服务网络基本建成，服务能力和水平显著增强；到2035年，养老服务网络更加健全，全体老年人享有基本养老服务。《关于进一步培育新增长点繁荣文化和旅游消费的若干措施》（2025年）提出发展银发经济，推出更多适合老年人的优质文旅产品。广州南沙作为粤港澳大湾区的重要节点城市，近年来提出了一系列康养产业政策，为康养产业发展提供了良好的政策环境，使康养产业取得了显著进展。面临新的发展机遇与挑战，广州南沙康养产业未来如何进一步发展值得深入探讨。课题组基于2023～2024年对南沙康养产业进行的实地调查、与有关部门的座谈访谈以及文本分析，形成了本研究报告。

一 广州南沙康养产业的发展现状

（一）南沙主要康养企业与机构状况

1. 生物医药产业集群成形

南沙已集聚超400家生物医药企业，涵盖免疫细胞治疗、精准医疗、高端医疗器械等领域，形成生物医药产业集聚区。南沙已将生物医药产业作为区重点发展产业，规划建设了珠江创新谷、生物谷、健康谷等重点产业片区，涵盖研发、原材料、药械生产、医药流通、医疗健康服务等产业链主要环节，分别打造大湾区领先的国际医疗产业创新中心、生物医药与大健康产业集聚区和国家健康旅游示范基地核心区。[②]

其中，广东医谷·南沙生命科学园定位为南沙生物医药产业核心载体，

---

① 何莽主编《中国康养产业发展报告（2022～2023）》，社会科学文献出版社，2023。
② 《中共中央 国务院关于深化养老服务改革发展的意见》，新华网，2025年1月7日，www.news.cn。

聚焦细胞治疗、精准医疗等领域。2024年入驻企业超300家，其中院士企业4家，高新技术企业47家，上市企业3家，形成"研发—生产—服务"全产业链。广东医谷与中山大学附属第一医院共建临床转化平台，推动CAR-T疗法等尖端技术应用。其优势是依托《广州南沙深化面向世界的粤港澳全面合作总体方案》（以下简称《南沙方案》），享受15%的企业所得税优惠，吸引港澳资本注入。粤港澳大湾区精准医学研究院致力于推动精准医学领域的前沿研究和成果转化，特别是在慢性病管理方面，利用人工智能（AI）技术提升医疗服务的效率和质量。

2. 医疗配套设施丰富

南沙医疗配套设施丰富，区内拥有中山大学附属第一（南沙）医院（以下简称"中山一院南沙院区"）等6所三甲医院，为康养服务提供临床支持与技术转化平台。中山一院南沙院区与香港、澳门的医疗机构和高校建立了广泛的合作关系，共同开展医疗、科研和人才培养项目。设立了跨境医疗协作中心，可实现病历互认、开辟专家会诊绿色通道。通过建立跨境转诊机制，为港澳居民提供便捷的转诊服务，确保患者能够及时获得高水平的医疗服务。

此外，南沙还拥有多家养老机构（见表1），其中广州市南沙养老院（颐年养老服务中心）有400张床位，是一家设施较为齐全、服务较为专业的养老机构。南沙康迪智慧健康养老服务中心引入智慧助餐配餐系统，实现人脸识别、点餐支付、离线起单、无线读卡、语音评价、数据化监管等助餐服务功能，融合智能家居、家政等生活服务资源，提供便捷的居家养老服务。

表1 南沙养老机构情况

机构名称	床位数量	收费标准（起）	服务特色
广州市南沙养老院（颐年养老服务中心）	400张	3600元/月	医养结合、长期护理险试点、政府公建民营
广州市鸿慈养老院	126张	2800元/月	视频探视、智康专区、适老化设施完善
南沙大岗镇综合养老服务中心	58张	2900元/月	日托服务、康复训练设备、社区嵌入式养老

机构名称	床位数量	收费标准（起）	服务特色
南沙东涌镇养老服务中心（颐养中心）	148 张	2800 元/月	综合性服务、辅具租赁、居家服务支持
南沙榄核镇敬老院	50 张	2300 元/月	低门槛收费、基础护理服务
南沙康迪智慧健康养老服务中心	50 张	3910 元/月	智能化管理、医养结合示范、全托日托灵活模式

资料来源：笔者根据网络数据整理。

3. "康养+"赋能产业融合

如广州辑因医疗科技有限公司位于广东医谷南沙产业园区，2024 年在南沙启动全球首个地中海贫血基因治疗基地，建成了高级别的细胞制备及基因编辑超洁净实验室。又如万科南沙康养社区是万科集团在广州南沙打造的综合性康养项目，它结合了万科集团在养老领域的丰富经验和先进的运营理念，致力于打造一个集医疗、康复、养老、娱乐等多功能于一体的康养社区。

（二）南沙主要康养产品状况

1. 医疗康养

南沙积极推动医疗、康复与养老设施整合，支持社会力量举办医养相结合的机构，为粤港澳大湾区老年人提供全面、连续、有针对性的医疗康养服务。

2. 中医药康养

南沙借力"1+1+10"产业政策体系优势，建设国家健康旅游示范基地，打造中医药特色产业发展平台。南沙现有固生堂、王老吉、一品红等中医药品牌企业落户，推动中医药产业链提质增效。

3. 健康旅游

南沙拥有丰富的康养旅游资源，包括湿地生态、滨海休闲、历史文化、乡村体验等多种类型，拥有南沙湿地景区、水鸟世界生态园、南沙滨海公园、黄山鲁森林公园、南沙奥园养生酒店、永乐绿色生态农庄等景区与场所，积极促进健康旅游的发展。

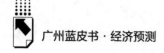

4.智慧健康

除了鼓励发展网约护理、网约家庭医生、网约家庭药师等服务，为居民在线提供健康咨询、慢性病随访、延伸处方、健康管理等服务，南沙还支持医疗机构与人工智能企业合作，推动诊疗技术、人工智能技术与医疗设备深度融合。

二 广州南沙康养产业发展潜力分析

（一）地理位置优越，康养资源丰富

南沙位于粤港澳大湾区的几何中心，交通便利，便于辐射港澳地区。南沙气候宜人，四季宜居，有着海滨、湿地、森林、水域、乡村、生态农业等丰富的康养旅游资源，适合发展康养产业。

（二）政策红利释放

1.相关规划与扶持办法

2023年12月，国家发改委等三部委联合印发《关于支持广州南沙放宽市场准入与加强监管体制的改革意见》（"放宽市场准入15条措施"），以及广州市、南沙区制定了一系列相关政策，推动康养产业发展。如支持放宽医药和医疗器械市场准入限制；允许外商投资企业在南沙自贸区从事人体干细胞、基因诊断与治疗技术开发和技术应用；深化粤港澳在养老服务标准化方面的交流与合作，出台首个康养服务"湾区标准1.0"。《广州市南沙区养老设施布点规划（2023—2035年）》明确指出，到2025年南沙将增加高质量、高标准养老设施供给。

2.制度创新突破

一是税收优惠。《南沙方案》对符合条件的康养企业按15%征收企业所得税（对比全国25%基准），产业目录涵盖8大类140条，其中生命健康大类包含20条。二是实施跨境支付试点。港澳医保在南沙3家三甲医院实现直接结算，港澳长者在南沙养老可同步享受两地补贴。三是设立细胞治疗特区。全国首个"细胞治疗特殊审批通道"落地，大大缩短新疗法上市周期。四是"港澳药械

通"政策扩容。允许港澳注册的医疗设备在南沙康养机构优先使用。

3.粤港澳合作平台

穗港澳康养联盟作为粤港澳康养产业合作平台已联合香港安老服务协会、澳门街坊会联合总会,制定三地互认的"湾区康养服务标准1.0"。

(三)市场需求旺盛

1.老龄化社会"养老旅居"需求

随着全球及中国老龄化趋势的加剧,老年健康服务需求显著增长。香港养老服务多年来供不应求,本地养老院轮候时间长、价格高,与之相比,到内地养老具有很高的性价比。2023年以来,粤港两地政府及相关部门出台多项举措方便港人北上养老。南沙作为粤港澳大湾区的重要组成部分,吸引了大量港澳居民前来养老旅居。

2.健康养生需求

现代人对健康养生的重视程度不断提高,康养旅游、健康管理、中医养生等细分领域市场需求持续增长。粤港澳大湾区是具有国家战略性地位的城市群,快节奏、高压力的城市生活使人们对于能够放松身心、舒缓压力、减轻疲劳、提高免疫力和生活质量的康养旅游有着极大的需求。与此同时,对于年轻人心理健康问题的关注也引发了对减压疗愈项目需求的增长。

3.市场规模不断增长

根据《中国康养产业发展报告(2022~2023)》,2023年中国康养旅游市场规模接近900亿元,预计到2029年将接近1600亿元。珠三角九市有7800万人口,港澳有800万人口,预计到2025年,南沙康养产业规模将显著增长,特别是在养老设施、生物医药和康养旅游等领域。

(四)产业日益融合

1.康养与旅游融合

南沙拥有丰富的旅游资源,如南沙湿地景区、南沙滨海公园等,适合发展康养旅游。

2. 康养与文化融合

南沙积极推动中医药产业链提质增效，建设中医药特色产业发展平台，支持社会资本进入中医药健康服务领域。

3. 康养与科技融合

南沙积极引入先进技术，推动康养产业数字化、智能化转型。例如，智能穿戴健康设备、智慧医疗、远程医疗等新型服务模式在康养产业中得到广泛应用。根据《2025—2031 年中国康养行业市场调研分析及发展规模预测报告》①，康养产业在中国市场方兴未艾，吸引了越来越多的资本入场，形成了以房地产业、保险金融业、生物及智能制造业为核心的康养资本三大主力军。

三 广州南沙康养产业面临的主要问题与挑战

（一）政策与制度瓶颈

一是跨境政策协调不足。如南沙虽在《南沙方案》框架下享受政策优惠，但与港澳医疗资源互通仍面临障碍。例如，目前仅有 3 家医院支持港澳医保直接结算，跨境服务覆盖率不足 30%。这阻碍了港澳长者群体的消费潜力释放。二是专项扶持政策落地滞后。国家层面提出的"港澳药械通"政策在南沙仅落地 6 类产品，远少于横琴的 23 类。且 2024 年南沙康养企业实际享受的税收优惠金额不足。

（二）人才与服务体系缺陷

一是复合型人才短缺，特别是专业康养师、智慧康养工程师、持证护理

---

① 智研咨询：《2025—2031 年中国康养行业市场调研分析及发展规模预测报告》，东方财富网，2025 年 2 月 8 日，caifuhao.eastmoney.com。

人员等康养专业人才严重不足。二是服务标准化缺失。通过国际 JCI 认证的康养机构较少，比例较低，服务评价体系覆盖率不高，导致消费者投诉率较高。

（三）产业链与市场痛点

一是产业链条断裂，生物医药研发与康养服务脱节，智能穿戴设备还未广泛应用于康养产业。二是季节性与结构性失衡。客流量波动较大，冬季康养客流量是夏季的 2.3 倍，导致设施全年利用率不高。产品同质化，当前康养项目集中于传统理疗，需加快基因检测、抗衰老等高端服务供给。

（四）技术与资本挑战

一是智慧化转型存在障碍，AI 辅助诊断系统覆盖率较低。医疗、社保、民政等部门的康养数据互通率不高，数据存在壁垒。二是资本运作陷入困境。康养地产项目平均回报周期较长，康养企业大多依赖银行贷款。

四　广州南沙康养产业的发展定位与发展战略

（一）发展定位

1. 南沙康养产业发展的国家使命

（1）粤港澳大湾区健康服务高地

依托《南沙方案》提出的"建设粤港澳优质生活圈"的目标，南沙被赋予打造"港澳居民医疗养老首选地"的职能。

（2）国家新区制度创新试验区

建设细胞治疗特区和全国首个"细胞治疗特殊审批通道"，缩短康养领域新疗法上市周期。争取获批粤港澳健康数据互通试验区，进行数据跨境试点，实现长者健康档案三地共享。

2.南沙康养产业发展的功能定位

（1）科技驱动的智慧康养示范区

粤港澳大湾区精准医学研究院可开发 AI 慢性病管理平台，推广覆盖南沙大部分慢性病患者。未来芯粤能碳化硅芯片可应用于智能穿戴设备，提升续航能力，支撑社区远程监护系统。广东医谷集聚超 400 家生物医药企业，形成"研发—临床—康养"完整链条。

（2）跨境养老合作先行区

在服务模式方面，万科南沙康养社区引入新加坡 CPG 适老化标准，港澳长者占比大幅提升。在跨境支付创新方面，试点"穗港养老补贴通"，港澳居民可叠加享受两地财政补贴。在标准输出方面，未来可联合香港安老服务协会制定《湾区康养服务标准》，在相关机构试点并推广。

（3）生态旅居康养目的地

南沙湿地已获评"国家级生态旅游示范基地"，年均接待康养旅居客群超 15 万人次，可进一步推动南沙湿地生态康养发展。同时开发"海洋疗法+岭南药浴"特色产品，打造"候鸟式旅居+健康管理"复合型产品线。

（4）制度型开放压力测试区

争取政策突破，在全国首推"康养人才跨境执业备案制"，港澳护理师可在南沙直接注册。开展"康养 REITs"试点，推动"康养 REITs"投资于康养相关的房地产项目，如养老院、康复中心、养老社区等，旨在通过资产证券化的方式，打通社会资本参与康养产业发展的路径。

（二）发展战略

南沙康养产业已形成"生物医药基础+政策创新+区位枢纽"的三角支撑，但还需突破季节性波动与供给不平衡的瓶颈。通过技术赋能传统康养、制度打破区域壁垒等战略，南沙有望建成粤港澳大湾区国际健康消费中心的核心承载区。

1.资源整合与产业融合战略

南沙康养产业将更加注重与文旅、中医药、智慧健康等产业的融合与创新，构建多元化的康养旅游产品体系。

2. 技术赋能与数智化战略

南沙康养产业将利用数字技术赋能康养产业，发展网约护理、网约家庭医生等服务。南沙康养产业将推动智慧健康产业发展，支持医疗机构与人工智能企业合作。结合半导体产业优势，发展植入式健康监测设备，如芯聚能碳化硅芯片在可穿戴设备上的应用。

3. 制度创新与跨境合作战略

南沙康养产业将深化粤港澳三地政府和行业企业之间的沟通协调，推动信息共享、资源整合与政策联动。南沙康养产业将提升粤港澳大湾区"飞地康养"的知名度和影响力，打造具有鲜明特色的粤港澳大湾区康养品牌。探索建立粤港澳康养服务互认清单，实现三地执业资格、服务标准、支付体系等互通。

五　广州南沙康养产业发展的对策建议

（一）广州南沙康养产业发展的空间谋划与布局

南沙康养产业空间规划可以"三核驱动、两带联动、全域赋能"为架构，通过生物医药创新集聚区、智慧康养服务核心区与跨境医疗合作示范区的协同，叠加生态与文旅融合带和政策试验区的支撑以及交通与基础设施网络，加速建成粤港澳大湾区健康产业新极核。未来需重点突破土地集约利用与标准国际化瓶颈，力争到2027年形成千亿级产业集群。

1. 核心功能区布局

（1）生物医药创新集聚区

珠江创新谷定位为生物医药与大健康、智能制造等产业的孵化基地，国际医疗科技研发核心区，集聚细胞治疗、基因检测等前沿技术实验室。中山大学国际药谷、粤港澳大湾区精准医学研究院，形成"研发—中试—临床"全链条。生物谷与健康谷聚焦高端医疗器械生产与健康服务，已落地兆科眼科、固生堂中医等项目，形成大湾区最大的生物医药产业带。

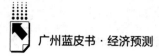

（2）智慧康养服务核心区

横沥岛尖片区依托全空间无人体系数字小镇，布局智能康养设备研发中心与智慧养老社区，集成 AI 健康监测、远程诊疗等功能。建设算力中心与中控平台，支持实时健康数据分析，服务覆盖南沙 60% 以上的康养机构。

（3）跨境医疗合作示范区

明珠湾 CBD 承接港澳溢出医疗资源，规划建设国际医院集群，包括香港大学医学院南沙分院、澳门镜湖医院南沙院区。试点"港澳药械通"南沙扩展版，允许使用港澳已上市未境内注册的医疗设备。

2. 生态与文旅融合带规划

（1）南沙湿地生态康养带

南沙湿地生态康养带以南沙湿地公园为核心，辐射万顷沙、龙穴岛区域。重点开发项目有红树林疗愈基地，结合生态修复工程，建设森林疗养步道与自然疗法中心；候鸟式旅居社区，引入社会资本，打造"冬季疗养+夏季养生"复合产品线。

（2）粤港澳游艇康养带

粤港澳游艇康养带沿蕉门水道—凫洲水道布局，串联 IFF 国际金融论坛永久会址、游艇码头等节点。主要项目有水上医疗中心，配备移动诊疗船，提供珠江口海域巡诊服务；高端康养游艇会，联合霍英东集团开发会员制健康管理服务，年服务高净值客户超 3000 人次。

3. 交通与基础设施网络

（1）立体交通体系建设

南沙康养产业的立体交通体系如表 2 所示。

表 2　南沙康养产业的立体交通体系

通道类型	重点项目	康养产业赋能
跨海通道	深中通道南沙支线（2026 年通车）	至深圳前海医疗资源圈车程缩短至 40 分钟
轨道交通	地铁 18 号线南延段（横沥至中山）	实现广珠澳"1 小时康养客群输送圈"
水上交通	南沙客运港至香港机场航线（每日 8 班）	跨境医疗旅客通关时间压缩至 15 分钟

（2）新型基建布局

数字孪生平台：构建南沙康养产业三维实景地图，实时监测六大园区能耗与服务质量。冷链物流枢纽：在万顷沙保税港区建设医药冷链仓储中心，保障细胞制剂等特种药品 2 小时内送达湾区主要医疗机构。

（二）广州南沙康养产品体系建设

南沙康养产品体系应坚持"医疗技术高端化、服务模式智慧化、业态融合多元化"的理念，建设"预防—治疗—康复"全周期的产品矩阵。

1. 优先发展核心产品体系

（1）高端医疗技术应用产品

细胞治疗与基因检测：依托粤港澳大湾区精准医学研究院，推出针对肿瘤、退行性疾病的 CAR-T 细胞治疗商业化服务。基因健康管理：与晶泰科技合作开发"全基因组测序+AI 疾病风险评估"套餐。

（2）智慧康养服务产品

AI 慢病管理平台：集成中山一院南沙院区数据，实现糖尿病、高血压等慢性病的实时监测与用药提醒，接入智能穿戴设备超 10 万台。按年订阅制（如基础版 1980 元/年，VIP 版 5800 元/年），2025 年用户量突破 5 万。智能康养设备：芯粤能在南沙投产的智能床垫（搭载无感生命体征监测）、跌倒报警器等产品，获 30% 的采购补贴，2025 年在粤港澳大湾区的市场占有率达 18%。

2. 开发综合业态产品

（1）康养地产与旅居产品

全龄社区开发：在万顷沙打造的"南沙生命谷"，包含适老化住宅（占比 40%）、康复中心及社区智慧健康站。候鸟式旅居产品：整合南沙气候与生态资源，建设理疗疗养基地，推出"7 天中医调理+理疗"套餐。

（2）跨境医疗特色产品

"港澳药械通"南沙扩展版：在南沙指定医疗机构可使用港澳已上市未境内注册的 13 类医疗器械（如香港的便携式血液透析机）。国际医疗旅游

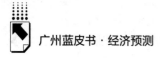

套餐：如 3 天 2 晚"基因检测+高端体检+私人医生定制"服务包。

3. 创新服务模式

（1）会员制健康管理

南沙康养产品实行分级会员体系（见表 3）。

表 3　南沙康养产品分级会员体系

会员等级	核心权益
银卡	优先挂号、年度基础体检
金卡	专属健康管家、跨境医疗绿色通道
黑卡	全球顶级专家会诊、私人飞机医疗转运

（2）社区嵌入式服务

建设"15 分钟服务圈"，进行网点布局，在全区铺设 50 个"康养驿站"，提供中医理疗、康复训练等基础服务。设置智慧终端，部署 AI 健康检测一体机，3 分钟可生成 12 项健康指标报告。

4. 发展产业协同与衍生品

（1）康养金融产品

开展康养保险联动，与平安保险合作推出"南沙康养无忧险"，覆盖细胞治疗费用。实施 REITs 资本化路径，以中山国际医谷为载体发行首期 30 亿元 REITs，年化收益率设定为 6.5%～7.2%。

（2）衍生产业链延伸

建设药食同源研发中心，研发康养食品，推出针对糖尿病患者的低 GI 营养餐。发展多元化业态，结合海洋疗法与岭南中医药，开发"盐疗+艾灸"特色疗程。构建"医疗+旅游+会议"等复合业态，引入国际医学会议提升淡季利用率。

（三）建设世界一流的粤港澳康养旅游目的地

南沙可抓住全球老龄化加剧以及高度关注和重视健康的机遇，大力发展康养旅游，建立具有较强医疗服务影响力与辐射力的高端医疗产业和优质健康产业。在此基础上，重点打造体育康养、邮轮康养、乡村康养以及森林康养产品，建设世界一流的粤港澳康养旅游目的地。

1. 康养旅游产品体系

一是体育康养。南沙具有高尔夫、皮划艇、帆船、网球、骑行、马拉松等运动项目的基础，大湾区体育中心（原南沙全民文化体育综合体）能形成集聚效应，发挥"复合的人民的体育公园"的作用，推动体育康养发展。二是邮轮康养。南沙邮轮母港投入使用，为将其打造成目的地港，可顺应邮轮乘客老龄化的趋势，吸引"跨境养老"人群。邮轮可采用绿色低碳的金属新材料，从餐饮、娱乐、购物、休闲、运动等多功能、多领域，建设康养的美好健康空间。在舱室内装、功能区规划、系统设计等方面体现康养适老性设计理念。三是乡村康养。依托百万葵园、东涌水乡风情街、大稳村、南沙明珠现代都市农业实验园等众多乡村旅游资源可以发展乡村康养。依托榄核、大岗片区丰富的农业和自然风光资源可以布局康养设施，强化康复功能。四是森林康养。依托大山嶂、黄山鲁以及十八罗汉山等森林公园，配备相应的养生休闲及医疗、康体服务设施，开展以修身养性、调适机能、延缓衰老为目的的森林游憩、度假、疗养、保健、养老等活动。

2. 配套康养设施，提供专业的康养服务，实现智慧康养

一是"康养民宿"。南沙应结合康养开发民宿项目，打造集旅游、文化、体验于一体的特色康养旅居民宿村落。为感觉孤独的康养人群提供共享住宅，增强住宅的社交功能。二是"康养酒店"。酒店打造"康养客房"，配套个性化的运动器材，应用数字化睡眠系统，提供无损伤、非药物、非接触的健康睡眠解决方案，为众多睡眠障碍人群提供人性化服务。三是"康养小镇"。结合乡村旅游资源以及中医药项目，在北部打造一批集文化生活、娱乐保健、疾病治疗、养生护理于一体的特色康养小镇。四是"康养步道"。推进森林步道、休闲健康步道建设。加强绿道、碧道以及骑行道等设施的建设。五是"康养美食"。结合疍家菜、新垦莲藕、南沙青蟹、葵花鸡、小虎麻虾等地方特色美食，打造绿色有机的康养美食特产体系。六是

"康养活动"。推广康养骑行、瑜伽、太极拳、静心冥想等康体健身活动。七是"智慧康养"。在感知层，通过智能穿戴设备（如心率监测手环）、环境传感器（如跌倒监测装置）实时采集数据；在平台层，通过云端数据中枢实现健康档案整合与风险预警；在应用层，通过社区服务平台、家庭医生系统等提供精准服务。

（四）推动政策试点与制度创新

1. 制度型开放先行区

实施税收优惠，符合条件的康养企业享受 12% 的企业所得税（低于全国 15% 的标准）。开展跨境执业，港澳医师免试备案执业范围扩大至全科医学、康复治疗等 6 个领域。

2. 康养金融创新试验田

发行 REITs，以中山国际医谷为载体，发行首期 30 亿元康养基础设施 REITs，社会资本认购占比 65%。设立风险补偿基金，设立 10 亿元专项基金对智慧康养设备采购贷款给予 50% 的坏账补偿。

3. 推动制定"湾区康养服务标准2.0"，促进粤港澳跨境养老无缝对接

（1）服务内容标准化

制定基础服务清单，明确粤港澳三地必选服务项（如急救响应、基础护理）与可选增值项（如中医理疗、认知症干预），制定服务响应时效（如紧急呼叫 15 分钟到位）。规范数智化服务，要求机构部署无感监测系统（毫米波雷达、智能手环），数据接入湾区健康云平台（数据脱敏后跨境共享）。建立"虚拟养老院"服务接口标准，支持三地平台互联。

（2）跨境协作机制

构建资质互认体系，设立"湾区护理员联合认证中心"，实现三地护理员资格互认（需通过统一技能考核及语言测试）。推动实施港澳医师在湾区内地多点执业备案制，简化审批流程。建立支付与保险衔接机制，开发"湾区康养一卡通"，支持医保异地结算；鼓励保险公司推出跨境长期护理险，保费由三地财政补贴 30%。

（3）推动组织创新，建设相关康养机构

建设"湾区康养大数据中心"（广州南沙），实现三地健康档案、服务记录互通（采用区块链存证技术）。推动成立"粤港澳康养标准委员会"，由三地民政、卫健部门及行业协会组成，每季度召开联席会议。

结　语

广州南沙具有发展康养产业的良好基础与条件，只要针对政策、技术、产业、人才等痛点，围绕南沙康养产业发展的使命与定位，坚持以"医疗技术高端化、服务模式智慧化、业态融合多元化"的理念，采取积极的发展战略与空间规划，建设"预防—治疗—康复"全周期的产品矩阵与世界一流的康养旅游目的地，推动政策试点与制度创新，必然具有广阔的发展前景。

参考文献

何莽主编《中国康养产业发展报告（2022~2023）》，社会科学文献出版社，2023。

《中共中央 国务院关于深化养老服务改革发展的意见》，新华网，2025年1月7日，www. news. cn。

皮泽红：《广州南沙成为大湾区优质医疗资源最集中的区域之一》，中国发展网，2024年10月22日，www. chinadevelopment. com. cn。

《2025—2031年中国康养行业市场调研分析及发展规模预测报告》，东方财富网，2025年2月8日，caifuhao. eastmoney. com。

高质量发展篇

B.14
广州首发经济量化评估与发展策略研究

陈向阳　宁静红*

摘　要:　　本报告聚焦广州首发经济,在阐述其内涵与意义的基础上,构建首发经济发展指数(LEI)对广州首发经济进行量化评估。深入剖析广州首发经济的发展现状和问题,揭示首店引进面临的挑战和消费市场增速放缓等困境,并从引进品质首店、刺激消费市场、加强商业地产与首发经济协同发展等方面提出有针对性的发展对策,旨在为广州首发经济的发展提供理论和实践指导,在粤港澳大湾区战略中,助力广州提升商业活力和经济竞争力。

关键词:　　首发经济　首发经济指数　广州

---

* 陈向阳,广州大学经济与统计学院副教授、广州大学广州发展研究院高级研究员,主要研究方向为应用经济学;宁静红,广州大学经济与统计学院硕士研究生,主要研究方向为应用经济学。

一　首发经济的内涵和意义

（一）首发经济的内涵

首发经济是一种涵盖企业新产品发布、新业态推出、新模式应用、新服务提供、新技术展示，以及首店开设等多种经济活动的综合性经济形态。它贯穿企业从产品或服务的首次亮相、市场推广，到落地生根、设立研发中心，乃至构建企业总部的全链式发展过程。首发经济的核心在于"首发"，这一特性赋予其鲜明的创新性、引领性和稀缺性。

从创新层面来看，首发经济鼓励企业在产品研发、技术应用、商业模式等多方面进行创新探索。企业通过首发活动，将最新的科技成果、创意理念融入产品和服务中，为市场带来全新的消费体验。以智能科技领域为例，苹果公司的新品发布会堪称首发经济创新驱动的典范。每次发布的新款 iPhone，都集成了最新的芯片技术、影像系统和软件功能，不仅在技术上领先于竞争对手，还开创了新的消费需求和市场空间。这种创新不仅推动了苹果公司自身的发展，也带动了整个智能手机行业的技术升级和产品创新；iPhone 首次引入的 Face ID 面部识别技术，引发了其他手机厂商纷纷跟进，推动了整个行业在生物识别技术应用方面的发展。

首发经济具有显著的引领性。凭借其首次发布的独特优势，能够吸引消费者的关注和市场的目光，进而引领消费潮流，塑造市场消费趋势。在时尚领域，巴黎时装周作为全球时尚界的顶级盛会，众多国际一线品牌如Chanel、Dior 等在此展示最新的设计作品。这些首发的时尚单品和设计理念，往往成为当季乃至未来一段时间内全球时尚潮流的风向标。从服装的款式、色彩到配饰的搭配风格，都对全球时尚消费市场产生深远影响，引导消费者的审美和购买行为。Chanel 在巴黎时装周上展示的一系列以环保材料为主题的服装设计，迅速引发了全球时尚界对环保时尚的关注和讨论，许多品牌纷纷效仿，推动了环保时尚潮流的兴起。

首发经济还具有稀缺性。"首发"的特性决定了其在市场上的唯一性和独特性，这种稀缺性使得首发产品或服务在市场竞争中具备差异化优势，能够提升消费者的购买意愿和投资关注，为企业及其所在地区带来独特的经济价值。在新能源汽车领域，小米 SU7 一经推出便备受瞩目。它凭借先进的电池技术，实现了长续航与高性能的兼顾，满足了消费者对于电动汽车续航里程的需求；智能驾驶系统融合了多种先进传感器和智能算法，可带来更加智能、安全的驾驶体验；时尚且富有科技感的外观设计，也吸引了众多消费者的目光。在市场上，小米 SU7 以其独特的产品优势独树一帜。消费者对这款融合了前沿科技与创新设计的电动汽车，表现出了强烈的购买意愿，上市后订单量持续增长。这使小米不仅在新能源汽车市场中迅速获得了竞争优势、提升了市场份额，还进一步巩固了其在科技领域的品牌影响力。同时，小米 SU7 的首发活动吸引了大量投资，带动了上下游相关产业链的发展和创新。电池供应商加大研发投入以满足其高性能电池需求，汽车零部件制造商积极创新以适配其先进的智能驾驶系统和独特的设计，推动了整个新能源汽车产业在技术和制造工艺上的进步。

（二）首发经济的意义

首发经济在当今经济格局中扮演着举足轻重的角色，对区域经济增长、城市综合竞争力提升以及企业发展均具有不可忽视的积极影响。

从区域经济增长方面来看，首发经济的推动作用显著。一方面，它能直接刺激消费增长。首发的新产品、新服务凭借其新颖性和独特性，往往能极大地激发消费者的购买欲，进而带动消费市场的扩容与品质提升。以广州正佳广场首层的完美日记"完美时刻"体验店为例，作为美妆行业的创新典范，其依托独特的产品与极具吸引力的体验式营销，成功吸引大批消费者。这不仅有力提升了该区域的消费额，还对周边餐饮、零售等业态产生了强大的带动效应，为广州首发经济的蓬勃发展注入了强劲动力。另一方面，首发经济借助产业关联效应，能够带动上下游产业协同发展，促进产业链的完善与升级。例如方程豹汽车广州领道 4S 店作为比亚迪旗下品牌店，其开业不仅推动了汽车销售与售后服务的发展，还带动了汽车零部件制造、物流运输、汽车金融等产业的繁荣，为广州区域经济增长增添动力。

从城市综合竞争力提升方面来看，首发经济是关键力量。在品牌集聚上，大量国际国内知名品牌的首店、首发活动汇聚于城市，能显著提升城市的商业知名度与影响力，增强城市对高端商业资源的吸引力。上海作为国内首发经济的高地，汇聚众多全球首店和国际品牌首发活动，已然成为时尚和商业的代名词，吸引着全球品牌和消费者的目光。同时，首发经济也不断优化着城市的产业结构。随着新兴业态和创新模式的引入，城市产业结构不断朝高端化、智能化、服务化方向升级。广州引入的华为体验店、小米之家旗舰店等科技体验型首店，在展示前沿科技产品的同时，也推动了当地数字经济和人工智能产业的发展，为消费者提供沉浸式科技体验，促进技术创新与应用。这些首店丰富了城市消费场景，满足了不同层次消费者的需求，提升了居民生活品质，让城市更具吸引力和凝聚力。

从企业发展方面来看，首发经济提供了拓展市场、提升品牌影响力的重要契机。通过首发活动，企业能够迅速吸引目标客户群体的关注，并且快速抢占市场份额，提升品牌知名度与美誉度。广州 K11 吸引TOMFORD、BALMAIN 等一线品牌落户首店，天环迎来德国百年制鞋品牌BIRKENSTOCK 广州首店。这些品牌借助首发活动，快速打入广州市场，吸引大量消费者关注，成功提升品牌知名度与美誉度，抢占市场份额。

二 广州首发经济发展指数及测算

（一）数据来源

首店数量数据方面，2024 年 1~8 月数据来源于广州市商务局公开报告；在对 2024 年广州首店数量及结构进行科学预测与分析时，本文采用两年移动平均法，紧密结合现有数据展开深入研究。2023 年广州共引入 420 家首店，其中品质首店与非品质首店各 210 家；2024 年 1 ~ 8 月已引入首店 205家，其中品质首店 149 家。

基于 2024 年 1 ~ 8 月首店引入情况，按照平均引入速率推算 2024 年全年首店引入数量。经测算，2024 年全年首店引入数量约为 308 家。以 2023年引入的 420 家首店与测算得出的 2024 年 308 家首店为基础数据，运用两年移动平均法计算得出 2024 年首店引入数量为 364 家。

依据 2024 年 1 ~ 8 月数据，品质首店占比约为 72.7%，非品质首店占比约为 27.3%。按照两年移动平均法预测的 2024 年整体首店数量 364 家进行计算，可估算出品质首店数量约为 265 家，非品质首店数量约为 99 家（见图 1）。

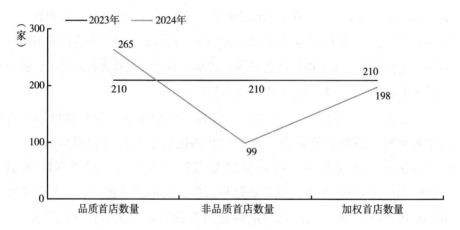

图 1　2023 ~ 2024 年广州首店数量及加权情况对比

资料来源：2023 年数据来源于赢商网；2024 年 1 ~ 8 月数据由广州市商务局提供，9 ~ 12月按两年移动平均法计算。

经济指标数据方面，选择社会消费品零售总额、第三产业增加值，两者均采用广州市人民政府 2023 年实际值与广东省人民政府 2024 年官方发布数据，这些数据准确反映了广州经济发展的实际情况，为首发经济指数的测算提供了坚实且可靠的数据支撑。

（二）模型构建

首发经济指数（Launch Economy Index，LEI）的构建综合考虑供给端和需求端因素。

供给端选取首店数量作为核心指标，品质首店大多为国际知名品牌，具备成熟完善的品牌体系、庞大且稳固的客户基础，以及较高的品牌忠诚度。其提供的产品或服务，往往以高品质、独特性为显著特征，市场定价普遍处于中高端区间，彰显品牌价值与定位。非品质首店则多为本土小众品牌或新兴创立品牌。这类品牌的认知度主要集中于本地市场或特定的小众群体，其产品或服务的特色与优势尚需在市场实践中进一步检验与沉淀。在价格策略上，更倾向于大众消费层级，以追求更大的市场覆盖面和更多的受众群体。鉴于品质首店和非品质首店在经济贡献方面存在显著差异，为更好地衡量两者对经济发展的作用，分别赋予品质首店（β＝0.6）与非品质首店（β＝0.4）差异化权重，以便在经济分析与评估中实现更科学合理的量化考量。在此赋值体系下，以 2023 年为基准进行加权计算，2024 年广州首店数量加权得分降至 0.948（见图 2）。这意味着相较于 2023 年，2024 年广州首店在数量结构的综合表现上有所下滑，反映出首店市场在这时段的发展面临一定调整与挑战。

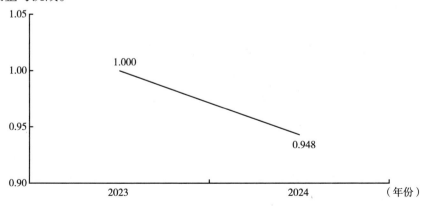

图2 2023~2024 年广州首店数量标准化得分情况

资料来源：以图1首店数量为基础，依权重计算加权数量并标准化处理得出。

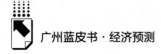

需求端则选择社会消费品零售总额和第三产业增加值（见图3）作为经济贡献指标。社会消费品零售总额能够直观体现消费市场的实际需求规模，反映消费者在各类产品和服务上的消费支出情况，体现市场的消费活力。第三产业增加值则反映服务业对经济的整体贡献，与首店经济以服务和体验为主的特征高度契合，能够体现首店经济在服务领域的带动作用。如图4所示，2023～2024年，广州社会消费品零售总额倍数由1增至1.004，第三产业增加值倍数从1增至1.027，反映出需求端市场规模有所增长。

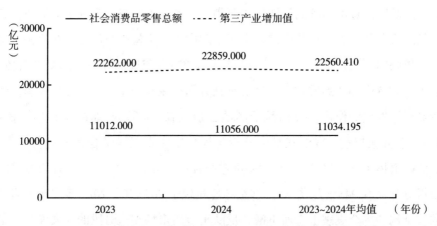

图3 2023～2024年广州社会消费品零售总额与第三产业增加值情况

资料来源：广州市统计局。

模型的经济学框架为 $LEI=$ 供给端指标×需求端指标。

$$LEI = \frac{加权首店数量}{2023\,年基准} \times \frac{经济贡献}{2023\,年基准}$$

供给端指标通过加权首店数量体现，需求端指标为社会消费品零售总额与第三产业增加值标准化后取均值。这一模型全面综合评估首发经济发展状况，量化供给与需求之间的关系，为深入分析广州首发经济发展提供了科学有效的工具。

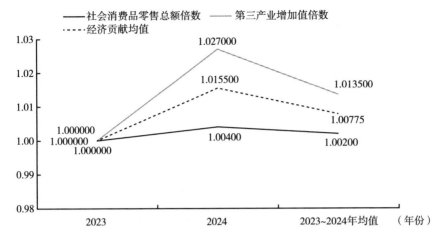

图 4　2023~2024 年广州社会消费品零售总额倍数与第三产业增加值倍数走势

资料来源：以 2023 年广州市政府当年值为基准（倍数为 1）；2024 年与 2023 年基准对比算倍数。

（三）测算结果与分析

经测算，2024 年广州首发经济指数（LEI）≈ 0.9623（基准值为 1.000），较 2023 年略有下降（见图 5）。深入探究其原因，主要集中在首店数量和消费市场两个关键维度。

首店数量结构变化影响显著。非品质首店数量同比锐减 52.86%（从 210 家降至 99 家），尽管品质首店同比增长 26.19%（从 210 家增至 265 家），但整体首店引进结构的失衡仍对首发经济指数产生负面影响。非品质首店在丰富消费市场层次、满足多样化消费需求方面具有重要意义，其数量的大幅减少可能导致消费市场供给的单一化，无法充分满足不同消费群体的需求，进而影响消费者的消费意愿和市场活跃度。

消费市场增长动力不足是导致首发经济指数下降的另一重要因素。2024 年广州社会消费品零售总额增速从 2023 年的 6.7% 急剧降至 0.4%，消费增长呈现疲软态势。这一变化反映出消费者消费意愿和能力下降，可能受到宏观经济形势、就业压力、收入增长预期等多种因素的综合影响。消费市场的

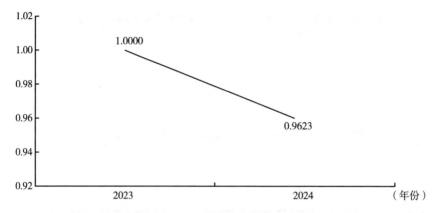

图 5　2023~2024 年广州首发经济指数（LEI）变动趋势

资料来源：据本文首发经济指数计算。

疲软使得首店的市场需求下降，经营业绩受到影响，从而对首发经济指数产生下拉作用。

三　广州首发经济发展的现状与问题

（一）发展现状

尽管面临诸多挑战，2024 年广州首发经济仍呈现积极的发展态势。在首店引进领域，2024 年广州优质购物中心成功引入近 90 家知名首店，与 2023 年相比，增长幅度高达 87%；仅前 8 个月，就累计引入品牌首店 205 家。这些首店广泛分布于餐饮、零售、娱乐等多个行业，极大地丰富了广州的消费场景，为城市商业发展注入了新的活力。以餐饮业中的西塔老太太天河首店为例，作为大湾区首个书海主题旗舰店，其自 2024 年开业之日起便引发了强烈的市场反响。开业当日，排队等位人数超 100 桌，凭借其独特的品牌定位、优质的产品与别具一格的用餐环境，迅速吸引了大量年轻消费者前往打卡消费，不仅成为区域内极具人气的消费热点，更成功跻身千万店品牌行列。这种现象充分表明，网红餐饮首店在吸引年轻消费群体、激发消费活力方面可发挥重要作用，可有力地推动周边商业协同发展。

在商圈建设方面，天河路—珠江新城等成熟商圈的标杆项目凭借完善的基础设施、便捷的交通网络以及丰富的商业资源，依旧是众多品牌拓展市场的首选之地。同时，体验型业态的持续丰富进一步增强了这些商圈的竞争力。Livehouse、脱口秀场馆、室内动物园等新兴体验型业态纷纷进驻购物中心，为消费者提供了沉浸式、互动式的消费体验，有效提升了商圈的吸引力，扩大了其辐射范围。正佳广场开放了雨林馆等体验型业态，作为国家5A级旅游景区，正佳广场有海洋馆、植物园、博物馆等多种业态，还有众多餐饮、零售品牌，带动周边关联业态发展，从而形成良好的商业生态循环。

此外，政策支持力度逐步增大，为广州首发经济的稳健发展提供了坚实保障。广州积极响应经济发展需求，制定并出台了《广州市鼓励发展首店首发经济的若干措施》。该政策措施建立了严格的筛选机制，对符合条件且有意在广州开设首店的国内外品牌，进行综合评估与筛选，从中择优给予最高达300万元的资金支持，以切实减轻品牌入驻的资金压力，助力其在广州市场顺利落地生根。

（二）存在问题

1. 首店引进结构失衡

广州首发经济发展存在首店引进结构失衡的问题。非品质首店数量的锐减与品质首店增长不匹配，负面影响消费市场的多样性和丰富度。过于侧重国际品牌和大型连锁品牌的引进，本土特色品牌和创新型品牌的发展空间受到挤压。这不仅不利于本土品牌的成长和创新，也使得广州首发经济缺乏地域文化特色和差异化竞争优势。本土特色品牌往往承载着地方文化内涵，能够为消费者带来独特的消费体验，但在当前首店引进结构下，其发展受到限制。

2. 消费市场增长动力不足

消费市场增长动力不足成为制约广州首发经济发展的关键因素。2024

年社会消费品零售总额增速大幅下降，反映出消费市场活力衰退。消费者消费意愿和能力受到宏观经济形势不确定性、就业市场压力增大以及收入增长缓慢等因素的影响而下降。同时，消费结构的快速升级使得消费者对品质消费、体验型消费的需求日益增长，但广州消费市场在产品和服务创新方面相对滞后，无法有效满足消费者的新需求，导致消费市场增长乏力，进而影响首发经济的发展。

3.商业地产与首发经济协同发展欠佳

当前，商业地产与首发经济在协同发展进程中暴露出显著不足。在项目规划与定位层面，部分商业地产缺乏长远眼光与精准考量，未能紧密贴合首发经济的发展需求。在业态规划层面，一些商业地产项目形式单一，未能充分兼顾首店多元化的需求，致使首店入驻后经营面临重重困难。商业地产运营管理水平与首店发展需求也呈现较大差距，其在服务质量、营销推广等关键环节存在明显短板，无法为首店营造良好的发展环境。同时，商业地产与首店之间的合作机制存在缺陷，在利益分配、风险共担等核心问题上存在矛盾冲突，极大地抑制了双方的合作意愿，严重阻碍了首发经济与商业地产的协同共进。

四　广州首发经济发展对策

（一）精准施策，优化首店引进生态

1.聚力品质首店，提升国际商业能级

为深度融入全球商业体系，全方位提升广州在国际商业领域的影响力与竞争力，需紧密围绕现有首发经济政策框架，实施精准且高效的优化策略，靶向发力，引进品质首店。

在政策扶持的衔接与优化层面，现行政策针对符合条件的首店提供了相应支持。在此基础上，对于国际一线品牌，租金优惠政策将进一步细化。在首店入驻的首个经营年度，可考虑给予50%的租金减免；在第二个经营年

度，租金按照八折计收。这一优惠模式与现行按投资成本比例补贴的政策相互补充，旨在直接缓解国际一线品牌首店在运营初始阶段的资金压力，使品牌能够将更多资金合理分配至市场拓展、品牌传播、服务品质提升等核心业务板块，助力其首店快速融入本地市场生态。

落户奖励机制进一步科学化。依据品牌在全球范围内的知名度、市场拓展潜力、创新研发能力以及对广州商业生态的潜在贡献等多维度指标，构建量化评估体系，对符合条件的国际一线品牌，提供最高达 200 万元的落户奖励。尽管奖励金额较现行政策最高额度有所调整，但得益于更为精细、科学的评估标准，能够确保奖励资金精准投放至真正具有高价值和行业引领性的品牌，实现有限财政资源的高效利用，与现有政策的分档支持原则形成有机呼应，构建更为高效的激励体系。

同时，为充分激发商业设施运营方和街区运营管理机构的主观能动性，鼓励其积极引进国际一线品牌首店，在现有引进奖励政策的基础上，每成功引进一家国际一线品牌首店，额外给予 15 万元奖励，单个机构年度最高奖励额度提升至 250 万元。这一举措不仅可加大对关键品牌引进的激励强度，还能促进商业资源的深度整合与协同发展，形成政府、商业地产和品牌多方共赢的良好局面。

此外，搭建常态化、专业化的国际品牌沟通平台，对推动广州商业发展，尤其是促进首发经济与商业地产协同发展意义重大。可以将定期举办"国际品牌广州交流会"作为关键举措，通过广泛邀请国际一线品牌的高层管理人员、行业资深专家学者参会，围绕市场动态、品牌战略、合作机遇等核心议题展开深入研讨。通过交流，一方面，能够及时、全面地掌握品牌的全球战略布局规划以及在中国市场的拓展意向，从而为其提供精准的政策解读与贴合其实际需求的个性化投资建议；另一方面，能够助力国际品牌更好地了解广州市场环境，明确投资方向。

最后，积极参与国际知名商业展会及其他相关活动，如国际消费电子展、全球时尚周等，借助这些国际平台，全方位、多角度展示广州作为国际商贸中心的综合实力。展示内容涵盖完备的商业基础设施、庞大且多元的消费市场、充满活力的创新生态以及持续优化的营商环境，充分彰显广州在商业领域的独特优势与发展潜力。同时，自主举办高规格的"广州首发经济国际招商大会"，邀请全球商业领袖、品牌代表会聚广州，搭建高端对话与合作对接平台，深度挖掘潜在合作机会，持续提升广州在国际商业版图中的地位与吸引力，吸引更多国际优质品牌将广州作为其全球战略布局的关键节点，推动广州商业向更高层次的国际化迈进。

2.厚植本土品牌，激发创新发展活力

重视本土特色品牌和创新型品牌的培育与引进。在资金支持政策上，设立"本土品牌孵化基金"，该基金采用多元化的资金投入模式，为本土品牌发展提供有力支撑。在股权融资方面，借助专业评估机构对企业的发展前景、创新能力、市场潜力等多维度进行综合评估，依据评估结果合理确定股权比例，向具有高成长潜力的本土特色品牌和创新型品牌提供长期稳定的资金支持。这不仅能助力企业解决资金难题，还能优化企业股权结构，完善公司治理，为企业长期发展奠定坚实基础。针对品牌的特定创新项目、关键技术研发等，邀请行业内资深专家组成评审团，按照严格的评审标准和流程，对项目的创新性、可行性、市场价值等进行全面评审。根据评审结果，提供专项资助，确保项目在资金保障下顺利推进，促进本土品牌创新能力提升，增强品牌市场竞争力。

培育本土品牌和创新型品牌特色。深度挖掘品牌文化内涵，鼓励本土品牌深度挖掘广州两千多年的深厚历史文化底蕴，将岭南建筑的精巧布局、广绣的精湛技艺、粤剧的独特艺术魅力等特色文化元素，全方位融入品牌价值塑造、产品设计研发以及营销传播活动。在品牌价值塑造层面，以岭南文化所蕴含的包容、创新精神为核心，构建独具特色的品牌理念，使本土品牌在文化内涵上与其他品牌形成差异化竞争。在产品设计研发环节，将广绣的图案、色彩巧妙融入产品外观，或以粤剧的服饰造型为灵感源泉设计文创产品等，赋予产品独特的文化韵味。在营销传播活动中，通过举办以岭南文化为主题的新品发布会、文化体验活动等，全力打造具有鲜明广州印记的品牌形象，大幅提升本土品牌在市场中的辨识度与文化内涵，提高消费者对本土品牌的认同感和忠诚度。

3. 依托城市定位，构建广州首店经济新生态

基于广州作为国家中心城市、国际商贸中心以及粤港澳大湾区核心引擎的重要定位，紧密结合自身产业特色与消费市场需求，制定科学且严谨的首店引进规划至关重要。广州在汽车制造、电子信息、生物医药等行业领域具有雄厚实力，在时尚、文化创意、餐饮等行业亦具有特色。同时，其消费市场呈现多元化、品质化、个性化的显著特征，消费者对新鲜事物接受度高，且追求独特的消费体验。积极推动不同业态首店相互融合，精心构建协同发展的商业生态。以天河路—珠江新城商圈为例，在引入时尚品牌首店的同时，配套引入美妆、配饰、轻餐饮等相关业态首店，打造一站式时尚消费体验场景，全方位满足消费者在购物过程中的多元化需求。充分利用商圈内的文化场馆、艺术空间等资源，引入文化艺术体验类首店，促进商业与文化艺术深度融合，打造集购物、休闲、文化体验于一体的综合性商圈，进一步增强商圈的吸引力与市场竞争力，推动广州首店经济迈向高质量发展新阶段。

（二）刺激消费市场

1. 精准施策，激发消费热情

创新消费券发放机制。广州市商务局与淘宝、京东等主流电商平台达成深度合作，借助平台大数据优势，依据消费者过往消费记录、消费偏好、地域分布等多维度数据，实现"首发消费券"的精准推送。设置"满1000元减200元""满500元减100元""满200元减50元"三档消费券面额，严格限定消费券仅用于广州首店消费场景。通过分时段、分区域投放，配合短信提醒、App弹窗等方式，确保消费券触达目标人群。预计在活动周期内，带动首店销售额增长、新用户转化率提升，并吸引周边城市消费者来穗消费。

打造特色消费活动矩阵。广州市政府统筹协调，联合商业协会、各大核心商圈，精心策划并举办"广州首发经济购物节""首店狂欢季"等大型主题活动。活动筹备前期，组建专业的活动策划与执行团队，负责搭建线上线

下融合展示平台。线上，在电商平台首页开辟专题页面，运用 3D 展示、直播带货等方式展示首店新品；线下，在各大商圈设立主题展示区，通过场景化陈列、互动体验等方式全方位呈现首店新产品、新服务。在宣传推广方面，整合地铁广告、社交媒体 KOL 合作、线下海报张贴等渠道，制定梯次投放计划。

2. 引导创新，驱动消费升级

培育新兴消费业态，积极顺应科技发展潮流，培育数字消费、绿色消费、健康消费等新兴消费业态。鼓励企业开展线上线下融合的新零售模式，利用大数据、人工智能等技术提升消费体验。支持绿色环保产品和服务的发展，引导消费者树立绿色消费理念。推动健康养老、体育健身、文化娱乐等消费业态的发展，满足消费者多样化的消费需求。打造智慧商圈，通过引入智能购物设备、开展线上线下互动活动等方式，提升消费者的购物体验；建设绿色消费示范街区，推广绿色环保产品和服务，引导消费者进行绿色消费。

（三）促进商业地产与首发经济协同发展

商业地产是广州首发经济发展的重要依托，实现两者协同发展，对激发广州商业活力、提升城市商业竞争力意义重大。可以从科学布局和高效运营商业地产两个关键方面发力。

1. 科学布局商业地产，契合首发经济多元需求

立足广州各区域功能定位、产业特色与消费需求，对商业地产进行科学布局。在核心商圈，如天河路—珠江新城商圈，集聚高端写字楼、星级酒店等资源，应着力打造国际化、高端化的商业综合体。以优越的硬件设施、专业的运营服务以及优惠的招商政策，吸引国际一线品牌和高端首店入驻，如引入 Hermès、Chanel 等奢侈品旗舰店，为高端消费群体提供优质购物体验，助力广州接轨国际高端商业潮流。

在新兴区域，依据当地产业和消费群体特征，发展特色商业街区。在黄埔区，凭借其高新技术产业优势，建设以智能科技体验、创新产品展示

为主题的商业街区，吸引智能穿戴设备体验店、前沿科技产品首店等入驻，满足区域内科技人才和年轻消费者对创新产品的追求。在南沙区，依托其港口和旅游资源，打造集跨境消费、滨海休闲于一体的特色街区，引入跨境电商线下体验店、国际特色餐饮首店等，服务本地居民和游客，丰富消费场景。

此外，商业地产布局要与城市规划紧密衔接。在交通枢纽，如广州南站、白云国际机场周边，建设商业综合体，借助交通枢纽庞大的客流量，打造便捷消费场景，满足旅客出行间隙的消费需求。在社区周边，根据居民人口密度和消费需求，规划邻里商业中心，引入生鲜超市、生活服务类首店等，满足居民日常消费，为首发经济构建多层次、全方位的空间载体。

2. 提升商业地产运营水平，赋能首发经济发展

商业地产运营管理水平直接影响首发经济的发展成效。一方面，商业地产企业要推进精细化管理。利用数字化技术，搭建涵盖招商、运营、营销等环节的综合管理平台。借助大数据分析消费者购物行为、偏好，实现精准营销。运用智能物业管理系统，实时监控设施设备运行，提升维护效率与安全性。另一方面，商业地产企业要优化服务流程，提升服务质量。建立专业客服团队，为消费者和入驻首店提供一站式服务。针对消费者，快速响应咨询与投诉；针对入驻首店，提供开业筹备、运营指导等全方位支持。定期开展消费者满意度调查，根据反馈持续优化服务，提升消费体验与首店满意度。同时，创新营销活动策划也至关重要。结合首发经济特点，举办首店开业庆典、新品发布会、主题促销等活动，通过线上线下多元渠道进行宣传推广。利用社交媒体、直播带货等新兴方式，开展互动式营销，吸引消费者参与，营造浓厚商业氛围，助力首店提升销售额与品牌影响力。

最后，商业地产企业与首发经济主体应建立协同合作机制。通过签订合作协议，明确双方权利义务，构建利益共享、风险共担模式。商业地产企业可依据首店经营业绩给予其租金优惠或奖励，首店则按照商业地产整体规划，开展特色经营活动，共同提升商业项目的吸引力与竞争力，实现互利共赢。

参考文献

宁广靖、韩启：《首发经济"新新"相融》，《天津日报》2025年2月6日。

王元地、张腾姣、万乐渔等：《首发经济的创新机制——基于某高新技术企业的纵向单案例研究》，《软科学》2025年第4期。

程惠芳、朱喆：《新质生产力背景下首发经济高质量发展的机制与路径》，《中国流通经济》2025年第3期。

孙芮颖：《基于4C理论的小米汽车营销案例及提升对策研究》，《中国商论》2025年第3期。

欧阳日辉、唐畅：《首发经济的内涵、特点、运行机理和未来图景》，《新疆师范大学学报》（哲学社会科学版）网络首发2025年1月26日。

陆岷峰：《首发经济与金融创新：机制解析与路径选择》，《广西社会科学》2025年第1期。

刘逸鹏：《广东先行一步挖掘增量"首发经济"展现澎湃活力》，《上海证券报》2025年1月10日。

周凯航：《得"新"应"首"，激发繁荣消费市场长久动力》，《大众投资指南》2024年第27期。

齐金钊：《首发经济助力粤港澳大湾区消费能级提升》，《中国证券报》2025年2月6日。

陈涵旸、袁小康、周蕊等：《深挖乘数效应 多地开启新一轮消费券发放》，《经济参考报》2024年12月12日。

李顾理：《广州环球消费月掀起商文旅消费热潮》，《国际商报》2024年11月29日。

B.15
关于加快推进广州低空经济高质量发展的路径建议

严帅 梁舜杰*

摘 要： 党的二十届三中全会明确提出发展通用航空和低空经济，显示国家正积极开拓低空经济新赛道。当前全国已有20多个省（区、市）将低空经济纳入政府工作报告，加快构建低空经济产业集聚创新发展生态已成为社会共识。然而，面对当前如火如荼的低空经济产业发展态势，广州应坚定而不盲目，推进特色发展而不千篇一律，坚持统筹而不蜂拥而上，加快精准形成低空经济竞争优势，推进广州低空经济高质量发展。

关键词： 低空经济 产业链 无人驾驶 广州

低空经济，作为一种以有人驾驶和无人驾驶航空器的各类低空飞行活动为牵引，辐射并带动相关领域融合发展的综合性经济形态，正日益受到国家的高度重视。2021年，《国家综合立体交通网规划纲要》首次将低空经济纳入国家发展规划，为低空经济的发展指明了方向。《无人驾驶航空器飞行管理暂行条例》等相关法规的实施，标志着低空经济发展进入了新阶段，为低空飞行活动的规范化和规模化提供了法律保障。2023年10月，工信部等部委发布了《绿色航空制造业发展纲要（2023—2035年）》，明确提出鼓励设立低空经济示范区，进一步推动了低空经济的快速发展。在地方层面，

---

* 严帅，管理学博士，高级工程师，广东粤孵产业大数据研究有限公司总经理，主要研究方向为区域产业政策；梁舜杰，统计学学士，广东粤孵产业大数据研究有限公司咨询顾问，主要研究方向为区域产业政策。

广东省 2023 年 1 月的政府工作报告就提出了发展低空经济的战略部署。同年 10 月发布的《广州都市圈发展规划》更是大力支持低空经济发展，为广州布局这一新兴产业提供了有力的政策支撑。低空经济作为新质生产力的代表，其涉及的领域和行业十分广阔，已成为推动经济增长的新引擎。根据中国民航局的预测，到 2025 年，我国低空经济的市场规模将达到 1.5 万亿元；而到 2035 年，这一数字更有望攀升至 3.5 万亿元，未来产业发展将迎来爆发式增长。在此背景下，广州低空经济发展迎来了前所未有的新机遇。

一　广州低空经济发展现状

（一）广州发展低空经济具备优越的基础条件

广州凭借其得天独厚的地理位置、丰富的空域资源以及多样的应用场景，在发展低空经济方面具备显著优势。

一是广州地处粤港澳大湾区几何中心，是串联珠三角城市群、辐射全省的"桥头堡"，低空飞行 30 分钟即可直达湾区大部分城市核心地带。另外，粤港澳大湾区经济总量瞩目，人均 GDP 为 16.2 万元，GDP 超 14 万亿元，是世界上最强的经济圈之一，发展低空经济有较大的市场潜力和优势。

二是广州空域资源丰富。低空飞行使用最多的 300 米以下的低空空域资源丰富，整体呈现开敞空间，形成天然的无人机交通廊道，自然地貌有利于低空飞行。

三是应用场景丰富。广州经济基础较好、人口基数大，随着产业进一步完善，低空飞行载客量将加速增长；广州是全国物流业最繁忙的城市，快递业务量连续 3 年突破百亿件，低空物流蓄势腾飞；另外，广州旅游资源丰富，拥有超过 500 个公园绿地及生态公园，适合开展低空旅游观光；同时，作为全国第三大医疗中心，广州应急救援市场广泛，因此对低空救护有较大的应用需求。

（二）各区加速推进低空经济产业链协同发展

广州正加速构建完备的低空经济产业链，广州开发区已先行一步，于 2023 年 10 月和 12 月先后发布了《广州开发区（黄埔区）促进低空经济高质量发展的若干措施》及实施细则，对符合条件的低空产业项目给予最高 3000 万元的奖补，致力于打造未来千亿级产业集群。目前，广州已拥有亿航智能、中雷电科等多家低空经济龙头企业，完成了研发设计、原材料供应、零部件制造和集成、应用与服务等全链条布局。2024 年 11 月，广州成功举办了工信部 2024 低空装备产业创新发展大会，推动了亿航智能、小鹏汇天制造基地回归广州，进一步增强了低空经济制造环节的实力。

同时，广州各区也在加速布局低空经济产业。黄埔区产业链最为完整，以整机制造为核心，涵盖了研发、零部件制造、运营、服务等各个环节；增城区已集聚了工信部电子五所增城总部、海格无人信息产业基地等多个相关产业项目，产业发展势头强劲；天河区则聚焦研发设计，依托高校与科技企业推动飞行汽车技术的突破；南沙区侧重物流与基础设施建设，顺丰等企业正在探索无人机配送模式，空天研究院也吸引了众多制造企业入驻；番禺区的极飞科技等无人机企业则在农业与物流领域拓展应用，形成了特色细分领域的发展格局。

（三）广州强化产业创新助力低空经济发展

广州在低空经济产业创新方面展现出强劲实力。这里汇聚了广东省智能交通系统重点实验室、广东省短距离无线探测与通信重点实验室等一批重点实验室，为低空经济的技术研发提供了坚实的支撑。同时，中山大学、华南理工大学、暨南大学等高等学府设立了航空宇航科学与技术、航空航天工程等相关专业，致力于培育航空航天领域的未来栋梁之才。此外，广州还集聚了粤港澳大湾区低空经济产业联盟、广州大学城低空经济产业技术创新中心等政企校协同创新平台（见表 1）。这些创新平台充分发挥政企校各方的优势，支撑低空经济产业前沿技术的研究和创新应用，为产业可持续发展注入了源源不断的动力。广州正以其独特的创新优势，助力低空经济产业腾飞。

表1 广州低空经济产业部分创新平台

序号	平台名称	平台类型
1	广东省智能交通系统重点实验室	省重点实验室
2	广东省短距离无线探测与通信重点实验室	省重点实验室
3	工信部电子五所赛宝低空通航实验室	其他实验室
4	广东省低空飞行器动力与能源重点实验室	其他实验室
5	中山大学	高校院所
6	华南理工大学	高校院所
7	暨南大学	高校院所
8	广州大学	高校院所
9	中国香港科技大学(广州)低空经济研究院	高校院所
10	广东智能无人系统研究院	高校院所
11	广东空天科技研究院	高校院所
12	中国科学院广州能源研究所	高校院所
13	广东省新一代通信与网络创新研究院	高校院所
14	广东省无人机系统工程技术研究中心	高校院所
15	广州颠覆性技术创新中心基地	政企校协同创新平台
16	广州大学城低空经济产业技术创新中心	政企校协同创新平台
17	粤港澳大湾区低空经济产业联盟	政企校协同创新平台
18	广州大学城低空经济应用示范岛	应用示范平台

资料来源：粤孵智库整理。

（四）广州低空经济重点企业引领产业新飞跃

广州低空经济产业链建设已形成显著发展优势（见图1），构建起"基础研发—核心部件—整机制造—场景应用—配套服务"的完整产业闭环。据笔者调研，全市集聚低空经济相关企业超2000家，其中高新技术企业占比达65%。广州已汇聚了一批低空经济产业链龙头企业（见表2），拥有亿航智能、小鹏汇天、广汽集团等电动垂直起降航空器（eVTOL）头部企业，集聚极飞科技、亿航智能、成至智能、天海翔航空等工业和军用无人机制造企业，拥有穗联通航、广东知行通航等通用航空服务企业。其中，亿航智能自主研发的无人驾驶载人航空器获得全球首个型号合格证和标准适航证，并于2023年12月完成全球商业载人首飞演示，为低空经济开辟发展新境界，有望推动广州成为eVTOL载人商飞首城，成为全球示范。小鹏汇天于2022~2024年连续3年入选胡润"全球独角兽"榜单，并将在广州开发区设立全球首个利用现代化流水线进行大规模量产的飞行汽车工厂。

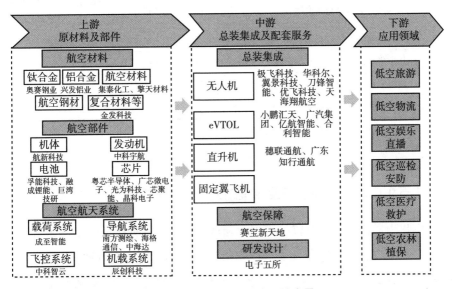

图1 广州市低空经济产业链全景

资料来源：粤孵智库整理。

表2 广州市低空经济产业链部分龙头企业

序号	企业	所属产业链环节	主要产品
1	广州中科智云科技有限公司	上游零部件	无人机AI部件
2	广州鹏辉能源科技股份有限公司	上游零部件	电池
3	广州孚能科技有限公司	上游零部件	电池
4	广州中科云图智能科技有限公司	上游航空系统	无人机遥感网运营服务
5	广州南方测绘科技股份有限公司	上游航空系统	无人机导航系统
6	广州中海达卫星导航技术股份有限公司	上游航空系统	导航系统
7	广州亿航智能技术有限公司	中游整机制造-eVTOL	EH216-S无人驾驶载人航空器
8	广东汇天航空航天科技有限公司	中游整机制造-eVTOL	旅航者X2
9	广州汽车集团股份有限公司	中游整机制造-eVTOL	广汽GOVE

序号	企业	所属产业链环节	主要产品
10	广州极飞科技股份有限公司	中游整机制造-无人机	农业无人机
11	广州成至智能机器科技有限公司	中游整机制造-无人机	TD40/TD40P 无人机物资投放器
12	广州天海翔航空科技有限公司	中游整机制造-无人机	中远程无人飞行器
13	广州市华科尔科技股份有限公司	中游整机制造-无人机	无人机
14	广州穗联直升机通用航空有限公司	下游应用	通用航空飞行业务
15	广东赛宝新天地科技有限公司	基础保障	飞行服务保障

资料来源：粤孵智库整理。

（五）广州出台多项产业政策助力低空经济发展

广州为加速推动低空经济发展，相继出台了一系列产业政策。2024 年 5 月，广州市政府办公厅印发了《广州市低空经济发展实施方案》。该方案明确提出，到 2027 年，广州低空经济产业整体规模将达到 1500 亿元左右，努力推动广州成为国内首个载人飞行商业化运营城市，关键运营服务领域的市场规模将达到 300 亿元。为实现这一目标，该方案提出了加强统筹规划和协同推进、夯实低空基础设施建设、打造低空制造业高地、拓展特色低空应用场景、健全规则制度体系等重点工作任务，全面推动广州低空经济高质量发展。在 2024 年 7 月，广州市政府办公厅又出台了《广州市推动低空经济高质量发展若干措施》。该措施发布了交通出行、低空文旅、物流配送等 12 个低空经济应用场景，并提出了 20 项具体措施。对于研发制造类企业，只要上一年度营业收入达到 1 亿元等相应条件，即可认定为总部企业，每家企业每年可获得最高不超过 100 万元的奖励，并享受总部企业人才户籍、人才绿卡、人才公寓等保障政策。此外，广州还将大力培育低空关键设备、核心零部件、新材料研制企业，支持主控芯片、动力系统、飞控系统、通信导航监视系统、机体、航电系统、关键材料以及无人机反制等制造项目落地建设，为低空经济高质量发展提供有力支撑。

二　广州低空经济发展中存在的问题

（一）未被纳入试点城市范围，空域制约产业发展

空域管理和航线审批涉及军方、民航局和地方政府等多个部门，由于广州空域限制较多，目前广州市仍未获得中央空管委办公室批准进行低空空域协同管理改革，军地民之间缺乏协同运行机制，空域资源使用效率不高。目前，广州未被纳入首批 eVTOL 试点城市（6 个试点城市初步确定为合肥、杭州、深圳、苏州、成都、重庆），在低空经济空域管制权上暂不具有优势，针对发展迅猛的"低慢小"飞行器缺乏有效管理，产业安全挑战较为突出。另外，受制于有限的空域和时间，叠加气象条件复杂、地面障碍物多、低空空域通信及导航所需覆盖面广等因素，保障航线常态化飞行的困难仍然较大。

（二）应用仍处于初级发展阶段，需进一步深入挖掘

当前，广州低空经济产业仍处于规模化应用的探索阶段，多个关键领域尚未实现全面商业化落地。尽管在低空交通、观光体验等领域已初步形成消费场景，但受制于政策、基础设施等多重因素，在外卖即时配送、物流运输、旅游服务等民生领域的应用仍面临普及度不足的困境，公共服务以及商业应用欠成熟，产业发展深度与广度有待进一步拓展。

（三）部分领域缺乏龙头企业，产业带动力不足

广州亿航智能、小鹏汇天、广汽集团等龙头企业在低空经济领域实力全球领先，但在细分领域仍与先进地区有差距，如在无人机领域，与被誉为"全球无人机之都"的深圳相比，广州缺乏类似大疆、顺丰等无人机产业龙头企业，行业领军企业数量不足；在 eVTOL 飞行汽车领域，对比国内低空经济代表性企业"eVTOL 五小龙"（峰飞、时的、御风未

来、沃兰特、磐拓），广州相关企业有待培育提升；在通用航空领域，广州未有传统通航和零部件（直升机、固定翼飞机等）制造企业，仅拥有广州穗联通航、广东知行通航两家小型通航运营公司，产业基础薄弱。

（四）基础设施有待完善，数字化水平不高

目前广州缺乏跑道型通航机场、无人机试飞基地及升降设施，所需配套的低空智联网（含通信网、数字网、监管网）建设工作未开展，面向低空飞行的5G信号基站及雷达等通信设备未能满足产业需求，软硬件配套建设缓慢，相较于深圳（于2024年累计建设各类低空起降设施249个，规模全国领先）、珠海（已率先搭建全国首套低空空域协调及运营服务平台，实现低空经济领域设施网、空联网、航路网、服务网"四网"融合）等地未显优势，存在"网络不通畅、低空难起飞"的问题。此外，广州目前通用机场数量少、类型单一，仅有几处小型民用通航机场，与北京、武汉、长沙等均建有1处以上跑道型通航机场的城市相比，广州通航体量小、保障能力弱，通航运营难以开展。

（五）专业人才稀缺，来穗发展意愿较弱

当前低空企业面临人才招募困难的局面，如目前发展势头迅猛的eVTOL行业企业人才招募面临巨大挑战。这一行业人才来源以传统航空人才为主，广州航空专业院校毕业生较少，因此人才基数较小，且这一类航空专业人才主要集中在国企或军工，流动性较低，特别是适航审定和安全性相关人才稀少。由于低空经济催生了许多新事物、新业态，全球企业都还在探索中，很难寻找到现成的人才，所以现在许多企业承担了培养人才的责任，招录一些优秀的应届毕业生或是从企业内部员工中自主培养，而这一类员工往往对于企业的黏性也更高。

三 对国内外低空经济发展的经验借鉴

（一）美国：发展时间较长，引领低空产业发展

在政策引领方面，发布《先进空中交通（AAM）协调及领导法案》《先进空中交通基础设施现代化（AAIM）法案》等，为低空经济的安全、有序发展提供了坚实的法律保障，持续完善低空管理框架。在空域管理方面，美国联邦航空管理局（FAA）对全国低空空域实行统一管理，对空域划设、管制、使用等事项进行统筹协调。在企业培育方面，拥有湾流、赛斯纳等头部企业，细分市场如航电系统（霍尼韦尔）、发动机（通用电气）全球市占率超60%。在基础设施方面，低空空域E类开放占比达75%，公共机场超5000座，私人机场超14000座。在应用场景方面，亚马逊Prime Air在美国7个州实现30分钟药品配送，2024年单日订单量突破1万单，成本较传统物流降低40%。

（二）欧洲：统一规划与协同发展，促进应用场景开放

在空域管理方面，成立欧控（Eurocontrol），其为欧洲空中交通管理的核心组织，为其成员国空管事业的发展提供战略规划、组织协调、行业指导和技术支持；另外，通过应用电子飞行计划（e-Flight Planning）等信息化手段，进一步提高飞行审批的效率和便捷性。在企业培育方面，德国Lilium的eVTOL在2024年慕尼黑车展获2.5万辆订单；德国Volocopter与法国空客合作，2024年在新加坡实现eVTOL商业化试运营。在应用场景方面，启动"U-Space"计划，空客CityAirbus载人eVTOL获巴黎奥运会订单。

（三）国内：各地积极布局低空经济产业，各具特色

近年来，国内低空经济产业蓬勃发展，各地纷纷布局低空经济，形成了各具特色的产业格局。在政策措施与特色方面，深圳立法先行，出台《深圳

经济特区低空经济产业促进条例》，设立产业基金，推动全产业链布局；上海制定行动方案，对 eVTOL 整机制造企业给予补贴，推动商业化应用与长三角协同；北京注重政策顶层设计，依托央企和高校科研力量，重点攻关关键技术；成都成为西南首个低空空域协同管理试点，对农业植保无人机给予补贴，提升空域使用效率；合肥依托科研力量，制订行动计划，打造空天信息产业链。在基础设施建设方面，深圳已建成各类低空起降平台数量全国领先，并计划大幅增加；上海成立低空经济产业发展有限公司，逐步完善产业配套生态圈，青浦区长三角低空经济虹桥产业园聚焦电动飞行器制造；北京延庆区获批民用无人驾驶航空试验区，丰台区启动低空经济产业园规划建设；成都获批划设首个阶梯式低空空域，在空域管理方面取得进展。在企业布局与技术创新方面，深圳形成了集研发、制造、应用、服务等于一体的完备产业链，集聚众多无人机及低空经济相关企业；上海吸引众多 eVTOL 头部企业集聚，创新能力全国领先；北京集聚众多央企研究院及高校科研力量，拥有全国最多的低空经济相关专利；成都工业无人机产业规模居全国前三，保持年均高速增长；合肥发展低空经济产业链的各个环节，技术创新能力逐年增长。在应用场景方面，深圳在物流领域积极探索应用低空航线，提升了配送效率；上海市金山区已获批多条无人机物流航线，并在城市管理和执法中广泛应用无人机；北京虽然科研创新实力较强，但应用场景相对较少；成都在物流配送、文旅观光等领域提供重点支持，推动了低空物流的发展；合肥构建了国内首个全空间无人体系应用示范项目，实现了多类无人系统、多场景综合管控和数据治理。

四　广州低空经济发展建议

（一）加强统筹规划协同推进

一是将低空经济纳入广州产业总体规划。制定低空经济产业发展、空间布局优化、产业链群集聚、应用场景拓展、基础设施建设等各项工作"路线图"。

二是协助建立军地民空域协同机制。加强与省委军民融合办、省发改委沟通对接，协助建立军队、地方政府、民航协同管理机制和沟通协调机制。

（二）夯实低空基础设施建设

一是规划建设广州枢纽型通用机场。与广东省发改委、民航中南地区管理局紧密对接，推动建设广州枢纽型通用机场，并建设涵盖航空货运、公务机、机务维修、eVTOL 商务运行、无人机物流等业务的配套基础设施。

二是建设低空飞行地面配套基础设施体系。编制全市低空起降点与航线规划，统筹规划已建、新建或利用公铁联运枢纽等现有场地改扩建城区低空地面配套基础设施，建设具备保障各类低空飞行器存放、起降、充电、维保等功能，覆盖多机型、多场景的低空通航机场、垂直起降点、物流配送场站等起降网络。

三是划设低空航线和进行低空空域精细化管理。积极衔接广东省低空航线划设方案、广东省低空空域分类划设方案，充分利用区低空服务管理平台资源，结合应用场景需求，科学区分不同类型低空飞行器特点，对接上级空中交通管理机构，进一步细化广州低空航线与低空空域分类划设。

（三）打造低空经济产业高地

一是打造低空经济产业园区。依托黄埔区、花都区、增城区，重点打造低空经济产业园区，建设低空经济产业科技创新基地。结合各园区功能定位，引入产业链上下游项目，统筹考虑产业链发展及企业生产制造个性化需求，协同推进各园区建设，逐步构建跨园区的低空经济发展格局。

二是引进重点生产制造和运营企业。依托低空经济产业园产业集聚优势，通过建立产业链招商企业目标库，针对上游设计研发、关键原材料、核心子系统，中游整机制造，下游运营服务保障及应用等重点领域，开展精准招商、跨前招商、资本招商。

三是建设省级低空经济领域中试平台。依托广州已有的无人系统、北斗卫星导航系统、集成电路国检中心，建设涵盖设计、工艺、适配、测试、适航、系统等能力齐全、技术先进、服务完善的低空飞行器中试平台，立足广东、面向全国提供一站式中试服务解决方案。推动完善适航审定体系，加快制定创新型低空飞行器适航标准研究方案。加强对低空飞行器设计、生产、进口、飞行和维修活动的规范管理。

（四）拓展低空应用示范场景

一是打造"低空+文旅体"融合场景。按照政府引导、市场运作的原则，依据低空空域划设方案和景区环境条件，规划布局适宜开展低空旅游的区域、场地和类型，依托环"两山"示范区，开展以直升机、无人机、飞行汽车等低空飞行器和动力伞、热气球为运营主体的若干飞行营地建设，完善覆盖飞行观光、飞行体验、飞行培训、青少年航空科普研学等的低空旅游服务项目。争取国家级、省级垂直起降航空器商业运营示范点在广州落户；规划建设数条精品低空旅游观光线路；引导社会资本拓展航空体育运动应用场景，举办航空体育运动赛事。

二是推进"低空+智慧农业"场景应用。整合区域农业无人机、物联设备、机器人等智慧农业设备资源，接入农场管理，利用智慧农业系统为农户、农场与农企提供科学的生产管理方案。加强无人机植保各项服务保障，完善政策和规范，扩大无人机技术在农业植保中的应用，应用无人机遥感、AI 和大数据分析处理等技术开展农作物生长监测、农业生产管理，推进无人机农作物病虫害统防统治、精准施肥、养殖水面投饲投药等各项应用，提高植保效果和生产效率。加强植保无人机防撞及避障系统建设，保障无人机飞行安全和农田安全。

三是培育"低空+物流"新型业态。支持物流企业在广州市内开展常态化城市无人机配送、城际无人机运输、无人机机巢柜派送等新兴物流方式。探索广州东部中心全域无人机快递配送，包括同城即时送和跨城急送。探索广州市内物流园区之间低空物流运输应用场景，支持相关企业积极推进"无人机+智慧物流"落地。

参考文献

《中共中央 国务院印发〈国家综合立体交通网规划纲要〉》，中国政府网，2021 年 2 月 24 日，www.gov.cn。

《无人驾驶航空器飞行管理暂行条例》，中国政府网，2023 年 5 月 31 日，www.gov.cn。

《工业和信息化部等四部门关于印发绿色航空制造业发展纲要（2023—2035 年）的通知》，中国政府网，2023 年 10 月 10 日，www.gov.cn。

《广州都市圈发展规划》，广东省人民政府官网，2023 年 10 月 25 日，www.gd.gov.cn。

《广州市人民政府办公厅关于印发广州市低空经济发展实施方案的通知》，广州市人民政府官网，2024 年 5 月 29 日，www.gz.gov.cn。

《广州市人民政府办公厅关于印发广州市推动低空经济高质量发展若干措施的通知》，广州市人民政府官网，2024 年 7 月 3 日，www.gz.gov.cn。

B.16
广州建设世界一流航空枢纽对策研究[*]

苏明 黄皇[**]

摘　要： 近年来，广州国际航空枢纽建设取得一定成效，但与世界一流航空枢纽相比，还有一定的提升空间。本文介绍广州建设世界一流航空枢纽的背景，提出世界一流航空枢纽的衡量评价标准，分析广州建设世界一流航空枢纽存在航空运输规模亟须扩大、综合交通枢纽辐射能力不强、客货运中转能力弱、国际旅客比重低、航空服务质量亟须提高、世界一流航空企业缺乏等短板，提出加强航空基础设施建设、构建综合交通运输体系、提高机场中转能力、加强智慧航空枢纽机场建设、大力推动低空交通发展、持续优化航空资源配置、因地制宜发展临空经济等对策推进广州世界一流航空枢纽建设。

关键词： 航空枢纽　低空交通　广州

2024 年 7 月，中国民航局联合国家发改委发布《关于推进国际航空枢纽建设的指导意见》，明确指出，推动国际航空枢纽资源优化配置，加快推进"3+7+N"国际航空枢纽功能体系建设，强化北京、上海、广州等国际航空枢纽全方位门户复合型功能。到 2025 年，国际航空枢纽功能体系基本

---

[*] 本文为 2023 年广东省社会科学研究基地空港经济协同创新研究中心招标课题"珠三角地区临空经济协同发展路径研究"（项目编号：2023KG02）、2023 年广东省教育厅"创新强校工程"特色创新项目"新发展格局下粤滇临空产业合作路径研究"（项目编号：2023WTSCX120）的阶段性研究成果。

[**] 苏明，广东外语外贸大学南国商学院空港经济协同创新研究中心副教授，主要研究方向为空港经济、工商管理；黄皇，广州空港产业投资集团有限公司经济师，主要研究方向为空港经济、投资经济。

成形；到 2035 年，国际航空枢纽功能体系全面建成；到 2050 年，建成一批世界一流航空企业和一流航空枢纽。广州建设国际航空枢纽，具备交通区位、基础设施、腹地经济、临空产业等条件，但与世界一流航空枢纽还存在一些差距，广州需要因地制宜、精准发力、补齐短板，推进全方位门户复合型国际航空枢纽建设。

一 广州建设世界一流航空枢纽的背景

（一）临空经济示范区建设

2016 年底，广州临空经济示范区由国家发展改革委、中国民航局批准设立，是继郑州、北京、青岛、重庆等城市之后中国第五个国家级临空经济示范区。近年来，广州临空经济示范区发展较为迅速，空港博览中心、顺丰速运华南（广州）航空快件转运中心、联邦快递华南操作中心、蕴盛航空产业基地、阿里健康生态药企等重大项目纷纷落地。目前，广州临空经济示范区区内进驻企业 1.8 万余家，跨境电商等各类企业超过 1000 家，已有南方航空、九元航空等 80 多家航空公司入驻运营，逐步形成航空维修、航空物流、跨境电商、航空总部等临空产业集聚，广州临空经济示范区已基本建成。广州临空经济示范区建设需要世界一流航空枢纽的支撑。

（二）交通强国建设

2019 年 9 月，为统筹推进交通强国建设，中共中央、国务院印发《交通强国建设纲要》，明确指出，打造一流设施、一流技术、一流管理、一流服务，建成人民满意、保障有力、世界前列的交通强国。到 2035 年，基本形成"全国 123 出行交通圈"和"全球 123 快货物流圈"，交通国际竞争力和影响力显著提升。交通强国目标的实现需要推进枢纽机场建设，打造一批世界一流航空枢纽设施，提供世界一流航空服务，建设现代化高

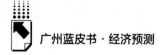

质量综合立体交通网络。广州作为粤港澳大湾区核心城市、国家中心城市、国际大都市，需要依托广东高水平对外开放，提升国际连接能力和全球辐射能力，完善全方位门户复合型国际航空枢纽功能，为交通强国建设提供有力保障。

（三）世界航空枢纽格局重构

近年来，国际形势复杂多变，国际航线尚未完全恢复，国内外航空枢纽建设如火如荼，世界航空枢纽格局重构。第一，新兴市场国际航空枢纽迅速崛起。土耳其伊斯坦布尔机场、印度德里机场旅客吞吐量 2022～2024 年连续 3 年进入世界前十榜单，领先于广州白云机场。第二，"双机场"与区域多极化并行。自 2021 年以来，广州白云机场旅客吞吐量连续 4 年落后于上海、北京、成都等"双机场"城市机场。第三，国内外航空枢纽之间竞争日益加剧。在粤港澳大湾区，广州国际航空枢纽地位受到香港、深圳的冲击，香港国际机场货邮吞吐量连续 18 年位居世界第一。2024 年，深圳宝安国际机场旅客吞吐量达到 6148 万人次、货邮吞吐量为 188 万吨，不断刷新历史纪录，增势强劲。① 对标美国亚特兰大和孟菲斯、阿联酋迪拜、伦敦希斯罗、东京羽田、荷兰阿姆斯特丹、德国法兰克福等世界先进航空枢纽，广州建设世界一流航空枢纽还有不小的提升空间。

二　世界一流航空枢纽的衡量评价标准

（一）综合交通网络发达，集疏运能力强

世界一流航空枢纽应国际国内互联互通，集空中、地面、地下多种交通运输方式于一体，拥有发达的综合立体交通网络，集疏运能力强，交通换乘高效、便捷、安全，实现空铁联运、海空联运、陆空联运等多

---

① 戴晓蓉、易东、刘韶滨：《深圳机场三大指标创新纪录》，《深圳特区报》2025 年 1 月 17 日。

种交通运输方式无缝对接。空中交通方面,航线网络发达,航班网络覆盖广泛,有 250 条国际航线,通达超 100 个国家和地区,航线通达性强。地面交通方面,乘客可以乘坐高铁、轻轨、有轨电车、公共汽车等交通工具从机场直达城市中心以及周边城市。地下交通方面,地铁线路纵横交错、班次密集、换乘便捷、线路可以覆盖城市的主要交通站点。以东京成田机场为例,成田机场距离东京市区 70 公里,可以通过有轨电车、公共汽车等 9 种交通方式抵达。

(二)航空运输规模大,运输保障能力强

世界一流航空枢纽航空运输规模大,旅客吞吐量、货邮吞吐量、飞机起降架次位居全球前列。每年机场旅客吞吐量 ≥1 亿人次、货邮吞吐量 ≥400 万吨、飞机起降架次 ≥70 万次、机场跑道高峰容量每小时超过 100 架次。基础设施是保障航班运输的硬件条件,世界一流航空枢纽占地面积为 40 平方公里以上,航站楼面积 140 万平方米以上,航空货运站占地面积超过 100 万平方米,机位数量超过 300 个,飞行区等级为 4F,至少拥有 5 条 3800 米以上的长跑道。同时,还应拥有世界级的航空维修和制造企业,能提供一站式航空维修服务。航空运输应急救援体系完善,拥有专业化的救援队伍、先进的救援设施设备,应急救援响应速度快。

(三)航空服务质量优,机场设施环境一流

航空服务质量是衡量世界一流航空枢纽的重要指标,它直接关系到航空枢纽的运营效率、乘客满意度以及国际形象,也是航空枢纽竞争力的重要体现。航空服务质量优会使旅客产生好的机场出行体验。航空服务质量包括地面交通服务、值机与安检服务、行李服务、机场环境与设施、离港与到港服务、特殊旅客服务、投诉处理等。世界一流航空枢纽的出港准点率达 90%及以上,航班信息显示系统完好率(在航班保障时间内)达 98%及以上,98%的旅客通过海关、检验检疫和边防流程的总时间为 30 分钟以内。世界一流航空枢纽拥有现代化的设施和优美的环境,自动化、智能化水平高,机

场数字化应用场景丰富，导向标识清晰明了，能提供自助值机和行李托运、"无纸化"通关服务。机场周边环境整洁，绿化覆盖率高，为旅客提供安全、舒适、便捷的出行体验。

（四）拥有世界一流航空企业，临空产业集聚度高

世界一流航空枢纽的崛起离不开世界一流航空企业的有力支撑，需要依托航空物流、航空制造、生物医药等临空指向性强的产业集聚发展，尤其是需要拥有世界知名航空公司主运营基地。世界一流航空枢纽主运营基地航空公司客运市场份额不低于40%。例如，东方航空总部和主运营基地设在上海，在上海虹桥国际机场和浦东国际机场的市场份额均超40%。国泰航空集团主运营基地位于香港，占据香港旅客运输、货邮运输市场份额分别为56%、32%。联邦快递的总部设在孟菲斯，94%的联邦快递货物都要通过孟菲斯机场中转，为孟菲斯机场每月带来超过5000趟航班。同时，孟菲斯机场周边集聚了国家眼库、辉瑞制药、葛兰素史克、施乐辉等20多家生物医药、医疗器械等企业。这些航空企业、临空产业的聚集成为孟菲斯国际航空枢纽发展的重要支撑。高度发达的旅游业为迪拜国际机场、新加坡樟宜机场带来大量的国际旅客。

（五）中转比例、中转效率高，国际旅客比重高

机场中转比例、中转效率是衡量世界一流航空枢纽功能的重要依据，能够反映出该航空枢纽的繁忙程度。一般而言，世界一流航空枢纽旅客、货物的中转比例、中转效率高，而机场高中转比例、高中转效率也会给航空枢纽带来大量的客运量、货邮量。通常来说，世界一流航空枢纽的中转率要达到35%以上，最短中转时间（MCT）平均为70分钟以内，与全球各国家和地区的连接度高。机场的国际旅客比重能够反映世界一流航空枢纽的开放程度、国际影响力。以伦敦希斯罗机场为例，该机场国际业务量约占总业务量的85%，成为全球著名的国际航空枢纽。

三 广州建设世界一流航空枢纽存在的短板

(一)航空运输规模亟须扩大

近年来,广州航空运输业发展取得优异成绩,白云机场旅客吞吐量连续 4 年排名全国第一。2020 年,广州白云机场表现尤为突出,旅客吞吐量位居全球第一。从国内来看,上海、北京、成都等城市先后开启"双机场"运营模式。如表 1 所示,2024 年,上海"虹桥机场+浦东机场"、北京"首都机场+大兴机场"、成都"双流机场+天府机场"的旅客吞吐量分别为 12476 万人次、11679 万人次、8734 万人次,远超过广州白云机场的旅客吞吐量(7637 万人次)。如表 2 所示,2024 年,广州白云机场的货邮吞吐量(238 万吨)略高于台湾桃园机场(227 万吨),不足香港国际机场(490 万吨)的一半,仅为上海浦东机场(421 万吨)的 57%。

表 1 2020~2024 年我国主要机场旅客吞吐量

单位:万人次

年份	北京		上海		广州	成都	
	首都机场	大兴机场	虹桥机场	浦东机场	白云机场	双流机场	天府机场
2020	5060		6164		4376	4074	
2021	5769		6542		4025	4447	
2022	2298		2889		2610	3060	
2023	9229		9697		6317	7493	
2024	11679		12476		7637	8734	

资料来源:2020~2024 年《全国民用运输机场生产统计公报》。

表2 2020~2024年我国主要机场货邮吞吐量

单位：万吨

年份	上海浦东机场	广州白云机场	深圳宝安国际机场	香港国际机场	台湾桃园机场
2020	369	161	140	447	234
2021	398	204	157	503	281
2022	312	188	151	420	254
2023	344	203	160	433	211
2024	421	238	188	490	227

资料来源：2020~2024年《全国民用运输机场生产统计公报》、国际机场协会（ACI）、桃园机场股份有限公司官网。

从国际来看，2023年，美国孟菲斯机场、安克雷奇机场、迈阿密机场的货邮吞吐量分别是广州白云机场的1.9倍、1.8倍、1.3倍，广州白云机场货邮吞吐量不及韩国仁川机场、卡塔尔哈马德机场。2024年，广州白云机场旅客吞吐量排名全球第12位，落后于美国亚特兰大机场、迪拜国际机场、日本东京羽田机场、土耳其伊斯坦布尔机场，甚至不及印度德里英迪拉·甘地机场。

（二）综合交通枢纽辐射能力不强

第一，航线覆盖范围存在局限。目前，广州白云机场内地航线覆盖范围较广，但国际及地区通航点仅有84个，与纽约肯尼迪国际机场（123个）、新加坡樟宜机场（158个）、香港国际机场（220个）存在明显差距。广州白云机场国际航线主要运力投放在东南亚、日韩、澳新地区，与香港国际机场、上海浦东机场相比，欧美航线运力投入不足。第二，综合交通运输体系尚未完全建立。目前，广州白云机场已经开通地铁、城轨，尚未开通高铁，空铁联系不够紧密，多式联运效率不高。从广州白云机场至广州北站乘坐城轨最快需要20分钟，而且广州北站高铁车次较少。客流数据显示，通过广佛环城际实现广州北站—白云机场联运人数仅约为100人/天，空铁联运占比非常低。与北京大兴机场空铁联运、香港国际机场海空联运相比，广州白云机场的多式联运发展明显落后。第三，集疏运交通网络不够密集、发达。目前，只有地铁 3 号线可以直达广州白云机场，白云机场周边的花都区、白云区地铁、城轨线路较为单一。以钟落潭镇为例，通过地铁方式到达白云机场所需时间超过 1 小时。东莞、肇庆、中山、惠州等珠三角地区城市通过高铁、城轨、地铁交通换乘到达白云机场的时间超过 2 小时。随着港珠澳大桥、深中通道的开通，珠江西岸地区的旅客选择深圳宝安国际机场、香港国际机场出行更为便捷。

（三）客货运中转能力弱，国际旅客比重低

2023 年，美国安克雷奇机场得益于跨太平洋航线货机运输中 80% 的货物都会通过该机场中转，货邮吞吐量约为 360 万吨，排名全球第三。2024 年，迪拜国际机场的旅客吞吐量超过 9200 万人次，排名全球第二。迪拜国际机场的国际旅客比例高达 95% 以上，接待国际旅客数量蝉联世界第一，机场中转率高达 90%。2024 年，香港国际机场货邮吞吐量为 490 万吨，排名全球第一。2024 年，白云机场国际旅客占比由高峰期的 32% 回落至 19%，旅客中转率不足 20%，与迪拜国际机场、香港国际机场、美国安克雷奇机场存在较大的差距。

（四）航空服务质量亟须提高，机场设施环境有待改善

2024 年，Skytrax 发布的年度"全球最佳机场"（航空界奥斯卡）百强名单显示，广州白云机场排名第 25，落后于卡塔尔哈马德机场、新加坡樟宜机场、韩国仁川机场、香港国际机场。广州白云机场相关服务配套略显落后，登机口旁边的凳子配有充电口却无法充电，安检口至登机口步行时间至少 20 分钟，候机大厅夏季空调温度不太低。

广州白云机场外围农田、荒地、小型住宅纵横交错，高压线、高压塔布局较多，中小型工厂密集，部分区域仍处于自然村落状态，建筑物外立面景观效果较差。新加坡樟宜机场为集航空设施、景观花园、购物娱乐、住宿餐饮于一体的大型建筑，有热带雨林风格的立体绿化、人工瀑布、人造树冠花

园，其先进设施、贴心服务、环保理念等都可为旅客提供高质量的出行体验。与新加坡樟宜机场、香港国际机场等国际航空枢纽相比，广州白云机场航空服务质量亟须提高，机场设施环境有待改善。

（五）世界一流航空企业缺乏，临空产业基础相对薄弱

近年来，广州临空经济区涌现出南方航空、广东省机场管理集团、GAMECO、新科宇航等一批产业链龙头企业，进驻九元航空、龙浩航空、顺丰速递、DHL 等近 14000 家临空企业，其中，宝能投资、香雪制药、雪松控股等部分企业相继"爆雷"，出现债务危机，且缺乏如中国商飞（上海）、空中客车（天津）等世界一流航空企业，临空指向性强的高端、高科技、高附加值企业比例较低。广州临空经济区电子信息、生物医药、精密装备制造等临空产业尚未形成规模效应，产值不足地区总产值的 5%，而深圳宝安、上海浦东均已超过 30%。

四 广州建设世界一流航空枢纽的对策

（一）加强航空基础设施建设，形成"一主五副"多机场体系

加快白云机场 T3 航站楼、第五跑道建设进度，预留第六跑道空间，延长白云机场西一跑道（第二跑道）长度，由 3600 米延长至 3800 米。在广州北站设立 T4 航站楼、直升机起降场，将机场航空货运站面积扩展至 120 万平方米。将白云机场综合保税区占地面积拓宽至 3.5 平方公里。对白云机场站坪扩容，提升年旅客和货邮吞吐能力。构建"一主五副"覆盖客运、货运、通用航空的多层次机场体系，在番禺沙湾、从化温泉镇、增城派潭镇、黄埔九佛街道、南沙大岗镇新建或改扩建通用机场。其中，增城派潭镇、从化温泉镇新建跑道型通用机场，助力广州低空经济发展。通过加强基础设施建设、发展多机场体系扩大航空运输规模，提升航空枢纽的辐射能力。

（二）构建综合交通运输体系，增强航空枢纽集疏运能力

加快推动国际及地区航线恢复和拓展，增加欧美航线的运力投入。推进国家级空港物流枢纽项目建设，加强与国际航空枢纽合作，新增、加密国际航空枢纽之间的航线，提升航线网络通达性。积极发展水空联运、陆空联运、空铁联运，疏通流溪河至白云机场 T3 航站楼线路，新建广清永高铁、佛山西站→广州国际港→白云机场→从化→河源高铁、广中珠澳高铁、贵广高铁广宁联络线，加快广佛东环城际、新白广城际新塘至机场 T2 段、芳白城际、广花城际等城际铁路建设。新建广州北站→花都湖公园→清埗→白云机场 APM 线，延长广州地铁 9 号线高增站→T3 航站楼→钟落潭站（14 号线），在广州南站、广州北站开展"低空+高铁"联运试点。构筑广州白云机场"十字形"高铁枢纽、蜘蛛网型轨道交通中心，实现不同交通方式的无缝衔接和立体换乘。

（三）着力提高机场中转能力，提升国际旅客出行体验

构建高效中转网络，开通三亚→广州→上海、西安→广州→新加坡、北京→广州→墨尔本等国内外中转航线。对广州口岸操作中心进行升级改造，设立"安检+清关"双前置物流货站，提高通关便利化水平。缩短最短中转时间，国内转国内为 45 分钟、国内转国际为 55 分钟、国际转国内为 85 分钟、国际转国际为 85 分钟。国际客运航班的截载时间缩短至起飞前 55 分钟以内，国内客运航班的截载时间缩短至起飞前 35 分钟以内。优化中转流程，推行电子放行、自助值机和自助托运。为"经广飞"旅客提供优质中转服务，在标识、广播、电子屏、购票等场景提供多语种服务指引。增加"睡眠舱"数量，完善中转旅客休息区设施，针对长时中转旅客提供短途游览服务。优化机场"行李挑找"服务，提高出发值机托运、抵达取行李工作效率。开通紧急中转绿色通道，对于时间紧迫、老幼病残等旅客可以凭"绿色贴纸"标识，优先通过边防检查、海关机检和安全检查环节。加强对机场周边交通运输车辆运营治理，

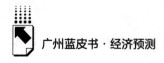

加大对客运违章打击力度，如保障出租车、网约车出行安全与进行价格规范。

（四）加强智慧航空枢纽建设，提高机场信息化水平

加强广州白云机场数字基础设施建设，以数字化、网络化、智能化打造全景数字孪生机场。通过构建机场虚拟化计算资源池、视频云存储平台、GIS 地理信息平台、人脸信息库和比对平台以及加强 5G 基础设施建设，持续巩固升级智慧化建设基础。进一步促进新材料、新一代信息技术和 AI 技术在航空枢纽建设中的深度融合，运用 BIM 技术，提升设计精细化水平，促进智能建造在机场建设领域的应用。全面优化和升级智能化运维工具，完善 C6 运维综合平台、ITSM 管理平台信息化服务功能。如在机场航站楼配备多语种智能导览机器人。通过实时数据分析和人工智能算法，对旅客行为、航班动态、天气等大量数据进行分析，如旅客的出行习惯、偏好、历史飞行记录等，为旅客提供个性化的餐饮、购物、休息室服务，从而提高运营效率和旅客满意度。有序推进机场生产智慧化，加速推广应用智能终端携 LED 显示终端、智能充电桩、自助值机终端、机场问询机器人、机场巡检机器人等智能化产品，降低机场整体运营成本。鼓励科技创新，加强大数据、云计算、人工智能、区块链等新技术在白云机场的综合运用，提高航空客货运信息化、标准化水平。

（五）大力推动低空交通发展，创新航空运输服务模式

在白云机场区域设立广州低空运营总部基地，实现低空运行管理、低空数据集成、低空经济展示等功能。建设辐射粤港澳大湾区的立体交通低空枢纽中心，开展机场高低空融合试验飞行活动，规划发展空空联运，创新"干支通，全网联"航空运输服务模式。充分利用航空技术咨询、航空器维修、通航运营管理等领域优势，依托白云机场 FBO 基地，开通广州白云机场→琶洲→香港、广州白云机场→琶洲→澳门等直升机跨境航线，推出定期

短途运输航班，进一步拓展公务飞行、商务飞行等低空飞行服务。增加航班时刻放量，将白云机场的高峰小时起降架次容量由83架次增至90架次。在机场设立空铁联运中转服务点，旅客凭机票可以免费乘坐机场快线至广州北站、广州白云站、广州南站，为旅客提供高效、便捷、舒适的一站式定制化服务。不定期在白云机场航站楼举办民乐演奏、粤剧、醒狮、英歌舞、画展、杂技、快闪等文化表演活动，为旅客营造欢乐、温馨的出行氛围。

（六）持续优化航空资源配置，引进优质市场主体

在保障航空安全的前提下，尽可能合理开发和利用空域资源，持续优化航空货运航线，进一步开放航权。持续优化主基地航空公司（南方航空）航线航班资源配置，打造具有全球竞争力、服务全球的世界级"超级承运人"，提升南方航空的运营能力、经营能力和影响力。简化货运航班审批程序，培育顺丰速运、菜鸟速递、中国邮政等具有国际竞争力的快递物流运输企业，增加航空货运专线数量。促进大疆科技、亿航智能、小鹏汇天、沃飞科技等低空飞行器制造企业在白云机场附近集聚，培育低空经济领域高技术企业、专精特新企业。引进华为、中兴、小米、富士康等电子信息产业优质企业，吸引手机零部件、芯片以及电子产品等航空物流货源。

（七）因地制宜发展临空经济，促进临空产业协同发展

依托广州飞机维修制造、跨境电商、航空物流、航空总部等临空产业优势，重点发展人工智能、芯片制造、高端装备制造、生物医药、健康医疗、文化旅游等产业。整合广州融创文旅城、花都湖公园、空港文旅小镇、九龙湖度假区、英西峰林走廊、碧水湾温泉等文旅资源，积极争取迪士尼主题公园项目落户花都，对空港文旅小镇进行升级改造，在白云机场附近设岭南文化博物馆、大型会展展馆等文化场馆。引进中国卫星、航天机电、航发动力、航天科技、中航电子等知名企业，在广州北部布局商业航空航天制造产业。聚焦生命健康产业，在广州临空经济区设立高值医疗耗材、高端医疗器

械、生物医药等头部企业区域总部和研发中心，设立中山大学附属第一医院（空港院区），鼓励支持世界一流医疗平台、医疗机构落地，推动精准医疗、基因检测、药品检测等业务快速发展。以空港为龙头、以产业为核心、以城市为载体，以港兴产、以产兴城，促进临空产业之间形成良性互动，推进港产城融合发展。

参考文献

《到 2050 年建成一批世界一流航空企业和航空枢纽》，《法治日报》2024 年 8 月 30 日。

陆婧：《基于公众满意度的重庆 A 机场公共服务质量提升的政府监管研究》，重庆大学，硕士学位论文，2023。

张华：《全面提升大兴机场临空区一体化水平》，《前线》2023 年第 11 期。

黄野：《中国东方航空公司航线网络管理研究》，对外经济贸易大学，硕士学位论文，2019。

刘波：《"一带一路"背景下北京国际航空枢纽建设研究》，《城市观察》2017 年第 1 期。

《广州市人民政府办公厅关于印发广州市综合立体交通网规划（2023—2035 年）的通知》，广州市人民政府官网，2024 年 4 月 30 日，www.gz.gov.cn。

姜巍：《国际航空枢纽发展特征分析及对我国的发展建议》，《价值工程》2018 年第 19 期。

胡荣涛：《加快打造国际一流航空货运枢纽服务内陆开放新高地建设》，《党政干部论坛》2024 年第 2 期。

王珍发、刘晨：《对航空公司服务中国式现代化建设的认识和思考》，《民航管理》2023 年第 1 期。

B.17
推动广州强村公司内源式发展研究

易卫华*

摘　要：　强村公司是浙江在实施"千万工程"过程中，为增强村集体经济"造血"功能、推动实现共同富裕的创新性探索与成功实践。本文研究了广州在大力推进"强村公司+"模式的过程中，通过创新组建模式，不断增强"造血"功能，推动资源变资产、资金变股金、农民变股东，推动强村公司内源式发展转向的实践。但是，强村公司在发展过程中，仍然存在行政式动员与多元主体参与积极性不足、"投喂"式发展与自我"造血"能力偏弱等矛盾，需要注重通过政府政策引导、建立监管机制以及人力资源等方面的建设，充分调动经营主体参与的积极性，不断为强村公司长效可持续发展注入动力。

关键词：　强村公司　内源式发展　"造血"功能

引　言

　　乡村发展依赖何种动力源是决定乡村能否实现可持续发展的关键。如果完全依赖政府或市场等外部因素，忽略资源内生、理念认同、组织动员和市场开拓等内生因素，无法真正推动乡村振兴。所谓内源式发展，主要包括以下几个特征。一是发展动力内生化。与"外部激活"的外源式发展不同，内源式发展更强调利用当地的资源禀赋与比较优势，推动镇村内部参与，强

---

*　易卫华，广州市社会科学院农村研究所研究员，主要研究方向为农村建设与发展、智慧农业等。

调激活内生发展动力。二是发展理念包容化。内源式发展重视"内联",但并不排斥"外引",不断拓展发展的深度与广度,形成"内外联动"的理想发展模式。三是发展成果普惠化。主要表现为通过构建有效的利益联结机制,不断完善合作模式,实现参与主体、参与形式的认同普惠,发展成果的普惠共享。四是发展空间在地化。内源式发展强调充分利用本土资源,培养本土化人才,构建本地发展优势。

强村公司是指以助推村级集体经济发展壮大和农民增收为目的,由农村集体经济组织通过投资、参股组建公司实体或入股县(区)、镇级联合发展平台等,以项目联建等形式统筹辖区内农村集体资产资源,实行公司化运营并兼顾社会效益的企业。强村公司以市场化经营、优化资源配置、多元化发展为重要目标,具有鲜明的共同富裕发展导向。建设强村公司有利于整合区域特色资源,助推乡村产业高质量发展,激发了乡村振兴"原动力",进而增强基层组织动员能力、推动实现共同富裕,为新时代绘制"百千万工程"新图景奠定基础。

强村公司是全新的研究领域,相关研究文献较少,主要包括以下内容。一是关于强村公司的意义与模式研究。杨小仙认为,强村公司有村企共融、镇村合融和村村联融"三种模式"。梁晓敏、张瑾认为,强村公司将集体经济纳入利益联结机制,在保障集体资产安全、对弱势群体再分配以及增加本地就业等方面具有内生动力。二是强村公司发展现状与亮点。杨小仙认为,强村公司通过盘活闲置资源、服务市场、劳动力资源"三类资源"激发乡村新活力,通过聚焦引才用才、关键环节、精准服务"三项发力"实现管理运营新突破。周萍认为,强村公司有基于"资源+产业""工资+股金""项目+人才",发展集体经济、提高村民收入、加快乡村建设等亮点。三是强村公司发展存在的问题。周萍认为,强村公司存在经营管理能力欠缺、公司管理机制不适、业务承接能力不足、监督管理有隐患等问题。陈小兰、吴昌认为,强村公司发展存在公司定位和走向不够清晰、自我"造血"能力不够强、利益联结机制不够紧密、政策支持体系有待完善等问题。范虹邑、陈扬波、周爱飞等认为,强村公司存在思想认识不够清晰、创设同质化、经营产业单一化、生产和经营人员数量紧缺及素质亟须提高、项目谋划对接不足、运营水平低、利益分配机制不合理、监督体制机制阻塞等问题。许慧、潘洁妤、陆一笑等认为强村公司有强村自办、村企联办、跨村联办等"抱团"发展模式。杜正顺、张惠兰、吴文杰认为,强村公司存在管理模式单一、能力欠缺、机制不活、业务承接能力不足、监管有隐患等问题。四是促进强村公司发展的对策建议。陈小兰、吴昌提出厘清公司的定位和走向、创新利益联结机制、丰富经营业态和模式、优化运营环境、加大政策扶持力度等建议。杜正顺、张惠兰、吴文杰提出加强资源整合、推动管理提效、激发管理活力、强化政策支持等对策。周爱飞等认为,要推动强村公司发展,必须明晰性质,厘清"是什么"的问题;聚焦主体,解决"谁来干"的问题;紧扣定位,着眼"干什么"的问题;优化路径,聚力"怎么干"的问题;完善机制,确保"干得好"。总体来看,关于强村公司发展的文献不多,如何通过内源式发展,激活强村公司发展的内生动力,促进发展过程中的理念弥合,增强发展的组织动员能力,仍然需要进一步深入研究,这也是本文探讨的主要内容。

一 广州强村公司内源式发展转向

当前,广州在强村公司发展过程中,大力推进"强村公司+"模式,"政社企银"联动,创新组建模式,打破了农村以往"单打独斗""碎片化"的经营方式,破解农村土地分散化、"非粮化"难题,打造规模化农业项目,强化队伍建设,破解融资难题,不断增强"造血"功能,推动资源变资产、资金变股金、农民变股东,不断赋能"百千万工程"建设。

(一)打造"产业植入+乡村特色"的"品牌综合体",破解动力不足的难题

1.围绕"品牌引领",推动"美丽资源"向"美丽经济"转化

电商赋能,激活产业,增强广州强村公司"造血"能力。广州从化、

增城、花都等区强村公司依托本地特色蔬菜、花卉、水果等产业打造大型电商平台，开启"互联网+特色农产品""互联网+鲜花"的新产业模式，挖掘差异化特色，提炼打造畅销产品，提升本地品牌知名度和美誉度。从化等地盘活生态、文化等资源，升级传统产业，培育新兴产业，打好产业、市场、科技、文化"四张牌"，讲好广州故事，持续擦亮"穗"字号品牌。

2. 围绕"产业兴村"，促进产业链向"微笑曲线"两端延伸

立足补齐乡村产业链短板，广州强村公司做强精深加工，打好加工、出口、物流、电商"组合拳"。广州强村公司利用"千企帮千镇、万企兴万村"等平台，强化与银行、国有企业、物流企业等协同发展，加快乡村先进要素集聚。延伸价值链，开发"名、新、鲜、特、高"农产品，通过营销创造品牌价值；推动农业与休闲康养、文化旅游等产业融合，打造独具特色的乡村品牌形象，不断提升产业价值链水平。

3. 围绕"文旅融合"，深入挖掘乡村文旅资源培育发展新业态

依托农业、生态、文化资源等优势，大量引入旅游元素，发展休闲旅游、特色民宿等产业，满足游客休闲娱乐、观光体验、养生度假等多种需求，开发具有乡土色彩的住宿、餐饮、休闲产品，提升游客的精神体验，推动农、文、商、旅产业融合发展，加快形成涵盖"吃住行游购娱"各个方面，以农促旅、以旅强农的新格局，培育壮大农文旅产业。

4. 围绕"粮食安全"，书写"非粮化""非农化"整治后半篇文章

广州从化、增城等地探索形成了"强村公司+非粮化""强村公司+非农化"整治模式，由村集体经济合作社集中流转土地，借助强村公司，以粮食种植为支点，打造规模化农业项目，破解农村土地"碎片化""非粮化"难题。将原来农民手中"碎片化"的资源进行整合，如整合耕地、果园等资源，并按照"整合加工、提升包装、打造品牌"的发展思路，打造规模化农旅项目，提升产品附加值，使抛荒和"非粮化"基本农田成为"共富米"生长的沃土。从化锦一农业经济发展有限公司积极挖掘整合村内"千亩农田、万亩林地"资源，在土地托管的基础上统一培育荔枝、红柿等优质适销农产品品种。

（二）打造"村企联动+校银融合"的"组团融合体"，破解"单打独斗"的难题

1. 跨村跨界组团，创新组建模式

广州不仅组建了村集体全资的单村型强村公司，部分地区还打破村域壁垒，以控股、参股和多村"抱团"等形式，按照"镇域统筹、跨村发展、股份经营、保底分红"的原则，组建了村+多个合作社、多村组团、跨镇组建以及镇（村）+企业（国企或民企）等形式的强村公司，形成了村企联营、强强联合、强村带弱村等"抱团"发展的成功经验。

2. "政企校"合作，强化队伍建设

广州加快推进农村职业经理人试点，积极培育农村职业经理人，组织聘请乡村 CEO 在强村公司任职、兼职，指导工作。镇、村两委在强村公司建设过程中，坚持"能人入党治村"发展思路，从企业家、大学生、退伍军人、返乡创业农民中选出乡村振兴合伙人，为强村公司发展注入活力。一些强村公司与市内外高校合作，充分发挥高校的智力资源优势，设立大学生旅游与直播实践基地，帮扶指导强村公司发展。

3. "村企银"携手，破解融资难题

为解决融资难、融资慢的问题，部分村与银行合作，建设信用村，争取整村授信，获得专项资金贷款。与国有企业或民营企业达成结对共建或合作发展协议，获取发展资金，比如，广州联通赞助支持从化区江埔街锦一村开通荔枝直播助农线路，先后投入 10 万元。该公司还与中国邮政、顺丰速运等快递企业达成共建协议，获得较大折扣物流费用套餐，支持农产品电商销售。一些行政村通过广泛宣传强村公司的经营思路，多渠道动员党员、乡贤捐款，筹集发展资金，支持强村公司发展。

（三）打造"城乡融合+资源整合"的"要素集成体"，破解资源零散的难题

一是"点石成金"，活化闲置资源。镇村开展资产清查，摸排集体资

金、资产、资源，建立村级资产台账，以此为基础，盘活区域内闲置校舍、旧村部等，通过改造提升、资产入股、招商引资等方式，引入强村公司运营，推动资源变资产，让闲置资源"活"起来。在所有权不变的前提下，部分强村公司构建"资产流转+物业托管"等模式，发展主粮种植、休闲观光、种子研发、研学体验等多业态，探索出强村富民新路子。例如位于从化区鳌头镇龙潭南平村的广州市从化区惠龙田园综合体有限公司（以下简称"惠龙公司"）通过流转承包地、闲置宅基地和闲置农房等，集中开发集体资源，形成了集休闲观光、民宿、农家乐等于一体的特色乡村产业。

二是"聚沙成塔"，集聚分散资源。通过强村公司链接资源，将"碎片化"的资源集聚，按照"整合加工、提升包装、打造品牌"的发展思路，打造规模化农旅项目，提升产品附加值。强村公司通过"片区组团"与乡村联合体模式，打破镇村的地域边界，推动乡村发展资源跨镇和跨村流动，打破马太效应，在更大范围内整合集聚散落各村的资源，"合纵连横"、取长补短，形成规模集聚效应，有效解决乡村产业规模小、布局散、链条短等问题。

三是"借鸡生蛋"，吸引外部资源。强村公司是资本、人才等进村的重要对接与发展平台，一些镇村充分利用市有关单位、市属企业、高校、科研院所对北部山区的纵向帮扶机制，创新建立"村公司+合作社+国企+农户+社会投资者""村公司+合作社+民企+农户"等模式，推动产业升级，实现内生"造血"，建立健全保底分红、专项基金、土地流转等多种利益链，有效拓宽村集体经营性收入来源。

（四）打造"集体创收+农民增收"的"共富共同体"，破解共同富裕的难题

1. 促进村集体经济组织参与市场经济，拓展村集体经济收入来源

聚焦闲置利用，打通多要素资源盘活路径，构建"政企校银"多方合作共建模式，延伸拓展农村农业产业链，拓展纵向和横向资源要素连接网络，打造规模化农旅项目，与村集体经济合作社优势互补，推动村

集体经济从"保底型"向"发展型"转变。与村集体经济合作社相比，强村公司具有更强的村集体资源和资产经营能力，有效提高了支农政策资金的使用效率。广州从化锦一农业经济发展有限公司由锦一村经济联合社100%持股，公司认缴出资额为100万元，该公司做好"土特产"这篇文章，积极挖掘整合村内资源，生产适销农产品品种；注重突出地域特色，深度开发"锦洞西洋菜""锦洞马岗鹅"等多个自有品牌；积极做优农产品地理标志，努力延长产业链、价值链；开展农产品规模化种植、初深加工等业务，依托电商平台、冷链物流等方式拓宽本村农产品销路；发展休闲度假游、农业体验游等旅游新业态，实现了农旅互促的联动效应；聘请本地村民参与运营，增设化肥农药购销部、农产品展示中心等助农惠农业务板块。有效推动村集体经济和现代企业管理模式有机融合，锦一村的村集体年经营性收入从过去的10万元增长到500万元，增长了50倍。惠龙公司注册资金为1000万元，由南平村14个经济合作社于2022年1月20日各认缴25万元成立，该公司通过流转承包地、闲置宅基地和闲置农房等集中开发集体资源，在成立不到1年4个月的时间里实现经营性收入超220万元。

2. 促进农民财产性收入、工资性收入和经营性收入提升，推动农民共同富裕

广州强村公司通过盘活农民土地、闲置农房等资产，增加了农民的财产性收入；强村公司结合农业产业发展需要，组织开展特色农产品订单式农业生产，拓宽了农产品销路，促进农民经营性收入增加；在小型简易工程、粮食耕种以及相关农文旅经营活动中，优先雇用本村劳动力，辐射带动周边村，村民获得了"薪金+股金+分红"，推动实现了工资性收入和经营性收入"双提升"。例如，从化区鳌头镇乌石、横江、龙潭村三个村联合成立广州潖江实业有限公司，企业注册资本和认缴资金各1000万元，实缴资本139.8万元，企业与越秀集团合作，创新建立"国企+村公司+合作社+农户+手艺人+社会投资者"模式，探索开设粉面、奶、豆、油制品共四个"前店后厂"，村集体及村民占股90%以上，分红占比75%以上，推动村民

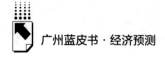
实现"家门口"就业创业，并建立健全了保底分红、专项基金、土地流转等多种利益链，项目建设以来，村民人均年增收 6000 元以上。

二　广州强村公司进一步发展面临的困境

（一）行政式动员与多元主体参与积极性不足的矛盾

从各地实践看，一些村干部主观能动性不够强。大多数强村公司是政府自上而下推动，乡镇（街道）党委、政府的热情比村集体高，村干部管理强村公司需要投入大量时间和精力，因此，经营管理意愿不强，经营过程中存在"等靠要"或"躺平"思想。强村公司虽为村民提供了就业岗位，拓展了农产品销售渠道，带动了村民增收，但是由于强村公司业务承接能力弱，以及村民文化和技能水平低，只能承担保安、保洁、建筑工等收入不高、话语权不大的工作，且长期以来乡村精英处于基层政府、社会组织、村民的社会关系网络中的关键地位，大多数普通村民在村庄规范发展和强村公司建设中相对缺乏话语权，无法充分参与强村公司决策，加之公司运营过程中存在较大的经营风险，因此，普通村民对强村公司发展的认同度偏低。强村公司市场自主性偏弱，依赖政府项目、资金支持，镇村发包的工程业务量一旦减少，公司营收就会直线下降；公司资质不足，持续发展乏力，经营状况出现分化，业务规模普遍偏小，存在较强的同质化倾向。

（二）"投喂"式发展与自我"造血"能力偏弱的矛盾

随着广州强村公司的发展，其弊端也渐渐浮出水面，发展水平不一、参差不齐，有些强村公司由农业合作社转化而成，未开展实质性的经营活动，没有产生任何经济效益，存在"空壳化""虚名化"现象，主要表现及原因如下。一是缺乏"能人"带动，"引领"能力弱。广州强村公司建设处于起步阶段，没有财力聘请专业人员，管理人员多数由镇村干部和村"两委"人员兼任，这些人员缺乏公司经营、项目建设和运营管理的实践经验，而且由于本已承担了十分繁重的基层管理工作，其能投入公司经营的时间和精力非常有限。强村公司业务做强做大后，急需专业经营人才的参与，即使公司财务能够支持较高的聘用成本，这些外聘人员也会有本土化难题。二是业务承接能力差，市场化经营困难。不少镇村的强村公司缺乏市场调研、前景分析、效益测算，未充分考虑本地资源、群众意愿、技术服务、产品特色等因素，缺乏因地制宜、立足长远、长短结合选准选好产业的能力，难以实现"短期能见效、长期有市场、销路不发愁、社员能获利"的发展目标。特别是从化、增城等区虽有较多的优质生态、文化资源，但较为零散，项目建设受生态、永久基本农田等红线制约较多，业务拓展能力和可持续发展能力偏弱。三是缺乏甄别分类、动态监管的机制。由于广州推进强村公司建设的时间较短，目前还未开展强村公司清理退出和规范提升行动，缺乏对各类村集体经济合作社的甄别分类、动态监管。

（三）实现强村富民目标与利益联结机制僵化的矛盾

强村公司以促进乡村产业发展、缩小城乡收入差距、推动实现共同富裕为使命。强村公司在政府的扶持下，采用市场化模式进行运作，并获取资源，具有集体公有的所有制性质，兼具商业和公益性质。调研发现，强村公司发展过程中，存在股东意见有分歧、激励机制不够健全、容错免责机制不完善等问题。由于强村公司管理人员思路不统一或者不同镇或村资源禀赋、发展程度不同，在"镇（村）+企"、"多镇抱团"、"镇+多村"或"多村抱团"等形式的强村公司中，不同镇、村、企的资产资源折合股份占比存在矛盾与差距，难以兼顾公平与效益，影响公司长远发展。此外，部分集体经济薄弱的镇村未建立起完善的市场化经营机制与薪酬分配激励机制，也缺乏聘请职业经理人的资金支持；镇村干部作为强村公司的管理人员，兼职承担公司的管理工作，但是，对这部分管理人员的收入激励保障制度不完善，影响了其工作积极性。强村公司作为市场法人实体参与经营活动，可能出现经营失败的情况，镇村干部可能面临追责风险。

（四）缺乏有效监督体制与容错机制不健全的矛盾

大多数强村公司不同程度地存在经营过程与资产资源监督缺失或监督不力的症结。强村公司的法人、管理人员和报账员等一般分别由镇村干部或者村股份经济合作社的董事长、监委会主任和出纳兼任，会计则通常从外部聘请会计兼职。从实际情况看，兼职会计通常只能进行基本的账务处理，对公司的管理机制、资产资源、日常运营不太了解，难以按"小微权力"要求处理账务，因而存在一定的监管风险与漏洞。在公司的项目招引、资产管理等方面，往往缺乏对公司运营收支状况、资产资源分配等方面常态化制度监管与民主监督的机制和平台，部分强村公司存在上级监管不到位、同级监督不够有力、监督措施不够健全或制度执行不严格等问题，出现以公司资金的收支、项目运营等为缘由挪用资金等情况。

三　广州强村公司内源式发展的实现路径

（一）构建统分结合的管理体系，建立现代企业管理制度

一是构建统分结合的管理体系。建立市、区、镇、村部门联动机制，出台统一规范的强村公司管理指导意见，构建完善的指导管理体系。完善乡村治理体系与结构，厘清基层"两委"与村民小组、强村公司的职责分工与合作关系。针对强村公司经营状况分化的情况，对强村公司实行分级评定与分层管理，将分级评定结果作为村干部评先推优以及强村公司享受项目、资金政策和公司优胜劣汰的重要依据，清退经营不善的"僵尸""空壳"类强村公司。二是推动建立现代企业制度。完善公司章程与收益分配结构，健全完善设立管理、项目管理、内控管理、财务管理等各项制度。按照公司章程聘请职业经理人，提升公司管理和决策的科学性以及业务运作的专业性。结合公司发展定位与业务经营需求，适当放宽强村公司经营权限，因地制宜，错位发展，立足本地特色产业。

（二）调动镇村干部的积极性，加大各类人才引育力度

一是调动镇村干部的积极性，按照权责对等、激励与约束相协调和效益与公平相结合的原则，科学评估镇村干部和职业经理人的贡献，持续完善强村公司薪酬管理与业绩考核制度；开展十佳强村公司职业经理人评选，从政治待遇、物质奖励、社会荣誉等方面给予激励。二是结合支部书记选派、"村企结对"等工作，筛选建立下派干部组成的"人才池"，选优配强强村公司经营管理队伍。三是招引乡村能人。鼓励善经营、有能力、懂农村的有志青年、乡贤返乡任职。吸收本地有技术、有资质的能工巧匠进入强村公司，提升强村公司发展资质。四是加大人才交流与培育力度。组织镇村干部和经营管理人员开展不同层面的线上与线下培训，切实提高经营管理人员的专业水平。定期开展与党委、高校、企业等不同群体的学习交流活动，加强公司内部研讨与经验交流活动。

（三）发挥上级党委、政府的作用，创新公司利益联结机制

一是发挥上级党委、政府的作用。上级党委组织股东，召开党委会，议定公司章程、经营目标与方向等重大事项。针对股东意见难以统一的情形，上级党委应充分发挥组织协调作用，引导树立合作共赢、团结互助的意识，通过讨论决策、逐一面谈和座谈动员等方式，协调各方意见，达成共识。组织召开全体村民座谈动员会，耐心倾听各方意见，研讨村情民意，疏导各方意见，引导村干部和村民消除疑虑，积极开展强村公司建设。二是创新公司利益联结机制。深入资产清算与审核工作，合理确定各行政村或村民的入股比例，完善技术、人才与土地等要素的多元化入股方式，根据股份确定股东收益；建立健全股份自由进入和退出机制，定期整合复盘股份所有权。

（四）创新强村公司发展模式，丰富公司经营业态与内涵

一是创新强村公司与其他主体联合发展的模式。进一步发展以"区

域统筹、跨村发展、股份经营、保底分红"为主的"飞地抱团"发展模式，充分利用市域结对互促纵向帮扶工作，特别是结合广州"千企兴千村"行动，加强与高校、科研院所和企业的合作；鼓励"弱村抱团""强弱共建""强村联合"，以独立开发、合资合作、入股共建等形式开办强村公司，打破镇村地域边界，在资源配置上进行跨村联动、联建、联营。二是构建"强村公司+特色产业"发展模式。开发运营发展前景好、产业带动强、乡村地域特色鲜明的优质项目，通过强村公司运营持续深化"一村一品、一镇一业"的建设，加大低效利用土地、闲置山林、闲置农房的开发力度，打造有区域特色的品牌产品，提升农业附加值。三是坚持"稳"字当头、差异化发展的原则。引导强村公司主业与关联业务共同发展。加强村级资产管理，防止集体资产流失。对于辖区政府及相关部门发包的小型项目或本地的垄断业务，可考虑由强村公司独资经营；对于由国有企业牵头运营的项目，可吸收强村公司参股经营；针对民营资本、农业合作社和家庭农场等经营的项目，可以"保底分红"的形式参股合作经营。

（五）优化强村公司运营环境，强化监督和容错纠错机制建设

一是强化项目保障。加大对强村公司项目倾斜力度，鼓励强村公司申报集体经济发展项目；推广各地基层政府工程"集体建"经验，鼓励强村公司按规定承接符合资质要求的水利设施、高标准农田、交通等小型项目。二是加强常态化监督。健全内部监督机制，成立公司决策、财政、日常运营的监督机构。完善监督手段，由纪委牵头、相关部门协同督查强村公司决策出台、资产管理、公司运营等问题，将强村公司纳入经济审计范围，优化负面清单制度，从"建体系、严整治"等方面防范"小微权力"腐败风险。通过系统规范的数字化系统，助力强村公司规范运行。按照《中华人民共和国农村集体经济组织法》的规定，编制年度经营报告、年度财务会计报告和收益分配方案，并于成员大会、成员代表大会召开10日前，提供给强村公司股东及村民查阅。三是强化容错纠错机制建设。探索建立完善强村公司

容错纠错机制，针对由特殊事故、自然灾害等不可抗拒力量导致的经营失败，制定防错容错纠错办法，科学精准实施容错纠错。

参考文献

杨小仙：《强村公司"强村有道"》，《农村财务会计》2024年第1期。

梁晓敏、张瑾：《新型集体经济促进共同富裕的经验及启示——以浙江湖州强村公司为例》，《中国延安干部学院学报》2023年第5期。

周萍：《临安深化强村公司管理运行的探索》，《新农村》2024年第2期。

陈小兰、吴昌：《"强村公司"农村集体经济创新发展模式——来自浙江省临安区的调研报告》，《上海农村经济》2023年第12期。

范虹邑：《"强村公司"推动乡村共同富裕的瓶颈问题和对策研究》，《山西农经》2023年第16期。

陈扬波、卢慧苏：《关于缙云强村公司的运作与思考》，《新农村》2023年第4期。

周爱飞、杨晓丽、叶芳等：《山区县域强村公司：从消薄消困到共创共富的重要力量》，《浙江经济》2022年第3期。

许慧、潘洁好、陆一笑等：《农村集体经济抱团发展模式研究——以南浔"强村公司"为例》，《村委主任》2023年第4期。

杜正顺、张惠兰、吴文杰：《关于优化强村公司管理模式的思考——基于长兴县强村公司管理实践》，《新农村》2022年第8期。

科技创新篇

B.18
2024年广州企业创新评价报告

广州日报数字化研究院（GDI智库）课题组*

摘　要： 本报告通过分析2024年广州企业创新榜，全面、立体评价广州企业创新能力，挖掘企业创新发展潜能。数据显示，广州企业创新榜上榜企业中有84家属战略性新兴产业，实现广州市"3+5"战略性新兴产业全覆盖，彰显广州企业具有较强的创新活力和发展动力。

关键词： 企业创新　知识产权　产业协同　广州

引　言

锚定"排头兵、领头羊、火车头"标高追求，广州坚持产业第一、制

＊ 课题组组长：刘旦，广州日报数字化研究院负责人，记者。课题组成员：陈杰，广州日报数字化研究院首席数据官，记者；郑晓云，广州日报数字化研究院数据分析师；宋婉怡，广州日报数字化研究院数据分析师；闫奕萌，广州日报数字化研究院研究员；邝颖盈，广州日报数字化研究院行政副总监。执笔人：闫奕萌、宋婉怡。

造业立市，立足资源禀赋、产业基础，正加快构建"12218"现代化产业体系。

广州始终将科技创新摆在城市发展的重要位置。2023年，广州战略性新兴产业增加值占GDP的30.7%，在科技创新领域成绩突出，其是全国"独角兽"企业数量增长最快的城市，是全国唯一研发投入强度连续8年稳定增长的一线城市；高新技术企业当年拟认定数量首次突破5000家，总量突破1.3万家，科技型中小企业增量居全国第一。

广州日报数字化研究院（GDI智库）运用大数据挖掘技术，从发明总量、专利授权率、全球化、影响力和成长性五个维度，评价广州市专利发明总量不少于50件的企业，并研制《2024年广州企业创新评价报告》，为区域优势发挥、产业结构优化以及企业科创能力提升等提供科学、专业的参照，以推动科技、教育、产业、金融紧密融合的创新体系不断完善。

一　2024年广州企业创新评价数据来源和评价体系

（一）数据来源

榜单备选企业名单：2020~2024年国家、广东省及广州市知识产权保护重点企业，知识产权优势示范企业，高新技术企业，科技型中小企业，国家级专精特新"小巨人"企业，广东省专精特新等企业。

专利相关数据来源：科睿唯安①专利数据库中企业2020~2024年的专利数据。

（二）评价体系

榜单科学、全面、客观评价企业创新能力，具体包含以下五个维度。

---

① Clarivate Analytics，原汤森路透知识产权与科技事业部。

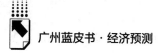
一是发明总量。本报告中发明总量指发明专利与实用新型专利的加总。以德温特专利家族为统计单位，每 1 德温特专利家族计为 1 件发明。

二是专利授权率。本报告中专利授权率采用 2020~2024 年发明授权量与发明总量的比值计算，用于衡量创新质量。

三是全球化。全球化由企业的国际专利数来衡量，指企业在国外成功申请、授权专利的数量。

四是影响力。本报告中影响力指标通过计算企业 2020~2024 年的专利被引频次（排除自引）得出。

五是成长性。本报告通过计算企业 2020~2024 年专利发明总量的复合增长率得到成长性指标，用于衡量企业的发展速度、反映企业的发展前景。

二　2024 年广州企业创新榜分析

表 1　2024 年广州企业创新榜

所在区域	企业	备注
黄埔	中国南方电网有限责任公司	
白云	中国南方航空集团有限公司	
越秀	广州汽车工业集团有限公司	
黄埔	广州视源电子科技股份有限公司	
天河	广州小鹏汽车科技有限公司	
海珠	广东省广新控股集团有限公司	
黄埔	金发科技股份有限公司	
越秀	广州市建筑集团有限公司	
天河	中国建筑第四工程局有限公司	
海珠	中船海洋与防务装备股份有限公司	
黄埔	京信网络系统股份有限公司	
荔湾	广东省建筑工程集团控股有限公司	
番禺	广州华多网络科技有限公司	
南沙	广船国际有限公司	

所在区域	企业	备注
黄埔	光宝电子(广州)有限公司	
海珠	中交第四航务工程局有限公司	
天河	中国科学院广州化学有限公司	
天河	广州极飞科技股份有限公司	★
黄埔	广电运通集团股份有限公司	
黄埔	奥动新能源汽车科技有限公司	★■
天河	中移互联网有限公司	
天河	广州酷狗计算机科技有限公司	
海珠	广州地铁集团有限公司	
天河	广东省广晟控股集团有限公司	
番禺	广州虎牙科技有限公司	
黄埔	合芯科技有限公司	▲
黄埔	广州文远知行科技有限公司	★■
天河	珠江水利委员会珠江水利科学研究院	
花都	中电科普天科技股份有限公司	
黄埔	广州海格通信集团股份有限公司	
黄埔	广州金域医学检验集团股份有限公司	
黄埔	高新兴科技集团股份有限公司	
天河	广东省电信实业集团有限公司	
黄埔	中国能源建设集团广东省电力设计研究院有限公司	
黄埔	广州金升阳科技有限公司	
天河	保利长大工程有限公司	
番禺	广州番禺电缆集团有限公司	
天河	广东省能源集团有限公司	
黄埔	广州赛莱拉干细胞科技股份有限公司	
番禺	广州市浩洋电子股份有限公司	
海珠	宝武集团中南钢铁有限公司	
番禺	超音速人工智能科技股份有限公司	
海珠	广州万宝集团有限公司	
天河	日立电梯(中国)有限公司	
番禺	广州广日股份有限公司	
番禺	广东好太太科技集团股份有限公司	

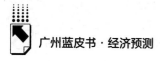

续表

所在区域	企业	备注
黄埔	广州富港万嘉智能科技有限公司	
海珠	中国电器科学研究院股份有限公司	
番禺	广州市百果园信息技术有限公司	
黄埔	粤芯半导体技术股份有限公司	★■
天河	广州博冠信息科技有限公司	
海珠	中交广州航道局有限公司	
南沙	广东芬尼科技股份有限公司	
黄埔	广州市昊志机电股份有限公司	
黄埔	广州达安基因股份有限公司	
天河	中石化广州工程有限公司	
白云	中铁二十五局集团第一工程有限公司	
花都	中铁广州工程局集团桥梁工程有限公司	
越秀	广州市市政工程设计研究总院有限公司	
黄埔	广州万孚生物技术股份有限公司	
荔湾	唯品会(中国)有限公司	
花都	广州市雅江光电设备有限公司	
黄埔	威创集团股份有限公司	
天河	广州星际悦动股份有限公司	
番禺	广东汇天航空航天科技有限公司	■
天河	广州发展集团股份有限公司	
黄埔	广州迪森热能技术股份有限公司	
黄埔	汇专科技集团股份有限公司	
花都	广州电力机车有限公司	
花都	鸿利智汇集团股份有限公司	
天河	广州明森科技股份有限公司	
黄埔	广州爱浦路网络技术有限公司	
黄埔	广州天赐高新材料股份有限公司	
荔湾	广州立白企业集团有限公司	
白云	广州白云科技股份有限公司	
黄埔	广东丸美生物技术股份有限公司	
天河	广东浪潮智慧计算技术有限公司	
番禺	广东保伦电子股份有限公司	
荔湾	广州医药集团有限公司	
白云	广州彩熠科技股份有限公司	

所在区域	企业	备注
天河	广州南方测绘科技股份有限公司	
天河	广州新科佳都科技有限公司	
黄埔	广州方邦电子股份有限公司	
天河	广东亿迅科技有限公司	
南沙	中建三局水利水电开发有限公司	
番禺	广州鹏辉能源科技股份有限公司	
南沙	广州港股份有限公司	
黄埔	广州励丰文化科技股份有限公司	
天河	广东省环保集团有限公司	
黄埔	广州环亚化妆品科技股份有限公司	
黄埔	广州朗国电子科技股份有限公司	▲
白云	欧派家居集团股份有限公司	
增城	广东纽恩泰新能源科技股份有限公司	
花都	志圣科技（广州）有限公司	
荔湾	广东省建筑设计研究院集团股份有限公司	
天河	广州市玄武无线科技股份有限公司	
黄埔	广州智光电气股份有限公司	
黄埔	广州通巴达电气科技有限公司	
黄埔	泰斗微电子科技有限公司	
天河	广东三维家信息科技有限公司	▲

注：★为2024年全球"独角兽"企业；■为广州"独角兽"创新企业；▲为广州"未来独角兽"创新企业。

资料来源：广州日报数字化研究院（GDI智库）课题组测算。

（一）上榜企业所在区域分析

2024年广州企业创新榜上榜企业覆盖10个区，黄埔有33家、天河有24家、番禺有11家，此后依次为海珠（8家）、花都（6家）、白云（5家）、荔湾（5家）、南沙（4家）、越秀（3家）、增城（1家）（见图1）。

来自黄埔的33家上榜企业平均国际专利数达128件，排名全市第一。同时上榜企业具有较强的研发实力和专利影响力，平均发明总量3105件，平均同族专利被引频次4792次，两项指标均排名全市第二。

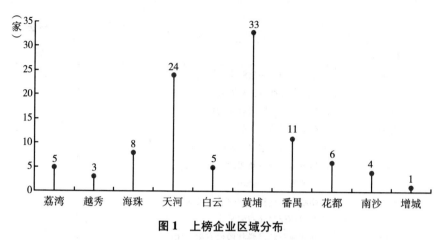

图1 上榜企业区域分布

资料来源：根据广州企业创新榜（2024）统计获得。

越秀上榜企业在科研实力、专利全球化、专利影响力等方面表现突出，平均发明总量4088件，平均同族专利被引频次5519次，均排名全市第一；平均国际专利数72件，排名全市第二。

南沙和荔湾上榜企业呈现较高成长性，2020~2024年专利复合增长率分别为61.27%、49.25%，分别位列全市第一和第二（见表2）。

表2 上榜企业科技创新具体情况（按区域分类）

区域	平均发明总量（件）	平均专利授权率(%)	平均国际专利数(件)	平均同族专利被引频次(次)	复合增长率（%）
荔湾	955	33.84	7	1632	49.25
越秀	4088	18.22	72	5519	22.11
海珠	1733	23.91	66	3510	18.68
天河	1013	30.51	26	2190	35.38
白云	2544	28.58	18	3288	7.13
黄埔	3105	30.22	128	4792	23.45
番禺	768	28.33	43	2046	17.78
花都	620	20.69	9	894	42.58
南沙	1064	12.27	55	1376	61.27
增城	410	11.71	0	457	-4.62

资料来源：科睿唯安专利数据库。

（二）上榜企业所属产业分析①

数据显示，100家上榜企业中，84家属于新兴产业，实现广州"3+5"战略性新兴产业全覆盖，主要分布在新一代信息技术产业（28家）、新能源与节能环保产业（16家）、智能装备与机器人产业（11家）等产业。新一代信息技术产业、生物医药与健康产业分别有12家、5家企业来自黄埔，分别占产业上榜企业总数的42.86%、83.33%，这反映出黄埔在新一代信息技术产业、生物医药与健康产业具有较强的科技创新实力（见图2）。

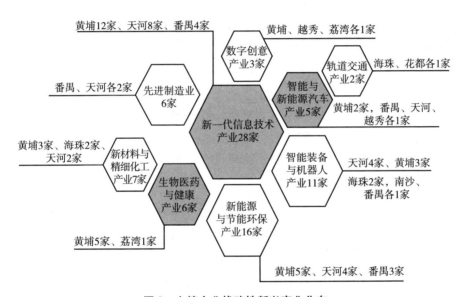

图2　上榜企业战略性新兴产业分布

资料来源：根据2024年广州企业创新榜统计获得。

数据显示，新一代信息技术产业企业专利质量整体较优，平均专利授权率达40.44%。新能源与节能环保产业企业具备较强的研发实力和专利影响力，平均发明总量4961件，平均同族专利被引频次7164次。智能与新能源

---

① 产业划分依据《广州市战略性新兴产业发展"十四五"规划》"3+5+X"战略性新兴产业体系。

汽车产业企业专利全球化水平较高,平均国际专利数达162件。数字创意产业企业呈现较高专利成长性,2020~2024年专利复合增长率达58.29%(见表3)。

表3 上榜企业科技创新具体情况(按产业分类)

产业类型	平均发明总量(件)	平均专利授权率(%)	平均国际专利数(件)	平均同族专利被引频次(次)	复合增长率(%)
新一代信息技术产业	1016	40.44	96	2103	37.62
新能源与节能环保产业	4961	19.30	68	7164	16.39
智能装备与机器人产业	1239	23.52	50	2217	10.76
新材料与精细化工产业	1153	40.36	121	3794	11.66
生物医药与健康产业	793	28.10	28	1615	11.41
先进制造业	819	14.06	7	815	24.49
智能与新能源汽车产业	2683	19.89	162	4864	32.70
数字创意产业	465	13.55	1	794	58.29
轨道交通产业	1128	22.19	18	1758	5.37

资料来源:科睿唯安专利数据库。

(三)上榜企业成立时长分析

上榜企业平均成立时长为21.06年,较2023年缩短0.09年,反映上榜企业更趋年轻化。对上榜企业成立时长分布进行分析,成立时长21~25年的上榜企业数量最多,达24家。其后是成立时长16~20年、6~10年、大于30年的企业,分别有17家、15家、15家(见图3)。

对上榜企业成立时长与指标均值进行交叉分析,成立时长5年及以下的企业呈现高成长性特点,近五年专利年均增长率达85.98%。成立时长16~20年的上榜企业在科研实力、专利全球化、专利影响力等方面表现较好,平均发明总量5208件、平均国际专利数127件、平均同族专利被引频次7849次(见表4)。

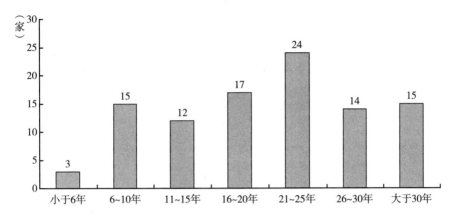

图3　上榜企业成立时长分布

资料来源：根据2024年广州企业创新榜统计获得。

表4　上榜企业科技创新具体情况（按成立时长分类）

成立时长	平均发明总量（件）	平均专利授权率（%）	平均国际专利数（件）	平均同族专利被引频次（次）	复合增长率（%）
小于6年	1359	13.60	23	1745	85.98
6~10年	922	29.12	60	2068	63.87
11~15年	657	24.75	16	1169	29.15
16~20年	5208	28.20	127	7849	10.31
21~25年	1177	35.02	84	2832	19.40
26~30年	853	25.74	25	1276	13.96
大于30年	2182	21.95	52	2946	27.32

资料来源：科睿唯安专利数据库。

（四）上榜企业注册类型分析

按企业注册类型分析，100家上榜企业中有港澳台投资企业（14家）、外商投资企业（5家）（见图4）。

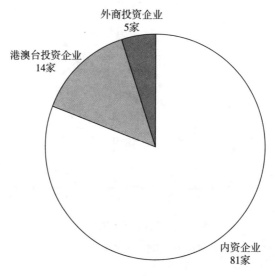

图4　100家上榜企业注册类型

资料来源：根据2024年广州企业创新榜统计获得。

三　广州企业创新发展的对策建议

（一）抢抓科技革命和产业变革机遇，加强新领域、新赛道制度供给

广州是发展新质生产力的重要阵地，正加快建设"12218"现代化产业体系，坚持产业第一、制造业立市，推动制造业、服务业"两业"融合，数智化、绿色化"两化"转型。宜围绕企业所思所想所盼，对标全国最高最好最优，不断完善体制机制，加强新领域、新赛道制度供给，建立未来产业投入增长机制，为建设"12218"现代化产业体系、因地制宜发展战略性新兴产业和新质生产力发展提供强有力的支持。一是细化、完善财政投入科技创新稳定增长机制，分阶段细化中长期目标，保障科技公共财政支出比重阶段性上升；二是出台更加直接的补贴政策和税收优惠、抵免政策，支持企业自主设立或与高校共建研发机构，调动企业

研发投入积极性；三是完善财政科技经费管理使用机制，赋予科学家技术路线决定权和经费支配权；四是聚焦重点领域产业，加大对本土创新企业培育的支持力度，培育壮大一批具有国际化视野的本土巨头科技型领军企业，朝"外引内培内涵式"发展迈进，推动工业形态向"以研发和创新为主"转变。

（二）强化企业科技创新主体地位，培育民企科技创新生力军

当前广州科技创新主体侧重于高校和科研院所①，必须认识到科技创新的主战场在企业，转换观念，把创新主体落实到企业上。一是强化企业科技创新主体地位。可学习和借鉴深圳"6个90%"②的经验做法，重点关注广州企业创新榜上创新能力较强的企业，培育壮大一批如华为、比亚迪、大疆、小米、科大讯飞等创新能力强和具有国际化视野的本土巨头科技型领军企业，提升广州科技企业创新能力和龙头企业辐射带动能力。二是激发民营企业活力，培育民营企业科技创新生力军。民营企业贡献了65%的专利、75%以上的技术创新、80%以上的新产品开发，涵盖了80%的国家专精特新"小巨人"企业和90%的高新技术企业。③通过支持民营企业牵头承担国家、省、市重大技术攻关任务，以及向民营企业进一步开放重大科研基础设施等措施，提升创新环境的包容性和政策的优惠性等，激发民营企业创新活力，壮大本土民营科技企业规模，增强本土民营企业创新能力，使民营企业成为广州科技创新的生力军。

---

① GDI智库发布的《粤港澳大湾区协同创新报告（2022）》显示，入围的粤港澳大湾区TOP500优势创新机构中，珠江西岸（广州、佛山、肇庆）共有221家创新机构，其中高校和科研院所以40家的数量位居第一（其中29家位于广州），其次是电气机械核器材制造业创新机构（34家）、科学研究和技术服务业创新机构（30家）。

② 90%以上的创新型企业是本土企业，90%以上的研发机构、研发人员、研发资金、职务发明专利、重大科技项目发明专利集中在企业。

③ 来源于国家发展改革委微信文章《民营企业究竟贡献了多少专利和技术创新？》。

（三）实施企业专利全球化战略，推进科技创新成果全球布局

企业"走出去"，若非专利先行，必将寸步难行。当前，随着国家科技的崛起，以及激烈的国内产业竞争态势，布局海外参与全球竞争成为中国企业抵御国家（地区）市场保护主义、发展国际市场的重要路径。近年来，中国企业加快"出海"步伐，中国制造的品牌影响力持续提升。企业发力海外市场，首先要做的就是稳步推进专利全球布局，广州企业 PCT 海外布局数量不多的事实说明，广州应加快实施企业专利全球化战略，通过加强法律保护、出台产业政策、参与国际交流合作等举措推进广州本土科技企业"出海"。其次在具体实施上，宜发挥企业主导作用以及高校和科研机构研究力量，加强全球产业发展研究，对符合广州产业发展政策、规划，以及全球产业趋势的企业拓展海外业务给予扶持，鼓励如广汽集团、小鹏汇天、亿航智能、云舟生物等新一代信息技术、新能源、高端装备、生物技术等领域的知名本土企业拓展海内海外业务，打造广州本土的全球科技知名企业和跨国企业。

参考文献

《广东新质生产力 2023 发展调研报告》，广东省省情调查研究中心网站，2024 年 2月 19 日，www.gdsqzx.com.cn。

田利辉：《全球独角兽企业新增数下降的原因及启示》，《人民论坛》2024 年第 23 期。

陈强：《中国独角兽企业培育：挑战与对策》，《人民论坛》2024 年第 23 期。

姚树洁、陈锡毅：《科技创新与产业创新融合发展：意义、挑战与战略》，《重庆大学学报》（社会科学版）网络首发 2025 年 2 月 24 日。

冯思蕴：《区域共建产业园区的多尺度规划供给策略探讨——以广清经济特别合作区（广佛园）为例》，《美丽中国，共建共治共享——2024 中国城市规划年会论文集（01 产业园区规划）》，2024。

彭羚冰、王开汉、任洁：《企业牵头建设的创新联合体驱动战略性新兴产业发展的实践探索——以广东省的 3 个典型机构为例》，《科技管理研究》2024 年第 24 期。

广州日报数据和数字化研究院（GDI智库）课题组：《2023年广州企业创新TOP100评价报告》，载涂成林、陈小华、薛小龙主编《2024年中国广州经济形势分析与预测》，社会科学文献出版社，2024。

广州日报数据和数字化研究院（GDI智库）课题组：《2023年广东创新TOP100企业分析报告》，载孙延明、涂成林、薛苑芳主编《中国粤港澳大湾区改革创新报告（2024）》，社会科学文献出版社，2024。

B.19
广州南沙打造海洋科创中心的
路径与策略研究[*]

广州大学广州发展研究院课题组^{**}

摘　要： 推进海洋科创发展是《南沙方案》落地落实的重中之重。课题组调研发现，自《南沙方案》落地实施以来，南沙在海洋科技创新方面确实取得了一些可喜进展，但整体而言进展并不理想，存在关键龙头南沙科学城建设进展缓慢、重大科创平台"落地不生根"、海洋创新产业发展滞后等一系列亟待加快解决的难点和痛点。建议南沙要抓好南沙科学城这个"牛鼻子"，集中资源做好"海洋"文章，加快突破产业发展不足的痛点；建立更加科学完善的人才政策、绩效评估与考核问责机制，打通人才集聚难，大平台、大装置"落地不生根"的发展堵点。

关键词： 海洋科创　创新产业　广州南沙

推进科技创新是《广州南沙深化面向世界的粤港澳全面合作总体方案》（以下简称《南沙方案》）的重大主题之一，而加强海洋科技创新又是重中之

---

* 本文是广州市新型智库广州大学广州发展研究院、广东省决策咨询研究基地广州大学粤港澳大湾区改革创新研究院、广州市 2024 年度市委市政府重大课题"广州推动《南沙方案》落地落实的痛点难点与对策思路研究"（项目编号：2024GZZD34）的研究成果。

** 课题组组长：涂成林，博士，广州大学二级教授、博士生导师，广州市粤港澳大湾区（南沙）改革创新研究院院长。课题组成员：谭苑芳，博士，广州大学广州发展研究院院长，教授，广州大学粤港澳大湾区改革创新研究院负责人；周雨，博士，广州大学广州发展研究院副院长、讲师；曾恒皋，广州大学广州发展研究院所长，特聘副研究员；臧传香，博士，广州市粤港澳大湾区（南沙）改革创新研究院研究员；于晨阳，博士，广州大学广州发展研究院特聘副教授。执笔人：涂成林。

重。《南沙方案》明确支持南沙"推动海洋科技力量集聚，打造我国南方海洋科技创新中心"，要求南沙"建设好国家科技兴海产业示范基地，推动可燃冰、海洋生物资源综合开发技术研发和应用，推动海洋能发电装备、先进储能技术等能源技术产业化"，为南沙打造海洋科技创新中心指明了方向。

本课题组在调研中发现，自 2022 年 6 月《南沙方案》落地实施以来，南沙在海洋科技创新方面确实取得了一些可喜进展，如 2023 年 9 月，由广州海洋局牵头研发的 20kW 海洋漂浮式温差能发电装置在南海已成功完成首次海试，推动我国海洋温差能开发利用从陆地试验向海上工程化应用迈出关键一步。同年 12 月，我国自主设计建造的首艘大洋钻探船"梦想"号已在广州南沙首次试航，并入选 2023 年中国十大海洋科技进展。南方海洋科学与工程广东省实验室（广州）（以下简称"广州海洋实验室"）作为"基地"也已成功进入国家实验室体系，建成各类创新平台 370 个。但整体而言，南沙的海洋科创进展并不理想，面临一系列亟待加快解决的难点和痛点。这些问题如不加快解决，不仅会直接影响《南沙方案》的落地实施效果，而且会对广州加快建设具有全球影响力的海洋创新发展之都、广东建设海上新广东的目标产生严重的不良影响。

一 南沙海洋科创发展面临的主要难点和痛点

（一）海洋科创龙头南沙科学城建设推进缓慢

南沙科学城承担着建设海洋领域重大科技基础设施集群及前沿交叉研究平台、成为具有全球影响力的海洋科技创新策源地和全球海洋科学与工程创新中心的重大战略任务，是引领南沙海洋科创发展的关键龙头。但南沙科学城与同期规划建设的深圳光明科学城、东莞松山湖科学城相比，推进速度明显慢了一拍。光明科学城和松山湖科学城的总体发展规划分别在 2020 年和 2021 年就已获广东省政府批复同意正式出台，比南沙科学城早了 2~3 年。当前光明科学城、松山湖科学城建设综合性国家科学中心的核心框架已基本形成，深圳光明科学城的脑解析与脑模拟、合成生物研究两大科学装置在2023年11月已正式投入使用，而南沙科学城的关键性大科学装置冷泉生态系统研究装置到2024年底还处于争取启动建设阶段。根据广州市政府2023年6月印发的《广州南沙科学城总体发展规划（2022—2035年）》（以下简称《规划》），冷泉生态系统研究装置等重大科技基础设施建设本应该在2025年底前取得阶段性进展，从而真正奠定广州南沙在全球海洋科学与工程创新中心的物质技术基础，在创建海洋科学与工程国家级实验室方面取得实质性进展，同时根据《规划》，南沙科学城在2025年前也要基本建成南沙科学城核心功能区，但直到2024年7月，广州南沙科学城管委会才正式挂牌成立。目前南沙科学城依然处于规划、基建阶段，总体建设进度不仅远远落后于同期建设的深圳光明科学城、东莞松山湖科学城，而且已明显滞后于规划发展进度。此外，由于南沙科学城在规则、征地、基础设施建设等方面总体推进缓慢，迁延日久增加了项目建设的不确定性，原来早已谈妥的中国科学院在穗院所整体搬迁南沙现在又面临新的变数，至今没有一家中国科学院在穗院所迁入南沙科学城。

（二）海洋重大科技平台"墙内开花墙外香"，对南沙在地溢出辐射效应有限

在南沙布局的海洋大科学装置，要么建设缓慢，如冷泉生态系统研究装置；要么是名声虽然很大，但目前几乎没有产生对南沙的技术外溢效应，南沙的投入和产出不成正比，如广州海洋实验室，该实验室是省、市、区三级政府和共建单位投入超170亿元巨资打造的重大海洋科创平台，广州海洋实验室自2018年11月被广东省委、省政府授牌成立以来，提出要遵循1个孵化基地+1个海洋基金+N个转化项目公司的"1+1+N"的模式，要做好南沙海洋产业发展与创新的"排头兵"和"领头羊"。但在实践中，广州海洋实验室虽然已获得392件授权专利，但近6年来，真正落地南沙转化的企业只有7家，没有为南沙在海洋科创领域培育出一家未来"独角兽"、种子"独角兽"企业，更别说真正的"独角兽"企业了。

（三）海洋科创与海洋产业仍未真正引起重视，发展明显滞后

海洋创新产业是南沙培育发展高新技术产业、建设科技创新产业合作基地的一个重点领域。为加快让南沙建设好国家科技兴海产业示范基地，国家特别在南沙配置了一系列海洋关键科技基础设施与前沿重大创新平台，2023年12月国家发展改革委、商务部、国家市场监管总局印发的《关于支持广州南沙放宽市场准入与加强监管体制改革的意见》，也进一步明确支持南沙推进海洋科技创新要素加快应用，支持在南沙打造全国天然气水合物研发和商业开发总部基地、高端海洋装备制造基地、建设智能船舶中试基地，促进更多海洋科技成果在南沙就地转移转化。可见，无论是科技还是政策资源，南沙在发展海洋创新产业方面都可谓得天独厚。

2022年，南沙提出"芯晨大海"产业发展战略，其中"海"就是指海洋科创产业。南沙区的各部门领导，在各种场合也都强调，要充分发挥冷泉生态系统研究装置、大洋钻探船、广州海洋实验室等"国之重器"优势，以聚力发展"海"洋经济为导向，赢得未来发展主动权。但也正因为海洋经济被南沙定位为未来产业，真正的工作重心都集中在汽车、芯片、航空航天、人工智能、生物医药等产业领域，把这些产业的集群化建设作为核心和根本，所以现在南沙的海洋科创产业招商、企业培育都在南沙发展工作中排位靠后。

据本课题组调查，2022年以来，南沙推出"科创十条"、南沙独角兽"黄金牧场"九条、"元宇宙九条"、"强芯九条"、"探天九条"、"生物医药九条"、"现代农业8条"等一系列特色专项政策，提出了打造全产业链空天产业园、设立元宇宙产业先行示范区、布局国内首个宽禁带半导体全产业链等一系列产业集聚发展规划布局。

（四）人才政策失之偏颇，海洋科创人才引进和培养存在明显短板

南沙发展海洋科技和推进产业创新，打造我国南方海洋科技创新中心，联动港澳人才资源很重要，集聚国内海洋方面的顶级科创人才资源也非常关

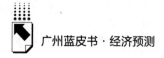

键，因为内地海洋科创方面的人才资源比港澳雄厚得多。

南沙执行《南沙方案》的灵活性不强，为方便引进港澳人才资源，新出台的人才政策中对港澳人才和内地人才享受南沙人才政策补贴的前置条件存在差异。南沙人才政策与实际人才资源、使用和需求不匹配，较难引进有用人才、留住人才。

另外，南沙对海洋人才培养工作也缺乏足够重视。2023年10月，广州大学与广州海洋实验室达成战略合作框架协议，决定整合各自优势资源，在南沙共建广州大学海洋科学学院，并在此框架下成立广州大学海洋产业研究院，合作开展海洋基础科学、海洋资源开发、海洋工程、海洋产业经济、海洋安全战略等领域的人才培养及协同创新研究。这是加快补齐南沙海洋科创人才培养短板的历史契机，但南沙却对此项工作缺乏足够重视，并没有积极协助推进广州大学海洋科学学院在南沙加快落地建设，协议签订后就没有了下文。

二 加快推进南沙海洋科创发展的对策建议

（一）合力加快推进南沙科学城和大科学装置建设，推动南沙"1+1+3+N"科技创新平台体系尽快从规划走向实践

广州海洋科创发展的关键点在南沙，南沙海洋科创发展的关键点在南沙科学城。海洋科创作为推动《南沙方案》落地落实需要优先突破的关键领域，必须抓好南沙科学城这个"牛鼻子"。

一方面，要充分利用广东省南沙工委的机制，省市出面协调中国科学院，推动中国科学院按照原来商定的7个在穗院所整体搬迁到南沙科学城的工作安排，尽快启动院所搬迁工作。同时，争取中国科学院按照与广东省政府2023年11月新签署的加快推进粤港澳大湾区国际科技创新中心建设合作协议的精神，全力支持冷泉生态系统研究装置、极端海洋科考设施等海洋大科学装置在南沙落地建设，争取这些海洋科技"国之重器"早日投入使用，

促进南沙在海洋科技领域加快建成世界级重大科技基础设施集群。

另一方面，基于当前南沙科学城的土建已完成"七通一平"，但由于中国科学院在穗院所未按时整体迁入，反而形成资源闲置。南沙应该"两条腿走路"，在积极争取中国科学院在穗院所加快搬迁的同时，应放眼中国科学院系统之外的国家级科研机构和高水平研究型大学，依托这些高端资源，重点在海洋科技传统优势领域和前沿领域加快共建一批新型国家级、省市级重点实验室、技术创新中心，加快构建以大科学装置、科研院所、高水平大学和海洋科创企业为支撑并紧密合作的国家海洋战略科技力量协同创新体系。

（二）集中资源做好"海洋"文章，加快突破产业发展不足的痛点

南沙的"芯晨大海"产业发展战略实施起来其实是"唯海可为"。在海洋科创产业方面，南沙有独特的科技优势、资源优势和国家战略支持优势，这是在粤港澳大湾区独一无二的，也是南沙需要加快重点突破的方向。

第一，南沙要扭转未来产业可推后投资建设的错误思想，在思想行动上、资源投入上高度重视发展海洋科创产业，真正做到早布局、早投入。着眼于未来产业加快培育若干个百亿级海洋科创产业集群，尽快出台促进海洋科技成果落地转化孵化、海洋科创产业加速集聚的专项扶持政策。

第二，抓住《关于支持广州南沙放宽市场准入与加强监管体制改革的意见》的实施契机，加快推进意见中明确要求建设打造的全国天然气水合物研发和商业开发总部基地、高端海洋装备制造基地、智能船舶中试基地三大基地项目在南沙落地。并利用好广东省南沙工委的机制，省、市、区三方合力争取国家发改委加快立项，向南沙提供相应的政策和资金扶持。

第三，借鉴东莞中子散裂大科学装置与中子产业园的建设发展经验，围绕大科学装置、海洋重点实验室、海洋科创中心、海洋科学学院等高起点布局和培育海洋观测、海洋通信、水下机器人、海洋生物医药、海洋新能源等海洋战略性新兴产业，推进可燃冰、风力发电、海洋生物资

源综合开发技术研发和应用，依托南沙科学城、大科学装置加快建设海洋科创产业园。

（三）加快建立更加科学完善的绩效评估、考核问责机制，打通海洋科创大平台、大装置"落地不生根"的发展堵点

一方面，对已在南沙落地，由南沙投入大量资源、给予大量政策补贴的海洋科创方面的大平台、大装置和大项目，要抓紧制定"落地生根、开花结果"的细节条款，明确其机构落地南沙、人才项目引进数量、产学研转化、外溢效应评估等软硬结合的刚性绩效评估指标，并严格考核问责机制，要让南沙的巨额投入产生真正的经济社会效益，而不仅仅是形成一个热闹的局面。例如，南沙可以促进大湾区科学论坛积极配合南沙打造我国南方海洋科技创新中心的战略任务，定期举办海洋科创类主题的科学论坛，在论坛期间增加组织与南沙对接的环节。对于广州海洋实验室，可以增加实验室科技成果在南沙优先转化、孵化的具体指标要求。

另一方面，南沙要及时对现有的项目引进政策、配套支持政策进行一次系统评估和修正，对于需要南沙长期投入资源和进行扶持的重大引进项目，南沙在引进协议中必须对引进人才、成果转化、服务南沙等提出更加明确的要求。制定分级阶梯型的补贴政策，对于真正对南沙海洋科创发展发挥良好效能的平台、机构和项目，可以给予加大支持力度、延迟续约等奖励。

（四）进一步完善南沙的人才激励政策，加快补齐海洋教育短板

第一，针对南沙人才政策与海洋科创方面实际人才资源、使用和需求不相匹配的现状，以及人才引进门槛过高、优惠政策落实不到位等实际问题，进一步优化提升南沙人才政策体系，比对港澳人才标准，放宽对内地海洋创新类人才的优惠政策限制，为加快促进海洋科创人才在南沙集聚发展创造更加有利的条件。

第二，要把人才引进的重点放在引进"团队型""扎根型"高端人才

上，对人才的奖励不能以"高端"为唯一标准，要通过产业布局、项目落地等引进复合型人才团队，重点要放在人才生态上，从奖励高端人才转为奖励团队和扎根表现。

第三，要高度重视海洋科技教育对南沙海洋科创发展的基础性作用，南沙要主动作为，靠前服务，积极协助广州大学和广州海洋实验室在南沙加快建设海洋科学学院和海洋产业研究院，推动广州大学海洋科学学院和海洋产业研究院在南沙科学城早日落地建设。

参考文献

《国务院关于印发广州南沙深化面向世界的粤港澳全面合作总体方案的通知》，中国政府网，2022 年 6 月 6 日，www. gov. cn。

《广州市人民政府关于印发广州南沙科学城总体发展规划（2022—2035 年）的通知》，广州市人民政府网，2023 年 6 月 15 日，www. gz. gov. cn。

《国家发展改革委 商务部 市场监管总局关于支持广州南沙放宽市场准入与加强监管体制改革的意见》，国家发展改革委网站，2023 年 12 月 26 日，www. ndrc. gov. cn。

《广州逐梦深蓝打造"数智海洋"——拟建设世界一流的海洋科技创新中心》，《羊城晚报》2024 年 12 月 3 日。

《发挥广州产业链和空间资源优势 促进香港海洋科技专利在南沙落地》，《21 世纪经济报道》2023 年 6 月 8 日。

《广州南沙管委会：充分发挥合作平台优势 推动粤港澳科技创新合作迈上新台阶》，《广东科技》2024 年第 5 期。

广州大学广州发展研究院课题组：《广州打造海洋创新发展之都的对策建议》，载涂成林、陈小华、薛小龙主编《2024 年中国广州经济形势分析与预测》，社会科学文献出版社，2024。

广州市粤港澳大湾区（南沙）改革创新研究院课题组：《关于粤港澳大湾区科技创新的现状评估与发展建议》，载孙延明、涂成林、谭苑芳主编《中国粤港澳大湾区改革创新报告（2023）》，社会科学文献出版社，2023。

B.20
关于加强广东与澳门科技资源共建
共享的策略与建议*

广州市粤港澳大湾区（南沙）改革创新研究院课题组**

摘　要：　加强广东与澳门科技资源共建共享对加快补齐粤澳科技合作短板、促进粤港澳大湾区合作共建国际科技创新中心、更好地支持促进澳门经济适度多元化发展等都具有极为重要的价值与意义。要进一步深化粤澳科技合作，亟须用更宽视野、更强有力的组织架构，加快探索构建更加高效的粤澳科技资源开放共享机制与合作模式；在横琴粤澳深度合作区基础上，建议在广州南沙积极拓展粤澳科技合作与资源共享的第二平台；发挥好澳促会在粤港澳合作中的桥梁与纽带作用，促进资源共享与科创产业合作走深走实。

关键词：　粤澳科技合作　南沙　第二平台

推进科技资源开放共享服务是科技创新全球化发展和学科交叉融合的必然趋势。"一个国家、两种制度、三个关税区"下，开放合作、共建共享突破影响粤港澳创新要素自由流动的瓶颈，构建开放型融合发展的区域协同创

---

* 本文是广东省决策咨询研究基地广州大学粤港澳大湾区改革创新研究院、广州市新型智库广州大学广州发展研究院的研究成果。

** 课题组组长：涂成林，博士，广州大学二级教授、博士生导师，广州市粤港澳大湾区（南沙）改革创新研究院院长，国家高层次人才特别支持计划领军人才。课题组成员：谭苑芳，博士，广州大学广州发展研究院院长，教授，广州大学粤港澳大湾区改革创新研究院负责人；周雨，博士，广州大学广州发展研究院副院长、讲师；臧传香，博士，广州市粤港澳大湾区（南沙）改革创新研究院研究员；曾恒皋，广州大学广州发展研究院所长，特聘副研究员；于晨阳，博士，广州大学广州发展研究院特聘副教授。执笔人：涂成林。

新共同体，对粤港澳大湾区加快建成具有全球影响力的国际科技创新中心和加快促进港澳融入国家发展大局尤为重要。

近年来，粤澳科技合作取得了一定进展，如自 2019 年起，广东省科技厅与澳门科学技术发展基金联合实施了粤澳科技创新联合资助计划，至 2024 年双方支持立项已达 90 个。依托横琴粤澳深度合作区，粤澳合作共建了珠海澳大科技研究院—珠海—微半导体股份有限公司联合实验室、横琴数字零碳岛共享实验室等高端科技创新平台，澳门 4 个国家重点实验室现均已在横琴设立分部，澳门、珠海、横琴三方共建的中国—葡语系国家科技交流合作中心也已于 2023 年 10 月正式启用。横琴现有注册的澳门科技企业近 800 家，科技企业孵化器、新型研发机构等各类国家级、省级科技创新平台达 20 家。2024 年大湾区科学论坛首次由粤港澳三地政府联合举办。但是，当前的粤澳科技合作水平依然不能满足澳门产业升级与经济适度多元发展的需求，成为粤港澳大湾区建设国际科技创新中心、打造广深港澳科技创新走廊的一块短板。现在亟须用更宽的视野来探索粤澳科技合作与资源共享的新机制与新模式，努力开创粤港澳大湾区协同共建国际科技创新中心的新局面。

一 进一步加强粤澳科技资源共建共享的必要性与重要性

（一）粤港澳大湾区合作共建国际科技创新中心，亟须补齐粤澳科技合作的短板

构建开放型区域协同创新共同体，推进"广州—深圳—香港—澳门"科技创新走廊建设，是粤港澳大湾区加快建成具有全球影响力的国际科技创新中心的重要保障。当前粤港科技合作成效显著，"深圳—香港—广州"科技集群已连续 4 年获全球创新指数第二名，但粤澳科技合作成效不显，在粤港澳大湾区国际科技创新中心建设的两条主轴中，广珠澳科创走廊明显弱于

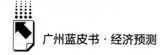

广深港科创走廊，并没有形成"两条腿走路"的良好格局。

香港科技创新资源比澳门更丰富，但澳门拥有的创新资源也不容忽略。在粤港澳大湾区共建国际科技创新中心中，澳门有其不可替代的独特优势。第一，澳门是典型的"小城市大教育"，有非常丰富的科教资源，国际化教育开放度高，是粤港澳大湾区科技创新人才重要策源地。第二，澳门目前拥有4所国际排名较高的科研高校、4个国家重点实验室，有99位澳门专家入选科技部国家科技计划专家库，在中医药、太空科学、物联网科技等领域具有比较优势。第三，澳门将科技创新作为实现经济适度多元化的重要路径与方向，近年来，在科技方面的投入正在不断加大。在2023年11月发布的《澳门特别行政区经济适度多元发展规划（2024—2028年）》中，澳门聚焦科创生态、人才引进与培养、研发投入、创新平台和空间载体等方面，为促进高新技术产业发展制定了一系列量化指标，要求完善澳门和横琴的金融市场配套，为科创发展提供有效的资金支持。明确提出在未来5年内，澳门的科创研发投入将不少于50亿澳门元，这是澳门历年来最高的科创投入金额。第四，澳门特区政府财政"钱库"充盈，财政储备资产总额在2024年第三季度已达到约6170亿澳门元，可成为澳门科技创新这一"耗资大户"发展的"压舱石"。同时，澳门具有高度开放的金融体系，有与国际金管规则接轨等制度优势，被世界贸易组织（WTO）评为全球最开放的贸易和投资体系之一，可为大湾区共建国际科技创新中心提供更加充足的资金支持。第五，澳门是自由港，与葡语国家的联系优势是内地和香港所不具备的，加强粤澳科技创新合作，有助于进一步拓宽大湾区与葡语国家、共建"一带一路"国家之间的国际科技合作渠道。

（二）澳门本身科创资源有限且体系不完整，加快促进经济适度多元发展迫切需要得到粤港澳大湾区科创资源的支持

澳门高水平科技创新平台少，重大科技基础设施和公共实验平台布局不完善。同时，澳门高校及其所属国家重点实验室参与重大平台和项目建设较少，重大原创科技成果不多，对粤港澳大湾区科技创新及产业的辐射带动作用较弱。在人才方面，虽然澳门高校在校生人数占澳门总人口的比例达到6.3%，但澳门本地从业群体主要集中在传统服务业尤其是博彩行业，从事科技研发、高端制造业、高新技术产业方面的高端人才资源稀缺。科创人才结构性短缺是澳门未来创新发展、实现经济适度多元化必须突破的刚性制约。这种系统性、结构性的科技资源短缺，使得澳门难以满足广深港澳科技创新走廊的发展需要，亦不足以支撑澳门产业转型与高质量发展。

澳门受空间和资源限制，加强与内地科技合作是必需选项。2022年9月，粤澳合作联席会议成立了粤澳科技创新合作专责小组，到2024年已先后在珠海和澳门召开了两次会议，粤澳科创开放协同取得了一定成效，但总体进展尚处于"初期阶段"，澳门与内地科技创新资源共建共享机制尚未建立健全。具体表现在：一是粤澳科技成果转移转化较少，科研资金跨境规模还比较小。2020年，澳门仅向广东输出3项技术（成交额400万元），从广东吸纳27项技术（成交额2500万元），成交额分别比上年下降57.0%和38.1%。二是创新要素跨境流动有待进一步畅通，如外币账户结汇需逐步核实报批的方式不够便利，集成电路企业等委托境外代工再外销的贸易模式可能因缺乏实物通关凭证而审批受限。三是粤澳两地在生物样本等科研资源便利通关机制方面仍处于探索阶段，科研项目及经费管理制度存在差异，跨境开展科研活动和科研人员落户均受到限制。

（三）"科研在澳门、转化在横琴"的粤澳科技共享模式还存在明显不足，需要进一步创新共享机制、拓展合作渠道

当前粤澳科技合作主要依托横琴粤澳深度合作区，自《横琴粤澳深度合作区建设总体方案》（以下简称《横琴方案》）落地实施以来，横琴在粤澳合作发展科技研发和高端制造产业、支撑澳门经济适度多元发展中发挥了重要作用。但澳门与横琴粤澳深度合作区的科技资源都有限，科创产业发展空间也有限，澳门需要在横琴粤澳深度合作区之外开辟第二合作平台。

据广东省省情调查研究中心2024年2月发布的《广东新质生产力2023发展调研报告》，粤港澳三大合作平台中，在横琴粤澳深度合作区布局建设

的各类创新平台只有 31 家，而同期前海集聚创新载体 125 家，南沙建成高端创新平台 132 家。

横琴粤澳深度合作区在《横琴方案》明确要求发展的科技研发和高端制造产业、中医药等澳门品牌工业、文旅会展商贸产业、现代金融产业等领域注册落地了一批"四新"产业实体企业，到 2024 年底，横琴粤澳深度合作区的注册企业经营主体总量已达到 55890 家，其中澳资企业数量达到 6681 家。2024 年前三季度，横琴粤澳深度合作区"四新"产业增加值为 216.03 亿元，占地区生产总值的 57.8%，提前完成合作区第一阶段发展目标，但企业注册地与实际经营地分离的情况较为突出。很多企业为享受 15% 的企业所得税及特殊人才奖励政策，仅在横琴粤澳深度合作区注册总部，研发中心及制造基地却并未落户，对横琴粤澳深度合作区研发和产业发展的推进作用有限，未能充分发挥支撑澳门产业适度多元发展的腹地作用。另外，澳门科创产业起步较晚，产业布局受横琴粤澳深度合作区承载能力限制，缺少龙头企业带动产业链上下游，科创产业至今仍不成规模，这种状态也需要澳门在横琴粤澳深度合作区之外寻找更大的科创合作平台。

二 进一步加强粤澳科技资源共建共享的对策建议

（一）在专责小组工作机制下，加快探索构建更加高效的粤澳科技资源开放共享机制与合作模式

第一，建议粤澳科技创新合作专责小组联合专业机构，对粤澳科技创新资源共享的发展现状和进展进行一次全面调研与综合评估，找准粤澳两地政府、企业、科研机构的合作需求，以及存在的痛点、难点、堵点问题，抓紧制定可行的工作方案，将完善粤澳科技资源开放共享机制与合作模式纳入 2025 年度重点工作。

第二，在科研基础设施资源共享、产业技术创新平台资源共享、创新型人才资源共享、粤澳创新治理政策资源共享等几个关键领域，在横琴粤澳深

度合作区之外的更广泛区域，由专责小组负责部署开展相应的创新试点工作，安排专项资金对试点优质项目、企业以及相关负责人等进行有效激励。争取用1~2年时间，在平台建设、资源共享、机制对接等方面形成一批可复制、可推广的经验和模式。

（二）在横琴粤澳深度合作区基础上，在广州南沙积极拓展粤澳科技合作与资源共享的第二平台

《粤港澳大湾区发展规划纲要》明确要求深圳前海、广州南沙、珠海横琴三大平台在促进粤港澳合作中发挥示范引领作用。根据国家的战略要求与功能定位，南沙是粤港澳大湾区三大合作平台中唯一同时面向港澳的全面合作区，这是前海所不具备的优势。同时南沙也是粤港澳大湾区共建具有全球影响力的国际科技创新中心的重要承载区，强化粤港澳科技联合创新，共建科技创新产业合作基地是《广州南沙深化面向世界的粤港澳全面合作总体方案》（以下简称《南沙方案》）的首要任务，逐步形成了包括南沙科学城和明珠科学园、广州海洋实验室、3个重大科技基础设施、多个高端科研平台在内的"1+1+3+N"科技创新平台体系，拥有横琴所不具备的显著科技资源优势。另外，南沙的冷泉生态系统研究装置与模拟大科学装置、新一代潜航器项目、大湾区科学论坛、广州海洋实验室等大科学装置、大科学平台也需要引入更多的外部资源，澳门是一个重要方向。《粤港澳大湾区发展规划纲要》明确要求南沙探索建设的粤澳合作葡语国家产业园项目也需要澳门的深度参与。鉴于澳门和横琴平台科技资源不足、发展空间有限，建议在横琴粤澳深度合作区的基础上，在南沙开辟粤澳科技合作与资源共享的第二平台。

第一，借鉴广州海洋实验室在香港设立分部的机制，可在澳门共建广州海洋实验室澳门分部。支持澳门高校、重点实验室、科技企业参与冷泉生态系统研究装置、大洋钻探、深海科考等海洋大科学装置的共建和研发应用，大幅提升澳门海洋科技研发能力。借鉴国家超级计算广州中心与香港实现互联互通，算力资源高效共享的成功做法，积极推动广州超算资源联通澳门。

第二，在人工智能、集成电路设计、海洋科技、生物医药等领域，推动澳门与在南沙的国家战略科技力量、高水平科研机构、高科技重点企业合作，共建一批联合实验室、研究中心和产学研示范基地。根据2024年2月粤澳科技创新合作专责小组第二次会议上签署的《广东省科学技术厅与澳门科学技术发展基金关于开展联合资助粤港澳联合实验室的工作计划》，加快在南沙、横琴探索由澳方机构牵头建设粤港澳联合实验室的新模式，实现更高水平科研设施、人才、信息资源的共建共享。

第三，采取"澳门出资+南沙提供园区"的合作共建共享方式，加快推进粤澳合作葡语国家产业园项目建设。一方面，在产业园项目内联手创办澳门中医药高新技术专业孵化器和产业集聚区，以龙头企业为重点带动澳门高端制造业产业链加速布局，促进龙头企业把总部及研发中心设在澳门或在南沙设立双总部，推动制造环节及上下游配套企业落户粤澳合作葡语国家产业园，让澳门"自由港"的优势尽快延伸到南沙，形成粤澳产业联动发展生态圈，建成"澳门研发、南沙转化"的最佳承载平台。另一方面，配合《中药药事活动及中成药注册法》的实施，推动粤澳合作葡语国家产业园生产的中医药产品、食品及保健品，经澳门审批和注册，使用"澳门监造"、"澳门监制"或"澳门设计"标志进入粤港澳大湾区上市销售。

（三）发挥好澳促会在粤澳科技合作中的桥梁与纽带作用，促进粤澳科技资源共享与科创产业合作走深走实

广州南沙粤澳发展促进会（以下简称"澳促会"）是2023年6月在南沙成立的首个大湾区粤澳合作社会组织。澳促会自成立以来，积极发挥粤澳合作的重要智库作用，促进国际贸易投资合作，以及推动国际人文交流和民心相通，在粤澳交流、产业协作、要素流动、智库建设和决策咨询等方面取得了突出成绩。目前，澳促会科技合作专项工作组已促成澳门与南沙企业在生物医药大健康方面的产业合作，推动粤澳葡语国家优质食品供应链中心项目在南沙落地。建议充分利用澳促会有效链接融合粤澳两地资源在南沙运作的优势，发挥其在粤澳科技合作中的桥梁与纽带作用，促进粤澳科技合作实

现更加高效、精准的资源与信息对接和共享。

第一，由澳促会牵头，组织澳门、广东、广州和南沙的政府相关部门、科研机构、科创企业、智库专家等，在南沙或澳门召开高水平的粤澳科创合作与资源共享研讨会，探讨"一国两制"下的政府合作协商机制、双方可接受的合作共享模式、合作共享优先突破方向等，促进政企学各界达成广泛的共识；以组织研讨会为契机，在南沙组建粤澳科技资源共享合作联盟。

第二，鉴于当前澳门科技界、产业界对粤澳科技合作和南沙缺乏了解，缺乏参与热情，建议委托澳促会组织开展一系列专项交流活动，如组织澳门相关部门、科研机构、科创企业等来南沙实地考察，组织南沙相关部门、科技平台、科创企业到澳门进行专题政策宣讲、合作项目推介等。

参考文献

袁超、左楠：《提升横琴与澳门科创产业协同发展的对策研究》，载涂成林、田丰、李罗力主编《中国粤港澳大湾区改革创新报告（2021）》，社会科学文献出版社，2021。

深圳市蓝海大湾区法律服务研究院课题组：《粤港澳大湾区科技创新规则对接的问题与对策研究》，载涂成林、田丰、李罗力主编《中国粤港澳大湾区改革创新报告（2021）》，社会科学文献出版社，2021。

袁超：《支持澳门高校参与横琴粤澳深度合作区开放建设的建议》，载孙延明、涂成林、谭苑芳主编《中国粤港澳大湾区改革创新报告（2023）》，社会科学文献出版社，2023。

南沙区工商业联合会、广州南沙粤澳发展促进会课题组：《加强粤澳协同合作提升澳门城市科创"核"能的建议》，载孙延明、涂成林、谭苑芳主编《中国粤港澳大湾区改革创新报告（2024）》，社会科学文献出版社，2024。

广州市粤港澳大湾区（南沙）改革创新研究院课题组：《南沙加快建设大湾区国际科技创新中心重要承载区的建议》，载孙延明、涂成林、谭苑芳主编《中国粤港澳大湾区改革创新报告（2024）》，社会科学文献出版社，2024。

陈朋亲、毛艳华：《粤港澳大湾区跨域协同治理创新模式研究——基于前海、横琴、南沙三个重大合作平台的比较》，《中山大学学报》（社会科学版）2023年第5期。

李贝贝、辛嘉良：《长三角科技基础设施驱动的创新一体化研究》，《产业创新研

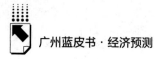

究》2023 年第 17 期。

吴新玲、高凯：《粤港澳大湾区国际科创中心建设的理论探索与实践模式》，《科技管理研究》2023 年第 23 期。

《内地与澳门科创合作站上新起点》，《经济日报》2024 年 3 月 25 日。

《中华人民共和国澳门特别行政区政府 2024 年财政年度政府工作总结》，中华人民共和国澳门特别行政区政府网站，2024 年 11 月 19 日，www. gov. mo∕zh-hans。

《新闻多一点 | 15 年，横琴蝶变》，新华网，2024 年 12 月 19 日，www. xinhuanet. com。

《横琴粤澳深度合作区 2024 年经济运行简况》，横琴粤澳深度合作区统计局网站，2025 年 2 月 5 日，www. hengqin. gov. cn。

B.21
合成生物技术赋能广州美妆产业发展的
策略研究

民进广州市委员会课题组*

摘 要： 广州美妆产业规模领先、产业集聚度较高、品牌建设成效显著、政策支持力度较大，呈现磅礴活力。但受限于基础研发能力，打造美妆世界级品牌仍然任重道远。目前合成生物技术在美妆领域的应用已展现出巨大潜力，但广州合成生物产业处于后发落后地位，合成生物和美妆产业融合发展也尚未谋划布局，尚不足以赋能美妆产业"弯道超车"。对此，本文建议广州加快合成生物产业布局，建立起合成生物产业与美妆产业对接机制，通过合成生物技术赋能美妆产业发展，加快形成新质生产力，全面提升美妆产业国际竞争力，建设美妆全球产业高地和品牌高地，推动广州早日成为享誉全球的"国际美湾"。

关键词： 合成生物 美妆产业 广州

中国美妆看广东，广东美妆看广州。广州美妆产业规模位居全国第一，孕育出一批具有影响力的知名国货品牌，但是长期以来，原材料作为美妆产

---

* 课题组组长：邓静红，民进广州市委员会副主委，广州市增城区政协副主席。课题组成员：李健晖，民进广州市委员会委员、参政议政处处长；宋啸亮，民进广州市委员会经济与科技工作委员会委员，广州海纳检测科技有限公司总经理；陈春鸿，民进会员，广州众博新材料有限公司总经理；何金键，民进会员，南医在线（广州）生物科技有限公司总经理；魏韬，广东少和生物科技有限公司创始人兼CEO，广州合成生物产学研技术创新联盟秘书长；张永军，民进广州市委员会参政议政处副处长；任慧明，民进广州市委员会参政议政处一级主任科员。执笔人：张永军、任慧明。

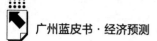

业的"芯片","卡脖子"问题突出。目前合成生物技术在美妆领域的应用已展现出巨大潜力，要通过合成生物技术赋能，加快形成新质生产力，推动美妆产业从"大体量"走向"高质量"，争取早日建成享誉全球的"国际美湾"。

一 广州美妆产业发展现状

（一）美妆产业规模大、知识产权多

2023年2月，广州市发布的《广州市人民政府办公厅关于推动化妆品产业高质量发展的实施意见》提出，将建设4个化妆品制造基地，培育6个地标化妆品消费商圈。到2025年，广州化妆品产值规模达到1500亿元左右，培育一批领军企业和知名品牌。到2035年，把广州建设成为全球化妆品制造中心、消费中心，成为享誉全球的"国际美湾"。

1. 产业规模大

全球化妆品生产和销售70%在中国，其中70%在广东。广州市市场监督管理局于2024年12月17日发布的《2024广州化妆品产业白皮书》显示，截至2024年11月底，美妆产业作为广州特色优势产业之一，工业年产值已超过1000亿元，产业规模约占广东省美妆产业规模的70%，约占全国美妆产业规模的55%，居全国首位。广州市化妆品生产企业数量达1841家，约占广东省总量的56%，约占全国总量的31%。已形成白云、黄埔、花都、从化4个制造基地，白云区化妆品中小企业产业集群入选国家级中小企业特色产业集群，是入选产业集群中唯一的化妆品产业集群。产业链条完整，可提供生产、研发、策划等全程服务，日化线、专业线产品完备，包含洗护、膏霜、染烫等所有化妆品产品门类，从业人员超过60万人。

2. 知识产权多

截至2024年11月底，广州持证化妆品生产企业数量占全国总量的34%，化妆品注册备案数量占广东省的80%。化妆品专利申请数量国内领先，发明专利申请量达1.26万件，占广东省的54%；高价值专利500件，居广东省第一；化妆品新原料备案 22 个，占全国备案总量的 10.68%。孕育出完美日记、阿道夫、丸美、韩后、环亚、卡姿兰等具有影响力的本土知名国货美妆品牌，以及谷雨、溪木源、真丽斯、瑷尔博士、透象等一大批有影响力的新品牌。

（二）原料"卡脖子"问题突出，难以形成核心竞争力

1. "卡脖子"问题长期存在

长期以来，我国约 80% 的化妆品原料要依靠国际供应商供应，如德国巴斯夫、德国德之馨、美国亚什兰、英国 Croda 禾大、荷兰 DSM 帝斯曼等。其中油脂类、乳化剂、功能粉体等 90% 以上被外企垄断，活性物、保湿剂、防腐剂、香精油等 75% 被外企垄断。原材料的不稳定性成为化妆品产品质量提升和产能扩张的最大制约因素。

2. 原料研发前有"标兵"，后有"追兵"

一是前有"标兵"，原料研发与国际差距较大。如化妆品常见成分之一的氨基酸，我国年产量已超 700 万吨，约占世界产能的 60%，但优良菌种自主率不足 5%。技术水平和知识产权占有率与日本、韩国等存在较大差距。二是后有"追兵"，国内原料研发竞争激烈。根据《2024 广州化妆品产业白皮书》，广州 50 家头部化妆品企业开展新产品开发和产品配方优化的比例分别达到 100% 和 96%。目前广州化妆品新原料备案 22 个，占广东省的 46.8%，但国内原材料研发竞争日益激烈。根据国家药品监督管理局备案数据，2024 年广州备案化妆品原料高达 90 例，同比增长 30.43%，占全部已备案化妆品原料（207 例）的 43.48%。

二　合成生物技术赋能美妆产业的途径

（一）合成生物技术赋能美妆产业"弯道超车"

合成生物技术是新质生产力的典型代表，是以生物科学为基础，汇聚化

学、物理、信息等学科，融合工程学原理，设计改造天然的或合成新的生物体的前沿科学。合成生物技术在化妆品领域应用潜力巨大，国内外美妆龙头企业如欧莱雅、贝泰妮、华熙生物、珀莱雅、资生堂等纷纷布局。2024年备案新原料中，合成生物原料占比高达36%。

（二）赋能化妆品产业，摆脱原料"卡脖子"问题

一是带来更多原料新成分。合成生物通过微生物重组工程来合成生产新成分并带来更多功效创新，以原料创新帮助美妆产业实现"弯道超车"。广州企业积极研发合成生物新原料，如丸美研发重组功能蛋白，溪木源研发氧化白藜芦醇，富肽生物研发β-烟酰胺单核苷酸，谷雨生物研发光甘草定，态创生物研发六胜肽、蓝铜肽、芋螺肽等小分子肽。

二是提高原料可控性。来自动植物提取物质的传统原材料，由于受动植物本身的质量、产量以及提取工艺的差异等因素制约，在一定程度上会影响相关美妆产品的稳定性，通过合成生物技术生产的原材料，成品质量的统一性以及原料产量的可控性相对较高。如巨子生物研发出与人体100%同源的重组胶原蛋白并实现了规模化工业生产，从源头上克服了传统动物源胶原蛋白存在的病毒隐患、排斥反应和细胞毒性等缺点，保障了医学应用安全，在生物相容性、生物吸收性、细胞黏附性上有更稳定的表现。

（三）降本增效成果显著

合成生物以微生物发酵、酶催化、细胞培养等技术为核心，突破了化学合成、动植物提取的限制，可以显著降低原料生产成本。如麦角硫因，早期的麦角硫因主要采用化学提取的方法从食用菌子实体、猪血、动物组织、麦角、谷物等中提取，收率很低，纯化过程耗时长并且成本高昂。以合成生物学发酵制备手段生产后，价格从2000万元/公斤降至8000元/公斤。江南大学合成生物创新团队利用合成生物学技术，借助微生物发酵生产普通分子量

的透明质酸，将透明质酸的成本从每公斤几万元降到每公斤几百元，实现了透明质酸大产量推广应用。

（四）生产过程绿色低碳

一是减少环境污染。无论是动植物原材料的获得、养殖种植，还是提取和生产过程中化学药物的添加与废料排放，都会在一定程度上污染自然环境。随着环保政策的出台，一些化妆品原材料的价格开始上涨，给企业带来了一定的成本压力。据南京师范大学常州合成生物学产业研究院副院长林军介绍，合成生物学制造的产品可以覆盖70%左右的化学制造产品，因此可以降低15%～80%的工业生产能耗、降低35%～75%的原料消耗、降低50%～90%的空气污染。世界自然基金会（WWF）预估，到2030年，工业生物技术每年将可降低10亿～25亿吨二氧化碳排放，有利于美妆企业向环保低碳转型升级。

二是生产过程绿色可控。如角鲨烷是从深海鲨鱼肝脏中提取的角鲨烯经氢化制得的一种烃类油脂，因其具有滋润保湿、抗氧化、促进吸收的功效，曾为化妆品的功效性成分，但是每3000条鲨鱼才能提炼出1吨角鲨烷，其生产过程既奢侈又残忍。以合成生物学基因编辑技术生产后，不但生产过程绿色低碳，还可以大量供应。

三 合成生物赋能美妆产业需要解决的问题

（一）合成生物产业发展相对滞后

广州目前缺少合成生物产业专项政策和支持措施，缺少可以突破产业技术壁垒的重大科研平台，原始创新能力较弱，不足以支撑产业快速实现零的突破。对比其他城市，如深圳、上海、常州等城市纷纷出台专项措施，仅2023年长三角地区就先后发布28项专项产业政策。国家合成生物技术创新中心、北京市合成生物制造技术创新中心、上海合成生物学创新中心等一批重大科研平台先后建成（见表1）。深圳早在2016年就已启动建设合成生物重大科技基础设施，2023年获批组建国家生物制造产业创新中心，2024年深圳理工大学设立合成生物学院。

表1　部分城市合成生物产业政策及重大科研平台情况

城市	产业政策	重大科研平台
深圳	《深圳市光明区关于支持合成生物创新链产业链融合发展的若干措施》《光明区培育发展合成生物未来产业行动计划（2022—2025年）》	国家生物制造产业创新中心 深圳理工大学合成生物学院 中国科学院深圳先进技术研究院合成生物学研究所 深圳合成生物学创新研究院
上海	《上海市加快合成生物创新策源 打造高端生物制造产业集群行动方案（2023-2025年）》	上海合成生物学创新中心 中国科学院合成生物学重点实验室
北京	《北京市加快合成生物制造产业创新发展行动计划（2024—2026年）》	北京市合成生物制造技术创新中心
杭州	《支持合成生物产业高质量发展若干措施的通知》	浙江省全省智能低碳生物合成重点实验室
常州	《关于推进合成生物产业高质量发展的实施意见》《常州市关于支持合成生物产业高质量发展的若干措施》	合成生物个性化创新生态平台 南京师范大学常州合成生物学产业研究院 华大工程生物学长荡湖研究所
天津	《天津市加快合成生物创新策源推动生物制造产业高质量发展实施方案》	国家合成生物技术创新中心 天津市合成生物技术工程中心

资料来源：各城市政府官网、工业和信息化局官网。

（二）金融支持有待完善

合成生物技术研发周期长，前期投入大，如华熙生物2023年研发投入高达4.46亿元，产业发展迫切需要科技金融支持，广州尚未有合成生物的专项金融支持。对比其他城市，深圳先后组建专注合成生物产业的天使基金和产业引导基金，推动金融机构推出合成生物贷，授信额度高达1000万元；

杭州对重点技术攻关项目最高资助可达 1 亿元；常州设立常投合嘉合成生物产业基金，基金矩阵规模超 20 亿元。

（三）公共技术平台基础薄弱

北京、天津、深圳等地政府与科研院所、企业合作，建立健全公共技术平台体系，如北京天空之境合成生物制造公共技术平台、上海张江天然产物合成生物学公共服务平台等（见表2）。此外，北京已建成菌种保藏库、合成生物制造元件库、生物信息库、北京市合成生物制造技术创新中心等平台。广州合成生物产业链还不完善，菌种库、基因元件库库容较低，公共技术平台服务能力相对不足。

表2 各城市公共技术平台建设情况

城市	公共技术平台
深圳	深圳市工程生物产业创新中心 （光明区政府和中国科学院深圳先进院合作共建）
上海	上海张江天然产物合成生物学公共服务平台
北京	北京天空之境合成生物制造公共技术平台
青岛	发酵中试平台、发酵工艺验证平台、分析测试平台、微生物培养平台、分离纯化平台、GMP 载体平台等 6 个平台 （山东能源研究院和青岛高新区管委会合作建设）
天津	高通量编辑与筛选平台、系统生物学平台、生物设计平台、结构生物学平台、智能生物制造平台 （国家合成生物技术创新中心建设）

资料来源：各城市政府官网、工业和信息化局官网。

（四）科研成果和产业对接不足

广州美妆产业保持良好增长势头，无论是从产业基础还是产品特性考虑，都是合成生物技术最好的应用场景和成果转化领域之一，但合成生物技术和美妆产业的融合发展还存在明显不足。

一方面，科研成果难对接。虽然在广州举办的中国化妆品科技节包含创新成果展示环节，但多数科研成果未能及时转化为本地美妆企业的创新产品。另一方面，产业需求难对接。除头部企业外，广州多数化妆品企业不具备自主研发能力，但化妆品企业与合成生物科技团队缺乏有效的沟通机制和平台，合成生物产业对美妆企业研发项目承接不足，大量企业自主驱动的研发项目及资源流失至其他省市乃至其他国家。

四　合成生物技术赋能广州美妆产业发展的对策建议

加快合成生物产业布局，根据《广州市关于加快生物制造产业高质量发展的工作方案》部署，制订合成生物产业三年行动计划，明确合成生物产业发展方向、空间布局、重点任务以及保障措施，构建生物美妆"基础理论研究—关键技术突破—创新成果转化—产业化生产"全过程创新生态链，促进创新要素集聚，抢占合成生物"风口"赛道。

（一）加大关键核心技术研发攻关力度

第一，支持国家级重点实验室落户。充分发挥在穗高校和科研院所、龙头企业的资源优势，支持在穗高校和科研院所争创合成生物领域国家级重点实验室，支持国家级重点实验室落户，集聚和培养一批合成生物领域高层次人才。

第二，组建产业创新联合体。整合全国重组功能蛋白技术研究中心（丸美）、广东省合成生物产业工程技术研究中心（态创生物）等创新资源，重点围绕高效菌株构建、关键生产工艺开发等薄弱环节，开展关键核心技术攻关。

第三，壮大产业联盟。引导开展合成生物原料研发的美妆企业加入广州合成生物产学研技术创新联盟。

（二）健全多层次科技金融支持体系

第一，设立合成生物产业专项基金。在广州产业投资母基金中设立合成生物产业专项基金，破解合成生物技术研发周期长、成本高难题。借鉴深圳"大胆资本"和成都"最高80%容亏"机制，创新国资创投容错机制。参照苏州生物医药专项母基金15年存续期（投资期7年、退出期8年），延长专项基金存续期。

第二，建立科研成果跟踪机制。完善创投风投与项目路演常态化对接，加强上市后备企业库与创投风投机构名单双向推送和对接。支持合成生物类美妆产品研发投产，对在国家药品监督管理局注册或备案并被纳入《已使用化妆品原料目录（2021年版）》的合成生物化妆品新原料的研发投产给予资助；对合成生物类美妆产品获得国家药械注册证书等市场销售许可认证的企业，给予一定比例的认证办理费用返还或补贴；对合成生物创新成果形成美妆新品牌、新产品、新工艺的人才，给予研发费用补贴，支持其参与评选高层次人才、领军人才、珠江科技新星等人才称号。

第三，以保险"增量"为研发风险"减量"。开展广东省省级科技保险产品推荐目录宣讲，引导企业用好"技术研发应用综合保险"等保险服务。

（三）统筹布局公共技术平台建设

借鉴北京、上海等地建设经验，支持基因测序合成公共服务平台、生物元器件设计平台、重要菌种及细胞株保藏与开发平台、高通量编辑与筛选平台及概念验证中心、小试和中试放大平台等重要公共技术平台建设，建设若干个"设计—构建—测试—学习"的高通量、自动化、开放式生物铸造厂，谋划建设高能级产业创新中心和国家级工程技术中心。如在菌种库方面，可联合广东省微生物菌种保藏中心，在现有保藏专利生物材料3100余株、模式微生物4000余种的基础上争取扩容至1万株以上。在元件库方面，可支持云舟生物将现有的库容超40万个现成载体的元件库扩容至百万级。加强公共算力服务供给，提高科研团队利用AI工具对工程菌进行开发预测的效率。

（四）推动合成生物科研成果转化为美妆产品

第一，建立生物美妆原材料公共数据库。打造包含研发方案、公斤级原材料价格范围、功能论证材料、早期研发成果库等信息在内的原料数据库和配方数据库。

第二，推动合成生物科技成果与美妆产业对接。一是构建产学研联合创新机制。由科技、工业和信息化等职能部门"搭桥"，推动丸美、溪木源等有自主研发能力的企业与高校、科研院所开展产学研合作，对化妆品原材料、生产工艺等开展联合创新。鼓励高校、科研院所开放科研设施和创新资源。支持企业深度参与高校课程设置和实习实训，开设工程菌菌种改造、基因编辑、发酵应用与改良等课程，将企业需求融入人才培养。二是定期统筹组织合成生物和美妆产业需求对接会。构建"美妆产业出题、合成生物产业答题"机制，定期举办产业需求对接会，推动合成生物相关高校、科研机构、研发服务型企业与美妆生产企业开展研发动态和市场需求交流。三是谋划建设线上"一站式"产业供需对接平台。汇集美妆企业需求查询、合成生物产业成果展示、项目对接、中试需求、相关政策咨询及金融、知识产权保护等服务，赋能成果转移转化，提升资源链接和供需匹配效率。

第三，支持白云、黄埔、花都、从化等4区规划建设生物美妆先导产业园区。布局若干科技重大专项和产业重大项目，对用地规划、园区建设、工商税务、招商引资、租金补贴等提供支持，对经认定应用合成生物技术的美妆产业化项目予以资助。强化产业保障措施，开展重点项目"研审同步""一对一"跟踪服务，为合成生物制造工艺放大和绿色制造提供研发空间、生产厂房和工业用地，在能源、废水处理等生产配套领域予以支持，在安监、环评方面予以政策指导。招引一批具有国内外影响力的领军企业、骨干企业落户，孵化培育一批优秀初创硬科技企业，着重引进一批发酵设备、菌种设备、存储设备企业。

第四，支持打造具有国际影响力的生物美妆品牌。依托广州全球经贸网络，帮助生物美妆企业拓展供销对接渠道。组织企业参加国内外重点展会，支持企业参加欧美发达国家及共建"一带一路"国家的重点展会，以及广交会、进博会等境内国际性展会。对生物美妆新品牌参加海内外高层次论坛、展会予以资助，对生物美妆产品首发、首秀、首展、首店给予支持。

参考文献

广州市市场监督管理局：《2024 广州化妆品产业白皮书》，2024。

滕越：《合成生物学智能化设计与应用》，人民邮电出版社，2024。

熊燕、陈大明、杨琛等：《合成生物学发展现状与前景》，《生命科学》2011 年第 9 期。

王浩绮、高豪、信丰学：《"十四五"背景下合成生物学产业发展趋势分析》，《生物学杂志》2023 年第 3 期。

本刊编辑部：《华熙生物赵燕 创新原料助推中国化妆品发展》，《中国化妆品》2023 年第 3 期。

郭学平：《合成生物学——化妆品原料的创新驱动力》，《中国化妆品》2021 年第 12 期。

伊进行、唐宇琳、李春雨等：《氨基酸衍生物在化妆品中的应用及其生物合成研究进展》，《合成生物学》2025 年第 2 期。

财税金融篇

B.22
高质量推动广州市非货币金融业税源培植巩固的对策研究

国家税务总局广州市税务局第三税务分局课题组[*]

摘　要： 习近平总书记提出，金融是现代经济的核心。金融活，经济活；金融稳，经济稳。为全面贯彻落实党的二十届三中全会和中央经济工作会议精神，推动广州加快建设金融强市，本文以非货币金融业为切入点，通过广泛搜集整理数据、走访调研企业等多方位掌握情况，以横向对比的数据分析为主线，介绍广州市非货币金融业税收现状，梳理目前存在的问题及对税源影响状况，并建议广州围绕"立足优势、做强总部、抓实分支"的思路，高质量推动非货币金融业税源培植巩固。

---

[*] 课题组组长：张镭，工学硕士，国家税务总局广州市税务局第三税务分局局长。课题组成员：李正华，法律硕士，国家税务总局广州市税务局第三税务分局副局长；王丹斓，国家税务总局广州市税务局第三税务分局科长；吴晓芸，国家税务总局广州市税务局第三税务分局一级主任科员；李禧玲，国家税务总局广州市税务局第三税务分局三级主任科员；雷光耀，国家税务总局广州市税务局第三税务分局三级主任科员。执笔人：吴晓芸、李禧玲、雷光耀。

关键词： 非货币金融业　税源培植巩固　广州市

习近平总书记在 2023 年中央金融工作会议上发表重要讲话，突出强调坚持走中国特色金融发展之路，推动金融高质量发展，建设现代化金融强国。党的二十届三中全会部署了未来深化金融体制改革的重点任务。2024 年 12 月召开的中央经济工作会议提出，要落实金融体制改革，引导金融机构加大对科技创新、绿色转型、普惠小微、数字经济等方面的支持力度。促进社会综合融资成本稳中有降。金融业作为广州市的支柱产业之一，对经济增长、税收收入和社会发展均做出了重要贡献。2021~2023 年，广州市金融业税收规模均在 500 亿元左右，在所有行业门类中排名第四，为广州市乃至粤港澳大湾区经济发展提供了有力的金融支持。以银行业为主的货币金融业，税收贡献占广州市金融业的七成左右，但近几年银行业息差空间缩减明显，业务增长面临瓶颈，税源萎缩风险加剧；非货币金融业包含资本市场服务业（包括证券、基金、期货等类型）、保险业和其他金融业，其税收贡献占比约三成，但具有较强成长性。

从税源培植角度看，培育银行法人机构须申请银行牌照，经国家金融监管部门严格审查，对注册资本、股东资质等有较高要求。而非货币金融业引进和培育相对容易，其发展能带来新的金融产品和服务，满足市场多样化需求，服务本地实体经济高质量发展。本文着眼于税源培植巩固，分析广州非货币金融业 2021~2024 年税源运行情况及存在的问题，提出针对性的措施和建议。

一　广州市非货币金融业税收现状

（一）税收规模逐年回落

从税收规模看，广州市非货币金融业税收由 2021 年的 172.3 亿元回落到 2024 年的 128.8 亿元，呈逐年下降的趋势，规模占全市税收的比重稳定在 3%左右。从细分行业看，资本市场服务业税收由 2021 年的 69.0 亿元缩减至 2024 年的 48.9 亿元；保险业税收则呈波动下降趋势，由 56.2 亿元下降至 46.0 亿元；其他金融业税收从 47.1 亿元逐年降至 33.9 亿元。

（二）三个细分行业税收贡献相对均衡

广州市非货币金融业 2021~2024 年累计税收规模 597.7 亿元，年均产税约 150 亿元。从细分行业税收贡献看，资本市场服务业 4 年累计税收 231.3 亿元，占非货币金融业的 38.7%；保险业税收规模 209.2 亿元，占比 35.0%；其他金融业税收规模 157.2 亿元，占比 26.3%。其他金融业、保险业和资本市场服务业税收规模相差不大。

（三）内资税源占主导地位

内资非货币金融机构在长期的市场运作中积累了丰富的经验，形成较为稳定的市场地位。2023 年非货币金融业内资企业实现税收 108.3 亿元，占非货币金融业税收近八成，其中资本市场服务业和保险业的内资企业税收占比均接近九成，更具有本土优势。

（四）头部企业减收规模较大

2023 年，广州市非货币金融业各细分行业税收规模排名前十的企业合计实现税收 63.8 亿元，同比下降 21.5%，税收占全市非货币金融业税收的 46.5%，较上年下降 4.5 个百分点。从细分行业看，资本市场服务业税收规模排名前十的企业合计实现税收 25.4 亿元，同比下降 28.6%，其中某证券公司近两年面临业绩压力，其 2023 年财报显示，当年实现营收 233 亿元，同比下降 7.3%，税收则大幅下降 42.9%。保险业税收规模排名前十的企业均为分支机构，合计实现税收 24.0 亿元，同比微增 0.5%，其中某保险广东分公司同比增收 0.7 亿元。其他金融业税收规模排名前十的企业合计实现税收 14.3 亿元，同比减收 34.2%，其中某信托公司减收近 2 亿元（见表 1）。

表1　2022~2023 年广州市非货币金融业各细分行业部分纳税企业情况

单位：亿元

细分行业	序号	纳税人名称	2022 年税收（亿元）	2023 年税收（亿元）	同比增减幅（%）
资本市场服务业	1	A 证券股份有限公司	23.2	13.2	−43.1
	2	B 证券股份有限公司	2.5	2.5	0
	3	C 股份有限公司	2.2	2.4	9.1
	4	D 期货有限公司	1.8	1.4	−22.2
	5	E 资本控股集团有限公司	1.4	1.1	−21.4
保险业	1	F 财产保险股份有限公司广东分公司	6.8	5.8	−14.7
	2	G 财产保险股份有限公司广州市分公司	4.6	4.6	0
	3	H 财产保险股份有限公司广东省分公司	3.1	3.6	16.1
	4	I 人寿保险股份有限公司广州市分公司	1.8	1.9	5.6
	5	J 财产保险股份有限公司广东分公司	1.7	1.7	0
其他金融业	1	K 信托有限公司	7.1	5.2	−26.8
	2	L 资产管理有限公司	2.2	2.6	18.2
	3	M 融资担保有限公司广东分公司	5.6	1.4	−75.0
	4	N 资产管理股份有限公司广东省分公司	1.3	1.1	−15.4
	5	O 商业保理有限公司	0.7	0.8	14.3

资料来源：国家税务总局广州市税务局。

（五）期货交易所税收增长趋势显著

广州市期货交易所探索不同的交易品种和机制，形成差异化竞争优势，成立当年（2021 年）就有税收产出，2024 年实现税收贡献同比增长 1.4 倍。

二　广州市非货币金融业发展存在的主要问题及对税源影响

近年来，广州市提出加快建设金融强市，但因金融总部机构少、综合实力弱、全国性金融市场平台短板明显等原因，非货币金融业税收从 2021 年

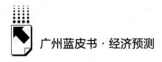

的 172.3 亿元逐年下降到 2024 年的 128.8 亿元，广州市非货币金融业的税收贡献与其经济地位不匹配。

（一）广州非货币金融业发展存在的主要问题

1. 总部企业数量少，缺乏集聚效应

广州总部企业数量少。截至 2023 年底，广州实际缴税的非货币金融业企业约为 1900 家，但总部企业数量少，与广州一线城市的地位不相符。国家金融监管总局和中国证监会数据显示，2024 年中国内证券、期货、公募基金和保险四类机构法人共 682 家，其中广州仅 20 家，占比 2.93%，与上海（191 家）、北京（136 家）和深圳（96 家）存在数量级差距（见表2）。

表 2　国内主要城市非货币金融业总部企业数量

单位：家，%

城市	证券公司总部	期货公司总部	公募基金公司总部	保险公司总部	合计	占全国数量比重
上海	34	36	65	56	191	28.00
北京	20	20	22	74	136	19.94
深圳	22	14	32	28	96	14.08
广州	5	7	3	5	20	2.93
杭州	5	10	1	3	19	2.79
天津	1	6	1	7	15	2.20
成都	4	3	1	4	12	1.76
全国	146	150	148	238	682	100.00

资料来源：国家金融监管总局和中国证监会。

金融总部上市企业数量少。截至 2024 年 5 月，在国内 A 股上市的 125 家金融企业中，广州仅有 3 家，占比 2.4%，不仅少于北京（21 家）、上海（17 家）和深圳（8 家），还少于杭州（8 家）和南京（7 家）。

2. 总部企业质量弱，龙头带动效应不明显

广州非货币金融业总部企业普遍收入规模较小，在全国影响力有限。

在证券方面，万得数据显示，广州进入全国证券公司收入排名前20的只有广发证券1家公司，其2023年总收入为233.0亿元，低于中信证券（600.7亿元）、华泰证券（365.8亿元）、国泰君安（361.4亿元）和银河证券（336.4亿元），未能进入前三。

在期货方面，从期货公司收入规模来看，2023年广州进入全国期货公司收入排名前10的期货公司有广州期货和华泰期货，分别排名第5和第10，其中广州期货2023年总收入为84亿元，收入规模为排名第1的永安期货的1/3。从期货交易所成交额来看，2023年广州期货交易所排名最末，成交额6.1万亿元，占全国市场的1.07%。而排名第1的上海期货交易所成交额为151.3万亿元，占全国市场的26.6%。

在公募基金方面，2023年广州的富荣基金、金鹰基金和百嘉基金营业收入分别排名全国第85位、第107位和第142位，全国基金公司共148家，由此看出广州的基金公司实力排名靠后。

在保险方面，从收入规模来看，2023年广州保险总部中的京东安联财产保险（43.7亿元）、复星联合健康保险（37.2亿元）、众诚汽车保险（29.9亿元）收入体量相对较小，收入规模均未能进入全国保险公司前50；珠江人寿连续两年未对外披露数据，2021年的收入规模也仅为178.8亿元。而中国人寿保险（集团）公司2023年营收9883.7亿元、中国平安保险（集团）股份有限公司2023年营收9137.9亿元、中国人民保险集团股份有限公司2023年营收5531.0亿元，相较于广州的总部保险公司优势明显。

3. 发展活力不足，总部企业培育和引进成效有待增强

广州新增企业数量少，非货币金融业发展活力不足。从广深金融业新开业登记主体数量来看，广州与深圳金融业市场活力差距明显。金税三期数据显示，2021~2023年，深圳累计5573个金融业主体办理新增税务登记，而广州仅有638个，不及深圳的1/8。其中，非货币金融业方面，2021~2023年深圳年均新增登记户数为1788户，而广州年均新增登记户数为183户，

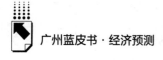

在量级上远不如深圳。

新增总部企业数量远少于北上深，总部企业培育和引进成效不明显。2020年至2024年中，全国证券、期货、公募基金、保险4个行业新增总部企业46家，其中广州仅新增2家，占全国新增总部比重为4.3%，与厦门、青岛持平，远少于上海（16家）、北京（15家），也少于深圳（3家）。

（二）对税源影响状况分析

1. 税收整体规模与北上深差距大

广州非货币金融业税收规模远不及其他一线城市。2023年，广州非货币金融业税收为137.2亿元，与其他一线城市相比，即使剔除北京、上海、深圳的证券交易印花税，广州非货币金融税收规模也仅为北京的1/9、上海的1/8、深圳的1/5。2023年，广州非货币金融业税收占广州总税收的比重仅2.5%，低于全国平均水平1.9个百分点，更远低于深圳（17.8%）、上海（9.6%）和北京（8.0%）。

各细分行业税收占全国行业税收比重偏低。2023年，广州市资本市场服务业税收47.8亿元，占全国该类税收的1.1%，占比低于深圳（33.4%）、上海（32.4%）和北京（10.8%）。保险业税收55.3亿元，占全国该类税收的2.3%，占比低于北京（13.1%）、上海（8.5%）和深圳（5.1%）。其他金融业税收34.1亿元，占全国该类税收的1.7%，占比低于北京（23.5%）、上海（13.0%）、深圳（7.6%）和重庆（2.1%）。

全国头部企业较少，单户税收规模不大。2021~2023年，从全国非货币金融业税收（不含个税）前200强企业来看，广州共入围了4家企业，年均产税合计30亿元，仅约为深圳的1/57、上海的1/51、北京的1/23，甚至低于南京（64亿元）、珠海（47亿元）和合肥（31亿元）。前200强企业中，广州年均每户产税为8亿元，仅约为深圳的1/7、上海的1/4、南京的2/5，甚至低于合肥（10亿元）、福州（10亿元）和青岛（9亿元）（见表3）。进入前200强的广州企业分别是A证券（排名第53，年均税收13.8亿元）、K信托（排名第123，年均税收6.3亿元）、F财险广东分公司（排名第 136，年均税收 5.9 亿元）、G 财险广州分公司（排名第 186，年均税收 4.3 亿元）。

表3　2021~2023 年全国部分城市非货币金融业税收（不含个税）前 200 强企业情况

单位：家，亿元

城市	税收（不含个税）前 200 强企业数量	2021~2023 年年均产税	2021~2023 年年均每家产税
深圳	30	1703	57
上海	48	1532	32
北京	56	699	12
南京	3	64	21
珠海	3	47	16
合肥	3	31	10
广州	4	30	8
福州	3	30	10
天津	5	28	6
青岛	3	28	9

资料来源：国家税务总局广东省税务局。

2. 现行税制下分支机构所在地税收偏低

在现行税制下，拥有总机构多的城市在税收分配上具有天然优势，广州的金融机构普遍属于分支机构，导致总体税收偏低，最直观的例子是保险业税收规模与保费收入并不匹配。广州的原保费规模位居全国前列，2023 年原保费收入为 1742 亿元，仅次于北京（3205 亿元）和上海（2471 亿元），略高于深圳（1720 亿元），但广州的保险业税收收入远低于北京（314 亿元）和上海（204 亿元），甚至不及深圳（121 亿元）的一半，这主要是因为北上深保险总机构多且规模大，广州总机构少且规模小，在现行税制下税收不占优势。证券、基金、期货等机构均存在类似的问题。

企业所得税 50% 在总机构注册地入库，50% 在各分支机构间分摊。各分支机构的税款分摊比例由总机构根据上年度各分支机构的营业收入、职工薪酬和资产总额三个因素加权确定，三个因素的权重分别为 0.35、0.35、

0.30。也就是说,分支机构缴纳税款一方面受总机构统一核算的利润总额影响,例如,广州的分支机构盈利,但是总机构全国统一核算亏损,则总分机构均不需要缴纳企业所得税。另一方面,受分配比例影响,总机构利润总额50%在总机构缴纳企业所得税,另外50%在全国各分机构分配,并且一般金融机构都会在总机构所在地成立一个规模较大的分支机构,这导致其他分支机构实际分到的企业所得税大受影响。如总部在北京的某财产保险公司,除其总部先分得企业所得税的50%外,其在北京的两个分支机构分配比例合计占29.5%,在广州的分支机构分配比例仅为5.8%。

投资收入集中在总机构核算导致分支机构所在地税收减少。保险、证券等金融企业除了主营业务收入外,还有很大部分的收入来源是投资收入,而投资收入基本全部集中在总机构申报纳税。广州的总机构数量少、体量小,相应的投资收入规模也很小,如广州保险业总机构中投资收入最高的 P 保险公司 2023 年的投资收入是 42 亿元,而北京的 Q 保险公司的投资收入是 1420 亿元。

高管人群集中在总机构发放工资与分红推高总机构个人所得税。金融企业中普遍存在分支机构管理层人员工资和分红在总机构发放的情况,这意味着高收入人群的个税代扣缴集中在总机构,因此分支机构个税远低于总机构。

3. 部分金融总部企业注册地与实际生产经营地分离

广东省公募基金实力强劲,基金资产净值超万亿元的 6 家基金公司中有 4 家在广东。其中排名第 1 的 R 基金和排名第 3 的 S 基金在珠海注册,排名第 4 的南方基金和排名第 6 的博时基金在深圳注册。

2014 年 1 月,广发证券与珠海市政府签署战略合作协议,随后与横琴新区进一步签署相关合作协议。受横琴高强度的优惠政策吸引,某资管公司、R 基金、S 基金 3 家公司在珠海横琴登记注册,但其主要办公地点在广州。这 3 家企业 2021~2023 年累计入库税收 198 亿元。

虽然 R 基金和 S 基金在广州都设立了分公司,但因基金公司业务的特殊性,金融牌照由珠海总公司持有,所有业务往来以总公司名义实施。流转税由总公司在珠海横琴缴纳,分公司员工的劳动合同与总公司签订,工资由总公司发放，其员工个人所得税也由总公司在珠海横琴代扣代缴，故 R 基金广州分公司和 S 基金广州分公司对广州均无税收贡献。

4. 限售股个人所得税出现税源流失

根据相关政策，广州上市公司限售股自然人股东可自由选择外省（区、市）证券公司托管其名下股票，相应的，其减持限售股的税款将直接在外省（区、市）入库。上市公司限售股解禁往往存在大幅溢价情况，其转让收益高，涉税金额大。2019~2022 年，广州流失人数居珠三角首位，流失税额超 28 亿元。截至 2024 年中，广东地区（不含深圳）共有 A 股上市公司 456 家，其中广州的 A 股上市公司 157 家。如果无法争取限售股回归，随着广州高质量发展推进，上市公司数量不断增加，其限售股税源将持续流失。

三 培植巩固广州市非货币金融业税源的对策建议

综合前述分析，非货币金融业发展规模及总部企业情况直接影响相关行业税收在当地的实现状况。因此，课题组建议，广州围绕"立足优势、做强总部、抓实分支"的思路，高质量推动非货币金融业税源培植巩固。

（一）立足实体产业和区位发展等优势，着力做强非货币金融业总部经济

广州实体产业实力雄厚，具有一定优势，南沙自贸区被习近平总书记亲自赋予重要使命地位。非货币金融业的发展一方面能服务实体产业发展，另一方面也依赖于实体产业。从税源培植角度出发，广州更应立足实体产业和区位发展等优势，着力培育与广州产业地位、发展定位相匹配的非货币金融业总部经济。重点可以从以下角度着力。

1. 引导支持广州金融总部企业参与本地企业资本市场业务，做强做优资本市场"广州板块"

通过采取适当政策，引导支持更多广州本地企业尤其是国有企业，更多与总部设在广州的广发证券等企业开展 IPO 上市、配股、增发等资本市场

融资业务，更有力地支持企业本地发展、税收本地实现。

2. 紧抓大湾区发展优势，成立或引进资产管理、财产保险等各类金融总部

充分发挥大湾区区位发展优势和《广州南沙深化面向世界的粤港澳全面合作总体方案》（以下简称《南沙方案》）的政策优势，积极引入或培育经营稳健、资质优良的金融机构总部在广州落户。扩大金融开放合作，积极参与大湾区金融市场互联互通，支持广州本地证券、期货公司总部跨境业务发展，通过增资扩股等方式进一步发挥广州头部公募基金的集聚和辐射效应。发挥南沙作为粤港澳大湾区国际航运枢纽的优势，在落地保险服务中心的基础上，创新开拓航运保险、游艇进出境保险、融资保险等创新型财产保险业务并争取成立保险法人机构。

3. 针对科技创新主体积极做好科技金融，加大重点领域的上市培育力度

广州科技"独角兽"企业、国家高新技术企业、专精特新"小巨人"企业数量较多、成长迅速、融资需求多样，为充分满足其融资需求，建议吸引更多天使投资、风投创投、股权投资基金落地广州，打造涵盖天使孵化、创业投资、融资担保、上市培育等全生命周期的科技金融服务体系。

（二）充分利用现有税收政策优势，高质量开展非货币金融业稳商招商

1. 落实《南沙方案》税收优惠政策，优化金融营商环境，增强吸引力

落实《南沙方案》，对先行启动区鼓励类产业企业减按15%税率征收企业所得税，对在南沙工作的港澳居民免征其个人所得税税负超过港澳税负的部分。鼓励各区出台符合自身发展的支持政策，为符合条件的理财和资管等高级金融人才、符合条件的金融机构高管，提供更好的入户、社保、购房、购车、医疗、子女教育等优惠，促进金融企业与金融人才更好地集聚和发展。

2. 把握国家清理违规招商引资政策契机，全面梳理业务与税收两地分离的非货币金融业企业，引导税源回流

前期，由于有些地区违规通过财政补贴手段"招商引资"，部分实际经

营在广州的企业，将注册地设立在其他地区，导致税源外流。建议把握国家统一部署开展违规招商引资政策清理工作的有利契机，全面梳理主要经营业务在广州但注册地不在广州的非货币金融业企业，引导其将注册地迁回广州或在广州设立独立法人企业（建议积极关注R基金、S基金所属子公司在广州的落地情况并给予必要支持）。同时，支持证券、公募基金、期货、金融租赁等法人金融机构在广州设立专业子公司。

（三）充分发挥广州上市公司集聚优势，做好限售股税收管理

1.建立健全限售股税收管理联动机制

建议由广州市政府牵头，税务、财政、国资、金融监管等部门和证券公司、行业协会参与，通过召开股权转让专题会议等形式，形成股权转让管理合力，摸清广州限售股税源情况并共同研究强化股权转让管理的有效措施，避免大额股权减持行为频繁在异地发生，积极争取将限售股等大额税源留在广州。

2.实现"稳存量"与"创增量"齐头并进

充分调动区、街道两级积极性，在本地限售股发行前实行稳留承诺制度，引导上市公司及限售股认购主体承诺在广州本地交易限售股；推动财政、税务、金融等部门建立并共享限售股相关台账，协同证券公司上门提供服务，争取已解禁尚未转让、尚未解禁两类限售股在本地减持纳税；对以国有资本为大股东的上市公司，要通过当地国企大股东加强对相关股东的提醒和引导。充分发挥《南沙方案》等政策优势，依法出台支持企业上市发展和鼓励限售股在广州减持纳税的政策措施，持续培育壮大上市公司群体，全力做大限售股税收增量。

参考文献

谢丽娟、丁焕峰：《高质量发展视域下广州金融业的发展对策研究》，《岭南师范学院学报》2023年第1期。

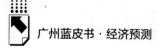

谢丽娟、丁焕峰：《一线城市金融业发展水平的比较研究——基于广州与其他城市的对比视角》，《区域金融研究》2023 年第 7 期。

邵蓉妍：《金融集聚对区域产业结构升级的影响——基于京津冀地区为例》，《财富生活》2024 年第 23 期。

王永胜：《粤港澳大湾区金融业融合发展路径研究》，《特区经济》2024 年第 9 期。

朱莉、付一凡、马露瑶：《金融集聚与人力资本协同效应助推经济高质量发展》，《征信》2025 年第 1 期。

章伟伟：《浅析政府引导基金发展态势——以 2021 年为例》，《互联网周刊》2022 年第 21 期。

郭跃文、刘佳宁：《金融强国建设目标下粤港澳大湾区国际金融枢纽建设的历史逻辑、时代价值与战略展望》，《南方经济》2024 年第 6 期。

毛艳华、任志宏、叶辅清等：《建立高质量城市发展标杆：南沙更高水平对外开放》，《城市观察》2023 年第 3 期。

朱锦：《聚焦〈南沙方案〉，建设粤港澳大湾区特色金融港的改革路径研究》，《清华金融评论》2024 年第 9 期。

B.23
发挥拓展税收职能作用，服务
"百千万工程"的实证研究

——以广州税务为例

国家税务总局广州市税务局"百千万工程"税村直连站青创项目课题组*

摘　要： 广州税务部门结合广州城乡区域发展特色和资源禀赋，推出税收服务"百千万工程"16条措施，全面贯彻税费优惠政策，落实涉税"全链条"服务举措。本文在回顾总结2023年以来广州税务部门倾力服务"百千万工程"生动实践的基础上，深入分析税收服务"百千万工程"所面临的困难和挑战，并提出有针对性的意见建议，以更好地发挥税收职能作用，推动"百千万工程"加力提速、提质增效。

关键词： "百千万工程"　广州税务　城乡区域协调发展

习近平总书记在党的二十大报告中指出："高质量发展是全面建设社会主义现代化国家的首要任务。"2023年，广东省委深入贯彻落实党的二十大精神，以头号工程的力度实施"百县千镇万村高质量发展工程"（以下简称"百千万工程"），推动全省城乡区域协调发展。同年5月，广州

---

* 课题组组长：张金良，国家税务总局广州市从化区税务局党委委员、副局长。课题组成员：黄星，国家税务总局广州市从化区税务局法制科副科长；赵烨华，国家税务总局广州市海珠区税务局财产和行为税科副科长；夏晨倩，国家税务总局广州市黄埔区税务局货物和劳务税科四级主办；张泰玮，国家税务总局广州市从化区税务局税收风险管理局副局长；赵启成，国家税务总局广州市从化区税务局收入核算科一级行政执法员；王诗琪，国家税务总局广州市从化区税务局鳌头税务所一级行政执法员。执笔人：黄星。

市委常委会提出以钉钉子精神推动广州市"百千万工程"取得扎实成效，为实现在推进中国式现代化建设中走在前列奠定坚实基础。广州税务部门以习近平新时代中国特色社会主义思想为指导，细化落实广东省委"1310具体部署"和广州市委"1312"思路举措，充分发挥税收职能作用，围绕推进农业全面升级、农村全面进步、农民全面发展，推进乡村全面振兴，加快农业农村现代化建设，实施税收职能服务"百千万工程"深化提升行动，落实结构性减税降费政策，支持农业科技创新，提高乡村纳税缴费便利化水平，为推进广州城乡区域协调发展和打造现代岭南新乡村广州样板注入税务动力。

一 广州税收服务"百千万工程"的生动实践

广州税务部门深刻认识到落实税收服务"百千万工程"对推进城乡区域协调发展的重要意义，迅速成立由"一把手"牵头的"百千万工程"落实工作领导小组及办公室，围绕国家、省、市涉农战略布局，统筹市、区两级税务部门融入广州城乡协调发展大局，对接落实市、区"百千万工程"指挥部各项部署安排，结合广州城乡区域发展特色和资源禀赋，推出税收服务"百千万工程"16条措施，通过多种方式建立上下贯通、协调联动的服务"百千万工程"工作机制，致力于同研究、同部署、同推进税收中心工作和服务"百千万工程"，在工作中积极作为，进行了一系列有益的实践探索，取得了一些显著工作成效。

（一）实施税源培植巩固战略，深化税收协同共治格局

税收来源于经济，更应服务于经济。广州税务部门聚焦促进广州税源繁荣、税收收入可持续性增长，创新实施税源培植巩固战略，成为税务部门主动融入城市经济社会发展、持续拓展税收共治格局的重要成果。

一是推进信息共享，凝聚多方经济治理合力。加强与工商联、发改等部门及行业协会常态化沟通协作，健全涉税费信息共享机制，获取广州市重点

项目与重点行业企业名单，及时掌握各类涉税费信息；依托税源培植巩固联席会议制度，利用"前哨式预警""链路式预测""成长式预判"三大模型成果，从点、线、面上凝聚税源培植巩固与打造"创富+聚富"营商环境的合力，巩固培育壮大税源根基。

二是加强部门联动，推动税源培植巩固纵深发展。依托市级税源培植巩固联席会议制度，协助各区、各镇街出台税源培植巩固方案，推动市、区两级党委和政府建立健全政府定点联系重点企业机制，通过将税源培植巩固纳入政府绩效指标，建立"税务局+各职能部门+街道"联动等方式，深化税源共治格局；推动财政部门成立市级税源培植巩固专班，联合地方党政机关开展暖企走访，加强企业诉求响应与问题解决，避免税源流失。

三是积极建言献策，发挥"以税资政"作用。领导带队围绕乡村全面振兴开展大调研活动，深挖税收大数据价值，结合"处长下基层"和"青年蹲点调研"活动，推进"小切口、深挖掘、快转化"税情调研，通过与企业点对点联系、进驻产业园等方式，密切跟踪新产业、新业态、新模式经济发展潜能，重点了解专精特新企业、"独角兽"企业、"瞪羚"企业等市场主体在技术创新、产品研发等方面的发展情况和涉税费诉求，有针对性地选取并深入分析预制菜、冷链物流等新兴产业税源特点，组织撰写调研分析报告供决策参考，助力预制菜等新兴产业高质量发展。

（二）落实落细税费优惠政策，激发产业转型升级活力

广州税务部门坚决扛牢落实税费优惠政策的政治责任，落实落细各项税费优惠政策，坚持政策落实与风险防范相结合，充分释放政策红利，激发市场主体发展活力。

一是优化政策宣传辅导。先后制发《支持乡村振兴税费优惠政策指引》《服务制造业高质量发展税费优惠政策指引》等多项政策指引，加大惠农利企税费政策宣传推广力度；擦亮穗税融媒体品牌，构建立体宣传格局，根据经营主体行业类别、适用政策类型等开展专题宣传，举办各类税费政策培训辅导，通过微信、微博、网站等渠道发布各类税费资讯；积极推进"税村

共享共建共治"一体化税策平台,聘请村镇(社区)干部担任"协税宣传员",依托网格化服务群推出全天候在线服务,及时响应解决村(居)群众涉税费问题。

二是抓好专项政策落实。在助力乡村产业转型升级方面,支持农业关键核心技术攻坚,推出"税助科技12条"措施,建立"产学研一体化"粤税院士服务站,推动科技要素融入农业产业全链条,围绕现代种业、绿色农业等优势领域,发挥"首席税务服务官"团队优势,持续落实研发费用加计扣除、高新技术企业所得税优惠政策,全环节跟进企业税惠政策减免流程。在增强乡村发展内生动力方面,积极落实强镇兴村"穗农奔富"行动部署要求,推进乡村人才税费政策建设,联合退役军人事务、人社、教育、民政等部门建立就业信息共享和政策落实协同机制,通过创建退役军人"税费政策服务驿站"、常态化开展税收宣讲会等方式,助力退役军人和军创企业及时充分地享受优惠政策。主动对接全国一体化政务服务平台,上线应用"全国脱贫人员信息查询功能模块"应用接口,实现脱贫人口国家数据便捷批量查询,提升脱贫人口创业就业税费政策落实成效。在推动涉农普惠金融发展方面,通过举办"税银融合赋能实体经济"研讨会等方式进一步深化银税合作,通过"以信换贷"引导金融资源向"三农"领域倾斜,畅通涉农小微企业信贷绿色通道;积极支持金融机构和小额贷款公司加大涉农贷款力度,落实金融机构、小额贷款公司、保险公司向符合规定的农户提供贷款、保险业务取得的利息收入、保费收入可以减计收入等税收优惠政策,助力缓解涉农企业融资难、融资贵等问题。

三是协同加强风险防控。以税收大数据为依托,持续提升"雷达式"政策落实监控平台使用效能,完善按税种、按地区、按时段、按户归集数据的多维度政策落实效应实时监控系统,及时反馈应享未享、不应享而享的政策落实成效评估结果;强化与公安、检察院等部门协作,用好广州税警联合建立的税案指挥中心、情报研判中心、联合办案中心,创新"快查—快打—联防"三维立体战法,查处违规享受或骗取税费优惠政策案件。

（三）不断提升税费服务效能，持续优化税收营商环境

广州税务部门倾力服务"百千万工程"，助力营造市场化、法治化、国际化一流营商环境，持续开展"便民办税春风行动"，接续推出一系列创新服务举措，其中 7 项改革举措获国务院发文推广，6 项创新成果入选中国（广东）自由贸易试验区第八批改革创新经验并被全省复制推广。在广东省营商环境评价中，广州"纳税"指标得分连续三年居全省第一，始终为"全国标杆"，处于"全省前列"。

一是智慧服务提升便利度。充分运用大数据、云计算、人工智能等现代信息技术，通过"智税 CALL""智税链""智税图"推动税费咨询、办理、服务智慧化；推出 V-Tax 远程可视化办税平台、元宇宙办税服务厅、"云会客"服务平台①、数字人民币缴（退）税费等办税缴费新渠道，推行 390 项依申请税费事项同城通办②，升级推出"广州税信码 2.0"和"纳税+涉税专业服务机构信用双码"服务，通过税务智能机器人"进群""进厅""进电子税务局"等方式代替人工提供税费服务，不断推动办税缴费方式向数字化、智能化转型，营造优质高效的营商环境。

二是线下服务提升满意度。高效建成首批新时代"枫桥式"税务所，持续推广"不满意，请找我"服务品牌，落实简化纳税人省内跨市迁移即办服务，推动成立广州市地方税共治共享创新实践中心③，推进纳税服务融入政务服务大局，优化完善"税务+社保+医保""一厅联办"、不动产登记缴税"一次缴""一码清"、税费服务进驻党群服务中心等跨部门服务举措，

---

① 在黄埔（开发）区局、南沙区局试点推出预约云上见、即时点对点、跨部门协作的云会客服务，为纳税人提供更加个性化、差异化、精细化的服务。

② 对外发布《国家税务总局广州市税务局关于依申请税费服务事项同城通办的通告》（2023年第 4 号），自 2023 年 10 月起，广州市的纳税人缴费人申请信息报告、申报纳税、税收优惠、证明办理、社会保险费和非税收入等涉税（费）事项，可就近选择办税服务厅办理。

③ 2023 年 12 月 15 日，国家税务总局广州市黄埔区（广州开发区）税务局、黄埔区南岗街道办事处共同举办"深化地方税共治共享 服务区域高质量发展"活动，率先成立税收共治创新实践中心。

打造利民利企营商环境。

三是跨境涉税服务提升开放度。组建多语种服务团队，推出离境退税"即买即退"便利措施；建立全省首批"湾区通办"示范区，为湾区跨区域纳税人提供"一站式"征纳互动服务；揭牌设立粤港澳大湾区（南沙）财税专业服务集聚区①和"穗港澳跨域协作工作室"②，推动粤港澳大湾区财税专业服务在南沙集聚发展；擦亮"税路通·粤通四海"服务品牌，建立中国企业"走出去"综合服务基地，打造高水平开放营商环境。

四是权益保障提升社会和谐度。建立"市—区—镇街"三级联合处置网络，构建社保费争议处置新格局，依托社保费争议联合处置机制，建成184个镇（街、园区）实体化联合处置中心，通过社保争议在各镇综治中心"一站受理、精准分流、就地调处"，实现矛盾风险"源头"化解；拓展"互联网+"工作思路，将争议联合处置与广州市镇街综合治理平台深度融合，实施"三人调解小组"、"法律明白人"、劳动争议化解等项目，"一站式"化解矛盾和纠纷；构建"平安办牵头、各部门压实主责、属地政府化解"的"1+3+N"工作格局，推动联合处置中心争议处理"快速办"。

二 税收服务"百千万工程"面临的困难和挑战

（一）在推进重大建设项目促进城乡区域协调发展方面

广州市内各区经济发展水平、产业结构、资源禀赋等各不相同，在税收规模、税收来源等方面差异明显，在深入推进"百千万工程"的过程中，在一定程度上存在资金投入需求与财政收入规模不匹配的情况，需要进一步

---

① 2023年3月31日，粤港澳大湾区（南沙）财税专业服务集聚区在广州南沙中交国际邮轮广场揭牌设立。

② 2023年12月28日，穗港澳跨域协作工作室在南沙正式揭牌成立。穗港澳跨域协作工作室由广州市人民政府外事办公室（广州市人民政府港澳事务办公室）、国家税务总局广州市税务局与南沙区政府共同发起。

加强全市统筹，依法、高效筹集、分配财政资源，在确保重大建设项目顺利落地、稳步推进的基础上，构建完善产业升级、人口聚集、城镇发展的良性互动机制，加快推进城乡区域协调发展。此外，对于出现的新产业、新业态、新模式，在税费优惠政策适用性认定方面还存在模糊地带，面临一定的执法风险。

（二）在强化科技支撑助力农村产业转型升级方面

一是科技资源分布不均。广州作为国家中心城市，集中了广东省半数以上的普通高校、97%的国家重点学科，在"自然指数-科研城市"全球排名中居第 10 位，科技资源相对丰富，但在地域分布上不够均衡，广阔的农村地区①科技资源相对匮乏，这导致农村产业转型升级过程中难以就近获得足够的科技支持。

二是高素质人才短缺且持续流失。农村地区缺乏具备科技知识和较高技能的专业人才，限制了农村产业向高科技、高附加值方向的转型发展。且由于城乡发展不平衡的现状，许多农村青年选择到城市就业，农村高素质人才流失严重，进一步加剧了农村科技支撑薄弱的状况。

三是企业创新能力相对不足。农村地区的企业大多从事种植、养殖和农产品初级加工，经营规模较小、技术实力较弱，缺乏自主创新能力，难以独立承担科技研发任务。此外，农村地区的高校、科研院所与企业之间的产学研合作还不够紧密，科研成果的快速转化、推广应用还存在一定障碍。

（三）在构建共治格局增创惠农助农发展优势方面

一是社会保障意识有待提升，农村参保人数呈下降趋势。如图 1 所示，2019～2023 年，我国城乡居民基本医疗保险参保人数呈逐年下降趋势，虽然同期职工医保参保人数稳步上升，但职工医保参保人数的增加值小于城乡居

---

① 广州村域（农村）面积 5800 多平方公里，约占全市总面积的 78%。

民基本医疗保险参保人数的减少值,这表明剔除进城务工人员转而参加职工医保的因素,城乡居民参加基本医疗保险的意愿相对下降,这种趋势在农村地区表现得更为突出。广州全市有1145个行政村、约250万农村常住人口,部分农村常住人口同样存在对社会保险体系认识不到位、参保意识相对薄弱的问题。

二是农村金融服务体系缺失,农民贷款困难。当前广州城乡区域发展不平衡的矛盾依然比较突出,与中心城区相比,北部山区镇村基础设施和公共服务存在短板弱项,农村居民人均可支配收入明显低于城市居民人均可支配收入。相当一部分农村居民希望利用好国家、省、市制定的扶持政策,发展生产经营以提高自身收入水平,但农民缺乏可抵押资产,且信用评级不高,金融机构对发放涉农贷款的审核比较严格,因而其生产经营面临资金不足的现实困难。普惠、高效的金融服务体系缺失,不利于农民因地制宜发展特色产业、发展多种经营。

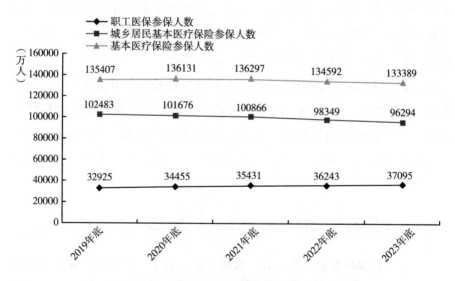

图1 2019~2023年我国基本医疗保险参保人数

资料来源:2019~2023年全国医疗保障事业发展统计公报。

（四）在优化办税缴费服务推进基层社会治理方面

一是税费服务渠道的覆盖范围有限，还存在薄弱区域。虽然依托 V-Tax 远程可视化办税平台、电子税务局等"非接触式"办税缴费方式，已可以实现涉农主要税费业务全程网办，但部分农村居民受年龄、受教育程度等因素的影响，依然存在不懂政策、不会操作的情况，而目前线下税费服务主要依托税务部门自有办税服务厅、驻各镇街政务服务中心以及党群服务中心税费服务窗口等提供，考虑到农村居民居住比较分散，在不会进行线上办税操作的情况下，办理农产品增值税普通发票代开、灵活就业人员社保参保缴费等村居高频业务时仍然不够便利。

二是税费政策宣传的效果有待提升。传统线下形式的税费政策宣讲会、政策培训会等覆盖范围有限，而依托微信、微博、短视频平台等渠道开展的线上宣传方便、快捷、易传播，但其准确性、趣味性、互动性还需进一步提升。此外，当前对于依法依规开具发票、及时足额缴纳社会保险费等事项的宣传相对较少，部分企业守法意识较为淡薄，导致相关投诉、争议事项数量接连攀升，给基层税收治理带来较大压力。

三 发挥税收职能作用，更好服务"百千万工程"的对策建议

（一）深化税源培植巩固，助力市场主体发展壮大

坚持聚财与生财并举，积极争取多方支持推动税源培植巩固，切实优化税源发展环境，积极落实《广东省税费征管保障办法》，加强部门间信息共享，完善社会共育格局，促进广州税源繁荣、税收收入可持续性增长。结合企业需求提供多样化、个性化服务，增强企业扎根广州发展壮大的信心。通过"税务+政府部门+街道"工作机制加强联动协作，主动靠前服务精准施策，提供专业化、精细化服务，深入挖掘企业税源潜力。统筹开展税费优惠政策落实工作，聚焦企业需求，深入开展税费优惠政策精准推送、宣传辅

导、诉求响应等工作，促进税费优惠政策落实落细、落准落稳，以税费红利为市场主体赋能添力。利用"前哨式预警、链路式预测、成长式预判"三大模型成果，为现代农业转型升级、产业转移、产业融合以及合法招商引资提供税收服务，促进城乡税源高质量发展。

（二）优化税费指引模式，服务广州城市更新工作

深入践行人民城市理念，开展"税爱羊城之税助城中村改造"行动。优化完善城中村"更新改造+产业升级"税费指引新模式，用好《广州市城市更新税收指引（2021年版）》《广州市城中村改造税收指引》等，助力降低改造总体成本。把旧村改造、产业转型升级和梯度有序转移有机结合起来，将税助城中村改造与组织税费收入紧密结合，主动了解城中村改造过程中发生的应税行为、应税品目、应税主体，密切关注城中村改造中涉及的具体产业行业，掌握改造项目的涉税数据，进一步提升税源管理质效。主动协同地方党委和政府，与市、区两级财政、住建、规自以及街道等部门形成合力，加强城中村改造项目的信息共享互通、执法协作互助、税收共抓共管，提前参与城中村改造路径设计，发挥以税资政作用，构建齐抓共管、协同共治的税费治理新格局。

（三）落实科创税惠政策，服务产业与科技互促双强

一是加强税收政策支持与引导。针对"百千万工程"中的不同产业和项目，制定更加精细的税收优惠政策。给予高新技术产业、现代农业、乡村旅游业等更大的税收减免和优惠，以吸引更多资本和人才投入。鼓励企业加大研发投入，全面落实符合条件的研发费用税前加计扣除等税收优惠政策，降低企业创新成本。利用现代信息技术手段，如大数据、云计算等，实现税收优惠政策的精准推送和快速响应。加强税收政策的宣传和培训，提高纳税人对政策的知晓率和享受率。通过线上线下相结合的方式，开展多种形式的政策宣讲和辅导活动。

二是推动科技创新与产业升级。全面贯彻落实科技成果转化相关的税收

优惠政策，如高新技术企业转化科技成果，给予本企业相关技术人员的股权奖励，可在不超过 5 个公历年度内（含）分期缴纳等。进一步激发科技人员的创新积极性，促进科技成果的转化和应用。鼓励企业以科技成果投资入股，对被投资企业支付的对价全部为股票的，可实施递延纳税等优惠政策，降低企业创新风险。加大对科技企业的税收支持力度，特别是对那些在关键技术领域取得突破、具有自主知识产权的企业提供重点扶持。支持科技企业与农业、制造业等传统产业深度融合，推动传统产业转型升级。通过税收优惠政策鼓励企业开展跨界合作和技术创新，形成新的经济增长点。

三是优化税收服务与管理。加强税务部门与地方政府、企业之间的沟通协作，建立信息共享机制。及时了解企业需求和困难，为企业提供更加精准、高效的税收服务。推广"非接触式"办税缴费服务，通过电子税务局、手机 App 等渠道实现涉税业务的全流程网上办理，提高办税效率和服务质量，降低企业办税成本。营造更加科学精准的风险治理环境，建立健全"信用+风险"监管体系，坚持"事中监控"和"事后监管"相结合，提升风险识别、处置的效能；优化风险应对方式，坚持审慎包容监管，按照"先引导遵从、后从严查处"的原则，优先通过风险管理"双推送"机制，引导企业自行应对风险。

（四）创新共建共治举措，加强涉农群体权益保障

一是不断拓展税费服务格局。联合各镇街、人社部门、医保部门、基层自治组织等协同开展针对村（居）民的养老保险、医疗保险缴费服务，探索聘请来自各职能部门、基层自治组织的工作人员等加入税费服务团队，共同开展注册登记、纳税申报、发票开具、养老保险和医保缴纳等方面的宣传帮扶，发挥"税村直连站"的基站、纽带作用，帮助涉农企业匹配上下游供产销信息，实现打通产业链，对接供需端，开拓新市场。

二是切实保障涉农纳税人缴费人合法权益。加快构建税费争议多元调解服务网络，深入推进社会保险费征缴争议联合处置工作，探索推动涉税争议咨询调解中心"进乡村"，为保障纳税人缴费人合法权益提供便利，进一步

构建"党政领导、税务主责、部门合作、社会协同、公众参与"的现代化税收共治格局,切实提升基层社会治理能力。

三是推动"以信换贷",构建涉农普惠金融服务新体系。依托"银税互动"平台提供的权威、翔实的企业纳税信用以及涉税信息数据,助力银行机构精准评估风险,进而推出利率低于市场同类商业信用贷款的"银税互动"产品。此外,税银双方紧密合作,针对中小微企业、专业合作社等市场主体普遍存在的紧急性资金需求、小额分散以及快速周转等特点,研发多元化、定制化信贷产品,积极引导金融资源向"三农"领域倾斜,畅通涉农小微企业信贷绿色通道,助力缓解涉农企业融资难、融资贵问题,进一步拓宽农企、农户发展增收新渠道。

(五)优化税收营商环境,实现办税缴费提速增效

一是加强线上线下办税缴费渠道一体化集约管理。进一步完善税费服务集约处理中心,通力打造集线上受理、远程审核、视频帮办、个性辅导等多种业务功能于一体的"集成化"服务模式。纳税人缴费人可通过电子税务局、粤税通小程序、V-Tax远程可视化办税平台、12366热线等多种渠道实现税费业务咨询和办理,让广大纳税人缴费人实现"少跑山路,多跑网路"。围绕构建税费服务新体系的工作要求,扎实推进税费服务进驻村(社区),依托现有的村(社区)党群服务中心建设标准、规范的"百千万工程"税村直连站。基于村(居)民税费业务办理的需求,首批次将农产品增值税普通发票代开、灵活就业人员社保参保缴费等高频税费业务下沉至税村直连站办理,并支持、鼓励根据实际需要提供个性化、特色化服务,高标准打造村(居)民"家门口"党群"智税圈"。

二是增强辅助申报服务,减少税费资料报送。推广"财税衔接",实现"一键申报",建立财务报表与纳税申报表对接转换("财税衔接")服务平台,对接第三方财务软件及大企业ERP(企业资源计划)系统,实现从财务会计核算软件中自动采集数据。企业会计人员自财务会计核算软件中一键提取发票数据,增值税申报表及附表、企业所得税申报表及附表中95%

的数据均自动生成，财务会计核算软件生成纳税申报表后，可"一键申报"接入电子税务局，简化系统操作。持续拓展线上办税缴费服务范围，推动容缺办理扩围。不折不扣落实各项税费优惠政策，除依法需要核准或办理备案的事项外，全面推行"自行判别、申报享受、资料留存备查"的优惠政策享受方式，持续减轻涉税费资料报送负担。

参考文献

胡苏华：《税收政策助力乡村产业振兴：作用机理、实施现状与完善建议》，《税务研究》2022 年第 10 期。

欧阳秀兰、蔡杰、胡芳等：《税收支持乡村产业振兴的现状与着力点探析》，《国际税收》2022 年第 11 期。

阮家福：《税收支持乡村振兴的政策优化策略》，《税收征纳》2022 年第 6 期。

董鹏：《乡村振兴视角下促进农村三产融合发展的税收政策研究》，《现代农业研究》2022 年第 7 期。

何晴、刘思佳、张家玮：《支持乡村振兴税收优惠政策：比较与借鉴》，《经济研究参考》2022 年第 9 期。

周志勇、邓惠：《产业融合视角下乡村振兴涉农税收政策优化研究》，《商业会计》2023 年第 15 期。

B.24
税收服务南沙区新质生产力加快发展的路径探析

广州市税务局南沙新质生产力发展研究课题组*

摘　要： 国家新区、自由贸易试验区是国家改革开放综合试验平台，在发展新质生产力、推进高质量发展上具有重要的战略地位。中国（广东）自由贸易试验区广州南沙新区片区作为粤港澳大湾区国际航运、金融和科技创新功能承载区，在发展新质生产力方面具有良好的资源要素、产业条件和科技基础。从税收视角分析，区内代表新质生产力的重点产业仍需壮大、科技创新能力能级仍需提高、开放型经济仍需提质，亟须加强研究和试点推出促进新质生产力发展的税收新政策、征管新机制、税收新服务等，为南沙新区自贸区加快开发开放贡献税务力量。

关键词： 税收　自由贸易试验区　新质生产力　南沙

　　党的二十届三中全会强调"健全因地制宜发展新质生产力体制机制"。国家新区、自由贸易试验区是国家改革开放综合试验平台，在发展新质生

＊ 课题组组长：张巧珍，国家税务总局广州市税务局党委委员、副局长。课题组成员：黎军华，国家税务总局广州市南沙区税务局党委书记、局长；赵锐，国家税务总局广州市南沙区税务局党委委员、副局长；陈培锦，文学学士，国家税务总局广州市南沙区税务局办公室（党委办公室）副主任；陈妍，经济学学士，国家税务总局广州市南沙区税务局收入核算科一级行政执法员；林雪慧，金融学学士，国家税务总局广州市南沙区税务局办公室（党委办公室）一级行政执法员；谢挺，工商管理硕士，国家税务总局广州市南沙区税务局税收风险管理局副局长、三级主管；李坚俊，管理学硕士，国家税务总局广州市南沙区税务局法制科副科长；鲁磊，公共管理硕士，国家税务总局广州市南沙区税务局第一税务所四级主办；刘辉，会计专业硕士，国家税务总局广州市南沙区税务局所得税科一级行政执法员。执笔人：张巧珍、黎军华、赵锐。

产力、推进高质量发展上具有重要的战略地位。中国（广东）自由贸易试验区广州南沙新区片区（以下简称"南沙区"）作为粤港澳大湾区国际航运、金融和科技创新功能承载区，在发展新质生产力方面具有良好的资源要素、产业条件和科技基础，是发展新质生产力的优质"试验田"。税收作为宏观调控的主要手段之一，对新质生产力的形成和发展产生了重要影响。为进一步发挥税收职能、服务南沙区加快发展新质生产力，本课题立足税收视角，基于税收助力新质生产力发展的内在逻辑，分析南沙区发展新质生产力的禀赋条件、存在的问题和不足以及发展路径，为南沙区高质量发展建言献策。

一　从税收视角看南沙区发展新质生产力的禀赋条件

自南沙区挂牌成立以来，叠加打造国家新区、粤港澳全面合作示范区和《广州南沙深化面向世界的粤港澳全面合作总体方案》（以下简称《南沙方案》）等多重国家战略，经济总量和税收迅速增长、创新型产业体系跃然成形。当前，要加快推动新质生产力发展，必须分析南沙区在资源要素、产业基础、科研条件等方面具有哪些优势，从而有选择地重点发力。

（一）发展新质生产力需要的基础条件

新质生产力是生产力现代化的具体体现，相比于传统生产力，其技术水平更高、质量更好、效率更高、更可持续。加快发展新质生产力的禀赋条件主要包括新的科学技术、产业基础、资源要素三方面。一是必须有突破性的科学技术支撑。科技创新资源包括当地的高校、科研机构以及高新技术企业等科研创新主体、科研人才等；同时发展新质生产力还需要实现科技创新成果的转化应用，以数字信息技术研发与应用为轴心，推动新兴技术领域快速发展。二是必须有关键性的产业基础。在产业构成上，体现为战略性新兴产业、未来产业和数字经济、绿色经济的崛起。同时，国家新区和自贸区等开放门户枢纽，还需具备坚实的开放型经济基础。三是必须有特色的资源要素。发展新质生产力必须结合当地区位优势、自然资源优势、发展平台优势等，因地制宜制定新质生产力发展策略。

（二）南沙区新质生产力相关产业基本情况

在产业整体布局方面，新质生产力主要涉及的产业包括八大战略性新兴产业和九大未来产业①。南沙区结合《南沙方案》鼓励类产业目录及《关于支持广州南沙放宽市场准入与加强监管体制改革的意见》（以下简称《南沙意见》）等重大政策红利，积极构建"2+5+2"现代化产业体系②，目前区内已布局了汽车制造、船舶与海洋工程、高端装备、半导体与集成电路、商业航天等12个产业，发展新质生产力的产业布局较为完整。

在产业总体规模方面，南沙区战略性新兴产业成为发展新质生产力的基础力量，该产业2021～2023年税收规模年均增长率达16.9%，显示出巨大的科技研发动力和创新活力，2021～2023年研发费用投入年均增长率高达21.0%。

在优势特色产业方面，在发展新质生产力上，南沙区优势产业支撑有力，拥有汽车制造、船舶与海洋工程装备两大传统优势产业，立足以广汽丰田为主导的汽车制造基础产业优势，围绕新能源汽车产业同步布局人工智能产业、新能源、新型储能等相关新兴产业，推动汽车制造再升级；2021～2023年以船舶与海洋工程装备为主导的南沙海洋科技经济领域税收持续增长，2023年度实现营收、税收以超30%的增幅"双增长"。新兴产业动能强劲，芯片半导体产业集群加速汇聚，引入了芯粤能、南砂晶圆等一系列芯片和集成电路制造

---

① 八大战略性新兴产业包括新一代信息技术、新能源、新材料、高端装备、新能源汽车、绿色环保、民用航空、船舶与海洋工程装备；九大未来产业包括元宇宙、脑机接口、量子信息、人形机器人、生成式人工智能、生物制造、未来显示、未来网络、新型储能。
② "2+5+2"现代化产业体系即聚力智能网联与新能源汽车、现代高端装备等两大支柱产业，深耕半导体与集成电路、人工智能、生物医药与健康、新材料、新能源与节能环保等五大战略性新兴产业，布局海洋经济、空天经济等两大未来产业。

业龙头企业。先进制造业加速集聚，2021~2023 年高技术制造业①有税企业年化增长率为 10%，税收规模三年平均增长率达 1.6%。数字经济发展态势良好，数字经济核心产业主要包括计算机通信和其他电子设备制造业、软件和信息技术服务业等，税收整体呈增长态势，税收规模三年平均增长率为 9.5%。

（三）南沙区发展新质生产力的有利条件

南沙区税收数据显示，加快发展新质生产力具有良好的资源要素、产业条件、科技基础。

一是叠加多重国家战略，政策优势明显。南沙区是国家新区、自贸试验区、粤港澳大湾区重大战略性合作平台，《南沙方案》明确了鼓励类产业企业减按 15% 税率征收企业所得税等 12 项重大政策，所得税优惠目录达 140 项，其中与新质生产力密切相关的产业目录共 98 项，对南沙科创产业发展具有强大集聚效应。

二是经济基础坚实，发展势头较好。南沙经济发展呈现高质量、高效率的特点，2021~2023 年南沙区 GDP 同比增速分别为 9.6%、4.2%、4.3%。

三是开放型经济持续向好，枢纽功能凸显。南沙区作为对外开放门户枢纽，外资企业经营规模稳步增长，2021~2023 年外资企业经营规模年化增长率为 15.9%；2021~2023 年南沙区港澳台企业经营规模年均增长率达 22.1%，粤港澳合作步入快车道；国际航运中心能级明显提升，2023 年南沙港所在的龙穴街企业创造税收较 2021 年增长 87%，港口物流发展与港口群服务能级不断跃升。

四是科研资源丰富，创新发展条件良好。南沙区集聚了香港科技大学（广州）、大湾区科学论坛等重大科创平台、科研创新机构，2021~2023 年南沙区企业享受研发费用加计扣除金额平均增长 24.1%。

---

① 根据国家统计局《高技术产业（制造业）分类（2017）》与《国民经济行业分类（GB/T+4754-2017）》进行整理合并。

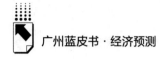

二 税收数据反映南沙区发展新质生产力存在的问题和不足

聚焦南沙区作为产业高地、开放枢纽和高质量发展新引擎的功能定位，从科技创新、产业基础、开放型经济质量等发展新质生产力核心要素分析，南沙发展还存在以下不足。

（一）新质生产力重点产业仍需壮大

一是南沙区战略性新兴产业基础盘结构相对失衡，抗减收风险能力相对较弱，基础盘有待进一步调整巩固。当前南沙战略性新兴产业基础盘呈现显著的"二八效应"，产业营收、税收主要依赖传统燃油车，近年来新能源汽车加速渗透冲击，下拉该产业税收14.8个百分点。其他新兴产业营收、税收规模相对较小，尚未形成有力支撑。

二是战略性新兴产业发展效益仍需提升，电子芯片等科创型产业税收规模有待扩大。南沙区深耕半导体与集成电路等五大战略性新兴产业，但尚处于起步培育阶段，由于产业投资建设或研发投产周期较长，经济、税收效益仍未充分显现，战略性新兴产业对南沙经济发展的支撑作用仍未形成。

三是未来产业发展仍需提速，商业航天和低空经济产业基础有待夯实。南沙区积极布局商业航天、低空经济产业，抢占发展新质生产力的未来赛道，但相关产业仍存在规模小、优质头部企业市场竞争力弱等问题。

（二）科技创新能力能级仍需提高

虽然南沙区科技创新要素资源呈现加速集聚的趋势，但当前南沙区创新投入、创新主体和科技创新成果转移转化还存在短板，科技创新驱动仍然不够强劲。

一是研发投入仍需加大。南沙区企业的创新投入仍需增大，2021～2023年南沙区企业享受研发费用加计扣除金额年均增长率为24.1%，增速高于前海蛇口自贸片区（年均增长率为11.7%），但不足横琴自贸片区（年均增长率为53.31%）的一半。

二是高新技术企业仍待壮大。当前南沙区仍缺乏有影响力的龙头科创企业和有重大科研成果的科创平台，在大湾区的引领地位尚未真正形成。截至2023年，南沙区高新技术企业为1144家，落后于深圳前海蛇口自贸片区。

三是科研成果转移转化成效仍需提升。非营利性科研机构和高校职务科研成果转移转化能力相对较弱，享受相关税收优惠政策的机构数量、人次少，享受现金奖励规模较小。

（三）开放型经济仍需提质

一是开放枢纽能级仍需提升。由于南沙区发展起步较晚，2023年，南沙区实际利用外资规模仅为前海蛇口自贸片区的12%；境外投资项目数量仅为前海蛇口自贸片区的21.9%；实现非居民企业税收也少于前海蛇口自贸片区、横琴自贸片区。

二是临港经济发展仍需加快。目前临港经济起步较晚，产业链条有待完善，港口枢纽能力仍需加强。龙穴岛主要产业由批发和零售业、租赁和商务服务业、制造业、金融业构成，而交通运输、仓储和邮政业2023年税收规模较小，航运企业数量与浙江宁波片区、上海自贸区保税区片区等自贸区还有较大差距。

三是自贸区特色的离岸贸易等产业仍需壮大。2023年，南沙区与离岸国际贸易业务相关的跨境贸易投资高水平开放试点交易金额，与同期上海浦东新区离岸转手买卖贸易交易金额仍有不小差距。根据南沙区政府公布的重点离岸贸易企业名单统计，2023年，该批企业创造营收超919亿元，增长迅猛，但仍落后于国内先进地区。

三 美国湾区重要城市以税收促进生产力发展的国际经验

旧金山和纽约分别是美国旧金山湾区和纽约湾区的"心脏",其发展生产力的经验对作为"湾区之心"的南沙区在税收服务科技创新与金融赋能方面具有一定参考价值。

(一)旧金山税收服务科技创新的做法成效

根据旧金山政府经济分析办公室发布数据,2011~2021年,该市科技领域产值年均增长12.7%,是同期其他经济领域产值年均增速(3.9%)的3倍多,税收在推进科技创新发展方面发挥了重要作用。

一是在支持企业研发方面,对生物技术、医疗设备及航空航天等行业提供较大力度的研发税收抵免,未使用的研发抵免可以无限期结转,税收抵免率为15%,而联邦抵免率为20%;研发税收抵免涵盖向符合条件的非营利组织(如高校和科研组织)支付的符合条件的基础研究费用的24%,联邦为20%。

二是在促进对科技企业的投资方面,除了享受联邦风险投资抵免,还可根据加利福尼亚州《风险投资法》享受税收优惠,符合条件的相关投资者可以享受个人所得税、企业所得税减免。

三是在鼓励研发人才使用方面,根据美国《通胀削减法案》,符合条件的小企业的研发人员工资税(payroll tax)[①] 抵免额增加1倍,旧金山的经营主体不仅可以享受联邦研发税收抵免,还可享受加利福尼亚州推行的雇用特定员工抵税政策、创造新岗位抵税政策等。

---

① 工资税是从员工的工资中扣除一定比例并支付给政府以资助公共项目的一种税收。这种税收主要用于支持社会福利、公共服务和基础设施建设等。员工通常不需要担心工资税的具体计算和管理,因为这些事务由雇主负责处理。政府会定期调整工资税的税率和政策,以适应经济和社会发展的需要。虽然工资税和所得税都是从个人收入中扣除的税款,但它们之间存在一些区别。工资税通常是根据雇员的收入水平按比例收取的,而所得税则可能包括一系列减免项和抵免项,因此其计算方式相对复杂。

（二）纽约税收服务金融产业发展的做法成效

纽约作为世界金融中心之一，根据自身城市禀赋与产业特色，设计出一套适合金融产业发展的税收优惠政策体系，比如，如果交易指令来自纽约之外，在纽约的办公室执行交易，20%的佣金需要纳税；如果交易指令来自纽约，在纽约之外的办公室执行交易，80%的佣金需要纳税。该规定有助于促进在纽约的国际性金融交易的发展。设计相应的税收优惠政策来鼓励金融创新行为，如通过提供相应税收减免支持离岸银行业务发展，允许银行扣除来自国际银行设施（International Banking Facilities，IBFs）[①] 的符合条件的收入，并将IBFs的工资、收入和存款等项目从应纳税收入中扣除；通过IDA发行的公司债券利息可以享受一定的税收优惠。

四　税收服务助力南沙区发展新质生产力的政策建议

（一）发挥战略平台优势，进一步探索税收政策创新

税收政策是促进新质生产力发展、实现国家经济社会发展战略目标的重要工具，进一步探索税收政策创新，能够更好地支持新质生产力发展。

在加快科技创新方面，一是支持和引导企业加大科技研发投入。突出企业科研主体地位，借鉴美国旧金山较大力度的研发税收抵免政策，积极向上争取出台更多支持高新技术成果研发和应用的优惠政策。二是提升科技创新成果转化质量和效益。根据《南沙方案》对南沙区"立足湾区、协同港澳、面向世界"的定位，积极争取港澳企业投资南沙区鼓励类产业取得股息红利免征企业所得税；深化与港澳科技创新产业合作。

在推动产业深度转型方面，一是用好《广州南沙企业所得税优惠产业

[①] 国际银行设施是指美国境内银行根据法律可以使用其国内的机构和设备，但是要设立单独的账户向非居民客户提供存款和放款等金融服务。

目录（2022版）》。聚焦《南沙意见》提出重点发展的海陆空全空间无人体系、海洋科技、生命科学相关产业，按照《广州企业所得税优惠产业目录（2022版）》抓好政策精准宣介，吸引相关产业在南沙集聚发展，加快现代产业体系培育。二是支持新支柱产业多元化发展。研究储备支持先进制造业、高新科技等行业发展的税收措施，合理降低制造业综合成本和税费负担，助力智能网联与新能源汽车、半导体与集成电路等支柱产业、新兴产业加快发展。三是支持集聚产业创新人才。借鉴横琴、海南关于紧缺高端人才的个税优惠政策，争取对在南沙特定行业领域工作的境内外高端人才和紧缺人才个人所得税实际税负超过15%的部分予以免征。

在扩大税收政策效应方面，一是强化税收优惠与产业政策的协同配合。重点结合市、区产业发展规划，集聚与南沙区功能定位契合的国际航运、金融和科技创新产业，加快形成连片开发态势和集聚发展效应。二是探索更多企业所得税政策实施的可行性。争取对在南沙区设立的企业新增境外直接投资所得免征企业所得税，进一步助力外贸外资发展。

（二）持续深化规则衔接，进一步探索税收制度创新

以自贸区为平台的制度型开放，可以吸引和汇聚全球高端资源，有效赋能新质生产力发展。一是增强对国内外高端发展资源的吸引力。推动完善对重点领域和关键环节的税收支持机制，在现行税制结构下，借鉴海南、横琴经验，争取直接税税收优惠。二是完善政策确定性管理的工作机制。聚焦经济新业态、商业新模式，收集国内国际关于事先裁定（确定性服务）的管理规定和案例，完善确定性管理办法和工作机制。三是持续深化"规则转换桥"机制。持续梳理和分析内地与港澳规则的差异和衔接建议，有针对性地推出吸引港澳企业和居民集聚南沙区的政策举措。

（三）坚实高水平法治保障，进一步探索税收征管创新

深化税收征管改革，运用大数据驱动，探索创新税收征管方式方法，推动打造效能税务，为南沙区发展新质生产力保驾护航。一是拓展税收大数据

的应用场景。利用税收大数据，探索打造"全景式税源地图"，优化税收征管措施，为各类经营主体健康规范发展营造良好的税收环境。二是优化同新业态相适应的征管手段。探索嵌入式征管方式，推广"乐企"直连应用，畅通"业、财、税"一体化链条，打通税务机关与企业之间的信息传递通道；推行新经济、新业态全链条式税收管理服务机制，促进新经济、新业态健康规范持续发展。三是深入推进税收法治协作。积极搭建"税务+法院""税务+司法局""税务+高校、行业协会等"合作平台，共同研究破解税费法治难题，解决新兴产业发展过程中多元化、专业化的税收法治问题，优化税收法治环境。

（四）优化产业营商环境，进一步探索税收服务创新

良好的营商环境能够为企业创造更为公平、更加透明的市场环境，促进企业技术进步，从而推动新质生产力发展。一是探索产业税收服务特色化。推出"一企一策"管家式服务，持续完善产业园区服务模式，为更多企业提供特色化、标准化服务，推动新质生产力产业园区孵化工作。二是探索办税缴费便利化。推进跨部门、跨系统涉费数据互联互通，创新丰富"税务+社保+医保"联办事项类别及形式，最大限度地减轻企业负担。三是探索涉税诉求解决个性化。畅通多部门常态化联系渠道，建立优化税收营商环境直联工作机制，对涉税复杂问题共同磋商解决，对共性问题加强研究总结，推出"增益服务"手段，营造"管服相融"的一流税收营商环境。

参考文献

王双彦：《税收政策助推新质生产力高质量发展的挑战及对策研究》，《产业创新研究》2024 年第 8 期。

徐欣、路璐：《以制度型开放赋能新质生产力发展研究》，《江南论坛》2024 年第 6 期。

刘德宇、王珂凡：《营商环境对企业新质生产力的影响机制研究》，《金融与经济》

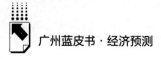

2024 年第 8 期。

Slater, S. , New York Leads US Finance Land Grab, *International Financing Review*: IFR, 2023.

Freedman, M. , Neumark, D. , Khanna, S. , Combining Rules and Discretion in Economic Development Policy: Evidence on the Impacts of the California Competes Tax Credit. *SSRN Electronic Journal*, 2021.

专题研究篇

B.25

"双循环"背景下广州市城市功能与要素
禀赋结构的匹配度研究[*]

广州大学广州发展研究院课题组[**]

摘　要：　城市功能的有效发挥和要素禀赋结构密不可分。本文选用2015~2024年的数据，对广州的主要城市功能专业化指数进行了测算，同时通过计算要素禀赋结果，研究了两者之间的匹配度。结果表明，广州市的综合城市功能分工指数和要素禀赋结构呈现不匹配的态势，城市功能的专业化水平远超现有的要素禀赋结构。因此，广州既要加紧整合和优化现有的要素禀赋结构，又要不断吸引新的要素禀赋流入，以实现城市功能和要素禀赋结构的协调发展。

* 本文为国家社会科学基金青年项目"粤港澳大湾区协同创新与城市功能的耦合机制及效应研究"（项目编号：21CJL014）的阶段性成果。

** 课题组组长：谭苑芳，博士，广州大学广州发展研究院院长、教授，广州市粤港澳大湾区（南沙）改革创新研究院理事长。课题组成员：周雨，博士，广州大学广州发展研究院副院长，广州市粤港澳大湾区（南沙）改革创新研究院副院长；汪文娇，博士，广州大学广州发展研究院区域发展所所长；戴荔珠，博士，广州大学广州发展研究院助理研究员；于晨阳，博士，广州大学广州发展研究院特聘副教授，广东省社会科学研究基地国家文化安全研究中心研究员。执笔人：汪文娇。

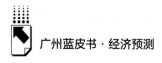

关键词： 双循环 要素禀赋 城市功能 广州

要素禀赋的差异是区域内各城市功能分工的初始依据。由于要素禀赋决定了产业结构的布局，城市在最初时点上会优先发展要素禀赋充裕的产业，进而通过先发优势吸引更多的要素流入，形成特定功能的中心城市。在构建以国内大循环为主体、国内国际双循环相互促进的新发展格局的大背景下，要素禀赋的内生性作用和动态性变化有助于准确定位城市的具体功能，避免出现资源错配，引发市场扭曲。作为改革开放的先行者，广州凭借优良的区位优势、人口红利和政策倾斜，依托"大进大出"的发展模式成为中国对外开放的重要门户枢纽。要素禀赋的自由流动重塑城市发展的要素格局，其对应的传统城市功能分工也受到挑战。随着人口红利的消退和政策优势的削弱，广州原有的要素禀赋结构已经难以适应"双循环"背景下区域功能的需要，城市功能面临结构优化的战略性选择。在此背景下，通过量化分析广州市要素禀赋与城市功能的匹配度，有助于准确识别现有城市功能定位是否合理，并根据要素禀赋结构的改变动态调整广州的城市功能，进而最大限度地优化要素禀赋配置，提高要素的边际产出效率，以实现差异化发展。

一 广州市城市功能的发展和演变

城市功能是一个动态演变的过程，随着经济的发展和产业结构的调整，区域内各城市的功能定位会与其自身支柱产业或特色产业相结合，逐步推进区域内城市的差异化和协调性发展，避免出现功能重叠，导致资源错配或恶性竞争。Harris、Nelson 和 Webb 等从劳动力数量的角度划分城市功能，提出了区位熵、纳尔逊分类法、最小需求量、专业化指数等测度城市功能的常用方法和标准。城市功能的专业化和经济增长存在密切的关联，城市功能设置合理，才能有效促进城市自身及其所在区域的协调发展。城市功能分工具有产业依赖性、规模等级性和时空动态性，石磊等通过分析节点城市在城市网络演化中的地位和作用，识别其功能形成和定位选择，并指出资源的错配会导致城市功能无法得到有效发挥，进而制约区域经济的协调发展。从广州城市功能的发展和演变来看，主要包含自发性功能和预设性功能两大类。

（一）自发性城市功能

自发性城市功能指的是凭借天然的地理区位或要素禀赋，在市场作用的情况下引起要素集聚，进而形成的城市功能，例如天然港口、经济中心、文化中心等。

1. 综合枢纽中心

广州作为中国唯一延续两千年的通商口岸，依托天然的地理优势，在国家战略布局中持续强化枢纽功能，构建起贯通海陆空的立体交通网络，成为华南地区乃至整个中国的重要交通枢纽。广州港作为世界第五大港口，拥有53条国际航线，年货物吞吐量超6.5亿吨，通过西江黄金水道实现与云贵地区的江海联运。白云国际机场作为全球最繁忙的航空枢纽之一，3小时航程覆盖东南亚主要经济体。这种海陆空铁多式联运体系使广州成为"一带一路"倡议中连接东盟与欧洲的关键节点，在此基础上形成了第一个自发性城市功能——综合枢纽中心。

2. 国际商贸中心

作为千年商都，广州凭借其深厚的商贸底蕴、优越的区位条件和开放的制度环境，始终是中国对外贸易的重要窗口。自2015年以来，广州在传统商贸与电子商务双轮驱动下持续巩固国际商贸中心地位。清朝十三行时期建立的国际贸易网络，改革开放后演变为流花服装、站西钟表等35个百亿级专业市场集群。每年春秋两季广交会吸引全球210多个国家和地区采购商，这种商贸惯性形成强大的路径依赖效应。现代商贸基础设施呈现指数级升级。琶洲人工智能与数字经济试验区集聚腾讯、阿里等互联网巨头，形成"线上广交会"新业态。南沙保税港区创新"全球优品分拨中心"模式，实现"1210"跨境电商通关单量全国第一。珠江新城CBD汇聚285家世界

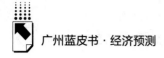

500强区域总部，形成资金流、信息流、人才流的强磁场。这种时空叠加的商贸生态，使广州始终屹立在中国对外开放的最前沿。

（二）预设性城市功能

1.区域核心引擎

随着《粤港澳大湾区发展规划纲要》（以下简称《纲要》）正式发布，广州的城市功能以政策的形式被预设，通过半强制的手段明确广州承担国家和粤港澳大湾区中心城市的功能。广州通过地理枢纽、产业集聚、创新资源等要素禀赋，叠加对区域产业链、物流网、资金流的整合能力，成为粤港澳大湾区的"超级联系人"。广州成为多维资源的汇聚点，无论是交通运输、人力资源、产业基础，还是信息和知识，都形成了较强的区域集聚，能够为广州发挥中心引擎作用提供有力的要素禀赋支撑。凭借经济总量优势和跨城产业链的构建，广州能够有效带动粤港澳大湾区其他城市协同发展，通过资源调配、创新要素输出和政策引领等方式，提高辐射带动能力。

2.科技研发中心

广州拥有华南地区最密集的高校和科研机构集群，包括中山大学、华南理工大学等9所"双一流"建设高校，占全省的75%。国家重点实验室21家，占大湾区总量的28%。2024年广州全社会研发经费投入首次超千亿元，科研城市排名跃升至全球第8位。广州通过"顶尖科研机构+产业应用场景+资本政策赋能"的三元驱动模式，构建了从基础研究到商业落地的完整创新链条。产学研融合生态，南沙自贸区试行"科研设备跨境自由流动"政策，并推行"揭榜挂帅"机制，单个项目最高支持1亿元，带动企业攻克芯片EDA软件、航空发动机叶片等35项"卡脖子"技术。因此，无论从创新资源、创新成果还是创新环境，广州都具有承担科技研发中心的能力。

总的来说，广州城市功能的驱动力由"政策红利+要素投入"转向"制度创新+科技创新"，要素资源也由单一的劳动或资本过渡到技术知识，以实现产业的更新换代。

二 广州市要素禀赋和城市功能的匹配度分析

（一）广州市城市功能和要素禀赋的测算方法

1. 广州市城市功能的专业化测算

本文借鉴功能专业化指数来测算广州的城市功能，并结合《纲要》中对于广州的预设性定位，重点探讨广州的商贸功能、管理功能和枢纽功能。具体计算公式如下：

$$CF_{gz,j} = \frac{E_{gz,j}}{E_{gz}} / \frac{E_j}{E}$$

其中，$CF_{gz,j}$ 表示广州 j 功能的水平，$E_{gz,j}$ 表示广州 j 功能的从业人数，E_{gz} 表示广州的总从业人数，E_j 为粤港澳大湾区 j 功能的从业人数，E 表示粤港澳大湾区总从业人数。如果 $CF_{gz,j} > 1$，则表明广州具有该城市功能，专业化水平较高。

2. 要素禀赋系数和结构指数

要素禀赋系数通过广州具体某种要素禀赋在粤港澳大湾区的占比与该城市生产总值在粤港澳大湾区的占比来量化，借鉴张志明等的做法，首先计算初始要素禀赋系数，具体如下：

$$FE_{0i,gz} = \theta_i / \frac{y_{gz}}{Y}$$

其中，$FE_{0i,gz}$ 表示不同的要素禀赋系数，为了与城市功能对应，本文分别选择劳动力要素、资本要素和交通要素，θ_i（$i = l, k, tr$）分别表示广州 2019 年初始的劳动力比例、固定资本存量比例和吞吐量占比。在此基础上，构建各年份的要素禀赋系数如下：

$$FE_{it,gz} = e^{(g-g_{gz}+r_{i,gz})} \theta_i / \frac{y_{gz}}{Y}$$

其中，g 表示粤港澳大湾区 GDP 的增长率，g_{gz} 代表广州 GDP 的增长率，$r_{i,gz}$（$i=l$，k，tr）则分别表示研究期间内劳动力要素、资本要素和交通要素的年变化率。$FE_{it,gz}$ 值越大，则说明广州在该要素禀赋上具有较强的绝对优势。但是考虑到广州作为中心城市，与其他外围城市相比，劳动力要素、资本要素和交通要素呈现较强的集聚特性，各类型的资源体量都较大。为了实现差异化发展，提高要素的边际使用效率，一般选择更具比较优势的要素禀赋来定位城市功能。因此，本文进一步通过构建要素禀赋的结构指数来衡量要素禀赋的相对优势。首先计算初始要素禀赋结构指数，然后计算各年的要素禀赋结构指数，$i=1$，2，3 分别对应劳动力要素、资本要素和交通要素。

$$FES_{0i,gz} = r_{i,gz} / \sum_{i=1}^{3} r_{i,gz}$$

$$FES_{l,gz} = 1/(1 + e^{(r_{k,gz}-r_{l,gz})t} \frac{\theta_k}{\theta_l} + e^{(r_{tr,gz}-r_{l,gz})t} \frac{\theta_{tr}}{\theta_l})$$

$$FES_{k,gz} = 1/(1 + e^{(r_{l,gz}-r_{k,gz})t} \frac{\theta_l}{\theta_k} + e^{(r_{tr,gz}-r_{k,gz})t} \frac{\theta_{tr}}{\theta_k})$$

$$FES_{tr,gz} = 1/(1 + e^{(r_{l,gz}-r_{tr,gz})t} \frac{\theta_k}{\theta_l} + e^{(r_{k,gz}-r_{tr,gz})t} \frac{\theta_k}{\theta_{tr}})$$

3. 城市功能专业化与要素禀赋结构的匹配度

根据上述分析中城市功能专业化指数和要素禀赋结构指数，可以得到两者之间的匹配程度计算公式如下：

$$Match_j = CF_{gz,j} / FES_{i,gz}$$

其中，$Match_j$ 表示广州三种主要的城市功能与对应的要素禀赋结构的匹配程度。当 $Match_j = 1$ 时，表示该功能与要素禀赋结构的匹配度最优；当 $Match_j > 1$ 时，表示要素禀赋结构未能充分适配城市功能定位，主要体现在城市功能的错误定位，引起资源的浪费；而当 $Match_j < 1$ 时，则表示城市功能专业化水平很高，但是现有的要素禀赋结构不足以支撑城市功能的长效发展，需要对要素结构进行重新调整或者引入更多的适配要素资源。在此基础上，对四大城市功能和对应的要素禀赋结构进行加权计算，进而得到广州城

市专业化指数和要素禀赋结构的总匹配系数。

$$T\,Match_j = TCF_{gz,j} / TFES_{i,gz}$$

$$TCF_{gz,j} = \sum w_j\,CF_{gz,j}$$

$$TFES_{i,gz} = \sum w_i\,FES_{i,gz}$$

由于不同的城市功能发挥需要不同的要素禀赋，因此分别对广州市的商贸功能、管理功能和枢纽功能赋予不同的权重，即 $w_l = 3$，$w_k = 2$，$w_{tr} = 1$，对应的劳动力要素、资本要素和交通要素禀赋结构指数也采用相同的权重值。$T\,Match_j$ 的含义和 $Match_j$ 一致，如果 $TMatch_j = 1$，则表示广州的总体的城市专业化水平和要素禀赋结构匹配，否则就可能出现非协调发展。

（二）广州市城市功能的专业化水平及要素禀赋结构协调性

为了综合衡量广州预设性城市功能和自发性城市功能的合理性，本文选用 2015~2024 年广州的相关数据①进行具体测算，其中 2019 年之前的匹配度能够直观地验证《纲要》中对于广州的城市功能定位是否符合广州本身的要素禀赋结构，而 2019 年以后的匹配度则能够描述广州是否较好地发挥了预设性城市功能，抑或是根据要素禀赋结构的调整可能存在新的自发性城市功能。

1. 广州市四大城市功能的专业化指数

图 1 表明，广州市四大城市功能的专业化指数大多在 1 以上，说明定位基本合理，且随着时间的推移，其城市功能优势更加凸显。以 2019 年为界，2015~2019 年，广州市作为国际商贸中心和综合枢纽中心的地位稳固，凭借其良好的工商业基础和完善的交通运输网络，广州商贸优势显著，承运能力居全国前列。但是，管理功能和研发功能在 2015 年和 2016 年均不具备绝对优势。广州虽然是省会城市，但是在粤港澳大湾区发展中的中心性不明显。从中心辐射力来看，深圳凭借其绝对的科创实力，对外围城市具有极强的辐

---

① 数据来源于《中国城市统计年鉴》，部分缺失数据分别在各城市的统计网站和统计公报补齐。

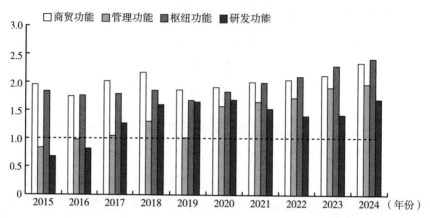

图1 广州市2015~2024年四大主要城市功能专业化测算值

资料来源：数据由作者通过《中国城市统计年鉴》的原始数据测算得到。

射和带动作用，而东莞、佛山等在推动产业协同发展上也具有较强的优势，因此，广州的管理功能被削弱。总体来说，2019年以前，广州的四大城市功能中，商贸功能和枢纽功能的预设性和自发性保持一致，受要素禀赋结构调整和政策扶持的双重加持，这两项城市功能会最大限度地助力产业结构的优化和城市综合竞争力的提升。而中心城市功能和研发功能更多依赖于政策的预设性，自发性优势不显。2019年之后，广州作为中心城市的管理功能得到大幅度提升，其作为中心城市的功能定位合理性提升，对周边城市的带动作用增强。创新资源的整合以及科技成果的转化也提升了广州的研发功能。随着粤港澳大湾区发展战略的出台，要素的自由流动也为广州提供了丰富的劳动力和资本，不断推动传统商贸转型升级，而海、陆、空"三位一体"的综合空间枢纽的打造也提升了广州的综合运输实力，进一步强化了其作为国际商贸中心和综合枢纽中心的城市功能。

2.广州市城市功能分工和要素禀赋结构的匹配度分析

在测算了广州城市功能分工系数和要素禀赋结构系数的基础上，进一步对各城市功能与要素禀赋结构的匹配度进行了分析，详见表2①。

① 为了便于比较，本文只列出了主要4年的匹配度系数。

表1 广州市2015年、2018年、2021年、2024年四大城市功能与要素禀赋结构的匹配度

年份	商贸功能	管理功能	枢纽功能	研发功能
2015	2.046	0.864	1.885	0.669
2018	1.948	1.223	1.794	0.942
2021	2.025	1.519	1.803	0.956
2024	2.074	1.307	1.927	0.993

从上述结果可以看出，商贸功能和枢纽功能的专业化水平远高于同时期的要素禀赋结构，而管理功能初期发挥作用有限，但是随着区域中心的确立，以及广州陆续出台招商引资、人才引进相关政策，广州的中心城市功能得以强化。因此，在商贸功能和枢纽功能的发挥中，除了释放城市功能外，更多需要关注相应要素禀赋支撑的可持续性，否则容易出现失衡，反而不利于城市功能的发挥。作为重要的研发中心，广州的研发地位逐步上升，但是从匹配度来看，目前创新要素尚未得到最大限度的运用，资源配置效率有待提高，研发功能滞后于要素禀赋结构，需要整合要素禀赋资源，进而进一步提升广州的研发功能。

从图2可以看出，广州市的综合城市功能与要素禀赋结构呈现不匹配的态势，且从2018年开始，匹配度基本稳定在1.5~1.7。具体而言，匹配度

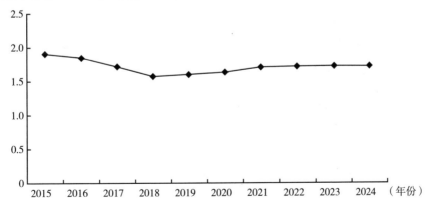

图2 广州市2015~2024年综合城市功能与要素禀赋结构的匹配度

资料来源：数据由笔者通过《中国城市统计年鉴》的原始数据测算得到。

大于1，说明广州的城市功能专业化水平领先于现有的要素禀赋结构，当前的劳动力要素、资本要素和交通要素不足以支撑广州四大城市功能定位的持续发展。其中，劳动力的不足，尤其是高技术和高技能人才的缺失，使得广州的现代商贸在蓬勃发展的同时也受到诸多的制约；而资本的不足导致广州在发挥中心城市功能时缺乏足够的资金和产业支撑，底气不足，辐射和带动作用有限；而交通运力吃紧，以及深圳等周边城市的竞争，也在一定程度上动摇了广州作为粤港澳大湾区乃至整个华南地区综合枢纽中心的地位。

三　面临的主要问题

（一）经济结构面临新旧动能转换阵痛

在新旧动能转换过程中既面临全国普遍性挑战，也受制于自身产业结构和发展模式的深层次矛盾。从产业结构看，广州传统产业仍占据较大比重，传统商贸发展面临要素成本攀升和数字化转型滞后的问题。战略性新兴产业占比较低，显示出产业"硬转换"的迫切性。这种结构性失衡导致创新要素集聚不足，尤其在数字经济领域，广州缺乏头部平台企业。传统汽车产业面临新能源转型挑战。广深产业同质化加剧，人工智能领域两地企业重叠率达40%，导致资源内耗。人才结构性矛盾尤为突出，广州虽然坐拥全省70%的普通高校和97%的国家重点学科，但人才"逆差"现象持续加剧，高校科研成果本地转化率不足30%。

（二）创新发展要素配置效率亟待提升

在研发功能上，广州面临基础与应用研究错配的情况，目前高校、科研院所聚焦基础研究，而企业需求集中在应用技术开发，这导致产学研衔接存在"最后一公里"障碍。科技创新转化体系存在明显断层，成果转化率低。每万名就业人员中研发人员数量仅为125人，远少于深圳、杭州等创新城市。技术经纪人缺口较大，制约了科技成果的转化。80%的政府补贴流向头部企业，中小企业融资成本高出基准利率 30%，制约创新活力。城市创新生态系统存在制造业基础与数字经济融合度不足、商贸之都优势与科技创新转化联动不足以及岭南文化包容性与国际创新要素整合能力不匹配三个关键问题。这些结构性矛盾导致广州在"基础研究—技术攻关—成果产业化"的创新链条上出现多环节淤堵。

（三）管理效能制度优势尚未完全释放

广州作为国家治理现代化综合试点城市，其管理效能制度优势尚未完全转化为现实生产力的症结在于制度创新与产业变革间的结构性错配。具体而言，制度供给精准度与产业迭代速度存在时滞，政策协同机制存在"蜂窝状"割裂。城市治理涉及的 46 个部门中，72% 的部门信息系统尚未实现底层数据互通，导致集成电路产业扶持政策在发改、科技、工信三大系统的执行标准差异率高。激励约束机制存在"旋转门"效应，跨境科研设备共享平台使用率不足。国际规则衔接存在"玻璃门"，数据跨境流动负面清单涵盖场景较少。这些制度性梗阻本质上反映了治理体系现代化进程中"制度优势—治理效能—发展动能"的转换机制尚未完全贯通。

（四）枢纽职能协同治理转变动能不足

广州作为粤港澳大湾区核心枢纽城市，在区域协同参与和管理上的短板已形成系统性制约。跨行政区划制度性交易成本居高不下，使得产业链跨区域协同产生"伪集群"。要素流动存在"隐形栅栏"，在人才评价结果互认领域，工程师职称跨境适用率仅 41%。创新策源辐射存在"梯度断裂"，广州国家重点实验室与湾区其他城市企业的产学研合作项目辐射范围有限。枢纽协同效能有待提升，多式联运衔接不畅，公铁水空换装设施覆盖率仅 65%，铁路进港"最后一公里"尚未完全打通，南沙港铁路利用率不足设计能力的 40%。数字整合度不足，口岸部门数据共享率低。

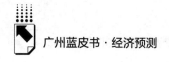

四　对策建议

（一）兼收并蓄，巩固国际商贸中心城市职能

面向全球数字经济革命，广州需以提升要素配置效率为核心，推动传统商贸与电子商务深度融合。通过数字技术重构产业链、资本链、人才链，在RCEP框架下构建"买全球、卖全球"的新型贸易枢纽。

首先，要重构传统商贸竞争力。具体而言，在传统商贸的基础上，打造智慧商贸综合体，不断推广"VR选品＋区块链溯源"技术，在沙河服装市场试点数字孪生系统，2025年前建成10个智慧市场示范项目。同时，设立200亿元商贸转型基金，推广"仓单质押＋信用保险"模式，发展供应链金融，降低中小企业的融资成本。

其次，要推动电商能级跃升。建设全球选品中心，在南沙设立基于RCEP框架的商品集散基地，引入3000个国际品牌首店，开发医疗器械、工业软件等垂直品类产品。加紧培育数字商务人才，联合香港科技大学（广州）开设跨境电商微专业，实施"百万数字商户培训计划"，尽快补齐高端人才缺口。

最后，要优化要素配置机制。政府要探索创新资本引导模式，试点"投贷联动"机制，对创新型中小电商给予税收减免，设立跨境并购基金。强化区域要素协同，构建"广州设计＋佛山制造＋东莞物流"产业闭环，共建大湾区统一商贸数据中台，降低供应链协同成本。在此基础上，争取跨境电商国际标准制定权，在南沙试行"数据跨境白名单"制度，打造数字贸易国际规则试验区。

（二）四链融合，提升区域管理中心城市职能

广州要以要素配置革命重构竞争优势，通过制度型开放突破行政壁垒，构建"人才链—资本链—产业链—政策链"四链融合的新型创新治理体系，

重塑湾区核心引擎功能，将广州打造成要素流通自由、创新生态完备、治理智慧韧性的全球标杆城市。

首先，广州要致力于构建"哑铃型"要素配置体系。借鉴香港的发展经验，推行高端人才虹吸计划，对人工智能、量子科技等领域人才实施个税优惠，建设国际人才社区。依托广州期货交易所推出大湾区碳排放权衍生品，探索设立跨境科创风投基金，倒逼资本配置的市场化改革。推动"工业上楼"计划，在黄埔区试点容积率奖励政策，打造垂直制造园区。

其次，广州要积极创新区域协同治理机制。整合广交会、深交所资源，构建技术、数据、碳汇统一交易平台，建立湾区要素交易中心。在医疗器械、自动驾驶等领域率先实现三地标准互通，推行"湾区标准"互认。由省级部门统筹广佛肇、深莞惠产业集群规划，成立跨市产业协调委员会，避免重复建设。

最后，广州要推进数字化转型赋能城市管理。建设城市数字孪生体，整合 CIM 平台与物联网感知系统，实现城中村改造实时模拟。推广"穗智管"3.0 系统，加快城市治理响应速度，提高事件闭环率。建立数据要素交易所，探索数据资产质押融资模式。

（三）多极联动，强化国际综合枢纽城市职能

广州要以"枢纽+"战略为引领，在硬件扩容、服务提质、区域协同三向发力。通过构建"通道+枢纽+网络"的现代流通体系，强化对 RCEP 区域的辐射能力，最终建成服务新发展格局的战略支点城市。

首先，要强化"硬联通"，打造超大型枢纽集群。具体而言，在航空建设上，广州要加紧推进白云机场三期扩建，加速 T3 航站楼建设，规划第四跑道及第二货运区，争取第五航权落地，提高国际中转率。在港口建设上，继续实施南沙港深水化工程，推进 20 万吨级航道浚深，建设国际通用码头，发展汽车滚装、冷链物流等专业运输，打造临港经济示范区。在陆运建设上，要完善轨道交通网络，加快广湛、广汕高铁建设，推动地铁 18 号线延伸至中山、珠海，构建"轨道上的大湾区"。

其次，要优化"软联通"，提升枢纽运行效率。建设多式联运信息平台，整合海关、港口、航空数据，实现"一单制"全程物流追踪，将货物通关时间压缩至 1 小时以内。创新体制机制，推广"湾区一港通"模式，探索与香港共建航运服务联盟，试点启运港退税政策覆盖粤港澳全境。

最后，要深化区域协同，构建枢纽经济生态圈。强化广深港"黄金三角"协作，共建国际航运联合调度中心，推动机场群时刻资源共享，联合开辟"一带一路"货运专线。依托临空经济区发展生物医药、电子信息等高附加值产业，培育枢纽偏好型产业。推广新能源集卡、电动驳船应用，建设自动驾驶测试区，提升枢纽区清洁能源占比。

参考文献

薄利娜：《要素资源禀赋对城市商贸流通效率的影响——基于营商环境的门槛分析》，《商业经济研究》2023 年第 23 期。

李迎成、彭维康、杨钰华：《粤港澳大湾区城市功能差异及引导策略研究——基于技术创新网络视角的分析》，《城市问题》2024 年第 11 期。

马宇薇、浩飞龙、魏冶等：《中国城市群多尺度功能多中心演化特征及影响因素——基于人口流动的联系视角》，《地理科学进展》2025 年第 1 期。

张才华、田玲娟、信超辉：《城市功能分工的协调发展效应研究——基于粤港澳大湾区卫星灯光数据的经验证据》，《价格理论与实践》2024 年第 9 期。

张可：《城市功能分工的能源效应研究》，《财经科学》2024 年第 5 期。

张平、李秀芬：《产业技术选择与要素禀赋耦合效应研究》，《工业技术经济》2017 年第 2 期。

张志明、林琳、李健敏：《粤港澳大湾区城市群要素禀赋优势评估》，《城市观察》2021 年第 3 期。

赵梓渝、袁泽鑫、王士君等：《中国城市新质生产功能网络结构及其影响因素研究——以战略性新兴产业为例》，《地理科学进展》2024 年第 7 期。

周可斌、师浩辰、王世福等：《创新活动集聚与城市空间的协同发展研究——基于广州专利数据的测度分析》，《南方建筑》2024 年第 12 期。

B.26
以提振消费全方位扩大
广州国内需求的对策研究*

陈秀英　郑楠萍　覃熙明　曹文娟**

摘　要： 本文探讨了在当前复杂多变的国际环境和国内经济下行压力的背景下，如何通过提振消费来全方位扩大广州国内需求的问题。本文分析了广州消费市场的现状，在揭示了广州面临的区域消费联动不足、居民收入增长放缓等短板和瓶颈的基础上，提出了六方面以提振广州消费全方位扩大国内需求的对策建议：促进消费协同以激活多元市场潜力，稳定消费预期以提升消费支出意愿，优化消费结构以提升居民消费品质，强化产消互动以促进市场优势转化，提升载体能级以释放国际消费潜力，以及完善智能服务以提升服务声誉质量。

关键词： 提振消费　扩大国内需求　消费结构升级　广州

一　广州消费整体现状分析

从图 1 来看，广州居民人均可支配收入在这 2019～2024 年逐年增长，

---

* 本文受到潮州市哲学社会科学规划课题"坚持制造业当家，推动产业高质量发展的潮州实践研究"（项目编号：2024-W-04）、江门市社会科学规划课题"新质生产力视阈下江门融入粤港澳大湾区产业高质量发展的对策研究"（项目编号：JM2024B13）的资助。

** 陈秀英，广东金融学院经济贸易学院副教授，经济学博士，主要研究方向为消费经济、产业经济与数字经济等；郑楠萍，广东外语外贸大学英语教育学院研究助理，通讯作者，主要研究方向为消费经济与产业发展；覃熙明，广东外语外贸大学经济贸易学院研究助理，主要研究方向为消费经济与产业发展；曹文娟，广东外语外贸大学会计学院研究助理，主要研究方向为消费经济与产业发展。

从 2019 年的 65052.10 元稳步提升至 2024 年的 83436.00 元，收入的增长为居民消费能力的提升奠定了坚实基础，使得居民有更多的资金用于改善生活品质，追求更高层次的消费。这为各类消费市场，尤其是高端消费、改善型消费和享受型消费提供了广阔的发展空间。例如，居民可能会增加对高品质家电、高端服饰、豪华旅游等产品和服务的消费，从而推动相关产业发展。

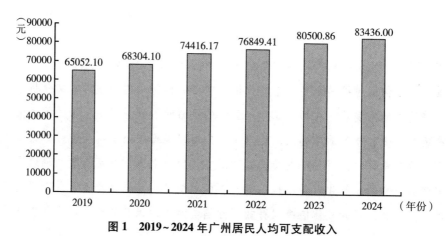

图 1 2019~2024 年广州居民人均可支配收入

资料来源：笔者根据广州市 2019~2023 年统计年鉴、2024 年广州统计公报测算。

此外，收入的稳定增长也增强了居民的消费信心。当居民对未来收入预期较为乐观时，他们更愿意进行消费，甚至会提前消费，这有助于提高消费市场的活跃度，促进消费增长。同时，随着居民收入的提高，他们对消费的品质和体验也有了更高的要求，这将促使企业不断创新和提升产品与服务质量，推动消费升级。

尽管居民人均可支配收入整体呈增长趋势，但不同收入群体之间的差距可能仍然存在。高收入群体的消费需求可能已经得到了较好的满足，而低收入群体收入虽然有所增长，但可能仍然面临生活成本的压力，消费能力相对有限。这种收入分配不均衡可能会影响消费市场的全面繁荣，因为低收入群体的边际消费倾向较高，如果他们的消费能力受限，将对整体消费增长产生一定的制约。

另外，收入增长速度可能会受到宏观经济环境、行业发展状况等多种因素的影响。如果经济增长放缓或某些行业出现衰退,居民的收入增长可能会受到影响而放缓,进而影响消费的增长。例如,在经济下行期间,企业可能会减少招聘或降低员工工资,导致居民收入减少,消费意愿和能力下降。

从图2可以看出,2019~2024年广州城镇居民恩格尔系数整体呈现波动下降趋势,2023年降至31.2%。这表明广州居民生活水平处于相对富裕阶段,食品支出在总支出中的占比下降,而用于其他方面的消费支出占比提升,这为非食品类消费市场带来了巨大的发展机遇。

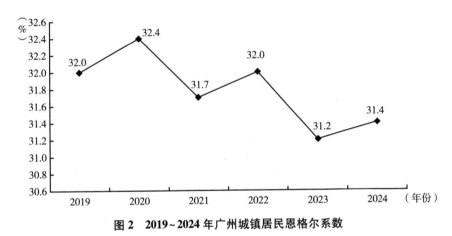

图2 2019~2024年广州城镇居民恩格尔系数

资料来源:笔者根据广州市2019~2023年统计年鉴、2024年广州统计公报测算。

随着居民对生活品质的追求不断提高,教育、文化、娱乐、医疗保健等领域的消费需求将持续增长。例如,在教育方面,居民可能会增加对子女教育的投入,或参加各种培训课程提升自身素质;在文化和娱乐方面,观看演出、电影,参加体育活动等消费将有所提升;对医疗保健产品和服务的需求也会增加,如购买保健品、参加健身俱乐部、进行健康体检等需求增加。这些领域的消费增长将带动相关产业的发展,为经济增长注入新的动力。

2024年广州政府工作报告显示,品质消费欣欣向荣。消费市场加速迭代,多元化、时尚化、个性化的消费场景,以及体验式、沉浸式、便捷式的消费业态成为风尚。2024年1~11月,旅游消费在"文商旅体"跨界融合的助力下创新供给,带动全市旅行社及相关服务、旅客票务代理营业收入同比分别增长 10.8% 和 26.4%。演艺经济愈"演"愈热，全年举办 5000 人次以上大型演出 159 场，场次位居全国前列，文艺创作与表演营业收入大幅增长 41.1%。内容消费场景不断延伸，与之相关的录音制作、数字内容服务、影视节目制作、出版业营业收入同比分别增长 1.1 倍、18.4%、12.2%、9.5%。时尚休闲消费氛围更浓，全年限额以上化妆品、体育娱乐用品零售额持续增长，1~11 月健身休闲活动营业收入同比增长 9.8%。直播电商、即时零售等新消费模式不断发展，2024 年全年直播电商零售额 5171 亿元，位居全国第一。

与此同时，恩格尔系数的下降也意味着居民更加注重食品的品质和安全。这对食品生产和销售企业提出了更高的要求，企业需要加大在食品安全监管、产品质量提升、品牌建设等方面的投入。如果企业不能满足消费者对高品质食品的需求，可能会失去市场份额。

此外，在非食品类消费需求增长的同时，市场竞争也日益激烈。在教育、文化、娱乐等领域，各种企业和机构纷纷涌现，消费者的选择更加多样化。如何在激烈的市场竞争中脱颖而出，满足消费者个性化、多样化的需求，是企业面临的一大挑战。随着消费者对健康和生活品质的关注度不断提高，对医疗保健服务的质量和专业性也有了更高的要求，医疗保健行业需要不断提升服务水平和专业能力。

而从图 3 中广州居民消费价格各项指数来看，消费品价格在经历了 2020 年的波动后趋于稳定，市场上消费品的价格增长动力有所减弱；服务价格指数在 2020 年数值较低，随后在 2021~2023 年逐步上升，表明广州服务市场价格在这几年间有上升趋势。服务价格指数的增长态势较为明显，可能反映出居民对服务消费的需求增加，推动了服务价格的上涨。服务价格指数的上升趋势以及与消费品价格指数差距的缩小，可能显示出广州居民消费结构正在发生变化，其消费需求逐渐从以商品消费为主向商品与服务消费并重转变，居民对服务消费的重视程度和消费支出占比可能在提高，有助于提升广州整体消费层次，促进消费市场向更高质量发展。

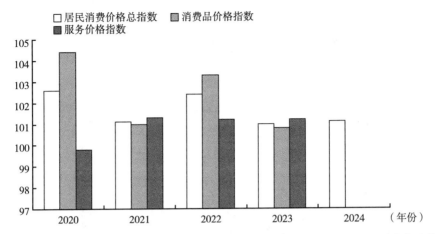

图3　2020~2024年广州市居民消费价格总指数、消费品价格指数、服务价格指数比较

注：暂无2024年广州消费品价格指数和服务价格指数相关数据。

资料来源：笔者根据广州市2010~2023年统计年鉴、2024年广州统计公报测算。

二　广州提振消费存在的短板和瓶颈

（一）区域消费联动不足，消费群体分化突出

尽管广州居民人均可支配收入有所增长，但增速可能放缓，且收入分配不均衡，低收入群体消费能力有限，高收入群体消费潜力挖掘难度大；住房、教育、医疗等生活成本上升，挤压居民消费空间，可用于其他消费的资金减少。且从图4中可以看出，广州城镇和乡村居民人均可支配收入仍存在一定差距，城市公共服务与基础设施在中心城区高度集聚，农村地区在教育、医疗、交通、通信等方面与城镇存在差距，影响农村居民的生活质量和发展机会，也限制了农村消费市场潜力的释放，乡村治理体系和治理能力现代化还有提升空间。同时，农村地区难以吸引和留住人才，缺乏懂技术、会经营、善管理的专业人才，不利于农村经济的创新发展和农民收入的持续提高，这些因素也在一定程度上影响了广州农村消费潜力的释放。

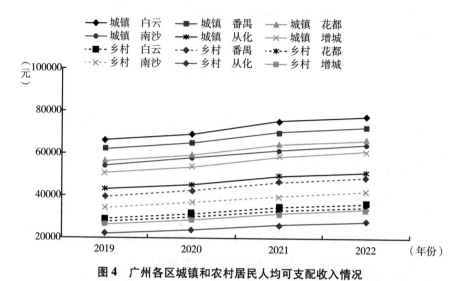

图4　广州各区城镇和农村居民人均可支配收入情况

注：荔湾、越秀、海珠、天河因城镇化率高，无相关数据。黄埔城镇化率已经接近
100%，自2021年起不再发布农村居民可支配收入数据。

资料来源：笔者根据广州2010~2023年统计年鉴、2024年广州统计公报测算（暂无
2023年与2024年相关数据）。

（二）居民收入增长放缓，消费意愿较为保守

近年来，全球经济增长放缓，国内经济也面临一定的下行压力，广州作
为经济较为发达的城市，也难以独善其身。受此影响，广州部分企业的经营
状况不佳，一些传统制造业企业面临订单减少、利润下滑的困境，不得不采
取裁员、降薪等措施以维持运营，直接导致居民收入下降或增长停滞。例
如，广州的服装制造业，由于国际市场需求波动以及原材料价格上涨，许多
工厂订单量大幅下降，工人的收入也随之减少。

况且广州正处于产业结构调整的关键时期，传统产业占比较高，在向新
兴产业转型过程中，部分传统产业岗位减少，而新兴产业对人才的技能要求
与传统产业存在差异，导致部分居民难以顺利实现就业转型，收入受到影
响。以汽车产业为例，广州是重要的汽车生产基地，但随着新能源汽车和智
能网联汽车的快速发展，传统燃油汽车产业受到冲击，广汽本田等企业产量

下滑，相关从业人员收入增长面临挑战。同时产业转型所需的新能源汽车研发、自动驾驶技术等领域人才与现有人员技能不匹配，限制了部分人员的收入提升。

由于收入增长放缓以及就业市场的不确定性，居民对未来收入的预期较为悲观。在这种情况下，居民更倾向于储蓄，以应对可能出现的经济风险，如失业、疾病等，从而减少当前消费。例如，在房地产市场低迷的背景下，与房地产相关的装修、家具等行业就业人员对未来收入信心不足，减少了非必要的消费支出，如外出就餐、旅游等消费频次明显降低。

尽管收入增长放缓，但广州居民面临的生活成本有所上升。房价居高不下，房租也随之上涨，加上食品、教育、医疗等基本生活费用的增加，居民可支配收入被进一步压缩，消费能力受限。以教育为例，广州的课外辅导、兴趣培训等费用较高，许多家庭中孩子的教育支出占据了家庭收入的较大比例，这使其在其他消费领域不得不谨慎开支。

经历经济波动后，广州居民的消费观念逐渐从追求物质享受向理性消费、实用消费转变，更加注重产品和服务的性价比，对价格敏感度提高，非必要的消费需求受到抑制。例如，过去居民购买服装可能更注重品牌和款式，现在则更倾向于选择价格实惠、质量较好的大众品牌；在购买电子产品时，也会更耐心地等待促销活动，对比不同品牌和型号的性价比后再做决定。

（三）新消费业态支撑不足，消费品质待提升

在新兴消费模式和场景的打造上，广州与部分先进城市存在差距。比如在沉浸式消费体验、数字消费等领域，广州未能充分挖掘相关技术，导致缺乏具有吸引力的创新业态。以沉浸式产业为例，一些城市已成功打造多个沉浸式文旅项目，吸引大量游客"打卡"消费，而广州此类项目较少，未能形成规模效应，难以满足消费者对新奇、独特消费体验的需求。此外，在定制消费、共享消费等新兴模式的发展上，广州的企业参与度和创新力度不够，没有形成成熟的产业链和商业模式。部分产品和服务的质量难以满足消

费者日益增长的品质需求。在产品方面，广州的一些传统制造业产品在品牌建设和产品附加值提升上进展缓慢，缺乏具有国际影响力和竞争力的高端品牌。例如，在时尚服装领域，广州虽有一定产业规模，但缺乏像巴黎、米兰等时尚之都那样的国际知名品牌。在服务方面，教育、医疗、养老等领域的服务水平参差不齐，优质服务资源相对短缺，难以满足消费者对高品质服务的追求。

新消费业态强调多产业的跨界融合，而广州在这方面表现欠佳。例如，在"文旅+商业"的融合模式下，广州虽有丰富的历史文化资源和商业基础，但两者的融合不够紧密，未能充分挖掘文化资源的商业价值，也未能为商业活动赋予深厚的文化内涵。很多历史文化街区的商业开发缺乏特色，只是简单地引入一些常规商业形态，没有将文化元素与消费场景深度融合，无法吸引消费者的持续关注和消费。此外，"体育+消费""科技+消费"等跨界融合领域也存在类似问题，各产业之间协同发展的机制尚未形成。传统消费领域如服装、食品等产品同质化严重，缺乏创新和差异化产品，难以吸引消费者；新兴消费领域如文化娱乐、健康养生、智能科技等需求虽有所增长，但广州供给不足，如高品质文化娱乐项目数量有限，难以满足居民的精神文化需求。

（四）产业链与消费链脱节，产地优势未转化

在服装、美妆、皮具等传统优势产业领域，广州虽具备成熟的产业链，从原材料供应、生产加工到产品制造环节都较为完善，但在与消费链的衔接上存在脱节。生产环节更多地侧重于大规模制造以满足外地订单需求，而对于本地消费市场的挖掘和培育不足。例如，在广州的服装产业集群中，众多工厂生产的服装款式紧跟国际潮流，质量上乘，但这些产品大多通过外贸渠道出口，本地消费者难以直接接触和购买到这些优质产品。同时，产业端对本地消费市场的需求调研不够深入，生产的产品与本地消费者的时尚偏好、消费习惯存在偏差，导致产品在本地市场销路不畅，无法将产业优势转化为消费优势，产业链和消费链尚未形成有效的互动与协同发展。

就交通枢纽场地来分析,以广州南站为例,作为华南地区重要的交通枢纽,日均客流量巨大,具备巨大的消费潜力。然而,目前广州南站周边区域的商业开发未能充分利用这一客流量优势,站内的商业形态较为单一,以快餐、便利店等基础服务为主,缺乏具有特色和吸引力的消费品牌与业态。周边商业配套也不够完善,未能形成集购物、餐饮、休闲娱乐于一体的综合消费商圈,大量的客流只是匆匆过境,未能转化为实际的消费力,场地的交通枢纽优势未能有效转化为消费优势。

广州拥有众多产业园区,如黄埔的高新技术产业园区、番禺的智能装备产业园区等。这些园区具备良好的产业基础和场地资源,但在产业与消费融合方面存在欠缺。园区内以生产制造和研发活动为主,消费配套设施不足,缺乏面向员工和周边居民的多元化消费场景。例如,部分产业园区周边仅有少量的小型超市和餐馆,无法满足员工日常的购物、娱乐、文化等消费需求,导致园区内的产业活力未能有效带动周边消费市场的发展,场地的产业集聚优势未能转化为消费增长动力。

广州有着丰富的历史文化旅游资源,如陈家祠、北京路步行街等文化旅游场地,这些场地承载着广州的历史文化底蕴,吸引了大量游客。但在文化旅游与消费的融合上存在不足,旅游纪念品开发缺乏创意和文化内涵,无法满足游客的购物需求;周边餐饮、住宿等服务质量参差不齐,消费体验有待提升。此外,文化旅游场地与周边商业的联动不够紧密,未能形成相互促进的消费生态,使得文化旅游场地的资源优势未能充分转化为消费经济效益。

(五)国际消费载体不足,缺乏国际化新爆点

广州在迈向国际消费中心城市的进程中,虽具备深厚的商贸底蕴与一定的消费基础,但国际消费载体不足以及缺乏国际化新爆点成为制约其进一步发展的关键因素。

与纽约第五大道、巴黎香榭丽舍大街等国际知名商业地标相比,广州缺乏具有全球影响力的标志性商业建筑或街区。如天河路商圈,虽在国内较为知名,商业氛围浓厚,但从国际视角来看,在建筑规模、设计风格、商业品

牌丰富度等方面仍有较大提升空间。这里的商场多以国内品牌和常见的国际快时尚品牌为主，缺乏像巴黎老佛爷百货、伦敦哈罗德百货这样汇聚全球顶级奢侈品牌、高端定制品牌的超大型商业综合体，难以吸引全球高端消费者专程前来购物，无法在国际消费版图中占据独特且重要的地位。

广交会作为广州的重要国际商贸活动，在进出口贸易方面发挥了重要作用，但在消费领域的影响力相对较小。其主要聚焦企业间的贸易往来，对普通消费者开放程度低，难以直接转化为消费热点。相比之下，米兰时装周、纽约时装周等国际时尚活动，不仅是行业盛会，更能引发全球时尚爱好者的关注与参与，带动相关时尚产品的消费热潮。广州虽也举办各类展会和时尚活动，但在国际知名度、专业性和对消费的拉动作用上，远不及这些国际顶尖活动，未能有效吸引全球消费者的目光，也难以引领国际消费潮流。

广州作为跨境电商发展较早的城市，拥有众多跨境电商企业，但在国际市场上缺乏具有广泛影响力和竞争力的头部平台。与亚马逊等国际知名跨境电商平台相比，广州的跨境电商平台在全球市场份额、用户数量、品牌影响力等方面均存在明显差距。在平台的技术研发、物流配送、售后服务等方面也相对滞后，无法为全球消费者提供便捷、高效、优质的购物体验，限制了广州在国际跨境电商消费领域的话语权。

广州拥有丰富的历史文化和旅游资源，如陈家祠、白云山、珠江夜游等，但文旅在融合消费载体的开发上存在不足。这些景点周边缺乏配套完善、具有国际吸引力的消费设施和项目。例如，陈家祠作为岭南文化的重要代表，周边商业形态单一，以传统的旅游纪念品售卖为主，缺乏将文化元素与现代消费场景深度融合的体验式消费项目，如沉浸式文化演艺、文化创意手工坊等，无法满足国际游客对于文化体验和消费的多元化需求，未能将文旅资源优势转化为国际消费优势。

在全球消费趋势不断变化的背景下，元宇宙、沉浸式体验、可持续消费等新兴消费场景不断涌现。广州在这些新兴消费场景的创新和打造上相对滞后，缺乏具有国际影响力的项目。例如，在元宇宙消费领域，一些国际大都市已经推出了多个元宇宙购物商场、虚拟艺术展览等项目，吸引了大量年轻消费者和科技爱好者，而广州在这方面的探索尚处于起步阶段，未能及时跟上国际消费创新的步伐，错失了在新兴消费领域塑造国际影响力的机会。

（六）消费服务设施不完善，消费便利性不够

在广州，消费服务设施的不完善和消费便利性的欠缺给消费者带来诸多不便，也限制了消费市场的进一步繁荣。部分区域商业网点分布不均，一些新兴居民区周边缺乏大型购物中心、超市等基本商业配套。比如增城、从化等部分新开发的居住区，居民入住后，发现附近没有大型超市，日常购物只能依赖小型便利店，不仅商品种类有限，价格也相对较高。此外，老城区虽然商业资源丰富，但存在商业网点过于密集、竞争激烈的情况，而部分偏远街区商业服务匮乏，像荔湾区的一些老旧街区，居民想要购买一些稍具品质的商品，往往需要前往较远的商业区。

公共交通线路未能有效覆盖一些重要消费场所。例如，花都的融创文旅城虽然是集旅游、购物、娱乐于一体的大型消费场所，但公共交通线路较少，公交班次间隔时间长，消费者乘坐公共交通工具前往十分不便，导致很多消费者因交通问题而放弃前往消费。此外，地铁站、公交站与消费场所之间的"最后一公里"问题突出，缺乏便捷的接驳设施，如共享单车投放不足、步行通道规划不合理等，消费者从交通站点到消费场所需要花费较多时间和精力。

许多商场、商业街等消费场所的停车设施严重不足。在节假日，热门商圈如天河路商圈、北京路商圈，停车位供不应求，消费者常常需要花费大量时间寻找停车位，甚至因为停车困难而放弃购物计划。同时，消费场所内的休息区、母婴室、无障碍设施等配套设施也不完善。例如，部分商场的母婴室设备简陋，缺乏基本的婴儿护理设施；一些商业街区没有设置足够的休息座椅，消费者在购物过程中难以找到合适的休息场所，影响消费体验。

广州虽有发展夜间经济的基础，但夜间消费服务设施未能跟上。夜间照明设施不足，一些夜间消费场所周边光线昏暗，给消费者带来安全隐患。例如，一些夜市和小吃街，夜间照明条件差，消费者行走时容易发生意外。此

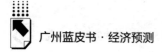

外，夜间公共交通服务有限，地铁、公交在夜间运营时间短、班次少，很多消费者在夜间消费后无法便捷地乘坐公共交通工具回家，这在很大程度上限制了夜间消费的发展。

社区内消费服务设施单一，以小型便利店和杂货店为主，难以满足居民多样化的消费需求。一些大型社区缺乏美容美发、健身、家政服务等生活服务类商家，居民想要享受这些服务，需要前往较远的商业区。同时，社区商业设施的营业时间较短，晚上关门较早，无法满足居民下班后的消费需求，影响了居民的生活便利性。

三 以提振广州消费扩大国内需求的对策建议

消费作为拉动经济增长的"三驾马车"之首，在稳定经济大盘、促进产业升级中扮演着核心角色。在国内需求有待进一步激活的当下，作为极具创新活力与商业底蕴的城市，广州站在了时代前沿。通过提振广州消费，使其成为撬动国内需求的有力杠杆，将为经济持续健康发展注入源源不断的动力，也将为城市自身的繁荣发展开辟新路径。

（一）促进消费协同，激活多元市场潜力

构建"一核多极"的消费空间格局，以天河路商圈、珠江新城为核心，集聚高端商业、总部经济，打造国际消费"主引擎"，推动白云（白云新城）、荔湾（白鹅潭）、番禺（万博）、南沙（庆盛）等区域差异化发展，形成"特色消费增长极"。例如，依托白云机场打造临空免税消费中心。活化西关历史街区，发展非遗的体验消费。建设跨境消费枢纽，联动港澳发展湾区"国际消费走廊"。推动交通与消费场景深度融合，优化地铁线路与商圈接驳，如延长地铁18号线支线至南沙邮轮母港，串联珠江新城、琶洲、南沙自贸区等节点；在荔湾老城区、天河CBD等区域开通"消费接驳巴士"，打通"最后一公里"。分层供给消费产品，在珠江新城、环市东等区域增设奢侈品定制店、艺术拍卖行，引入国际顶级酒店品牌（如宝格丽）；在番禺万博、白云新城布

局山姆会员店、Costco 等仓储式超市，满足中产家庭需求；在花都、增城等外围区域建设"社区商业中心"，引入盒马奥莱、钱大妈等平价品牌。创新分众化消费场景，在珠江琶醍、北京路打造"电竞酒店+剧本杀"综合体，举办潮玩展、动漫节等活动；在越秀公园、荔湾湖周边开设健康管理中心、老年大学，配套中医理疗、广场舞场地；在长隆、广州融创文旅城开发亲子研学项目，联动周边酒店推出"住宿+乐园"套票。推动"工业品下乡、农产品进城"双向流通，在从化、增城建设农产品直播基地，培训农民主播，通过拼多多、抖音等平台销售荔枝、丝苗米等特色农产品；升级花都狮岭皮具城、新塘牛仔城，引入电商体验店，吸引周边居民"周末购"。打造城乡融合消费节点，在沙湾古镇、莲麻小镇发展民宿经济，配套非遗手工作坊、生态农场采摘等体验项目。开通市区至周边乡村的"消费直通车"，如广州塔至沙湾古镇的旅游专线，搭载游客并销售土特产。

（二）稳定消费预期，提升消费支出意愿

支持灵活就业，完善零工经济保障体系，在天河、越秀的试点"共享员工"平台，降低灵活就业者社保缴纳门槛。例如，美团、饿了么骑手可通过平台参加"灵活就业社保套餐"，政府给予 50% 保费补贴。完善公共服务体系，在南沙、黄埔试点"商业健康保险+基本医保"联动，降低重大疾病自费比例；推广"穗岁康"普惠补充医疗险，将罕见病药品纳入报销范围，2025 年参保率目标达 90%；在越秀、荔湾建设"嵌入式社区养老服务中心"，引入智能养老设备，减轻家庭养老负担，2025 年前完成 100 个社区养老中心改造，提供助餐、健康监测等普惠服务；扩大普惠性幼儿园供给，规范学科类培训市场，减轻家庭教育支出压力，2025 年新增公办幼儿园学位 3 万个，学科培训费用平均下降 30%；增强消费信心，对失业人员发放"就业能力提升券"，其可凭券免费参加职业技能培训并对接企业岗位，2025 年计划帮助 5 万名失业人员再就业；设立"消费回暖基金"，针对家电、汽车等大宗商品消费给予 10%~15% 的补贴，例如，购买新能源汽车可叠加享受市级补贴与车企优惠，最高节省 3 万元；优化消费供给，激发市场

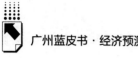

潜力，发展"体验型消费"新场景，发展夜间经济，升级珠江夜游、北京路灯光秀等项目，引入沉浸式戏剧、无人机表演等新业态，2025年计划打造10个国家级夜间文化和旅游消费集聚区；开发银发经济，在越秀公园周边建设"老年友好型商业综合体"，配套健康管理中心、老年大学，开发适老化智能设备专区；活化永庆坊、沙湾古镇等历史街区，引入广绣、醒狮等非遗体验店，推出"广府文化盲盒"等文创产品；推动线上线下消费融合，升级社区团购，推动多多买菜等平台在花都、增城建立前置仓，提供"次日达"生鲜直供服务，降低居民日常消费成本。

（三）优化消费结构，提升居民消费品质

培育专业人才，加强高校相关专业建设，鼓励广州本地高校开设数字消费、体验式消费等相关专业和课程，与企业合作开展实践教学。如广州大学与本地电商企业合作，建立数字消费实践基地，为学生提供实习机会，培养既了解消费理论又具备实践能力的专业人才。开展职业技能培训，针对在职人员，组织开展新消费业态的职业技能培训。通过线上线下相结合的方式，邀请行业专家为企业员工提供沉浸式消费场景设计、大数据分析在消费领域应用等方面的培训课程，提升从业人员的专业素养和技能水平。促进"新消费+科技"融合，支持企业加大人工智能、大数据、虚拟现实等技术在消费领域的应用研发投入。鼓励电商企业利用人工智能技术实现个性化推荐，提高消费者购物效率。推动零售企业运用虚拟现实技术打造虚拟试衣间、虚拟展厅等，提升消费体验。深化"新消费+文化"融合，挖掘广州丰富的历史文化资源，将文化元素融入新消费业态。在文化创意产业园区，打造文化体验消费街区，结合广绣、粤剧等非物质文化遗产，开发文化体验课程等，实现文化与消费的深度融合，提升消费产品的文化内涵和附加值。加强品牌建设，实施品牌培育计划，引导企业树立品牌意识，加强品牌宣传推广。对具有发展潜力的本土品牌，提供品牌策划、营销推广等方面的支持，帮助企业提升品牌知名度和美誉度。例如，支持广州本土服装品牌参加国际时装周，展示品牌特色，拓展国际市场。

（四）强化产消互动，促进市场优势转化

强化产消互动，构建"生产—消费"闭环，打造"广州制造"消费场景，在核心商圈（如天河路商圈、北京路商圈）设立"广州产业带体验中心"，集中展示本地优势产业（如服装、美妆、智能硬件）的产品，通过"线下体验+线上直播"联动，促进"产地直连消费"。结合广交会等资源，组织开展"广州制造品牌日"活动，邀请消费者参与工厂参观、产品定制，增强其对本土品牌的认知与信任。支持企业与电商平台（如淘宝、京东）合作，利用消费大数据分析消费者需求，定向开发符合市场趋势的产品。例如，针对年轻群体推出"广绣元素国潮服饰"，通过预售模式降低库存风险。深化广佛联动，与佛山共建"广佛消费走廊"，整合两地制造业资源（如佛山家电、广州美妆），推出联合促销活动，打造区域性消费品牌。例如，联合推出"广佛制造品质生活节"，通过两地商圈联动吸引珠三角地区消费者。开拓跨境消费市场，利用广州南沙自贸区政策优势，推动本土品牌通过跨境电商出口东南亚、中东等新兴市场。支持企业在海外社交媒体（如 TikTok）开展营销，结合"广交会线上展"拓展国际消费群体。

（五）提升载体能级，释放国际消费潜力

强化"广府文化"IP，增强国际辨识度，开发"文化+消费"沉浸式项目，在永庆坊、沙湾古镇等历史街区植入国际化消费场景。例如，打造"粤剧主题体验馆"，游客可穿上戏服体验粤剧妆容，并通过 AR 技术与虚拟演员互动，同步销售文创衍生品。推出"广府美食环球行"计划，在天河商圈开设米其林星级粤菜馆，结合分子料理等创新手法，吸引国际美食爱好者"打卡"。打造国际文化消费 IP，联合迪士尼、环球影城等国际 IP，开发"广府文化联名款"。例如，推出"广州塔×漫威"主题盲盒、"粤剧×Line Friends"限定周边，通过社交媒体裂变传播。完善"国际化服务配套"，优化消费环境，提升多语种服务能力，加强对员工的培训，使其掌握基础英语、东南亚语言，并设置多语种导购机器人。例如，北京路商圈可引入

"AI翻译耳机"，实现实时语言转换。构建"智慧物流网络"，建设"国际消费物流枢纽"，提供跨境包裹集运、海外仓配、退换货处理等服务。例如，与DHL合作推出"广州—东南亚次日达"物流专线，保障跨境消费商品快速交付；深化"粤港澳大湾区消费圈"，与香港、澳门共建"湾区消费联盟"，推出跨境消费一卡通，整合三地免税店、景点门票、酒店住宿等资源。例如，持"湾区通"卡在广州购物可享受港澳同步折扣，扩大辐射范围，挖掘新爆点。

（六）完善智能服务，提升服务声誉和质量

推进无障碍设施改造，对北京路、上下九等传统商圈进行无障碍改造，增设盲道、电梯、母婴室等设施，为老年人等群体出行提供便利，例如，在广州塔景区配置智能助残设备（如语音导览的手环、自动升降平台）；强化智慧化服务赋能，提升便捷性，打造"数字消费大脑"平台，开发全市统一的消费服务App，整合商圈导航、优惠信息、实时路况、停车位预约等功能。例如，北京路商圈可通过AR技术实现"实景导航+商户信息悬浮窗"，提升服务质量，消费者扫码后即可查看商品详情和优惠活动；推广"智能客服"系统部署AI客服机器人，支持语音、文字、图像多模态交互。又如，白云机场免税店可设置"中英双语智能导购"，通过摄像头识别商品并提供价格、产地等信息，提升服务质量。

扩大内需、提振消费，既是经济复苏的重要抓手，也是实现经济高质量发展的关键路径。通过改革收入分配制度、促进政策协调、优化消费环境、推动消费结构升级等多维度政策措施，广州经济有望在2025年实现内需水平的明显提升。更重要的是，这些政策不仅关注短期经济复苏，还为长期经济发展奠定了坚实基础。未来，随着政策的不断深化落实，广州消费市场的潜力将进一步释放，不仅为经济增长提供持久动力，也为人民生活质量的全面提升注入新的活力。

参考文献

魏桥：《大力提振消费 全方位扩大国内需求》，《国际商报》2024 年 12 月 16 日。

《大力提振消费，全方位扩大国内需求》，《21 世纪经济报道》2024 年 12 月 16 日。

蔡彤娟：《扩大内需、提振消费的政策思路与空间》，《中国发展观察》2024 年第 12 期。

李颖、刘红艳、杨越森：《统一大市场建设的企业收入分配效应——基于供应链视角的研究》，《财经研究》2024 年第 9 期。

龙少波：《加快构建消费和产业"双升级"协同驱动机制》，《国家治理》2024 年第 6 期。

周晓雪、崔淼：《应对外部环境挑战的企业数字韧性塑造机理研究：基于数字化战略更新的视角》，《南开管理评论》2024 年第 2 期。

邹红、孙伟增、彭冲等：《提振消费的成效、机制、经验与对策——学习中央经济工作会议精神笔谈》，《消费经济》2025 年第 1 期。

附录一

2024年广州市主要经济指标

2024 年广州市主要经济指标

指标	单位	绝对数	比上年增减（%）
年末户籍总人口	万人	1075.02	1.7
年末常住人口	万人	1897.80	0.8
地区生产总值	亿元	31032.50	2.1
第一产业	亿元	334.47	1.0
第二产业	亿元	7839.45	0.7
#工业增加值	亿元	6449.93	−0.6
第三产业	亿元	22858.58	2.6
规模以上工业总产值	亿元	22675.18	−2.7
固定资产投资额	亿元	8638.08	0.2
社会消费品零售总额	亿元	11055.77	0.0
实际使用外资金额	亿元	231.00	−52.2
商品出口总值	亿元	7005.48	7.8
商品进口总值	亿元	4232.89	−4.0
地方一般公共预算收入	亿元	1954.74	0.5
地方一般公共预算支出	亿元	2777.43	−6.5
货运量	万吨	95092.94	2.4
客运量	万人次	33210.69	9.0
港口货物吞吐量	万吨	68741.07	1.8
邮电业务收入	亿元	1513.69	7.1
金融机构本外币存款余额	亿元	90802.37	4.8
金融机构本外币贷款余额	亿元	81174.33	5.9
城市居民消费价格总指数（CPI）	%	100.10	0.1
城市居民人均可支配收入	元	83436.00	3.6
农村居民人均可支配收入	元	40914.00	6.0

注：地区生产总值、规模以上工业总产值增长速度按可比价格计算。

附录二

2024年国内十大城市主要经济指标对比

2024 年国内十大城市主要经济指标对比

指标	单位	广州 总量	广州 增速(%)	上海 总量	上海 增速(%)	北京 总量	北京 增速(%)	深圳 总量	深圳 增速(%)	重庆 总量	重庆 增速(%)	苏州 总量	苏州 增速(%)	成都 总量	成都 增速(%)	武汉 总量	武汉 增速(%)	杭州 总量	杭州 增速(%)	天津 总量	天津 增速(%)
规模以上工业增加值	亿元	4791.44	-3.0				6.7		9.7		7.3		9.2		4.8		4.6	4409.00	4.0		4.6
固定资产投资额	亿元	8638.08	0.2		4.8		5.1		2.4		0.1		1.7		7.3		3.1		-2.9		3.1
社会消费品零售总额	亿元	11055.77	0.0	17940.19	-3.1	14073.60	-2.7	10637.70	1.1	15677.37	3.6	10043.70	4.8	10327.10	3.3	7931.87	5.3	7884.00	2.8		-3.1
商品出口总值	亿元	7005.48	7.8	18176.01	4.6	6065.48	1.1	28122.16	14.6	5073.62	6.2	16368.80	8.5	4641.35	2.3	2622.60	21.1	5949.50	11.5	3913.75	7.8

续表

指标	单位	广州 总量	广州 增速(%)	上海 总量	上海 增速(%)	北京 总量	北京 增速(%)	深圳 总量	深圳 增速(%)	重庆 总量	重庆 增速(%)	苏州 总量	苏州 增速(%)	成都 总量	成都 增速(%)	武汉 总量	武汉 增速(%)	杭州 总量	杭州 增速(%)	天津 总量	天津 增速(%)
商品进出口总值	亿元	4232.89	-4.0	24504.85	-1.0	30018.04	-1.4	16926.08	19.6	2080.55	-11.5	9824.30	4.1	3748.66	27.1	1410.90	-2.1	2599.90	-3.5	4201.86	-4.0
实际使用外资金额	亿元	231.00	-52.2	176.73	-26.6			441.42	-29.5			51.75	-25.1					65.40	-25.9		
金融机构本外币各项存款余额	亿元	90802.37	4.8	220100.00	7.7	251968.00	2.2	135778.00	1.8	56328.00	5.2	54233.00	1.1		7.9	40601.00	5.5	79522.00	2.5	47358.00	6.4
金融机构本外币各项贷款余额	亿元	81174.33	5.9	122700.00	9.8	117178.00	5.7	94830.00	2.9	60119.00	6.0	56007.00	6.4		10.1	50015.00	5.3	72994.00	6.3	46203.00	3.2
城市居民消费价格总指数（CPI）	%	100.1	0.1	100.0	0.0	100.1	0.1	100.1	0.1	100.2	0.2	100.2	0.2	100.0	0.0	100.8	0.8	100.1	0.1	100.2	0.2

注：1. 其他城市未发布固定资产投资额总量数据。2. 实际使用外资金额总量中上海、北京、深圳、苏州、杭州和天津的计量单位为美元。3. 一般公共预算收入增速按自然口径计算。

资料来源：各城市统计月报。

附录三

2024年珠江三角洲主要城市主要经济指标对比

2024年珠江三角洲主要城市主要经济指标对比

单位：亿元，%

指标	广州		深圳		珠海		佛山		惠州		东莞		中山		江门		肇庆	
	总量	增速	总量	增速	总量	增速	总量	增速	总量	增速	总量	增速	总量	增速	总量	增速	总量	增速
规模以上工业增加值	4791.44	-3.0		9.7		9.0		-1.9		9.7		6.9		5.4		6.0		-1.6
全社会固定资产投资额	8638.08	0.2		2.4		-18.2		-6.9		-19.4		-6.9		-2.6		-12.8		-3.5
社会消费品零售总额	11055.77	0.0	10637.70	1.1	1084.68	0.2	3780.60	0.9	697.70	0.1	4446.26	0.5	1657.89	0.5	1363.48	0.8	1206.11	1.8
商品进口总值	4232.9	-4.0	16926.1	19.6	946.5	0.5	1122.6	3.0	1718.8	25.2	4983.4	14.5	349.2	-4.3	305.5	-5.8	96.5	0.4
商品出口总值	7005.5	7.8	28122.2	14.6	2295.6	13.5	3873.9	-20.5	2218.7	9.0	8897.0	5.2	2491.4	12.6	1611.1	14.4	285.6	3.5
实际使用外资金额	231.00	-52.2	441.42	-29.5	65.94	-18.2	25.65	-59.1	53.97	-39.3	53.41	-26.0	22.71	-35.5	11.82	-61.3	16.46	10.6

续表

指标	广州		深圳		珠海		佛山		惠州		东莞		中山		江门		肇庆	
	总量	增速	总量	增速	总量	增速	总量	增速	总量	增速	总量	增速	总量	增速	总量	增速	总量	增速
金融机构本外币存款余额	90802.37	4.8	135778.02	1.8	12764.05	4.8	29917.94	8.7	10087.25	4.5	28543.87	9.3	9378.18	3.7	7692.19	5.9	3913.99	6.0
金融机构本外币贷款余额	81174.33	5.9	94830.33	2.9	11596.87	4.6	21194.43	6.1	10976.84	1.8	19258.94	4.7	7888.59	1.0	6450.97	6.8	3453.03	6.9
城市居民消费价格指数	100.1	0.1	100.1	0.1	100.0	0.0	100.1	0.1	99.7	-0.3	100.0	0.0	99.6	-0.4	100.2	0.2	100.0	0.0

注：2024年12月起，省统计局不再公布全省及各市规模以上工业增加值总量。

Abstract

In 2024, Guangzhou's economy entered a critical phase of deep transformation, characterized by a shift from old to new growth drivers. A concurrent slowdown in growth and structural adjustment marked the beginning of a rebalancing period. The city's gross domestic product (GDP) reached CNY 3, 103.25 billion for the year, representing a year⁻on⁻year growth of 2.1%, maintaining its position as the fifth⁻largest economy in China. The industrial structure further optimized to a ratio of 1.08%, 25.26%, 73.66% across the primary, secondary, and tertiary sectors, indicating the steady establishment of a service⁻led economic system and reflecting the typical attributes of high⁻quality development.

The year 2025 presents a critical window for Guangzhou to transition into a stage led by "new quality productive forces". Economic performance is expected to exhibit a modest recovery, with greater emphasis placed on structural optimization and the cultivation of endogenous growth momentum. Meanwhile, in light of mounting structural pressures on the real economy and the lack of momentum for expanding effective demand—alongside a series of structural, institutional, and long⁻term bottlenecks constraining the release of economic potential and the enhancement of core urban competitiveness—this report recommends that Guangzhou, in 2025, concentrate on five key dimensions: manufacturing restructuring, hub function enhancement, consumption revitalization, breakthrough in investment, and greater efficiency in business attraction.

Specifically, Guangzhou should advance the systemic transformation of its manufacturing sector with a focus on structural adjustment; significantly enhance its capacity as a hub economy through dual drivers of factor integration and

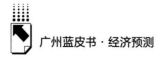
institutional innovation; further stimulate the intrinsic dynamism of the consumer market by using the expansion of effective demand as a fulcrum; accelerate the expansion of investment momentum and development space by making projects the core lever; strengthen the agglomeration capacity and platform carrying capacity for emerging industries through targeted investment promotion; and consolidate the micro-foundations of high-quality development by prioritizing tiered cultivation of enterprises.

Keywords: Guangzhou Economy; High-quality Development; Manufacturing Transformation; Hub City

Contents

I General Report

Abstract: In 2024, Guangzhou's economy demonstrated strong resilience and clear structural adjustment features amid a complex and volatile macroeconomic environment. The city's annual Gross Domestic Product (GDP) reached RMB 3. 10325 trillion, representing a year-on-year growth of 2. 1% . Faced with weakening traditional growth drivers and the incomplete substitution of new drivers, Guangzhou prioritized high-quality development, optimizing the industrial structure ratio to 1. 08% , 25. 26% , 73. 66% , with services further consolidating their leading role.

In terms of urban standing, Guangzhou remains in the top tier among China's first-tier cities, though divergence from Beijing, Shanghai, and Shenzhen has widened. Within the Greater Bay Area, the city is transitioning from a "manufacturing powerhouse" to a "core hub," shifting from quantitative expansion to structural upgrading and functional repositioning.

Looking ahead to 2025, Guangzhou is expected to enter a development phase led by new quality productive forces. The city will focus on five strategic pathways—manufacturing restructuring, hub function enhancement, consumption revitalization, breakthrough in investment, and improved business attraction—to build a more optimized, dynamic, and resilient high-quality development framework, and to reshape its core competitive advantages.

Keywords: Guangzhou Economy; High-Quality Development; Manufacturing Transformation; Hub City

II Industry Development

B.2 2024 Report on the Operation of Service Industry Above Designated Scale in Guangzhou

Service Industry Department Research Group of

Guangzhou Municipal Bureau of Statistics / 039

Abstract: In 2024, in response to challenges such as insufficient effective demand and weakened market expectations, Guangzhou actively implemented national macroeconomic policies through a package of measures—including consumption promotion, visa-free transit policies, and improvements to the business environment—which were executed with precision and yielded notable results. These efforts effectively boosted market confidence, improved social expectations, and supported economic recovery.

Throughout the year, Guangzhou's above-scale service sector (hereafter referred to as " designated large-scale service enterprises") demonstrated stable and consolidating growth. Business performance gradually improved, employment remained relatively stable, employee compensation increased, and the private sector provided strong support. However, there remain concerns over the insufficient momentum in some industries and the relatively low profit margins of certain enterprises. It is imperative to enhance technological innovation capabilities, accelerate industrial upgrading, optimize the business environment, and further strengthen the driving forces behind the service sector and the broader Guangzhou economy.

Keywords: Guangzhou; Designated Large-Scale Service Sector; Industrial Upgrading; New Quality Productive Forces

B.3 Report on the Development of Foreign Trade in Guangzhou

in 2024 *Trade and Foreign Economic Department Research*

Group of Guangzhou Municipal Bureau of Statistics / 055

Abstract: In 2024, Guangzhou continued to advance its foreign trade stabilization efforts by deepening reforms in the foreign trade system and implementing a coordinated "Five-Trade Linkage" strategy. Through a series of practical and targeted measures, the city proactively responded to the complex domestic and international environment and sustained the high-quality development of its foreign trade, further enhancing resilience.

For the fourth consecutive year, Guangzhou's total value of goods imports and exports exceeded one trillion yuan, reflecting steady progress in trade scale. However, the overall growth rate of foreign trade remained below both national and provincial averages. Key challenges persist, including continued weakness in imports, three consecutive years of decline in processing trade, insufficient contribution of state-owned enterprises to trade growth, and negative import growth in agricultural and electromechanical products.

To address these issues, the report recommends actions in four key areas: strengthening policy coordination, expanding market development, enhancing innovation-driven growth, and improving resource utilization to ensure the steady and sustainable development of foreign trade.

Keywords: Reforms in the Foreign Trade System; Five-Trade Linkage; Guangzhou

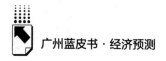
B.4 Report on Energy Production and Consumption in Large-Scale

Industrial Enterprises in Guangzhou in 2024

Energy Department Research Group of Guangzhou

Municipal Bureau of Statistics / 072

Abstract: Industry remains a key pillar of economic development, while energy security is essential for sustaining economic vitality. This report provides a comprehensive analysis of energy supply and demand among large-scale industrial enterprises in Guangzhou in 2024. Key issues identified include aging coal-fired power generation units with generally low energy efficiency, a continued rise in energy consumption per unit of industrial value added, increasing demand for fossil fuels, and the urgent need to strengthen enterprises' capabilities to engage with the carbon market.

Against the backdrop of China's carbon peaking and carbon neutrality goals, the report puts forward several policy recommendations: reinforcing coal power as a baseline safeguard, accelerating the green and low-carbon transformation of industry, enhancing the development and utilization of clean and renewable energy, and promoting deeper participation of enterprises in the carbon trading market.

Keywords: Large-Scale Industry; Energy Production; Energy Consumption; Guangzhou

B.5 Analysis Report on the Operation of Guangzhou's

Transportation, Postal, and Telecommunications Sector in 2024

Service Industry Department Research Group of Guangzhou

Municipal Bureau of Statistics / 085

Abstract: In 2024, Guangzhou's transportation, postal, and telecommunications sector demonstrated a positive development trend. Passenger and freight volumes reached 332 million trips and 951 million tons respectively, representing year-on-year increases of 9. 0% and 2. 4%. Notably, annual air passenger volume surpassed 100 million for the first time, while both Baiyun International Airport and Guangzhou Port achieved record-high throughput.

However, influenced by multiple factors, freight volume remained relatively low throughout the year, and the slower-than-expected recovery of international passenger traffic posed challenges to the city's status as a global hub. To address these issues and promote high-quality development in the sector, the report recommends boosting consumer confidence, enhancing international exchange, and expanding into emerging overseas markets.

Keywords: Transportation and Postal Services; International Hub; Guangzhou

B. 6　Analysis Report on the Development Trends of Guangzhou's Real Estate Market in 2024

Guangzhou Development Research Institute Research

Group of Guangzhou University / 094

Abstract: In 2024, Guangzhou's real estate policies saw notable changes, including the full removal of home purchase restrictions, further loosening of credit policies, adjustments to deed tax regulations, multiple increases in housing provident fund loan limits, revisions to household registration (hukou) policies, and accelerated development of affordable housing. These combined efforts influenced the current state of the real estate market: the land market remained sluggish, the overall supply and demand for commercial housing stayed at a low level, while supply-demand dynamics for existing homes rebounded significantly under policy stimuli.

Despite these developments, Guangzhou's real estate market continues to face challenges such as weak overall demand, second-hand homes competing with new

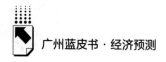

properties, significant regional disparities, and operational difficulties among private real estate developers.

Keywords: Real Estate Market; Market Trends; Policy Adjustments; Guangzhou

B.7 Research Report on the Development of Guangzhou's Private Industrial Enterprises Based on the Cultivation of New Quality Productive Forces

Industrial Department Research Group of Guangzhou
Municipal Bureau of Statistics / 107

Abstract: The concept of "new quality productive forces" is a strategic notion proposed by General Secretary Xi Jinping to guide China toward high-quality economic development. As the most dynamic innovators in the Chinese economy, private enterprises play an irreplaceable role in fostering these new productive forces. Under Guangzhou's strategic goal of building the city through manufacturing, it is of practical significance to analyze the operational characteristics of private industrial enterprises and explore their future development paths.

This report uses micro-level data from Guangzhou's private industrial enterprises and conducts a multi-dimensional analysis across overall scale, growth rate, profitability, and innovation capability. It identifies key problems faced by various industries and firms in cultivating new productive forces and unleashing innovation vitality. Based on on-site investigations of representative enterprises, the report offers targeted recommendations for future development.

Keywords: Private Industrial Enterprises; New Quality Productive Forces; Guangzhou

Ⅲ   Modern Industry

B.8   A Competitiveness Evaluation Study of Guangzhou's Energy
Conservation and Environmental Protection Industry

Guangzhou Environmental Protection Science Research

Institute Research Group / 120

Abstract: The energy conservation and environmental protection industry is a national strategic emerging industry with dual attributes of driving economic growth and improving environmental quality. Conducting a competitiveness evaluation of Guangzhou's energy conservation and environmental protection industry helps to understand its relative position, strengths, and weaknesses, thereby supporting its future development.

This study establishes a competitiveness evaluation index system from five dimensions: industry scale, industrial structure, industrial benefits, industrial control capacity, and industry management. It evaluates the competitiveness of Guangzhou and five other domestic cities in this sector. The results show that Guangzhou lags behind in industry scale, benefits, and control capacity. It is recommended that Guangzhou enhance its industrial competitiveness by strengthening strategic planning and policy support, and by promoting integration and synergy across the industrial chain.

Keywords: Energy Conservation and Environmental Protection Industry; Industrial Control Capacity; Competitiveness; Guangzhou

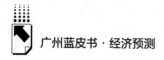

B .9   Policy Recommendations for Promoting the High-Quality Development of Guangzhou's Biopharmaceutical Industry

Research Team of the Guangzhou Municipal People's

Government Research Office / 135

Abstract: This paper reviews the fundamental aspects of the development of Guangzhou's biopharmaceutical industry, including industry scale, market entities, and innovation capacity. It conducts an in-depth analysis of existing weaknesses, particularly regarding the initial stage of technology commercialization ("the first kilometer") and the final phase of market adoption ("the last kilometer") . By assessing the opportunities and challenges facing the industry, the study responds to the dual pressures of cyclical market adjustments and the pains of industrial transformation and upgrading.

To address these challenges, the paper proposes eight strategic directions to drive the high-quality development of the industry in Guangzhou: enhancing the transformation capacity of scientific outcomes, strengthening the industrial traction, improving enterprise competitiveness, reinforcing talent support, enabling development through capital empowerment, enhancing park carrying capacity, improving regulatory efficiency, and increasing policy influence.

Keywords: Biopharmaceutical Industry; High-Quality Development; Guangzhou

B. 10 Recommendations on Using the Hydrogen Energy Industry as a Breakthrough to Accelerate the Development of Guangzhou's Eco-Green Industrial Cluster

Guangzhou Municipal Committee of the China National Democratic Construction Association and Guangzhou Development Research Institute of Guangzhou University Joint Project Group / 151

Abstract: Amid the rapid global development of the hydrogen energy industry, hydrogen is increasingly regarded as a key component of future energy systems and a crucial support for the green and low-carbon transformation of high energy-consuming and high-emission industries. By analyzing global trends in the hydrogen sector and national policy directions, this report identifies the critical pathways through which hydrogen can serve as a green energy breakthrough.

Guangzhou has a solid foundation for hydrogen industry development but still faces challenges such as supply-demand mismatches, lagging infrastructure construction, and unbalanced industrial layout. Therefore, it is recommended that Guangzhou take proactive measures in areas such as policy support, infrastructure development, industrial chain optimization, and regional coordination. These efforts will promote the healthy and rapid development of the hydrogen industry, foster the formation of an eco-green industrial cluster, and advance the city's overall green economic and social transformation.

Keywords: Hydrogen Energy Industry; Eco-Green Industry; Industrial Cluster; Green Transformation

B. 11 Policy Recommendations for Accelerating the Development of the Hydrogen Fuel Cell Vehicle Industry in Guangzhou

Kang Dahua / 165

Abstract: Integrating the hydrogen fuel cell vehicle (HFCV) industry into

Guangzhou's long-term strategic urban planning for 2049 is of great significance. It not only facilitates the transformation and upgrading of the city's automotive sector but also helps Guangzhou gain a competitive edge in the global hydrogen energy race. Currently, the city's HFCV industry faces a range of obstacles, including the absence of a dedicated industrial plan, limited self-reliance in core technologies, underdeveloped hydrogen industry standards, insufficient demonstration and application scenarios, immature commercialization models, and high hydrogen prices along with costly hydrogen refueling station construction. These challenges have significantly hindered the industry's shift from technological experimentation to large-scale deployment.

In response, several targeted policy recommendations are proposed. First, Guangzhou should enhance technological capabilities across the entire hydrogen value chain, including production, storage, transportation, and refueling. Second, it is essential to expand the demonstration and practical applications of hydrogen fuel cell vehicles to accelerate market acceptance. Third, the city should increase the localization rate of key components used in hydrogen fuel cell systems. Fourth, continue to promote the development of fully integrated hydrogen fuel cell vehicles. Fifth, Guangzhou needs to improve strategic industrial planning and strengthen policy support.

Keywords: Guangzhou; Hydrogen Fuel Cell; Automotive Industry

B.12 Research on Accelerating the Development of the Humanoid Robot Industry in Guangzhou *Cheng Fengyu* / 180

Abstract: The development of the humanoid robot industry in Guangzhou holds significant strategic value. It can enhance the city's competitiveness, optimize labor structures, drive technological advancement, and serve as a new engine of economic growth. Guangzhou already possesses a solid foundation in the industrial supply chain, with rapid technological innovation, strong policy support, and robust market demand facilitating industry development. It is recommended that

Guangzhou learn from the development experiences of cities such as Beijing, Shanghai, and Shenzhen, focus on core technology research and development, improve industrial chain layout, promote collaborative innovation among industry, academia, and research, and establish demonstration application scenarios to accelerate the development of the humanoid robot industry and drive high-quality economic growth.

Keywords: Guangzhou; Humanoid Robots; Industry

B.13   Research Report on the Innovative Development of the Health

and Wellness Industry in the Nansha Guangdong-Hong

Kong-Macao Cooperation Demonstration Zone

School of Management Research Team of Guangzhou University / 194

Abstract: The health and wellness industry in Nansha carries a national strategic mission, serving as both a hub for health services in the Guangdong-Hong Kong-Macao Greater Bay Area and a pilot zone for institutional innovation in China's new national districts. It also functions as a smart healthcare demonstration area driven by technology, a pioneer zone for cross-border elderly care cooperation, an eco-tourism wellness destination, and a testing ground for institutional openness under pressure. To advance this industry, Nansha should adopt active development strategies including resource integration with industrial convergence, technology empowerment with digital intelligence, and institutional innovation with cross-border collaboration. A spatial development layout characterized by a "three-core driving force, two-belt coordination, and full-area empowerment" should be implemented. Guided by the principles of "high-end medical technology, intelligent service models, and diversified business integration," Nansha should build a full-cycle product system encompassing prevention, treatment, and rehabilitation, and strive to become a world-class health and wellness tourism destination. This will also promote policy pilots and

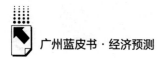
institutional innovations for the development of the health and wellness industry.

Keywords: Nansha Guangdong-Hong Kong-Macao Cooperation Demonstration Zone; Health and Wellness Industry; Business Model Integration

Ⅳ   High-quality Development

B.14   Quantitative Evaluation and Development Strategy of
Guangzhou's Launch Economy

Chen Xiangyang, Ning Jinghong / 210

Abstract: This report focuses on Guangzhou's launch economy. Based on an explanation of its connotation and significance, it constructs a Launch Economy Index (LEI) to quantitatively evaluate the development of Guangzhou's launch economy. It provides an in-depth analysis of the current situation and challenges, including the difficulties in attracting first stores and the slowdown in consumer market growth. The report proposes targeted development strategies such as attracting high-quality first stores, supporting non-premium first stores, and stimulating consumer demand. The goal is to offer both theoretical and practical guidance for the advancement of Guangzhou's launch economy, enhance the city's commercial vitality and economic competitiveness within the Guangdong-Hong Kong-Macao Greater Bay Area strategy, and provide support for companies aiming to open their first stores in Guangzhou.

Keywords: Launch Economy; Launch Economy Index (LEI); Guangzhou

B.15   Policy Recommendations for Accelerating the High-Quality

Development of Guangzhou's Low-Altitude Economy

Yan Shuai, Liang Shunjie / 227

Abstract: The*Decision* of the Third Plenary Session of the 20th Central Committee of the Communist Party of China explicitly proposes to "develop general aviation and the low-altitude economy," indicating that China is actively exploring this new economic frontier. Currently, more than 20 provinces, municipalities, and autonomous regions have incorporated the low-altitude economy into their government work reports, and accelerating the development of an innovative and clustered industrial ecosystem for this sector has become a societal consensus. In light of the rapid growth of the national low-altitude economy, Guangzhou must advance with confidence but not blindly, pursue distinctive development rather than uniformity, and maintain strategic coordination without indiscriminate expansion. The city should swiftly build a competitive edge tailored to its strengths to promote the high-quality development of its low-altitude economy.

Keywords: Low-altitude Economy; Industrial Chain; Development Advantage; Guangzhou

B.16   Policy Research on Building a World-Class Aviation Hub

in Guangzhou   *Su Ming, Huang Huang* / 240

Abstract: In recent years, Guangzhou has made notable progress in developing its international aviation hub, but gaps remain compared to world-class counterparts. This study outlines the background of Guangzhou's efforts, introduces the evaluation criteria for world-class aviation hubs, and identifies key weaknesses: limited connectivity of its integrated transport network, weak transfer capacity for both passengers and cargo, low proportion of international travelers, and the absence of leading global aviation enterprises. To address these issues, the paper recommends: first, constructing a comprehensive multi-modal transportation system; second, enhancing the hub's connectivity and transfer capacity; third, improving airport transit efficiency; fourth, elevating the international passenger experience; fifth, strengthening smart airport development; sixth, optimizing aviation resource allocation; and seventh, promoting coordinated development of airport-adjacent industries. These strategies aim to accelerate Guangzhou's transformation into a world-class aviation hub.

Keywords: Aviation Hub; Low-Altitude Transportation; Guangzhou

B.17   Research on Promoting Endogenous Development of

Village-Strengthening in Guangzhou   *Yi Weihua* / 253

Abstract: The Village-Strengthening model, pioneered in Zhejiang represents an innovative and successful practice aimed at enhancing the self-sustaining capacity of collective village economies and promoting common prosperity. This paper examines Guangzhou's efforts in advancing the "Village-Strengthening Company+" model by innovating organizational structures, enhancing endogenous capacity, transforming resources into assets, funds into equity, and farmers into shareholders—thus promoting a shift toward endogenous development. However, in the development process of "Village-Strengthening Company", challenges remain—such as a reliance on administrative mobilization with insufficient enthusiasm from diverse stakeholders, and a "subsidy-driven" growth model that weakens self-sustaining capacity. It is therefore essential to strengthen government policy guidance, regulatory mechanisms, and human resource development to fully stimulate the participation of operating entities and continuously enhance the long-term sustainability and endogenous momentum of "Village-Strengthening Company".

Keywords: Village-Strengthening Company; Endogenous Development; Self-sustaining Capacity

V Technological Innovation

B.18 2024 Guangzhou Enterprise Innovation Evaluation Report

Research group of Data and Digital Research Institute of

Guangzhou Daily (GDI Think Tank) / 266

Abstract: This report includes two evaluation rankings—the *Innovative Enterprises in Guangzhou*—which provide a comprehensive and multi-dimensional assessment of enterprise innovation capacity in the city, while also identifying the innovation and growth potential of local businesses. Data show that 84 of the top 100 innovative enterprises belong to strategic emerging industries, covering all of Guangzhou's "3+5" strategic emerging industry clusters. This reflects the strong innovation vitality and development momentum of enterprises in Guangzhou.

Keywords: Regional Innovation; Intellectual Property; Industrial Synergy; Guangzhou

B.19 Research on the Path and Strategy for Building a Marine

Science and Technology Innovation Center in

Nansha, Guangzhou

Guangzhou Development Research Institute Research

Group of Guangzhou University / 280

Abstract: Promoting marine science and technology innovation is a top priority in implementing the *Nansha Plan*. The research team found that although some encouraging progress has been made in marine innovation since the plan's implementation, overall development remains suboptimal. Key issues include the slow progress in building the Nansha Science City, failure of major sci-tech platforms to take root, and lagging development of the marine innovation industry. The report recommends focusing on the development of Nansha Science City as the central driver, concentrating resources on advancing marine-related innovation to address industrial bottlenecks. It also calls for a more robust and scientific talent policy and performance evaluation system to overcome obstacles in attracting talent and localizing large-scale platforms and facilities.

Keywords: Marine Science and Technology; Innovation Industry; Nansha Guangzhou

B.20 Strategies and Recommendations for Strengthening Joint Development and Sharing of Science and Technology Resources Between Guangdong and Macao

Research Group of the Guangzhou Institute for Reform and Innovation in the Guangdong-Hong Kong-Macao Greater Bay Area / 288

Abstract: Strengthening the joint development and sharing of science and technology (S&T) resources between Guangdong and Macao is of great importance for addressing weaknesses in S&T cooperation between the two regions, promoting the collaborative development of an international S&T innovation center inthe Guangdong-Hong Kong-Macao Greater Bay Area, and supporting Macao's economic diversification. To deepen Guangdong-Macao S&T cooperation, it is essential to adopt a broader perspective and stronger organizational structures, and to accelerate the development of more efficient mechanisms and models for open sharing and collaboration. Building on the foundation of the Hengqin Guangdong-Macao In-depth Cooperation Zone, the report proposes expanding cooperation and resource-sharing efforts by establishing a second collaboration platform in Nansha, Guangzhou.

Keywords: Guangdong-Macao S&T Cooperation; Nansha; Second Platform

B. 21　Strategic Study on Empowering Guangzhou's Beauty Industry

　　Through Synthetic Biology

　　Research group of Democratic Progressive Committee of Guangzhou / 297

Abstract: Guangzhou's beauty industry leads the nation in scale, exhibits high industrial clustering, has made notable progress in brand development, and enjoys strong policy support, showing tremendous vitality. However, limited fundamental research capabilities have hindered its ability to build world-class beauty brands. The application of synthetic biology in the beauty sector has already demonstrated immense potential; however, Guangzhou's synthetic biology industry remains in a lagging, late-developing position. Moreover, the integration between synthetic biology and the beauty industry has yet to be strategically planned or structured, falling short of enabling the beauty sector to achieve a "curve overtaking" breakthrough.

In response, this paper recommends that Guangzhou accelerate the development and layout of its synthetic biology industry, establish a mechanism to align synthetic biology with the beauty industry, and leverage synthetic biology technologies to empower the growth of the beauty sector. These efforts aim to foster the formation of new quality productive forces, comprehensively enhance the international competitiveness of the beauty industry, build global industrial and brand hubs for beauty, and ultimately position Guangzhou as a world-renowned "International Beauty Bay."

Keywords: Synthetic Biology; Beauty Industry; Guangzhou

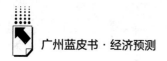
VI Finance and Taxation

B.22 Research on Strategies to Strengthen and Consolidate the Tax

Base of Guangzhou's Non-Monetary Financial Industry

Research Group of the Third Branch of Guangzhou Municipal

Tax Service, State Taxation Administration / 308

Abstract: President Xi Jinping has emphasized that finance is the core of the modern economy—when finance thrives, the economy prospers; when finance is stable, the economy is stable. In order to fully implement the spirit of the Third Plenary Session of the 20th Central Committee of the Communist Party of China and the Central Economic Work Conference, and to accelerate Guangzhou's development into a financial powerhouse, this report focuses on the non-monetary financial industry as an entry point. It integrates extensive data collection and enterprise field research to provide a comprehensive understanding of the current situation. The report presents a data-driven horizontal analysis of the tax revenue status of Guangzhou's non-monetary financial sector, identifies key issues and their impact on the tax base, and proposes strategic recommendations. These include leveraging local advantages, strengthening financial headquarters, and improving the operation of branch institutions to advance the high-quality cultivation and consolidation of the non-monetary financial industry's tax base in Guangzhou.

Keywords: Non-monetary Financial Industry; Tax Base; Guangzhou

B. 23　Empirical Study on Expanding Taxation Functions to Serve the "Guangdong Hundreds of Thousand of Villages High-Quality Development Project"

　　—*A Case Study of Guangzhou Taxation*

Abstract: In response to the distinctive characteristics of Guangzhou's urban-rural regional development and its resource endowment, the city's taxation authorities have introduced 16 targeted tax service measures to support the "Guangdong Hundreds of Thousand of Villages High-Quality Development Project." These measures aim to fully implement preferential tax and fee policies and establish comprehensive, full-chain tax-related services. Based on a review of the vivid practices undertaken by Guangzhou's tax authorities in actively supporting the "Guangdong Hundreds of Thousand of Villages High-Quality Development Project" since 2023, this paper conducts an in-depth analysis of the difficulties and challenges facing tax-related services under the initiative, and puts forward targeted recommendations to better leverage the functions of taxation and accelerate the pace, enhance the quality, and improve the efficiency of the "Guangdong Hundreds of Thousand of Villages High-Quality Development Project."

Keywords: "Guangdong Hundreds of Thousand of Villages High-Quality Development Project"; Guangzhou Taxation; Urban-Rural Coordinated Development

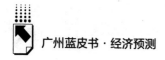

B.24 Pathways for Tax Services to Accelerate the Development of New Quality Productive Forces in Nansha District

Research Group on the Development of New Quality Productive Forces, Guangzhou Municipal Tax Service / 334

Abstract: National-level new areas and pilot free trade zones serve as comprehensive platforms for China's reform and opening-up and play a strategic role in fostering new quality productive forces and advancing high-quality development. As a functional hub for international shipping, finance, and scientific innovation within the Guangdong-Hong Kong-Macao Greater Bay Area, the China (Guangdong) Pilot Free Trade Zone Guangzhou Nansha New Area benefits from favorable resource endowments, industrial conditions, and technological foundations in promoting new quality productive forces. From a tax perspective, the district's core industries that represent these new productive forces still need to be strengthened, innovation capabilities require enhancement, and the quality of its open economy needs improvement. There is an urgent need for in-depth research and pilot implementation of new tax policies, administration mechanisms, and taxpayer services to support the development of new quality productive forces, thereby contributing tax-related support to the accelerated development and opening-up of the China (Guangdong) Pilot Free Trade Zone Guangzhou Nansha New Area.

Keywords: Taxation; Pilot Free Trade Zone; New Quality Productive Forces; Nansha

Ⅶ   Special reports

Abstract: The effective performance of urban functions is closely linked to the structure of factor endowments. Using data from 2015 to 2024, this study calculates the specialization index of Guangzhou's major urban functions and analyzes the matching degree between urban functions and factor endowment structures. The results show that Guangzhou exhibits a mismatch between its comprehensive urban functional division index and its factor endowment structure, with the level of functional specialization significantly exceeding the capacity of its current resource base. Therefore, Guangzhou must both accelerate the integration and optimization of its existing factor endowment structure and actively attract new factor inputs to ensure a more balanced and coordinated development between urban functions and factor endowments.

Keywords: Dual Circulation; Factor Endowment; Urban Functions; Guangzhou

Abstract: This paper explores how to expand Guangzhou's domestic demand

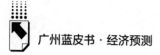
in an all-round way through stimulating consumption under the current complex and ever-changing international environment and downward pressure on the domestic economy. It analyzes the current situation of Guangzhou's consumer market and, based on the identified shortcomings and problems such as insufficient regional consumption linkage and the slowdown in residents' income growth, puts forward six policy recommendations to stimulate consumption and comprehensively expand domestic demand: promote consumption coordination to activate the potential of diversified markets; stabilize consumption expectations to increase the willingness to spend; optimize the consumption structure to improve the quality of residents' consumption; strengthen the interaction between production and consumption to transform market advantages; enhance platform capacity to unleash international consumption potential; and improve intelligent services to enhance service reputation and quality.

Keywords: Stimulating Consumption; Expanding Domestic Demand; Consumption Structure Upgrade; Guangzhou

社会科学文献出版社

皮书

智库成果出版与传播平台

❖ 皮书定义 ❖

皮书是对中国与世界发展状况和热点问题进行年度监测，以专业的角度、专家的视野和实证研究方法，针对某一领域或区域现状与发展态势展开分析和预测，具备前沿性、原创性、实证性、连续性、时效性等特点的公开出版物，由一系列权威研究报告组成。

❖ 皮书作者 ❖

皮书系列报告作者以国内外一流研究机构、知名高校等重点智库的研究人员为主，多为相关领域一流专家学者，他们的观点代表了当下学界对中国与世界的现实和未来最高水平的解读与分析。

❖ 皮书荣誉 ❖

皮书作为中国社会科学院基础理论研究与应用对策研究融合发展的代表性成果，不仅是哲学社会科学工作者服务中国特色社会主义现代化建设的重要成果，更是助力中国特色新型智库建设、构建中国特色哲学社会科学"三大体系"的重要平台。皮书系列先后被列入"十二五""十三五""十四五"时期国家重点出版物出版专项规划项目；自2013年起，重点皮书被列入中国社会科学院国家哲学社会科学创新工程项目。

权威报告·连续出版·独家资源

皮书数据库
ANNUAL REPORT(YEARBOOK)
DATABASE

分析解读当下中国发展变迁的高端智库平台

所获荣誉

- 2022年，入选技术赋能"新闻+"推荐案例
- 2020年，入选全国新闻出版深度融合发展创新案例
- 2019年，入选国家新闻出版署数字出版精品遴选推荐计划
- 2016年，入选"十三五"国家重点电子出版物出版规划骨干工程
- 2013年，荣获"中国出版政府奖·网络出版物奖"提名奖

皮书数据库

"社科数托邦"
微信公众号

成为用户

　　登录网址www.pishu.com.cn访问皮书数据库网站或下载皮书数据库APP，通过手机号码验证或邮箱验证即可成为皮书数据库用户。

用户福利

- 已注册用户购书后可免费获赠100元皮书数据库充值卡。刮开充值卡涂层获取充值密码，登录并进入"会员中心"—"在线充值"—"充值卡充值"，充值成功即可购买和查看数据库内容。
- 用户福利最终解释权归社会科学文献出版社所有。

社会科学文献出版社 SOCIAL SCIENCES ACADEMIC PRESS (CHINA) 皮书系列

卡号：221345877616
密码：

数据库服务热线：010-59367265
数据库服务QQ：2475522410
数据库服务邮箱：database@ssap.cn
图书销售热线：010-59367070/7028
图书服务QQ：1265056568
图书服务邮箱：duzhe@ssap.cn

法律声明

"皮书系列"（含蓝皮书、绿皮书、黄皮书）之品牌由社会科学文献出版社最早使用并持续至今，现已被中国图书行业所熟知。"皮书系列"的相关商标已在国家商标管理部门商标局注册，包括但不限于LOGO（▉）、皮书、Pishu、经济蓝皮书、社会蓝皮书等。"皮书系列"图书的注册商标专用权及封面设计、版式设计的著作权均为社会科学文献出版社所有。未经社会科学文献出版社书面授权许可，任何使用与"皮书系列"图书注册商标、封面设计、版式设计相同或者近似的文字、图形或其组合的行为均系侵权行为。

经作者授权，本书的专有出版权及信息网络传播权等为社会科学文献出版社享有。未经社会科学文献出版社书面授权许可，任何就本书内容的复制、发行或以数字形式进行网络传播的行为均系侵权行为。

社会科学文献出版社将通过法律途径追究上述侵权行为的法律责任，维护自身合法权益。

欢迎社会各界人士对侵犯社会科学文献出版社上述权利的侵权行为进行举报。电话：010-59367121，电子邮箱：fawubu@ssap.cn。

社会科学文献出版社